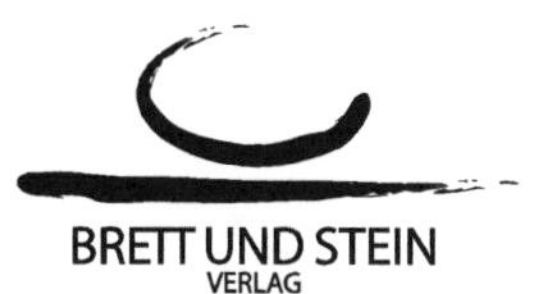
BRETT UND STEIN
VERLAG

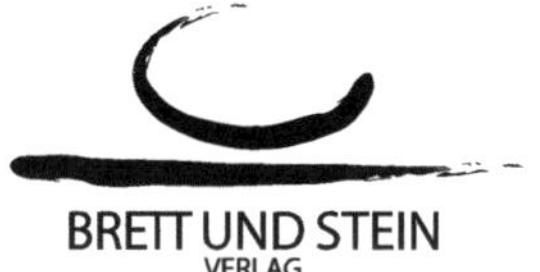

LEHRBÜCHER 06
DES GO

ISHIDA AKIRA / JAMES DAVIES

ANGRIFF UND VERTEIDIGUNG

Titel der englischen Originalausgabe:
Attack and Defense

In der Reihe „Lehrbücher des Go“ bisher erschienen:

- Elementare Techniken
- Leben und Tod
- Freiheiten und Wettläufe
- Strategie
- Tesuji

Bibliografische Information der Deutschen Nationalbibliothek
Die Deutsche Nationalbibliothek verzeichnet diese Publikation in der Deutschen Nationalbibliografie; detaillierte bibliografische Daten sind im Internet über http://dnb.d-nb.de abrufbar.

ISBN 978-3-940563-46-0

Übersetzung: Felix Heisel
Umschlaggestaltung: Lars Decker
Druck: Books on Demand GmbH, Nordersted

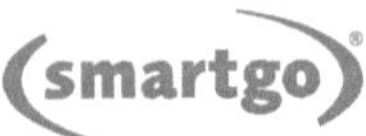

Die Diagramme in diesem Buch wurden erstellt mit SmartGo™: www.smartgo.com/de

Printed in Germany

Inhalt

Vorwort des Übersetzers 6

1. Gebiet und Einfluss 7
2. Angriffsstrategie 20
3. Angriffszüge 53
4. Verteidigung 80
5. Kikashi 102
6. Induktion 118
7. Große Moyō – Reduktion und Invasion 130
8. Die Drei-Punkt-Ausdehnungen 159
9. Ko 177
10. Probleme 185

Glossar 217

Verzeichnis der Profipartien 219

Vorwort des Übersetzers

Mit der Übersetzung von „Attack and Defense" liegt nun nach „Tesuji" ein zweiter Titel der „Elementary Go Series" in deutscher Sprache vor. Dieser Klassiker hat auch nach vierzig Jahren nichts von seiner Bedeutung für Kyū-Spielerinnen und -Spieler verloren.

Wenn die Eröffnung der Partie gespielt ist, stellt sich die ewige Frage: Was nun? Wie findet man Pläne und Ideen fürs Mittelspiel? Hat der Gegner eine schwache Gruppe, bläst man zum Angriff. Die eigenen schwachen Steine müssen verteidigt werden. Aber stimmt das wirklich immer? Und was hat das Spielziel „Ein Punkt mehr als der andere" mit Einfluss zu tun?

All diese Fragen werden vom japanischen 9-Dan Ishida Akira und dem US-amerikanischen Go-Autor James Davies („Tesuji") auf geduldige und systematische Weise behandelt. Nachdem geklärt ist, ob in einer vorgelegten Stellung Angreifen oder Konsolidieren geboten ist, werden typische Züge für den jeweiligen Zweck besprochen und in griffigen Beispieldiagrammen untersucht.

Natürlich ist die Wahl des richtigen Punkts für Angriff und Verteidigung ein wichtiges Thema, doch Ishida und Davies führen behutsam an einen anderen elementaren Aspekt des Mittelspiel heran: den der Richtung. Nichts ist ärgerlicher, als eine schwache Gruppe auf die gegnerische Stärke zuzutreiben – oder ins eigene Moyō.

Überhaupt: Wie spielt man gegen ein Moyō? Reduzieren oder ein eigenes bauen? Geht vielleicht auch beides? Wann ist eine Invasion angebracht?

Viele Partiebeispiele stammen aus der professionellen Praxis. Zwar erreicht die Analyse der Varianten zuweilen eine Tiefe, die für zweistellige Kyū herausfordernd sein wird. Doch die Auswahl der Beispiele erlaubt es, über Details hinwegzugehen und doch das Wesentliche klar zu erfassen. Viele Leserinnen und Leser berichten, dass sie sich das Buch dann mit verbesserter Spielstärke erneut vorgenommen haben und mit Gewinn tiefer eingestiegen sind.

Selbst subtile Techniken wie Kikashi und Testzüge werden so präsentiert, dass jeder etwas davon hat – vorausgesetzt, dass er nicht zu viel will! Wie beim Angriff auf eine Gruppe ist es auch beim Lesen dieses Buchs nicht empfehlenswert, den Inhalt ganz und gar verschlingen zu wollen. Eine maßvolle Annäherung, um hier und da zu profitieren, hilft bei der Verdauung dieser gehaltvollen Nahrung.

Schönecken, im Mai 2020
Felix Heisel

1. Gebiet und Einfluss

Angriff und Verteidigung machen einen Großteil des Reizes aus, den das Go bietet. Könnten Steine nicht geschlagen und Gruppen nicht getötet werden, so wäre das Spiel schon recht langweilig. Man sagt Go-Spielern nach, dass sie ein vernunftgesteuerter, ruhiger und berechnender Menschenschlag seien, aber trotzdem genießen sie auch das Jagdfieber – beim Angreifen und wenn sie zusehen, wie der Gegner sich windet. Man könnte sogar glauben, dass Go die gleichen menschlichen Gefühle anspricht wie die Jagd oder die Kriegsführung.

Sowohl strategisch als auch emotional sind Angriff und Verteidigung im Go von größter Bedeutung, insbesondere im Mittelspiel. Tatsächlich sind sie so stark mit dem Mittelspiel verwoben, dass es schwer fällt, das Eine ohne das Andere zu betrachten. Bevor wir uns also im Thema „Angriff und Verteidigung" verlieren, sollten wir uns vergewissern, dass wir den Sinn des Mittelspiels verstehen. Denn er besteht nicht im Angreifen oder Verteidigen; diese sind nur Mittel zum Zweck. Er findet sich statt dessen in zwei grundlegenden Vergleichsgrößen, die ebenfalls menschlichen Trieben entsprechen: der Gebiets- und der Einflussbilanz.

Die Gebietsbilanz

Mit Gebietsbilanz bezeichnen wir das Verhältnis der endgültig kontrollierten Gebietspunkte – das Gebiet, das Schwarz bisher gesichert hat, gegenüber dem, das Weiß gesichert hat. Ist dieser Vergleich denn so wichtig? Ja, denn wer am Spielende vorn liegt, hat gewonnen! Die Gebietsbilanz ist zwar in der Mitte der Partie nicht entscheidend, aber gewiss auch nicht unwichtig. Nachdem Go ein Gebietsspiel ist, wird die Gebietsbilanz immer ein bedeutender Faktor sein.

Und weil Go ein Strategiespiel ist, ist die Kenntnis der Gebietsbilanz entscheidend für die strategische Planung. Wenn Sie wissen, wie die Gebietsbilanz steht, dann wissen Sie auch, was Sie in den grob umrissenen Gebietsanlagen und im Niemandsland erreichen müssen – Ihr Ziel wird somit deutlicher. Und wenn Sie Ihre Ziele kennen, dann verbessert das Ihre Chancen ungemein, eine erfolgreiche Gewinnstrategie zu finden. Professionelle Spieler behalten die Gebietsbilanz in Wettkampfpartien beständig im Auge und berechnen sie zuweilen bei jedem Zug aufs Neue. Wir wollen Ihnen nicht empfehlen, das so weit zu treiben – mitten im Kampf sollten Sie sich nicht mit Gedanken über Gebietsfragen ablenken, die nichts mit dem aktuellen Thema zu tun haben – doch immer dann, wenn der Kampf abgeebbt ist und Sie sich fragen, was als Nächstes zu tun sei, dann ist es eine gute Idee, zuerst einmal die Gebietsbilanz abzuschätzen.

Das wirft die Frage auf, wie man das macht. Nachdem die meisten Gebietsgrenzen im Mittelspiel eher unscharf sind, wird es schwierig werden, einen genauen Zahlenwert zu erhalten. Man kann realistische Vermutungen über den Verlauf des Endspiels anstellen und so einen Erwartungswert für jedes Gebiet ermitteln. Doch das sorgfältig durchzuführen, ist selbst für Berufsspieler schwer und wird kaum den benötigten Zeitaufwand lohnen.

Das führt uns zu groben Schätzungen für Gebietspunktzahlen, etwa das nächstgelegene Vielfache von fünf – zehn Punkte hier, 35 da und so fort. Diese Methode kann hilfreich sein, doch ist sie noch immer zeitaufwändig und ihre Genauigkeit nicht allzu zuverlässig. Einige schlechte Schätzungen können die Bilanz um zehn, zwanzig oder mehr Punkte verschieben. Und eine Schätzung, die so weit daneben liegt, ist nicht viel wert.

Die einfachste Weise, die Gebietsbilanz zu schätzen – und diese möchten wir für das Mittelspiel empfehlen – ist, die schwarzen und weißen Gebiete direkt miteinander zu verrechnen: „Dieses schwarze Gebiet ist etwa so groß wie dieses weiße“ oder „das schwarze Gebiet ist so groß wie diese zwei weißen zusammen“. Diese Methode ist schneller als jede Zählmethode und dennoch genau genug, um Sie vor groben strategischen Schnitzern zu bewahren – mehr ist auch nicht verlangt.

Sehen wir uns als Beispiel die Partie in Diagramm 1 an, Schwarz ist am Zug.

Wenn man die Beziehung zwischen den beiden Steinen ▲ und △ anschaut, dann scheint ein Zug auf A oder B zweckmäßig. Ein ungeduldiger Spieler würde ganz bestimmt auf einen dieser Punkte setzen. Aber was ergibt sich, wenn Schwarz jetzt die Gebietsbilanz schätzt?

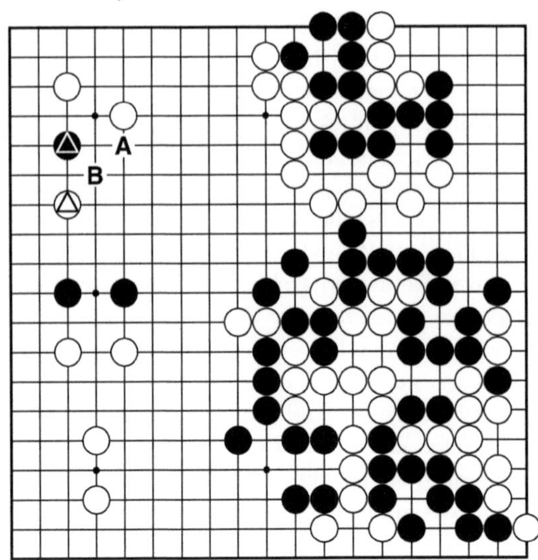

Dia. 1

Der obere Rand ist in zwei Hälften geteilt: die rechte gehört Schwarz – und wenn wir Weiß die Kontrolle über die linke zugestehen, dann heben sich diese beiden Gebiete ungefähr auf.

Weiß hat ein kleines Gebiet unten rechts und eine Anlage unten links. Sie ist zwar noch kein sicheres Gebiet, doch daran wollen wir uns nicht aufhalten. Sehen wir uns die weiße Gruppe in der rechten unteren Brettmitte an: Sie ist tot – Weiß kann schwerlich auch nur ein Auge bekommen, geschweige denn zwei. Nachdem ein Gebietspunkt mit einem Gefangenen darauf doppelt zählt, ist dieses schwarze Gebiet fast doppelt so groß wie es scheint und damit fast doppelt so groß wie der weiße Besitz unten rechts und unten links zusammen. Schwarz hat eine gewaltige Führung nach Gebiet.

Wir wollen uns nun von dieser beruhigenden Erkenntnis leiten lassen, wenn wir den nächsten schwarzen Zug überlegen. Wie ist es mit Schwarz A, also Schwarz 1 in Diagramm 2?

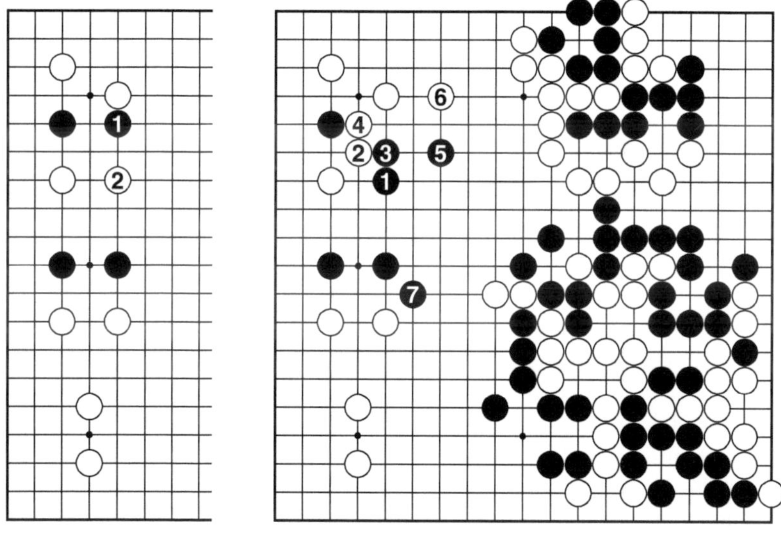

Dia. 2 *Dia. 3*

Das ist ein kämpferischer Zug, Weiß dürfte sich wohl mit einem Sprung auf 2 zur Wehr setzen. Angesichts der soliden weißen Mauer weiter rechts ist es durchaus vorstellbar, dass Schwarz am Ende im großen Stil gefangen wird.

Nur weil Schwarz in der Begegnung in der rechten Bretthälfte siegreich war, bedeutet das nicht, dass er diese hier ebenfalls gewinnt. Eine solche Spielweise birgt alle möglichen taktischen Risiken – und wenn Schwarz sich darauf einlässt, dann besteht die konkrete Gefahr, dass Weiß den Spieß umdrehen kann. Für Schwarz B in Diagramm 1 gilt das Gleiche.

Was soll Schwarz dann sonst mit seinem markierten Stein in Diagramm 1 anfangen? Nun, da er nach Gebiet bereits weit vorn liegt, kann er es sich leisten, ihn zu opfern, und das geht mit Schwarz 1 und 3 in Diagramm 3. Wenn er mit derselben Einstellung auf 5 und 7 fortsetzt, so macht er in der Mitte Gebiet, was den aufgegebenen Stein kompensiert. Seine Führung bleibt in etwa erhalten. Wenn er so spielt und Kämpfe meidet, dann kann er fast nicht verlieren.

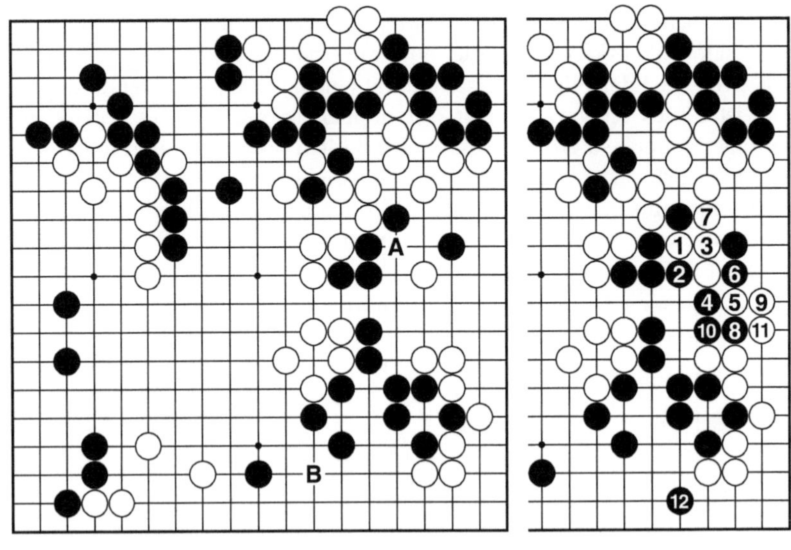

Dia. 4 *Dia. 5*

Ein japanisches Sprichwort sagt: „Ein reicher Mann soll keinen Streit anfangen". Der Spieler, der in der Gebietsbilanz vorn liegt, soll versuchen, die Partie zu beruhigen, indem er einfach und sicher spielt. Denn sein Gegner ist derjenige, der die Auseinandersetzung suchen muss.

Betrachten wir als Nächstes die Stellung in Diagramm 4: Weiß ist am Zug. Wer ist diesmal in der Gebietsbilanz vorn? Was soll Weiß tun? Wir untersuchen die Züge Weiß A und B.

Weiß verfügt über nichts, was mit dem großen schwarzen Gebiet links oben vergleichbar wäre, somit ist Schwarz zurzeit vorn. Kann Weiß die Bilanz ausgleichen, indem er auf A schneidet, also 1 in Diagramm 5? Schwarz wird ihn bis 11 bearbeiten und dann auf 12 den unteren Rand verteidigen. Wie fällt jetzt der Vergleich der schwarzen und weißen Gebiete aus? Das große Stück, das Weiß gerade gesichert hat, ist etwa so groß wie das schwarze oben links (zählen Sie es aus, wenn Sie möchten), aber die schwarze Ecke rechts oben ist größer als das kleine weiße Gebiet am oberen Rand, das schwarze am linken Rand ist größer als das weiße am linken Rand, und der schwarze untere Rand ist nach 12 in Diagramm 5 größer als der weiße untere Rand. Schwarz hat einen beträchtlichen Vorsprung. Wenn Weiß zulässt, dass Schwarz den unteren Rand auf 12 abschließt, kann er allem Anschein nach nicht gewinnen.

Wenn Schwarz in dieser Partie irgendwo verwundbar ist, dann ist es seine Gruppe rechts unten, die zwar groß, aber zum Rand offen ist und keine konkrete Augenform besitzt. Die einzige Chance für Weiß ist, diese Schwäche auszunutzen, nicht im Kleinen wie mit dem Schnitt auf A, sondern im großen

Stil mit der Invasion bei B. Von dort kann Weiß entweder nach rechts oder nach links flüchten.

Diagramm 6. Diese Stellung kam in einer Partie des Autors vor, und die gezeigte Zugfolge wurde tatsächlich gespielt. Weiß invadierte auf 1, Schwarz ließ ihn nach rechts hinaus und opferte zwei Steine, um 10 und 12 in Vorhand spielen zu können. Dann verteidigte er auf 14, doch nach Weiß 15 hatte er noch immer keine sicheren zwei Augen und konnte deshalb nicht inne halten, um Weiß A zu verhindern. Die weiße Invasion war erfolgreich. Einige Züge später kam Weiß zurück, um auf A zu schneiden, und zusammen mit den Gebietsgewinnen am unteren Rand wurde die Partie doch einigermaßen knapp. Schwarz war zwar noch vorne, doch seine Gruppe war noch immer schwach und Weiß schaffte es, sie auf die linke Seite zu drängen. Danach gelang ihm ein Zug, der sie genau so bedrohte wie die Ecke links unten. Schwarz verteidigte unter diesem Druck nicht genau genug und verlor die Ecke. So wurde die weiße Strategie mit dem Sieg belohnt.

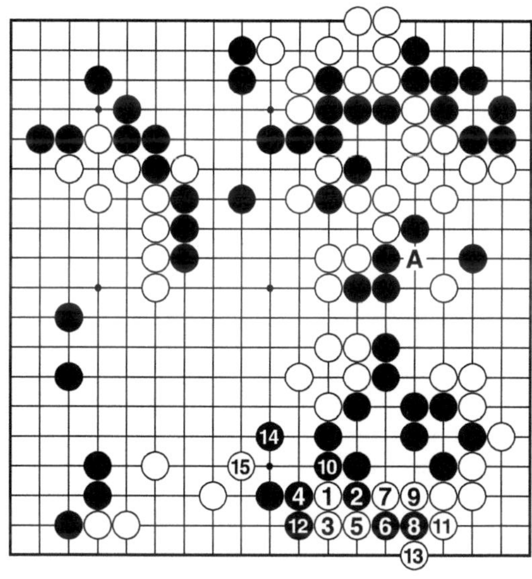

Dia. 6

Kämpfen, invadieren, größtmögliche Verwirrung stiften – wenn man nach Gebiet zurückliegt, ist die empfohlene Strategie genau entgegengesetzt zu der des Führenden. Die Gebietsbilanz abzuschätzen und sich für eine entsprechende Strategie zu entscheiden, ist nicht schwer – doch viele Spieler machen diesen Schritt nicht.

Der Grund mag sein, dass sie zu sehr in der Spannung der Partie gefangen sind, um innezuhalten und zu überlegen, was eigentlich gerade geschieht. Doch möglicherweise sind sie auch Sklaven ihrer ursprünglichen menschlichen Triebe. Naturforscher berichten, dass die meisten Tierarten – der Mensch inbegriffen – einen territorialen Instinkt besitzen. Ein großer Teil der menschlichen Geschichte kann als Kampf um Territorien angesehen werden. Der Mensch geriet immer dann am meisten in Aufruhr, wenn sein Heimatland von Invasion bedroht war. Diese Instinkte können wir auch auf dem Go-Brett in Aktion sehen.

Ein extremer Fall ist ein Spieler, der so sehr auf sein Gebiet bedacht ist, dass er es gegen jeden noch so kleinen Vorstoß schützt; der ständig zugunsten der Verteidigung aufs Angreifen verzichtet und schließlich aus Furchtsamkeit verliert. Und das andere Extrem ist derjenige, der genauso fixiert ist, aber umgekehrt das ganze Brett beansprucht; der seinem Gegner überhaupt kein Gebiet gönnt und regelmäßig große Gruppen verliert, weil sie sich ungesichert in alle Richtungen ausstrecken.

All diese Leute täuschen sich. Sie verstehen den Begriff „Gebiet", haben aber nicht die geringste Ahnung davon, was „Bilanz" bedeutet.

Die Einflussbilanz

Wir haben bereits festgestellt, dass die Gebietsbilanz im Mittelspiel nicht entscheidend ist. Sie verschiebt sich ständig. Und wodurch wird dieser stete Wandel bestimmt? Ein Faktor ist natürlich das (größere oder geringere) Können der beiden Spieler. Doch unabhängig davon wird die Veränderung in der Gebietsbilanz von etwas verursacht, das wir die Einflussbilanz nennen wollen.

In der Einflussbilanz führend ist derjenige, dessen Gruppen stabiler oder so platziert sind, dass sie mehr Stärke ausstrahlen. Dieser Spieler wird auf verhältnismäßig einfache Weise sein eigenes Gebiet vergrößern, das gegnerische reduzieren und die Initiative übernehmen können. Er kann frei aufspielen. Sein Gegner mit den schwächeren und eher eingeengten Gruppen hingegen ist öfter gezwungen, nachzugeben und zu verteidigen. Ihm fällt es schwer, sein Gebiet auszudehnen oder die Initiative zu ergreifen. Beschreibt die Gebietsbilanz das Ziel des Spiels, dann haben wir in der Einflussbilanz einen der Schlüssel zur Erreichung dieses Ziels.

Die Einflussbilanz zu ermitteln ist einfacher, als die Gebietsbilanz abzuschätzen. Vielleicht deshalb antworten japanische Berufsspieler oft auf die Frage, wer in einer Partie vorn liegt, Schwarz oder Weiß sei *atsui*. Dieses Wort bedeutet „dick" im Sinne von „dicht", und Dicke bewirkt Einfluss. Der Profi meint damit, dass Schwarz beziehungsweise Weiß in Führung liegt – nicht notwendigerweise nach Gebiet, aber in der Einflussbilanz – und damit vermutlich auch in der endgültigen Gebietsbilanz.

Einfluss ist auf so viele unterschiedliche Weisen nützlich, dass man gar nicht weiß, wo man mit den Beispielen anfangen soll. Hier sind drei Optionen, die der in der Einflussbilanz Überlegene oft zur Verfügung hat.

1. Angreifen

Diagramm 7. Schwarz hat seinem Gegner am oberen Rand Gebiet auf der fünften Linie zugestanden und dafür eine mächtige dicke Mauer erhalten. Im nächsten Diagramm ist zu sehen, wie er diesen Einfluss nutzen kann.

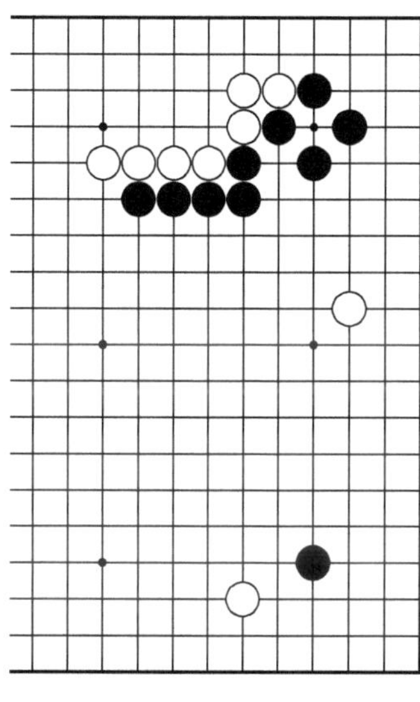

Dia. 7

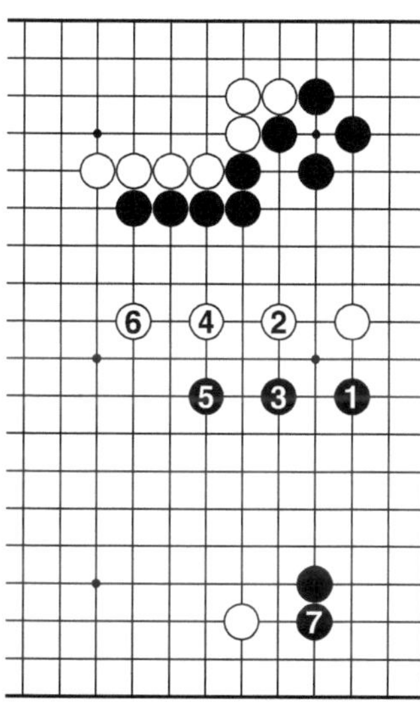

Dia. 8

Diagramm 8. Er soll angreifen und die Weißen gegen seine Mauer drücken. Mit 3 und 5 setzt er den Angriff fort und sichert dann mit 7 die Ecke. So bekommt er ein hübsches Stück Gebiet, das Weiß nicht ohne Weiteres invadieren kann. Der schwarze Einfluss hat Punkte abgeworfen – nicht in der unmittelbaren Umgebung, sondern woanders. Einfluss wirkt oft auf diese Weise.

2. Invadieren

Diagramm 9. Auch in dieser lokalen Stellung ist Schwarz in der Einflussbilanz überlegen. Seine Außenmauer ist stabil und die Form der weißen Gruppe oberhalb ist dünn. Somit sind die Voraussetzungen für eine Invasion gegeben.

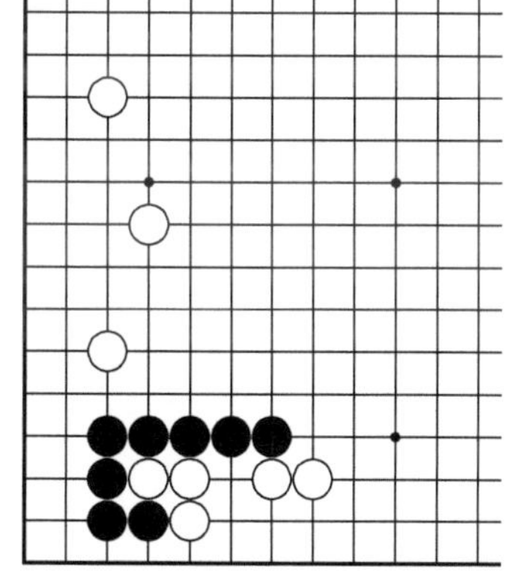

Dia. 9

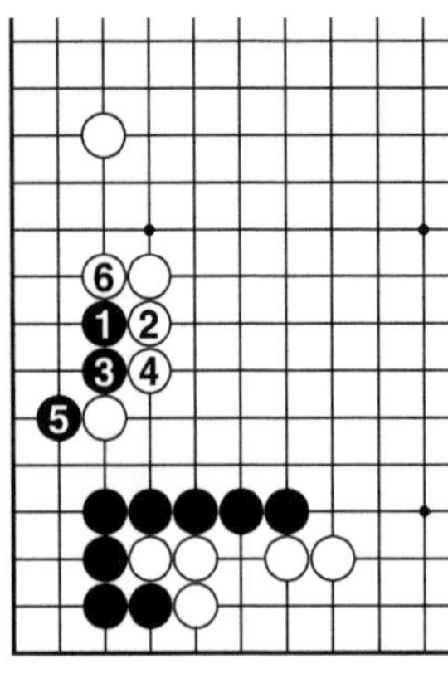

Dia. 10

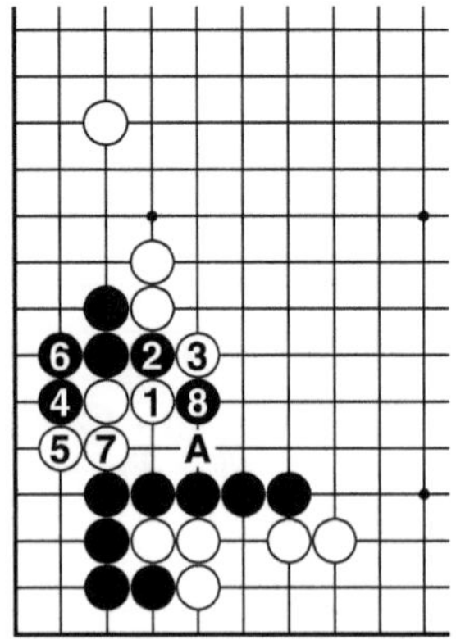

Dia. 11

Diagramm 10. Schwarz invadiert auf 1 und Weiß kann nicht verhindern, dass er mit 3 und 5 verbindet. Wieder hat sich der schwarze Einflussvorteil in Gebiet verwandelt.

Diagramm 11. Versucht Weiß anstatt 4, die Schwarzen mit 1 hier zu fangen, so spielt Schwarz Hane auf 4, verbindet auf 6 und schneidet mit 8. Plötzlich ist der Einfluss seiner Stellung zu spüren. Ein Atari auf A würde nichts ausrichten, womit die vier weißen Steine tot sind.

3. Schneiden und Kämpfen

Diagramm 12. Mit seiner Außenmauer hat Schwarz unten rechts ein gewaltiges Einflusskapital. Wie soll er unter dieser Voraussetzung spielen?

Diagramm 13 (nächste Seite). Er sollte mit 1 und 3 schneiden. Mit 4 bis 10 kann Weiß vielleicht entkommen, doch seine Gruppe bleibt schwach und Schwarz baut Einfluss in der Brettmitte auf. Wenn er diesen als Nächstes für eine Invasion bei A nutzt, dann wird ihm seine dicke Position in der Ecke unten rechts schließlich zu Gebiet am oberen Rand verhelfen.

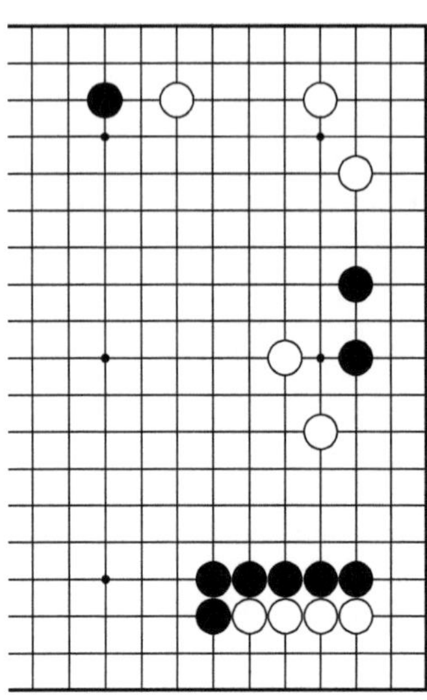

Dia. 12

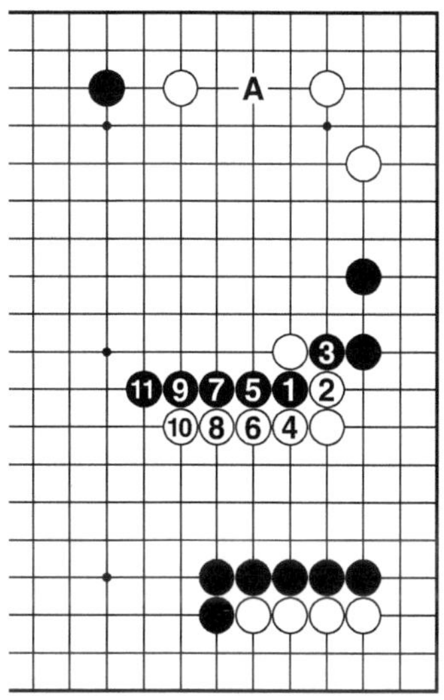

Dia. 11

Diese drei Beispiele könnten mit dem Satz zusammengefasst werden: Derjenige, der in der Einflussbilanz führt, kann aggressiv spielen. Er sollte Schwächen bei den gegnerischen Steinen ausmachen und zuschlagen, bevor sein Gegner eine Gelegenheit zur Verteidigung bekommt. Umgekehrt soll der in der Einflussbilanz Unterlegene vorsichtig und zurückhaltend spielen, bis er auf diesem Weg das Einflussgleichgewicht wieder hergestellt hat.

Nachdem Einfluss so nützlich ist, könnte sein Erwerb es auch wert sein, ein paar Züge zu investieren. Diese Erkenntnis kann Ihre gesamte Einstellung zum Go verändern. Sie lernen, Züge zu bewerten – nicht nur bezüglich des Gebiets, das durch sie entsteht oder zerstört wird, sondern auch, was ihren Beitrag zur Einflussbilanz angeht. Sie lernen, Dicke und Einfluss aufzubauen und sie dann zum späteren Gebietserwerb zu nutzen. Sie lernen, Züge wie den folgenden zu spielen.

Diagramm 14. Dies ist wieder eine Partie des japanischen Autors. Schwarz 1 war vermutlich fehlerhaft, denn der Zug Weiß 2 ist eine sehenswerte Entgegnung. Er mag zwar unmittelbar keine Punkte machen, doch strahlt er Einfluss über die ganze rechte Bretthälfte aus und stärkt die weiße Stellung, indem er das schwarze Tesuji auf A verhindert. Außerdem ist er Vorhand.

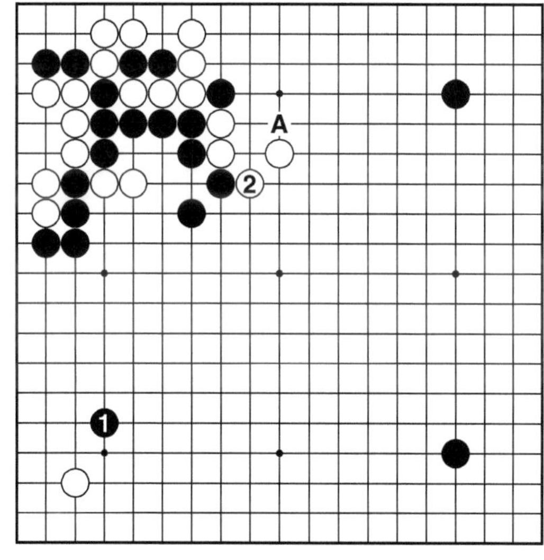

Dia. 14 (1 – 2)

Diagramm 15.
Würde Schwarz ihn ignorieren, um etwa 1 in der Ecke links unten zu spielen, dann könnte Weiß mit 2, 4 und 6 Druck ausüben und mit jedem Stein an Einfluss hinzugewinnen. Die schwarze Stellung würde eingedrückt und ihr Einfluss auf den linken Rand beschränkt, während die weiße Mauer zwei Drittel des Bretts beherrschte. Und das wäre mehr, als Schwarz zulassen kann.

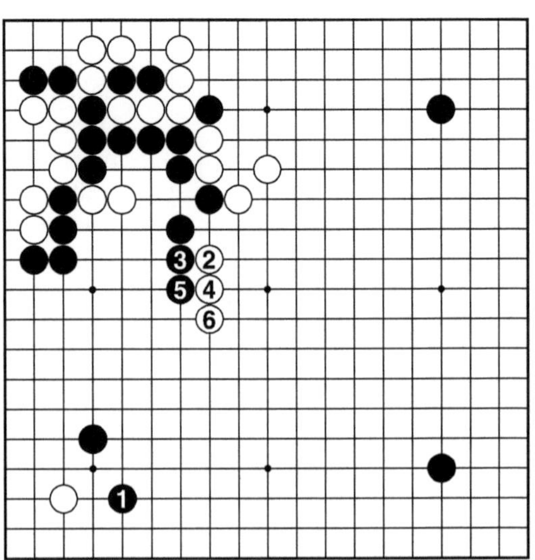

Dia. 15

Diagramm 16.
So antwortete Schwarz mit 3. Weil die Einflussbilanz auf dem Spiel stand, blieb beiden nichts anderes übrig, als immer weiter zu drücken und gegenzuhalten. Diese Art von Kampf um den Einfluss kommt häufig vor. Alle Züge in diesem Diagramm waren notwendig.

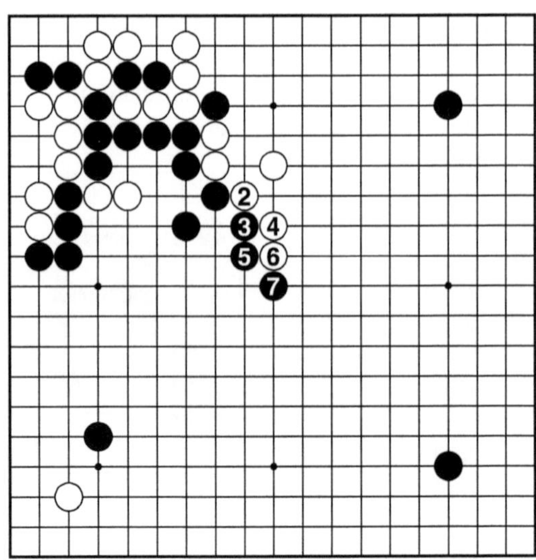

Dia. 16 (2 – 7)

Sie können sich selbst testen, indem Sie die Zugfolge nachspielen und bei jedem Schritt überlegen, was bei Weglassen des Zuges geschehen wäre.

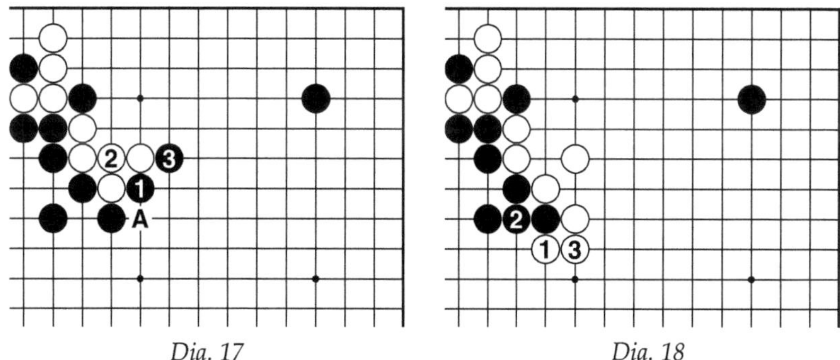

Dia. 17 *Dia. 18*

Diagramm 17. Falls Weiß den Zug auf A weglässt, spielt Schwarz 1 und 3. Der weiße Einfluss verschwindet vollständig.

Diagramm 18. Falls Schwarz den Zug auf 1 weglässt, gibt Weiß dort Atari und verbindet.

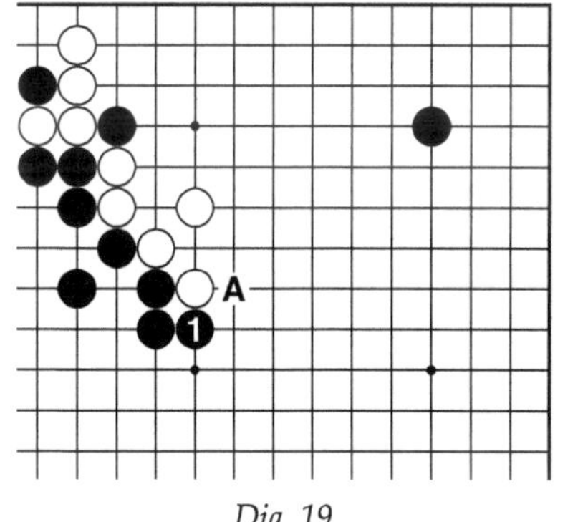

Dia. 19

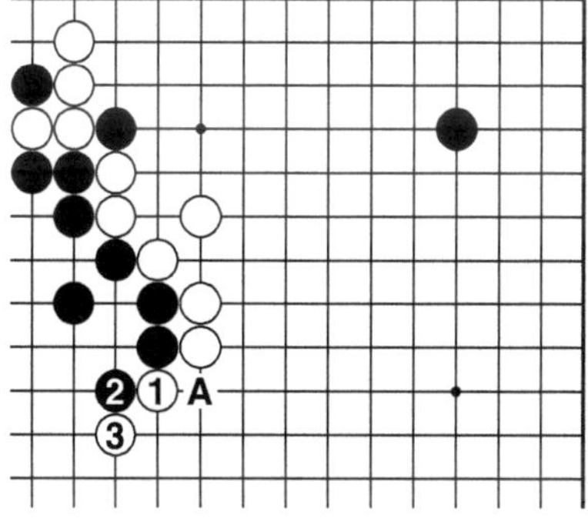

Dia. 20

Diagramm 19. Lässt Weiß den Zug 1 aus, biegt Schwarz um und droht A.

Diagramm 20. Falls Schwarz den Zug auf A weglässt, spielt Weiß mit 1 und 3 ein Doppel-Hane.

Jede dieser vier Zugfolgen bedeutet Unheil für den, der sie zugelassen hat.

Diagramm 21. Falls Weiß den letzten schwarzen Zug in Diagramm 16 ignoriert, streckt Schwarz als Nächstes auf 1. Abgesehen vom Zugewinn an Stärke und Einfluss zielt dieser Zug auch auf den Anleger im nächsten Diagramm.

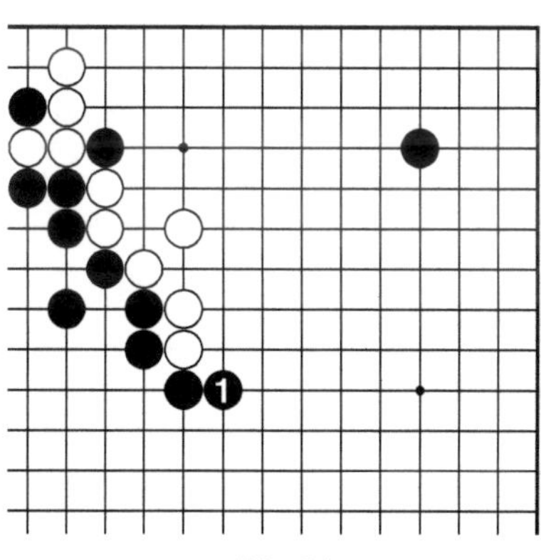

Dia. 21

Diagramm 22. Schwarz 1 ist ein Tesuji. Wenn Weiß es ignoriert, dann wird er mit 3 bis 7 eingemauert und kann die Partie eigentlich sofort aufgeben. All seine Züge, die Einfluss aufbauen sollten, waren dann vergebens.

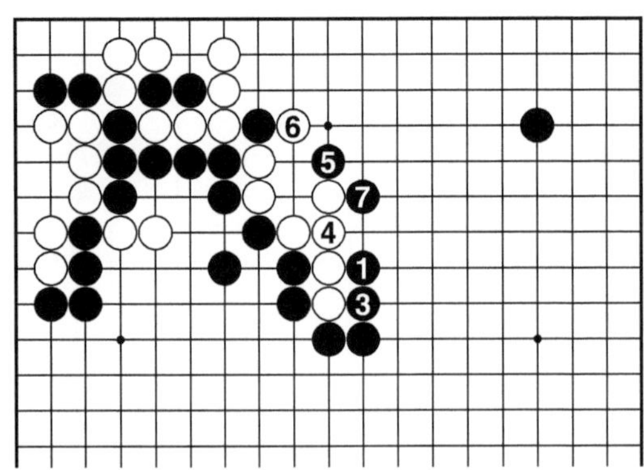

Dia. 22
2: tenuki

Diagramm 23. In der Partie beantwortet Weiß den Zug Schwarz 7 natürlich, er schneidet mit 8. Es würde uns vom Thema wegführen, die Folgezüge im Einzelnen anzuschauen (wahrscheinlich wäre Schwarz 17 besser auf A gewesen). Aber Weiß hat jetzt erfolgreich die Einflussbilanz in der Brettmitte ausgeglichen und nähert sich dem Sieg. Beachten Sie, was passiert, wenn Schwarz seinen Stein auf 11 herauszieht: Weiß wird von 14 gerade herunterstrecken und die Steine 10, 12, 16 und 18 bereitwillig für mehr Einfluss in der Brettmitte opfern.

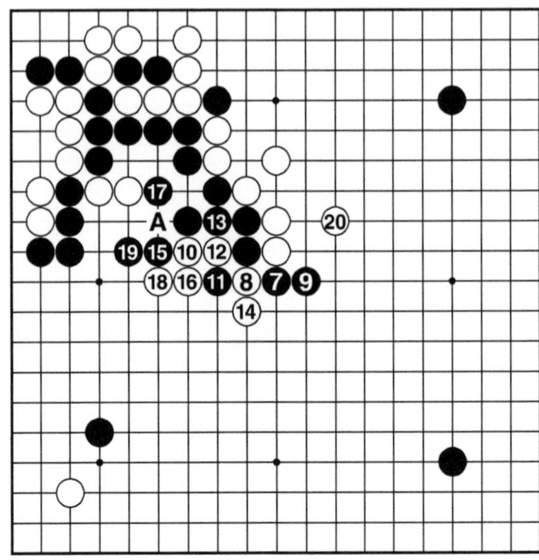

Dia. 23
(7 – 20)

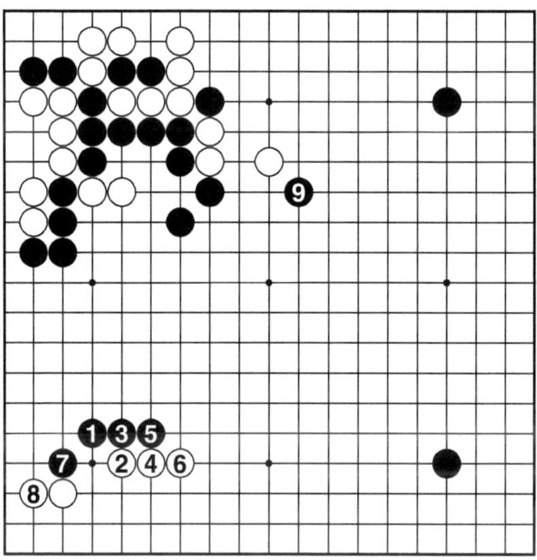

Dia. 24

Diagramm 24. Nehmen wir zum Vergleich an, dass Weiß auf Schwarz 1 mit 2 geantwortet hätte. Schwarz hätte dann mit 3 bis 7 Vorhände gespielt und anschließend mit 9 den Schlüsselpunkt in der Brettmitte besetzt, also im Wesentlichen das, was Weiß in den vorigen Diagrammen getan hat (tatsächlich hätte Schwarz mit 1 schon auf 9 spielen sollen). Weiß 2 hier hilft Schwarz nur dabei, eine gewaltige Anlage aufzubauen, die den linken Rand umspannt – und zeigt so eine krasse Missachtung der Gebietsbilanz. Weiß führt nach Gebiet, weil er die Ecke links oben gefangen hat. Darum sollte seine Strategie nicht sein, nach noch mehr Gebiet zu streben, sondern den schwarzen Außeneinfluss zu entwerten.

Genau so, wie der Mensch instinktiv nach Gebiet strebt, dürstet ihn auch nach Macht und Einfluss. Ein großer Teil der Menschheitsgeschichte kann als Kampf um das Erstere angesehen werden, und Vieles auch als ein Kampf um das Letztere. Es ist interessant, dass auch das Mittelspiel im Go auf diese Weise betrachtet werden kann. Es ist schwer zu sagen, welcher der beiden Faktoren bedeutsamer ist, Gebiet oder Einfluss – womöglich sind sie etwa gleichwertig. Wichtig aber ist das Bewusstsein, dass es etwas wie die Gebietsbilanz und die Einflussbilanz gibt, ihren aktuellen Stand in der Partie wahrzunehmen und sie bei der Festlegung der Strategie ins Zentrum zu rücken.

2. Angriffsstrategie

In der Eröffnung kommt es öfter vor, dass ein Spieler an der Sicherheit spart, um eine Führung nach Gebiet zu erlangen. Die Aufgabe seines Gegners besteht dann darin, ihn durch Angreifen der schwachen Gruppen einzuholen. Genauso möglich ist es, dass beide Seiten schwache Gruppen haben, die sich gegenseitig angreifen. In diesem Kapitel geht es um die grundlegenden Angriffsstrategien.

Was bedeutet Angriff? Die oberflächliche Antwort wäre, es gehe um den Versuch, Steine zu fangen und Gruppen zu töten. Doch das stimmt nicht unbedingt. Wir dürfen uns nicht ins Töten und Fangen so verrennen wie ein bekannter Spieler, der nur zu dem einzigen Zweck spielte, gegnerische Steine zu vernichten. Dieser Spieler war wohl ein extremer Fall. Gebiet war für ihn bedeutungslos, wenn nicht eine tote Gruppe darin stand. Er beherrschte meisterhaft alle Formen des augenstehlenden Tesuji und versetzte schwächere Gegner in Angst und Schrecken, doch im Allgemeinen erging es ihm gegen gleich starke (oder stärkere) Gegner schlecht.

Diagramm 1 zeigt diesen Spieler mit den schwarzen Steinen. Schwarz 1 ist ein übertriebener Fallschirmzug und typisch für seinen Spielstil. Die nächsten achtunddreißig Züge sind ein verbissener Kampf, Weiß bei einem Auge zu halten, obwohl er so einen Großteil seines eigenen Gebiets zu Grunde richtet. Fast ist er erfolgreich, doch am Ende hat er keine Antwort auf den Zug 40 – und Weiß lebt. Wenn man bedenkt, wie groß seine Anlage war, bevor er den Angriff begann, und wie wenig am Ende davon übrig blieb, dann beginnt man zu verstehen, warum er so oft verloren hat.

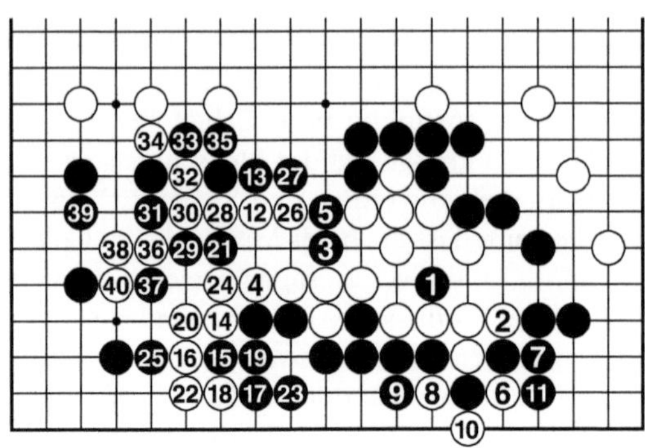

Dia. 1

Frage: Was sollte Schwarz statt dessen tun?
Antwort: Schwarz 1 auf 21.

Als er eines Abends zum neunzehnten Mal gegen den Meister des örtlichen Spielklubs verloren hatte, beschloss dieser Spieler, demütig nachzufragen, was er falsch mache. Zur Antwort legte der Meister Diagramm 2 aufs Brett, zeigte auf den Punkt A und fragte:

„Würdest du diese Treppe spielen?“

„Natürlich nicht.“

„Und warum nicht?“

„Weil sie nicht funktioniert.“

„Das heißt?“

„Das heißt, wenn ich es versuche“ – er legte die Züge von Diagramm 3 aufs Brett – „dann wirst du nicht nur entkommen, sondern ich habe dich auch noch mitten durch mein eigenes Gebiet gejagt – und ich habe von vorn bis hinten Schnittpunkte, wo du Doppel-Atari spielen kannst. Ich würde also lediglich meine eigene Stellung ruinieren.“

„Siehst du, genau das machst du jedes Mal, wenn du eine Gruppe töten willst und es nicht schaffst.“

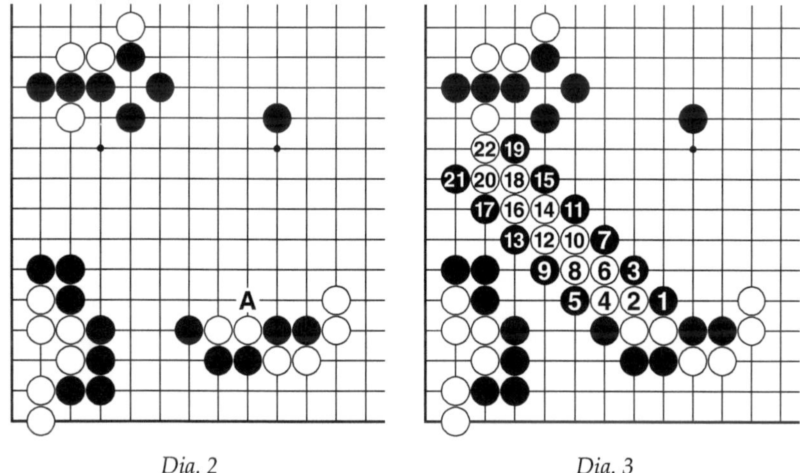

Dia. 2 *Dia. 3*

Unser Freund blieb noch lange am Brett sitzen und dachte darüber nach, was Diagramm 3 und Diagramm 1 miteinander zu tun haben. Langsam dämmerte es ihm. Er verstand, dass er einen Spielstil gepflegt hatte wie die Attacke der Leichten Brigade[1]. Beschämt sah er ein, wie töricht er gewesen war. „Letzten Endes“, sinnierte er, „sollte der Spieler mit der schwachen Gruppe die Risiken eingehen und nicht sein Gegner.“

Danach änderte sich seine Strategie in auffälliger Weise. Er spielte noch immer angriffslustig, aber nicht mehr im Stil einer wahnwitzigen Attacke

1 „Charge of the Light Brigade“ war ein Angriff der britischen Kavallerie im Krimkrieg von 1854, der aufgrund eines Missverständnisses gegen eine absolute Übermacht geführt wurde und entsprechend verlustreich ausging.

einer Kavalleriebrigade in Unterzahl. Vielmehr folgte er dem Vorbild der Infanterie, die stetig vorrückt, an Boden gewinnt und sich die Zeit nimmt, die Erwerbungen zu festigen – auch wenn das bedeutet, den Gegner am Leben zu lassen. Er gewann jetzt öfter, seine Bewertung stieg an. Hier und da erlegte er noch immer eine große Gruppe – manche seiner Gegner sahen einfach nicht ein, dass sie verteidigen müssen, und andere hatten einen ausgesprochenen Todeswunsch – aber diese Erfolge bedeuteten ihm nicht mehr alles. Denn er hatte das Vergnügen daran, den Gegner groß sterben zu sehen, eingetauscht gegen den viel feinsinnigeren Genuss, ihn klein leben zu lassen. Wenn ihn nun jemand nach dem Zweck des Angreifens fragte, antwortete er nie mehr „um zu fangen und zu töten", sondern „um Gebiet zu machen" oder „um Einfluss aufzubauen".

Angreifen, um Gebiet zu erzielen

Wie macht man durch Angreifen Gebiet? Am besten erklärt sich das mit ein paar einfachen Beispielen.

Diagramm 1. Weiß am Zug will die schwarze Gruppe am unteren Rand angreifen. Soll er es von oben tun, mit A? Oder von unten mit B?

Diagramm 2 (korrekt). Weiß 1 greift von der richtigen Seite an. Es geht nicht darum, die schwarze Gruppe zu töten, sondern während des Angriffs das weiße Zentrum auszudehnen. Eine Fortsetzung wie 2 bis 9 ist vorstellbar –Weiß steckt ein gewaltiges Gebiet in der Brettmitte ab.

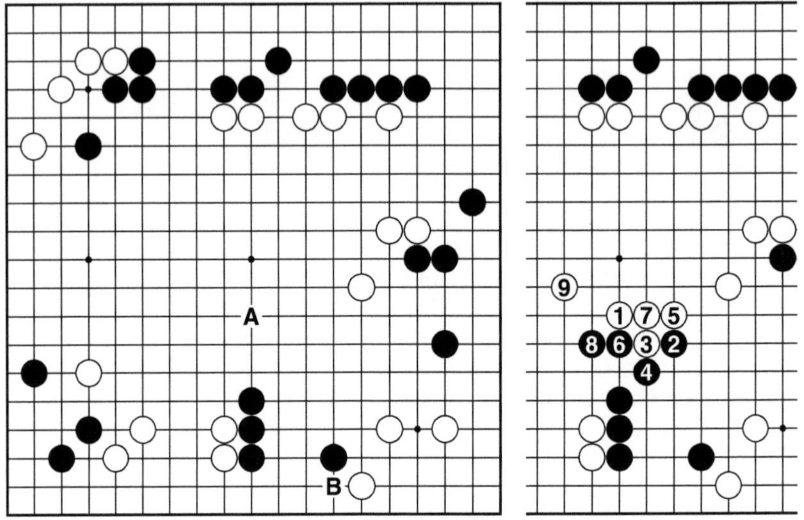

Dia. 1 *Dia. 2*

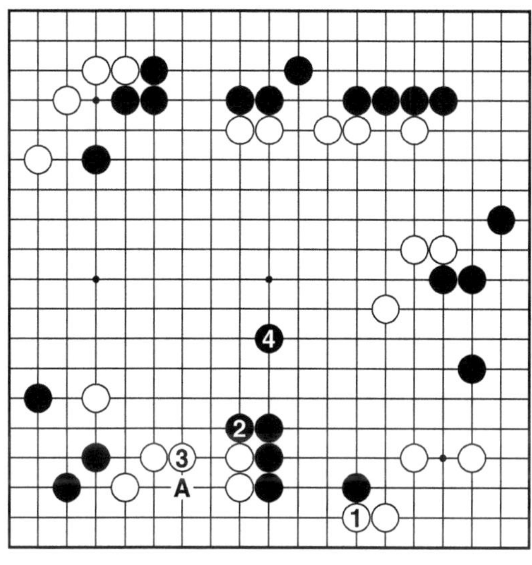

Dia. 3

Diagramm 3 (schlecht). Mit Weiß 1 wird Schwarz wohl daran gehindert, am Rand zwei Augen zu bekommen, doch Weiß hat keine echte Chance, die Gruppe zu fangen. Schwarz biegt auf 2 um, so dass A droht, und springt dann auf 4. Weiß zerstört seine eigene Anlage in der Brettmitte – sein größtes Kapital in dieser Partie – indem er die Schwarzen mitten hineinjagt.

Die Hauptfrage beim Angriff ist nicht etwa, wie die gegnerische Gruppe getötet werden kann – im Allgemeinen geht das nämlich nicht – sondern aus welcher Richtung der Angriff geführt werden soll. Als eine der ersten Strategien sollte man lernen, wie man eine Gebietsanlage aufbaut, indem man eine Gruppe in einer anderen Brettregion angreift – so wie Weiß es in Diagramm 2 tut. Um diese Strategie zu beherrschen, muss man lediglich in zwei Richtungen gleichzeitig sehen können – und wer das nicht kann, hat beim Go nichts verloren.

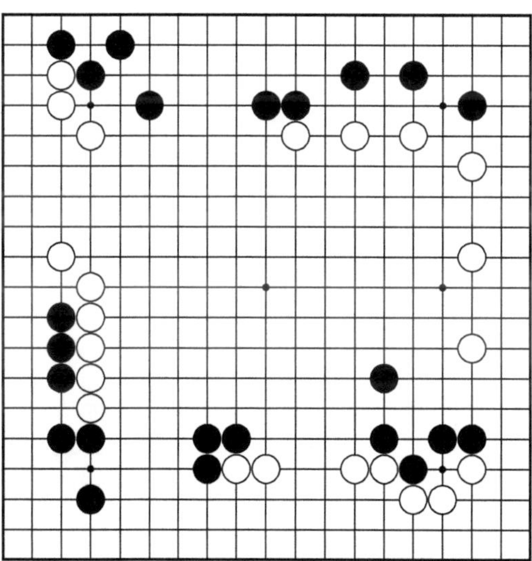

Dia. 4

Versuchen Sie sich ohne weitere Hinweise an diesen zwei Beispielen:

Diagramm 4.
Weiß am Zug. Wie soll er die schwarze Gruppe unten rechts angreifen?

Diagramm 5.
Weiß am Zug. Aus welcher Richtung soll er die Gruppe in der unteren linken Brettmitte angreifen?

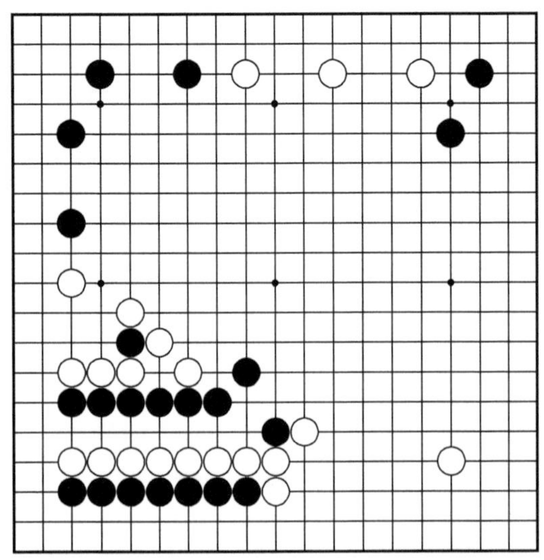

Dia. 5

Diagramm 6. Weiß soll mit 1 angreifen. So baut er seine Anlage oberhalb aus und zwingt gleichzeitig die Schwarzen, mit 2 und 4 durch Niemandsland zu reisen.

Diagramm 7. Weiß darf nicht mit dem Spähzug auf 1 angreifen. Schwarz kontert mit 2 und der Schaden durch Schwarz 4 und 12 ist untragbar.

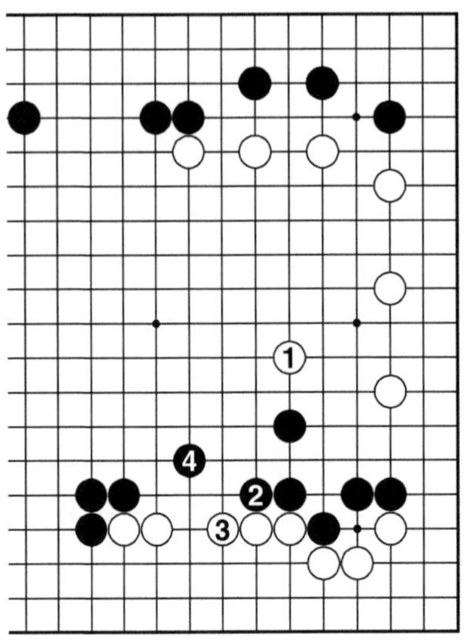

Dia. 6

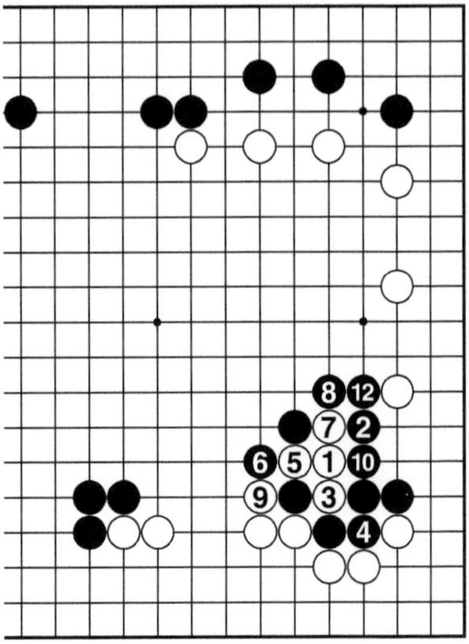

Dia. 7 (Weiß 11 deckt)

Diagramm 8. Nachdem zusätzliches Gebiet nur unten rechts winkt und nicht in der oberen Bretthälfte, greift Weiß mit 1 und 3 an. Wieder wird Schwarz gezwungen, mit 2 und 4 neutrale Punkte zu besetzen. Danach sollte Weiß die Ecke auf 5 abschließen, um einer schwarzen Invasion auf dem 3-3-Punkt zuvorzukommen.

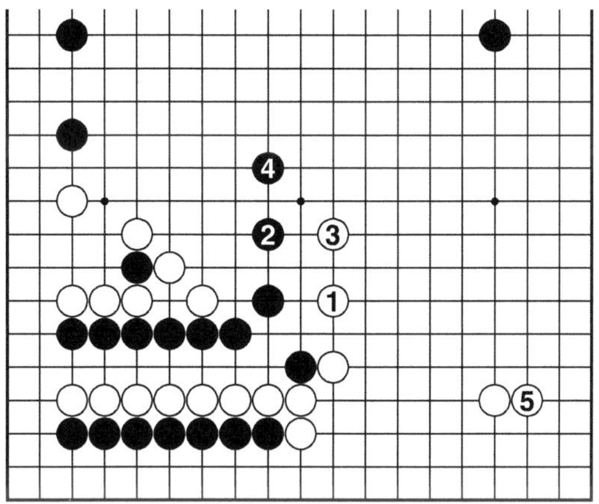

Dia. 8

Angreifen, um Einfluss aufzubauen

Durch Angriffe ist es auch möglich, Einfluss statt Gebiet zu erwerben. Diesmal werden wir nur ein Beispiel ansehen, dafür aber genauer unter dem Aspekt, wie der Einfluss anschließend genutzt wird.

Diagramm 1. Unser Beispiel stammt aus einer Partie zweier 9-Dan-Profis, Sakata und Fujisawa Shūkō (Schwarz). Dieser liegt nach Gebiet etwas zurück, aber er ist am Zug und Weiß hat eine schwache Gruppe in der Brettmitte. Um zu gewinnen, muss er einen Weg finden, ihre Schwäche auszunutzen.

Schwarz A sieht natürlich aus, doch wäre das kein sehr harter Angriff. Außerdem könnte das schwarze Gebiet unten dann immer noch nicht mit dem weißen am oberen Rand mithalten. Um das territoriale Gleichgewicht wiederherzustellen, würde Schwarz lieber die großen weißen Anlagen am linken und am oberen Rand invadieren.

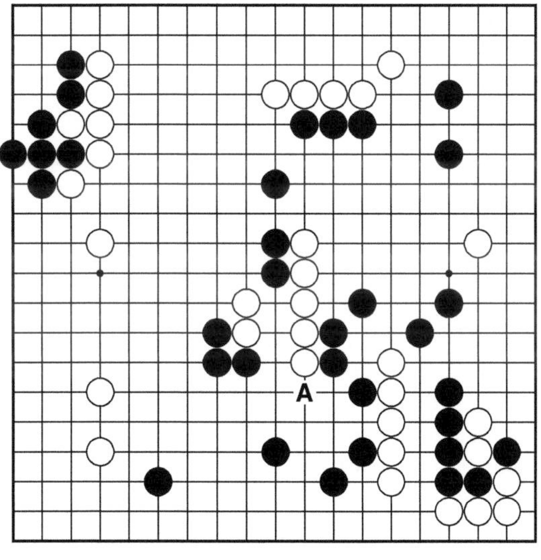

Dia. 1

Jedoch fehlt ihm

zurzeit jede Basis, von der eine solche Invasion ausgehen könnte. Daher wird Schwarz die Strategie verfolgen, dass er sich zunächst die notwendige Basis verschafft, indem er die weiße Zentrumsgruppe angreift. Erst danach wird er invadieren.

Diagramm 2 (1 – 10). In den nächsten Abbildungen betrachten wir die Zugfolge, die tatsächlich aufs Brett kam. Schwarz begann den Angriff mit 1. Weiß bäumte sich zunächst mit 2 und 4 nach rechts auf und wand sich danach mit 6 und 8 auf der linken Seite. Schwarz hingegen verfolgte konsequent seine Strategie, die Weißen einzuhegen und mit 3, 5, 7 und 9 Einfluss aufzubauen.

Nach Weiß 10 stand Schwarz vor einer Entscheidung. Sollte er mit A weiterhin außen spielen oder auf B verbinden? Welchen Zug hätten Sie gewählt?

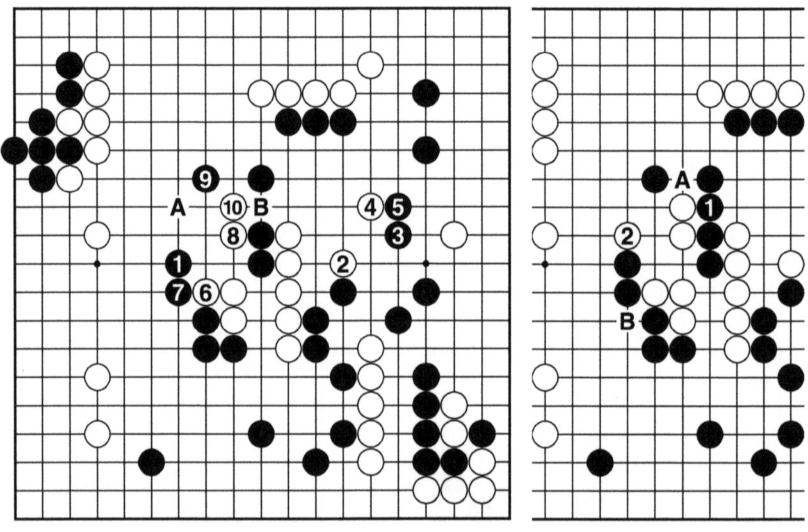

Dia. 2 (1 – 10) *Dia. 3*

Diagramm 3. Wenn Schwarz darauf aus wäre, die Weißen zu töten, dann wäre Schwarz 1 der geeignete Zug. Aber da Weiß über den Anleger auf 2 verfügt und wegen der Schnittpunkte bei A und B wird es Schwarz nicht möglich sein, ihn eingeschlossen zu halten. Und ist er einmal draußen, dann wird die schwarze Stellung im Zentrum gefährlich dünn.

Diagramm 4 (11–12). Schwarz spielte auf 11. Mit 12 fing Weiß zwei Steine, doch das bedeutete nur vier Gebietspunkte und lediglich ein Auge. Die weiße Gruppe lebte, aber nur mit größter Mühe.

Was Schwarz angeht, so war es ihm seit Diagramm 2 gelungen, in die Brettmitte vier Steine (1, 7, 9 und 11) zu setzen, die in die Lücken der weißen Anlagen am oberen und am linken Rand hineinstarren. Er hatte seine Einflussbasis begründet und war nun bereit zur Invasion.

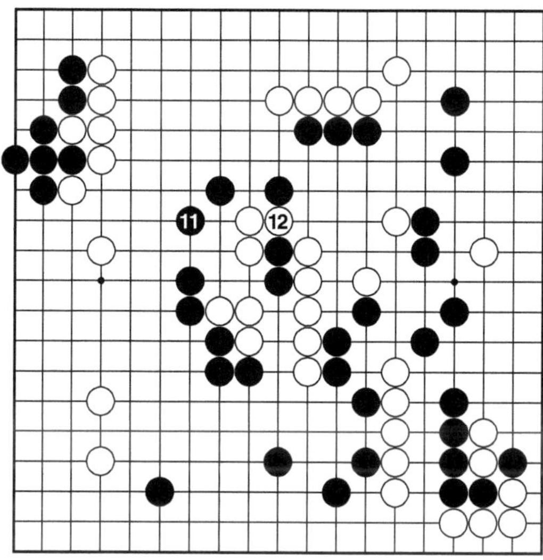

Dia. 4 (11 – 12)

Diagramm 5 (13–27). Schwarz begann mit der Invasion des oberen Randes auf 13. Weiß versuchte, durch die Rettung seines Steins am rechten Rand mit 16 bis 24 seinen Gebietsvorsprung zu erhalten. Doch Schwarz konnte das durch seinen Zug auf 17 einigermaßen ausgleichen und bekam Vorhand für die Invasion des linken Rands mit 25. Weiß verteidigte die linke untere Ecke mit 26, doch Schwarz ignorierte das und spielte auf 27.

Somit hatte der Einfluss aus dem Angriff in der Brettmitte den Schwarzen in die Lage versetzt, alle bisherigen weißen Gebietsanlagen zu zerstören.

Die besten Aussichten hatte Weiß noch, wenn er unten links eine große Ecke absichert. Aber bevor er dort einen Stein setzen konnte, musste er zunächst seine Mauer oben links verteidigen, die mittlerweile als Ganzes bedroht war.

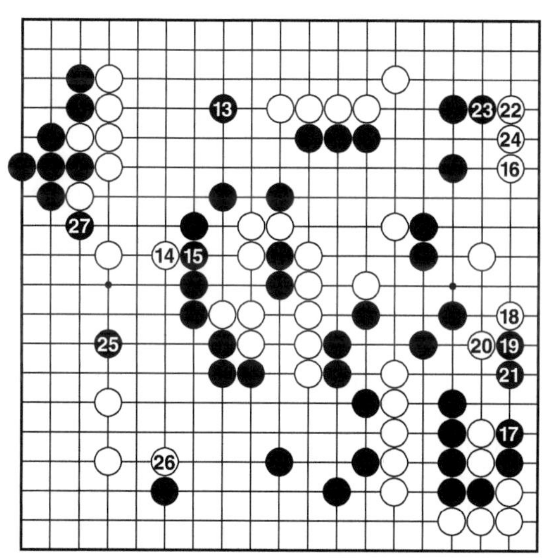

Dia. 5 (13 – 27)

In Diagramm 6 und 7 ist zu sehen, wie das alles weiterging. Weiß konnte die Gruppe oben links behaupten, indem er 28 bis 38 spielte, schädigte damit aber seine eigene Stellung rechts, weil er Schwarz 35 bis 39 hinnehmen musste. (Frage: Warum spielt Schwarz das leere Dreieck auf 39 und nicht A? Antwort: Damit Weiß nicht in Vorhand auf B spielen kann.)

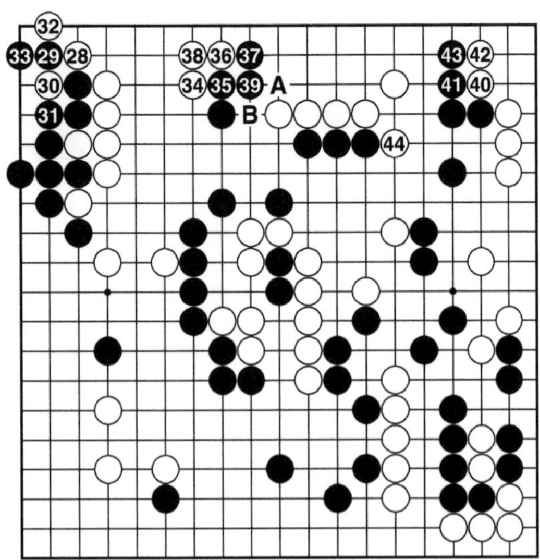

Dia. 6 (28 – 44)

Bei der Rettung der weißen Gruppe oben rechts mit 44 bis 48 verlor die weiße Mittelgruppe ihr zweites Auge. Bei der Rettung seiner Mittelgruppe schließlich schadete Weiß seiner Ecke unten links so sehr, dass Schwarz nach 65 sogar drohte, das gesamte linke untere Brettviertel zu erobern. Zwar hatte Schwarz oben rechts vier Steine verloren – auf Schwarz A in Diagramm 7 folgt Weiß B – aber er war in der Lage, das mit Schwarz C, Weiß A, Schwarz D auszugleichen, was ihm den rechten Rand sicherte. Schwarz gewann mit einem bequemen Vorsprung.

Diese Partie ist ein wunderschönes Beispiel für eine Art Billard-Effekt, durch den Schwarz sich von einem Angriff zum nächsten weiterfedert. Und der Ursprung dieser ganzen Kettenreaktion war sein Angriff in der Brettmitte, der ihm den nötigen Einfluss verschaffte.

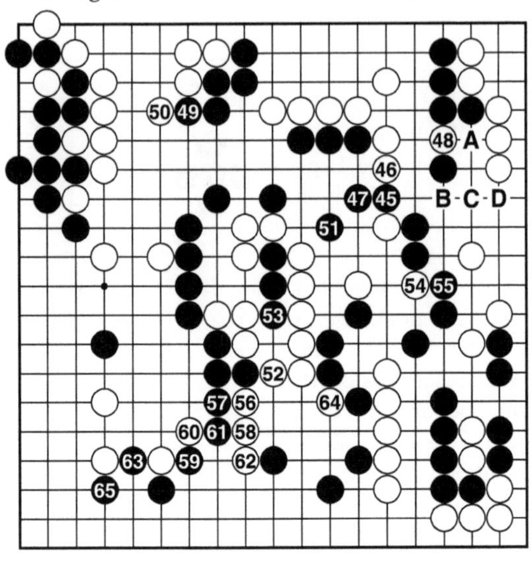

Dia. 7 (45 – 65)

Laufduelle

Diagramm 1. Wir haben gesehen, dass ein Angriff entweder zu dem Zweck geführt werden kann, Gebiet zu erlangen – oder Einfluss. Hier ist nun eine Position, in der Schwarz zwischen diesen beiden Zielsetzungen wählen kann. Mit A oder C kann er nach Gebiet streben, mit B nach Einfluss. Welcher Zug ist korrekt?

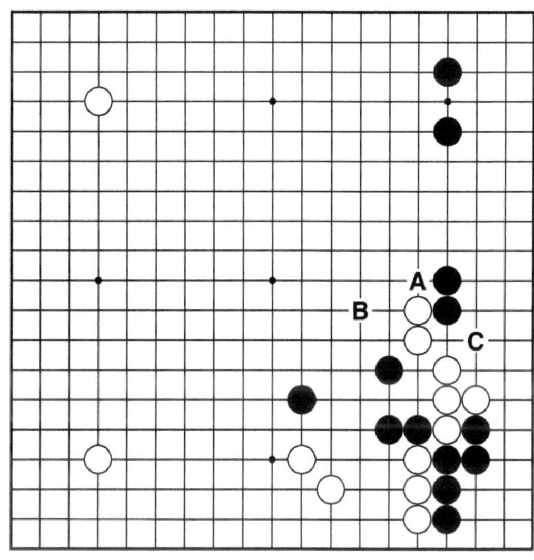

Dia. 1

Diagramm 2. Schwarz 1 ist der richtige Zug. Denn es handelt sich hier um ein Laufduell zweier schwacher Gruppen, nämlich der schwarzen und der weißen in der Brettmitte. Ihre Einflussbilanz ist das entscheidende Thema. Der Zug Schwarz 1 stärkt die schwarze Gruppe und schwächt die weiße. Als angenehmer Nebeneffekt werden die Züge 2 bis 5 induziert, durch die Schwarz am rechten Rand einige Punkte sichert. Schwarz 7 nun ist ein ähnlicher Zug wie Schwarz 1, der die flüchtende weiße Gruppe angreift, während er die eigene verteidigt.

Diagramm 3. Sollte Schwarz auf 1 umbiegen, dann nötigt er Weiß förmlich, ihn seinerseits mit 2 anzugreifen. Schwarz muss dann mit 3 fliehen, während

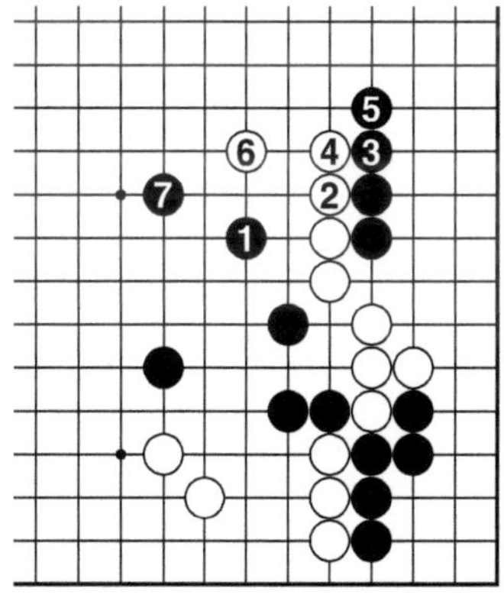

Dia. 2

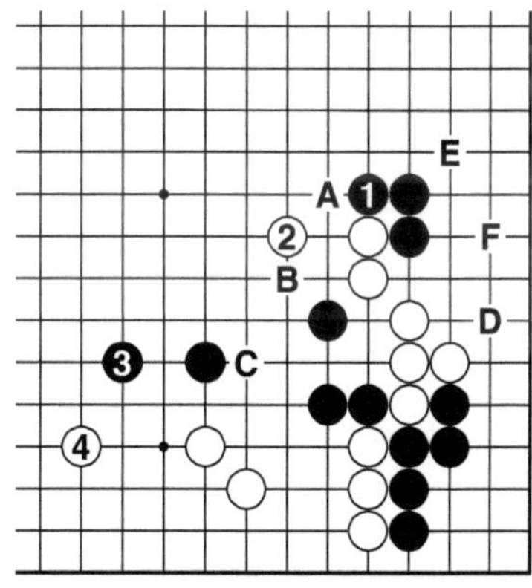

Dia. 3

Weiß mit 4 Gebiet macht; die Entwicklung ist das Gegenteil von Diagramm 2. Schwarz kann nicht mit A fortsetzen, weil Weiß B einen Schnitt auf C androht. Als ob das nicht genug wäre, ist Weiß D auch noch Vorhand gegen die Ecke unten rechts, so dass Weiß auf E invadieren kann, denn er hat den Verbindungszug auf F zur Verfügung.

Mit Diagramm 2 und 3 wird deutlich, wie Gebiet auf natürliche Weise der Seite zufällt, die in der Einflussbilanz in Führung liegt.

Diagramm 4. Schwarz 1 hier ist ein Zug, der ins Endspiel gehört. Wieder wird Weiß den Schlüsselpunkt 2 nehmen und wieder kann er in Vorhand auf A spielen und dann auf einfache Weise mit B invadieren.

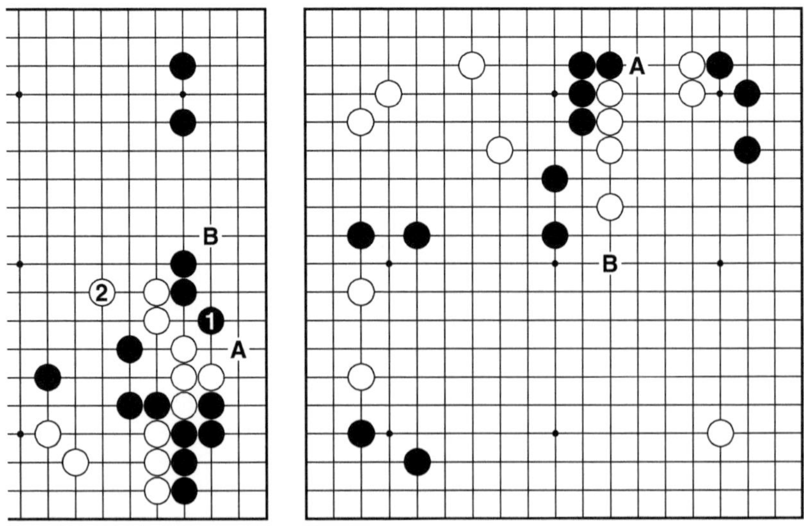

Dia. 4 *Dia. 5*

Diagramm 5. Ein Laufduell ist ein Kampf zweier Gruppen um die Überlegenheit. In dieser Stellung sind das die weiße oben rechts und die schwarze, die sich vom oberen Rand in die Brettmitte erstreckt. Schwarz ist am Zug und hat eine gute Gelegenheit, in diesem Kampf um Einfluss die Oberhand zu gewinnen. Soll er auf A oder auf B spielen?

Diagramm 6. Der Zug Schwarz 1 ist korrekt, denn er hat Auswirkungen auf den Augenraum beider Gruppen. Sobald Schwarz hier spielt, ist er so gut wie am Leben, während Weiß keine Augen hat und durch A bedroht ist. Falls er sich mit 2 bis 6 verteidigt, bekommt Schwarz Gebiet am rechten Rand.

Diagramm 7. Spielt Schwarz auf 1 hier, dann nimmt Weiß den Schlüsselpunkt 2 und ist nur noch einen Zug (Weiß A) vom Leben entfernt. Schwarz könnte nun auf A angreifen, wird es aber nicht tun wollen, weil die weiße Antwort auf B seine eigene laufende Gruppe unterhöhlt. Schwarz B, Weiß A, Schwarz C, Weiß D wäre auch nicht gut. Der schwarze Stein auf C könnte nicht

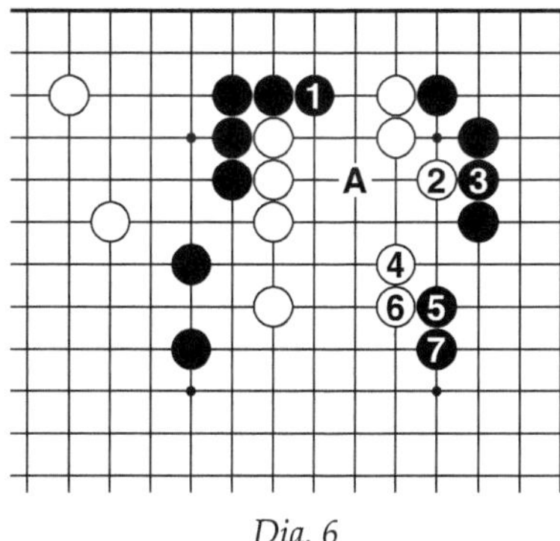

Dia. 6

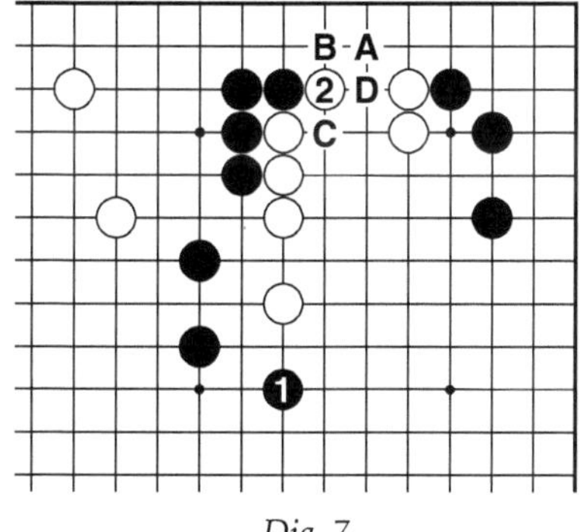

Dia. 7

entkommen und Weiß lebt. Worum es in diesem Beispiel geht, ist: Ein Laufduell wird nicht grundsätzlich dadurch ausgetragen, dass man in die Brettmitte prescht. Ein Kampf um Einfluss ist im Grunde ein Kampf um Augenraum.

Indirekte Angriffe (Anlehnen)

Diagramm 1. Diese Stellung stammt aus einem professionellen Titelmatch, Schwarz ist am Zug. Die weiße Gruppe unten rechts bietet ein dankbares Angriffsziel.

Wenn wir die bisher betrachteten Strategien anwenden wollen, dann sieht zunächst der Zug Schwarz A recht gut aus, da er während des Angriffs die untere Gebietsanlage aufbaut. Doch dann fällt der Blick auf die schwache Gruppe aus fünf schwarzen Steinen in der Brettmitte – für diese könnte ein Angriff mit A unerwünschte Folgen haben.

Entsprechend wäre die nächste Idee, die Strategie aus dem vorherigen Abschnitt zu verfolgen und die schwarze Gruppe durch den Angriff zu stärken. Das allerdings würde Weiß A provozieren und Schwarz möchte Weiß nicht in seine eigene Anlage treiben.

Somit sind die direkten Züge A und B beide nicht wünschenswert. Wenn Schwarz also einen funktionierenden Angriffszug spielen will, muss er es auf indirekte Weise versuchen.

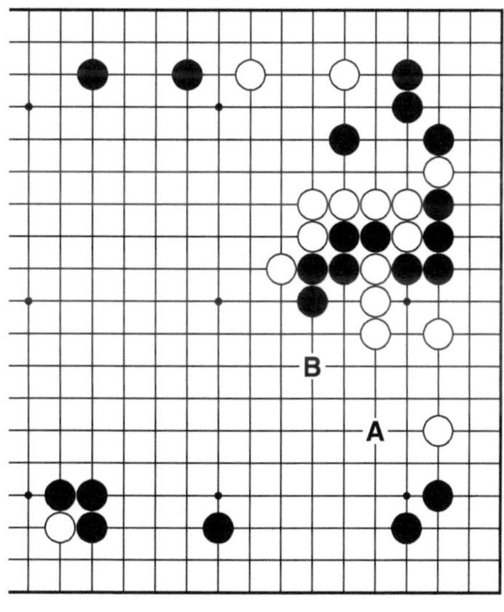

Dia. 1

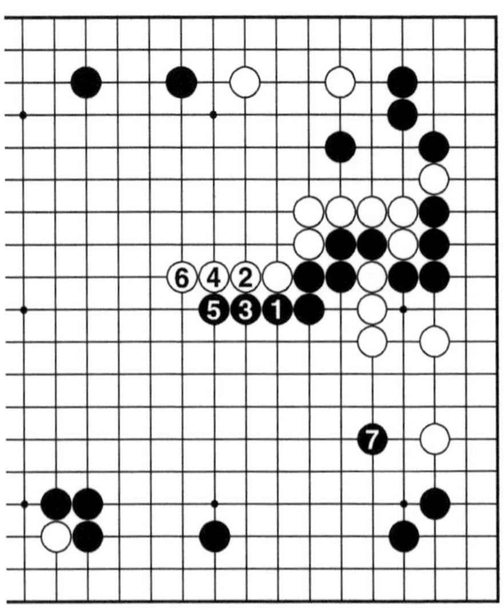
Dia. 2

Diagramm 2. Die Züge Schwarz 1 bis 5 sind die Lösung des Problems. Indem er sich an die weiße Zentrumsgruppe anlehnt, rückt Schwarz die Einflussbilanz zwischen seinen Zentrumssteinen und der weißen Gruppe rechts nahezu ins Gleichgewicht. Anschließend kann er mit 7 von der gewünschten Richtung her angreifen. Er hat nun eine funktionierende Strategie.

Es ist eine Standardtechnik, sich an eine Gruppe anzulehnen, um sich vorbereitend für einen Angriff zu stärken, der einer anderen Gruppe gilt. Versuchen Sie, das in den nächsten beiden Stellungen anzuwenden.

Diagramm 3. Weiß am Zug. A oder B? Versuchen Sie, die Fortsetzung auszulesen.

Diagramm 4. Schwarz am Zug. Soll er mit A herauslaufen oder mit B?

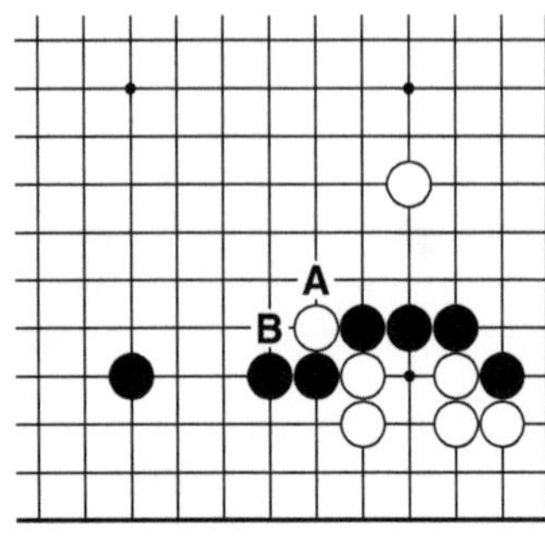

Dia. 3

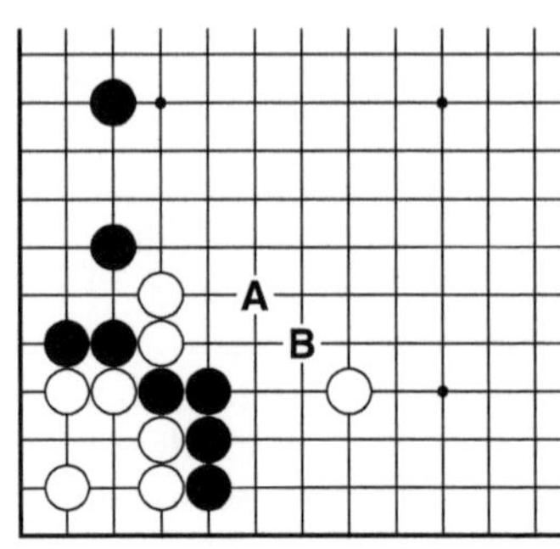

Dia. 4

Diagramm 5. Weiß 1 ist korrekt. Wenn Schwarz mit 2 antwortet, dann wird seine rechte Gruppe durch Weiß 3 eingeschlossen und muss (beginnend mit A) ums Überleben kämpfen.

Diagramm 6. Springt Schwarz hingegen auf 2 heraus, dann kann Weiß mit 3 die beiden wichtigen Schnittsteine fangen. Das wäre für Schwarz katastrophal.

Diagramm 7. Wenn Weiß auf 1 hier spielt, dann flüchtet Schwarz mit 2 (auf Weiß A folgt dann Schwarz B). Weiß kann auf diese Weise nichts fangen und seine Zentrumsgruppe bleibt schwach.

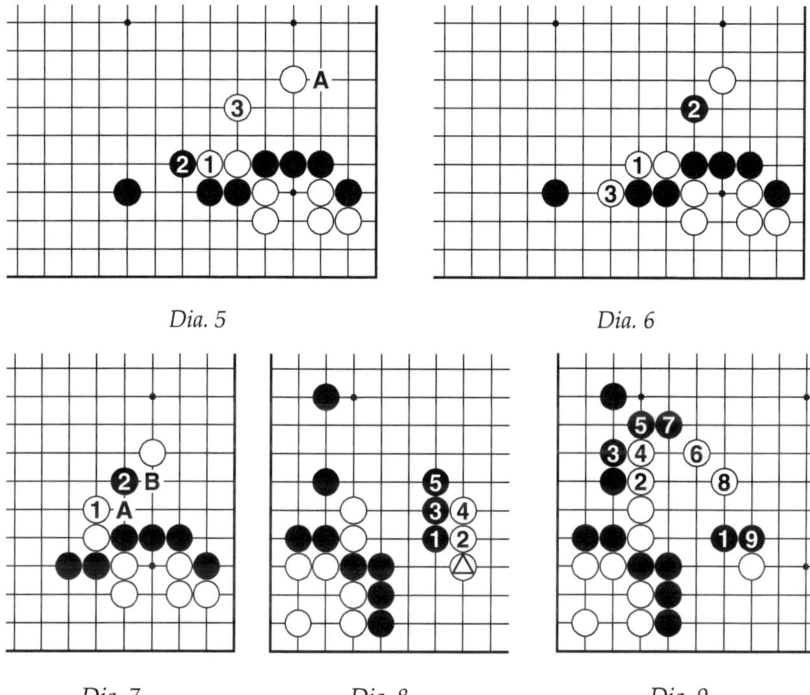

Dia. 5 Dia. 6

Dia. 7 Dia. 8 Dia. 9

Diagramm 8. Schwarz 1 lehnt sich an den Stein △ an und ist korrekt. Setzt Weiß sich mit 2 und 4 zur Wehr, dann streckt Schwarz auf 3 und 5, während die beiden weißen Steine linker Hand langsam in Vergessenheit geraten.

Diagramm 9. Wenn Weiß hingegen mit 2 bis 8 herausläuft, dann ist Schwarz 9 ein weiterer indirekter Angriff. Nachdem er zunächst aus einer defensiven Position gestartet war, hat er nun die Initiative ergriffen.

Diagramm 10. Schwarz 1 hier ist ein unbestimmter Zug. Er verursacht genauso wenig eine Stärkung durch Anlehnen wie 9. Zur weiteren Strafe für das ziellose schwarze Herumlavieren kann Weiß in Vorhand auf A spielen, denn es droht ein Zug auf B.

Will man einen indirekten Angriff durchführen, so muss man einen Kontakt mit den gegnerischen Steinen herstellen oder zumindest in die Nähe kommen. Deshalb sind Anleger wie 1 in Diagramm 5 und 6 und Züge „auf die Schulter" (1 in Diagramm 8 und 9) die häufigsten Züge für diesen Zweck. Es folgen nun weitere Beispiele, diesmal nicht aus Laufduellen, sondern aus reinen Angriffssituationen.

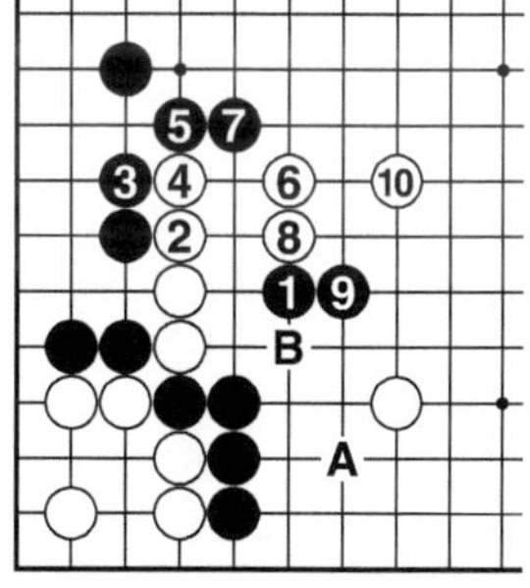

Dia. 10

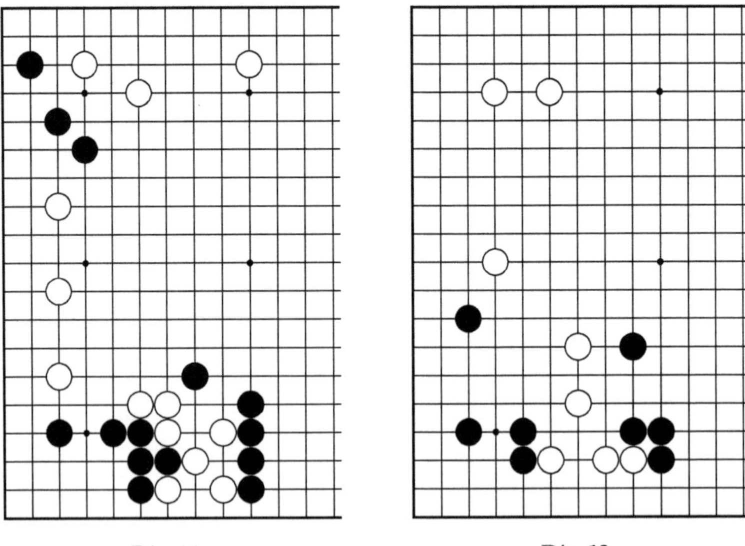

Dia. 11 Dia. 12

Diagramm 11. Schwarz am Zug. Wie soll er die weiße Gruppe am unteren Rand angreifen?

Diagramm 12. Schwarz am Zug greift die weiße Gruppe an, die sich vom unteren Rand her zur Mitte streckt.

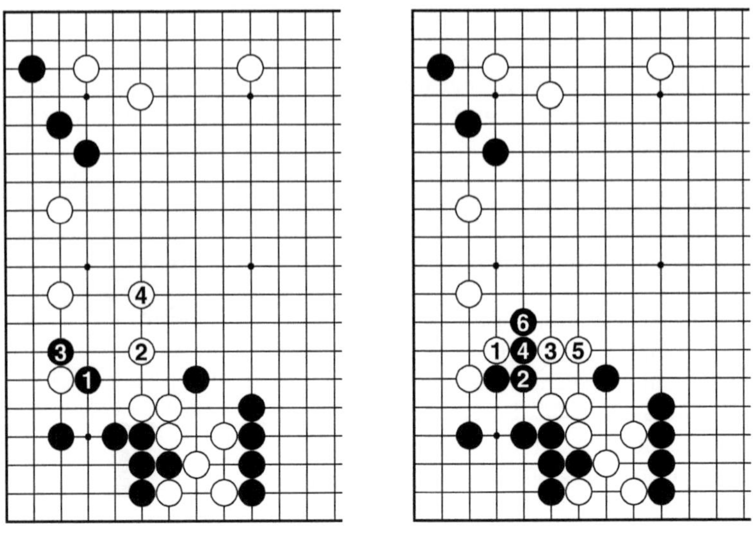

Dia. 13 Dia. 14

Diagramm 13. Schwarz 1 ist der korrekte indirekte Angriff. Die beste weiße Antwort ist, sich mit 2 und 4 in Sicherheit zu bringen. Spielt Weiß mit 2 auf 3, so kann Schwarz selbst auf 2 spielen.

Diagramm 14. Wenn Weiß mit 1 hier Hane spielt und Schwarz 2 induziert, verschlimmert er den schwarzen Angriff nur selbst. Die gegnerischen Steine (wie die Steine 4 und 6 hier) nach draußen zu pressen, ist fast immer falsch.

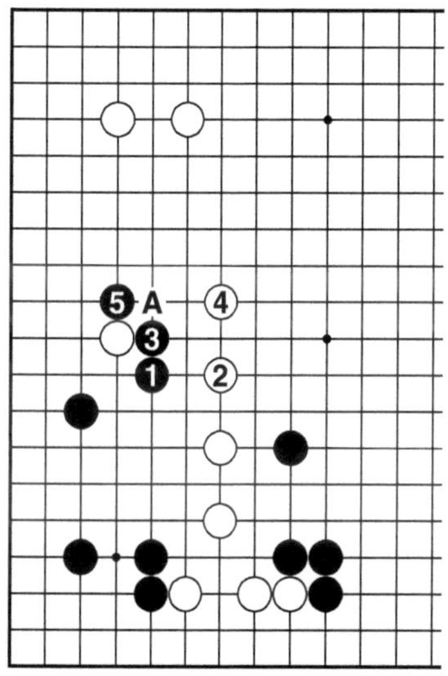

Dia. 15

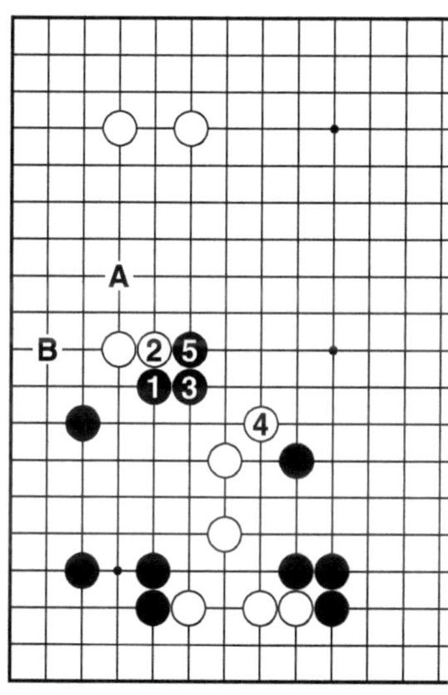

Dia. 16

Diagramm 15. Hier ist der Schulterzug auf 1 wirkungsvoll. Wieder ist es für Weiß wahrscheinlich die beste Antwort, mit 2 und 4 herauszulaufen und seinen Stein links herzugeben. Spielt er mit 4 auf 5, dann lehnt sich Schwarz mit A weiterhin an.

Diagramm 16. Wenn Weiß stattdessen mit 2 antwortet, dann nötigt er Schwarz dazu, den Angriff mit 3 fortzusetzen. Nach Weiß 4 lehnt sich Schwarz auf 5 nochmals an. Während sein Angriff immer heftiger wird, droht mit A schon die nächste Attacke. Aus diesem Grund ist Weiß 2 zweifelhaft, aber auch weil Weiß von vornherein keine guten Aussichten hatte, hier Gebiet zu erzielen, denn Schwarz kann auf B hineingleiten.

Solche indirekten Angriffe sind die Seele des Go. Mit einer Gruppe herumzuspielen und sie nicht direkt, sondern aus der Entfernung anzugreifen und den Gegner zur Aufgabe von Steinen und Gebiet zu zwingen, während er sie verteidigt – das kann genauso befriedigend sein wie das Töten mit brutaler Gewalt. Letzteres ist in Ordnung, wenn es funktioniert. Doch bei einem Fehlschlag ist das Ergebnis oft das von Diagramm 1 am Beginn dieses Kapitels (S. 20). Indirekte Angriffe können nicht so katastrophal scheitern, denn der Angreifer geht keine großen Risiken ein.

Diagramm 17.
Hier ist eine Position auf dem ganzen Brett: Schwarz am Zug greift die weiße Gruppe in der Brettmitte an. Der gewalttätige Zug wäre Schwarz A, aber Weiß würde dann mit Weiß B, Schwarz C, Weiß D in die Richtung seiner beiden Steine am rechten Rand fliehen. Nachdem Weiß dann entkommen ist, ist Schwarz A nahezu wertlos. Haben Sie für diesen Angriff eine bessere Idee?

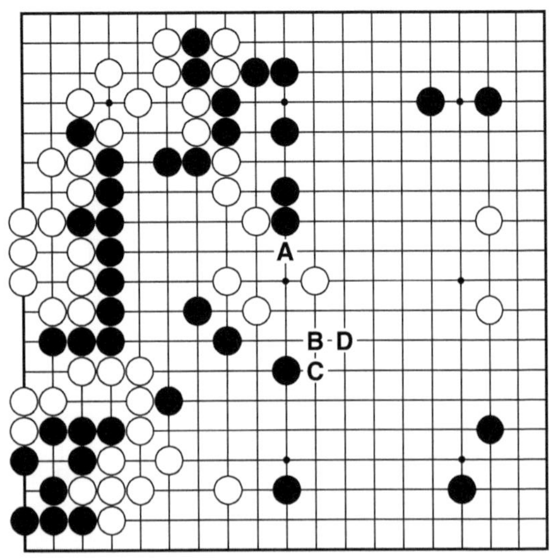

Dia. 17

Wie wäre es, sich mit Schwarz 1 anzulehnen? Das tat der japanische Autor in dieser Stellung vor Kurzem bei einer Meisterschaftspartie. Weiß antwortete auf 2 und Schwarz lehnte sich mit 3, 5 und 7 weiter an. Jetzt konnte Weiß die Gefahr für seine Mittelgruppe nicht länger ignorieren und verteidigte mit 8 bis 12.

Bei kleinlicher Betrachtung ist nun der schwarze Angriff fehlgeschlagen, denn weder hat er am rechten Rand Schaden verursacht, noch hat er die Mittelgruppe fangen können. Dennoch war Schwarz erfolgreich, weil er durch 9 bis 13 unten rechts zu mehr als vierzig Gebietspunkten kam, was die Gebietsbilanz auf den Kopf stellte. Außerdem war die weiße Mittelgruppe nach Schwarz 1 bis 7 weiterhin isoliert und blieb somit anfällig. Kein schwarzer Stein war umsonst. Durch diesen Angriff gewann er die Partie.

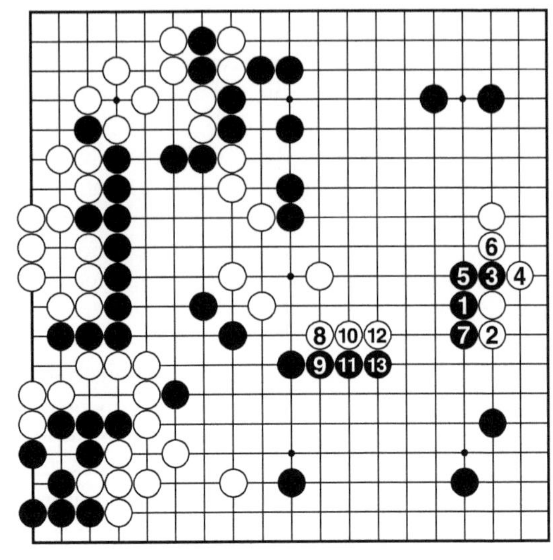
Dia. 17

Hätten Sie mit 1 auf 5 gespielt, oder einen Punkt oberhalb? In Ordnung, das ist die richtige Idee. Die Wahl fiel auf Schwarz 1, weil der Zug gut zu der Anlage unterhalb passte. Schwarz 1 auf 7 wäre vielleicht auch spielbar gewesen, obwohl die Mittelgruppe dann wahrscheinlich nicht isoliert werden kann.

Teilen und Erobern

Bisher haben wir über Angriffe auf eine gegnerische Gruppe gesprochen. Doch der Spaß wird noch größer, wenn es zwei sind. Wenn Sie zwei Gruppen zur gleichen Zeit bedrohen können, dann wird die Verteidigung für den Gegner viel schwieriger. Die Grundtechnik besteht darin, einfach zwischen die beiden Gruppen zu spielen und sie so getrennt zu halten. Solche Angriffe wollen wir als Doppelangriff bezeichnen.

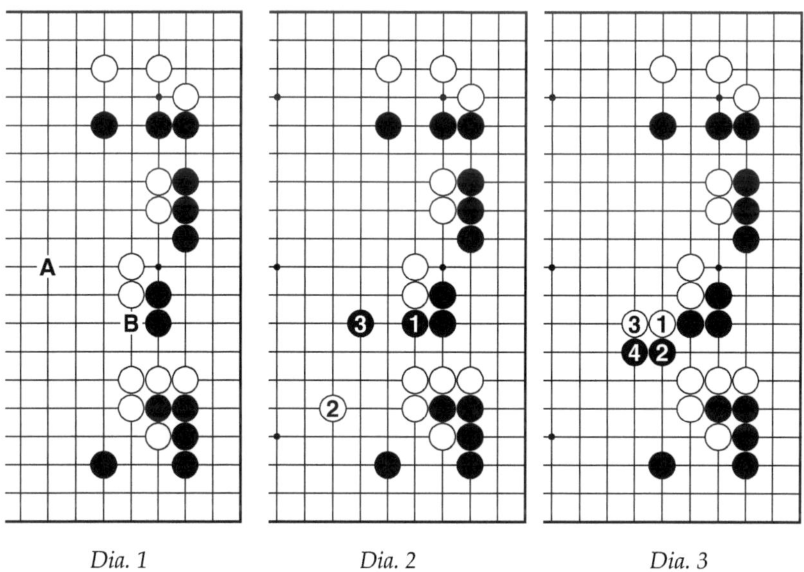

Dia. 1 *Dia. 2* *Dia. 3*

Diagramm 1. Die schwachen Gruppen sind hier die weißen Steinketten zur Brettmitte hin. Falsch wäre ein Angriff mit einem Zug wie A. Nachdem Weiß auf B verbindet, ist seine Formation wegen ihrer schieren Größe fast unverwundbar.

Diagramm 2. Nehmen wir an, dass Schwarz mit 1 einen Doppelangriff auf die Weißen startet. Springt Weiß jetzt auf 2 heraus, dann hält Schwarz 3 die beiden Gruppen getrennt. Die untere muss fliehen; die obere ist zwar noch nicht gefangen, bildet aber nur noch eine träge, leblose Bürde.

Diagramm 3. Wenn Weiß mit dem Hane auf 1 Widerstand leistet, dann hält Schwarz ihn mit 2 und 4 getrennt. Jetzt ist die untere weiße Gruppe in Schwierigkeiten.

Diagramm 4. Diese Stellung ist wie für einen Doppelangriff gemacht. Wie soll Schwarz am rechten Rand spielen?

Diagramm 5. Schwarz 1 zerschneidet die weiße Stellung in zwei Teile (Schwarz A wäre auch möglich) und Schwarz 3 setzt den Doppelangriff fort. Mit 5 nähert sich Schwarz bedrohlich der unteren Gruppe, doch das heißt nicht, dass er sich von der oberen abgewendet hätte – er plant mit B einen indirekten Angriff. Wahrscheinlich wird keine der beiden Gruppe sterben, doch Schwarz gewinnt an Einfluss und verhindert, dass Weiß in nennenswertem Umfang Gebiet erzielt.

Wenn Schwarz diesen Zug unterlässt, dann schätzt Weiß sich glücklich, dass er auf A unterlegen darf.

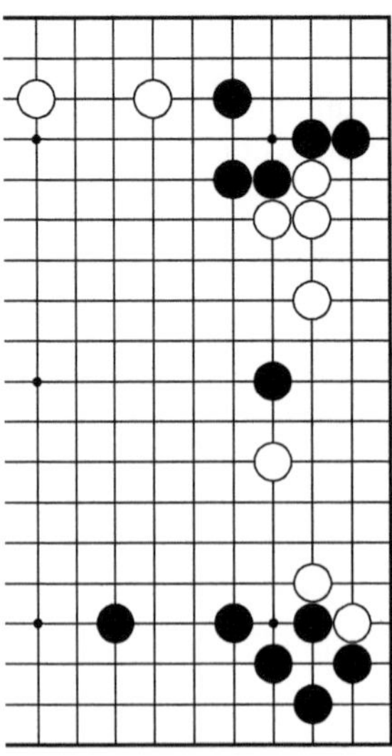

Dia. 4

Diagramm 6. Schwarz am Zug. Diese Stellung stammt aus einem Klassiker zwischen Go Seigen (Schwarz) und Kitani, doch Sie sollten den Zug leicht finden können. Wo kann Schwarz einen Doppelangriff starten?

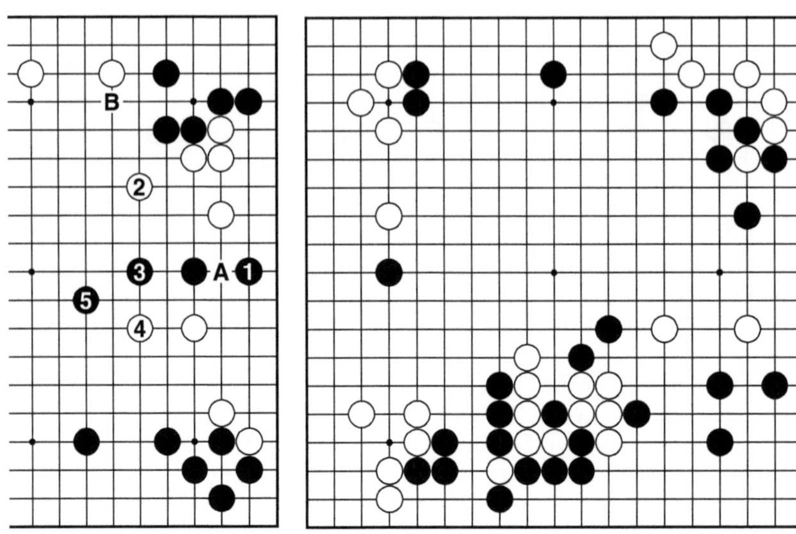

Dia. 5

Dia. 6

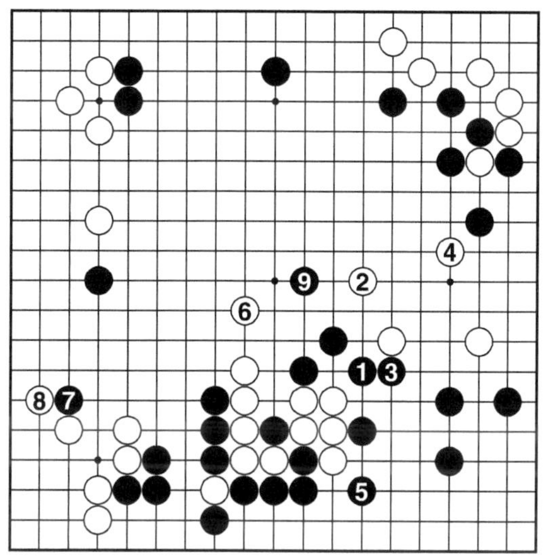

Dia. 7

Diagramm 7. Schwarz spielte auf 1 – auch Go-Genies sind sich nicht zu schade, von offensichtlichen Zügen wie diesem Gebrauch zu machen. Schwarz stärkte seine Stellung mit 3 und 5, während Weiß mit 2, 4 und 6 verteidigen musste. Schwarz 7 war ein eingeschobener Vorhandzug, doch mit 9 kam der nächste Doppelangriff. Natürlich konnte Schwarz mit dieser Strategie des Trennens keine der beiden Gruppen fangen, das wäre zu viel der Erwartung gewesen. Doch durch diese Angriffe konnte er die Initiative behalten und gewann schließlich auch.

Diagramm 8. Diese Stellung stammt aus einer Amateurpartie. Welche Strategie soll Schwarz verfolgen?

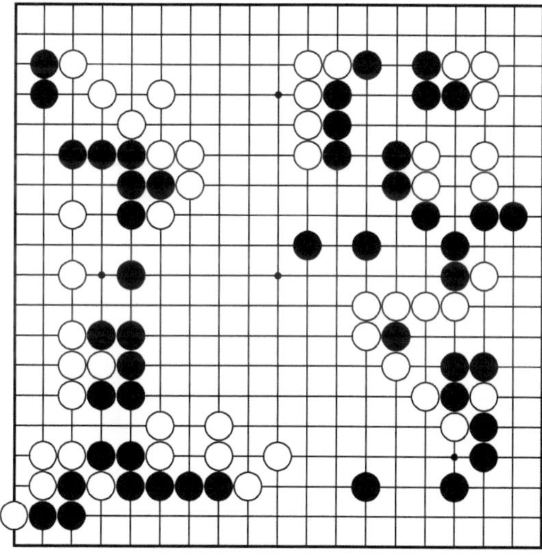

Dia. 8

Diagramm 9. Schwarz sollte die beiden schutzlosen weißen Gruppen in der unteren Bretthälfte trennen. Schwarz 1 scheint für diesen Zweck am besten geeignet, denn wegen der größeren Entfernung der Gruppen wäre ein Zug in der Mitte kein so harter Angriff. Wenn Weiß auf 2 antwortet, dann hält Schwarz ihn mit 3 getrennt. Wie bereits vorher betont wurde, bedeutet Angreifen nicht unbedingt Töten, doch in diesem Fall ist nicht auszuschließen, dass eine der weißen Gruppen tatsächlich stirbt.

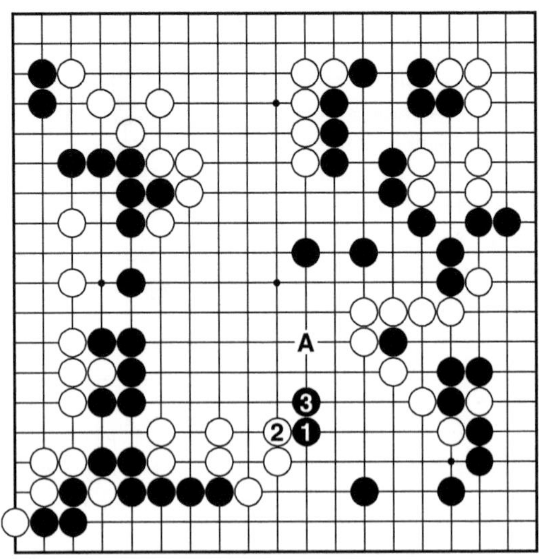

Dia. 9

Wenn Weiß statt dessen mit 2 auf A spielt, dann zerstört Schwarz 2 die Form der unteren Gruppe.

Wie sieht die Sache aus, wenn die zwei gegnerischen Gruppen noch weiter als in Diagramm 9 voneinander entfernt sind, so dass es gar nicht möglich ist, mit einem Stein beide anzugreifen? In diesem Fall treibt man sie auf einander zu. Man wartet ab, bis die Lücke hinreichend klein geworden ist und trennt sie dann. Wenn das funktioniert, dann gehört es zu den verheerendsten Manövern, die das Go zu bieten hat.

Diagramm 10. In dieser Stellung würde ein Zug wie A weder für die weiße Gruppe oben links eine Bedrohung darstellen noch für die am unteren Rand.

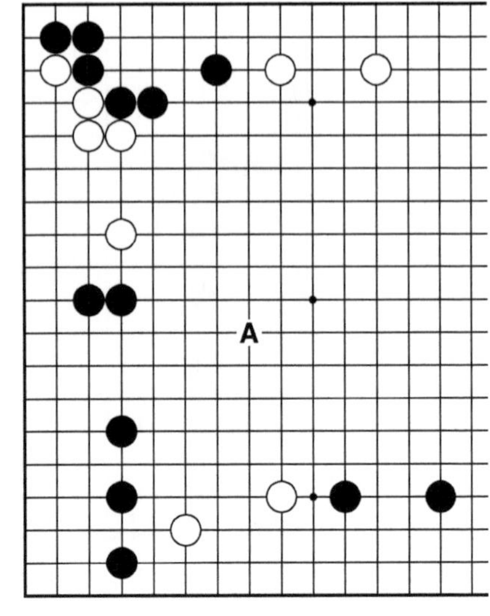

Dia. 10

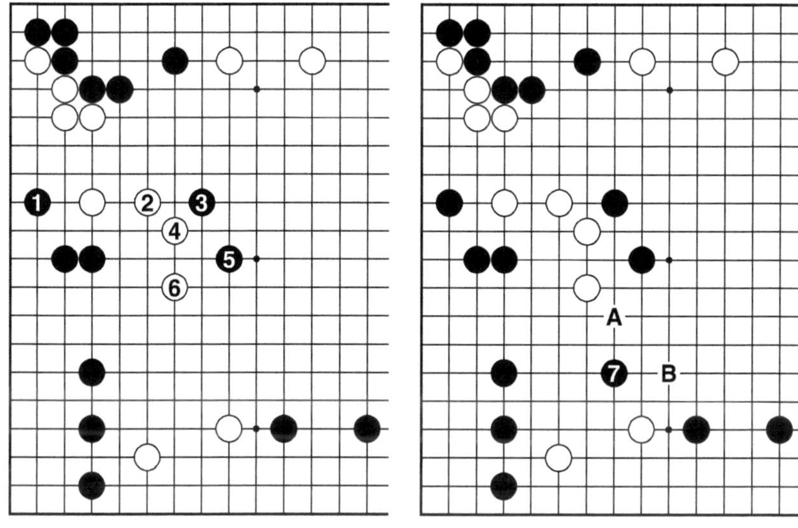

Dia. 11 *Dia. 12*

Diagramm 11. Aber schauen wir, was passiert, wenn Schwarz die obere Gruppe mit 1 in die Mitte treibt und dann mit 3 und 5 nach unten steuert. Nach 6 ist der Abstand klein genug geworden, um einen Doppelangriff zu starten.

Diagramm 12. Schwarz schlägt auf 7 zu. Der Zug macht Miai aus A, was die obere Gruppe einschließt, und B (dasselbe für die untere).

Diagramm 13. Weiß verteidigt seine größere Gruppe mit 8 und 10, während Schwarz 9 und 11 die untere einschließen, was schon groß genug ist. Im Allgemeinen ist es gefährlich, zwei schwache Gruppen auf dem Brett zu haben – dieses Diagramm zeigt, warum.

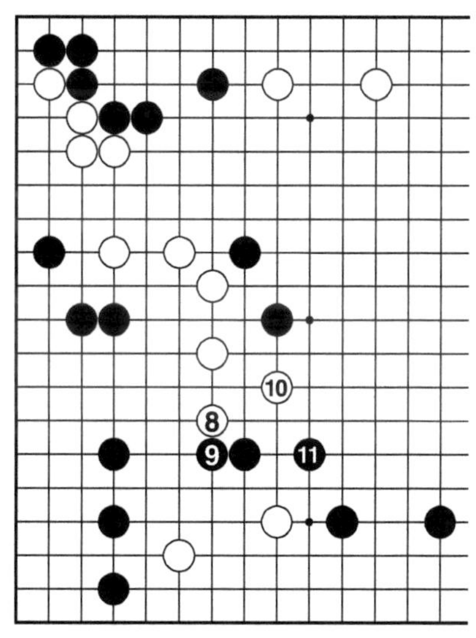

Dia. 13

Schneiden

Der Schnitt ist die ultimative Form des Doppelangriffs. Bei einem Schnitt sind die beiden gegnerischen Gruppen so nah beieinander wie nur möglich, der entstehende Doppelangriff entwickelt maximale Kraft.

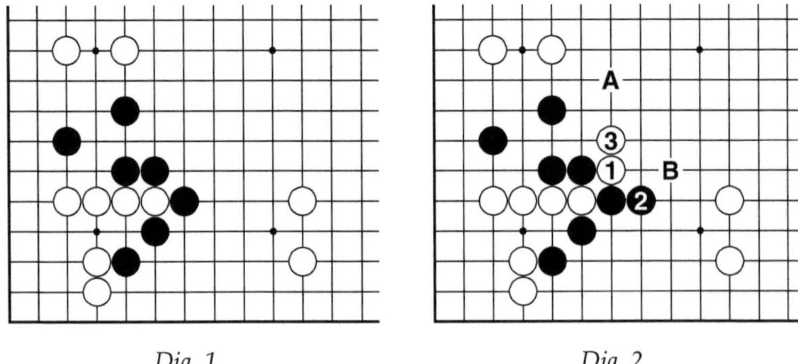

Dia. 1 *Dia. 2*

Diagramm 1. In einer solchen Position wie hier kann Weiß durch Schneiden gewaltigen Schaden anrichten.

Diagramm 2. Er schneidet mit 1. Wenn Schwarz mit 2 von unten her antwortet, dann streckt Weiß auf 3. Jetzt sind A und B Miai, Schwarz wird wahrscheinlich eine seiner beiden Gruppen verlieren.

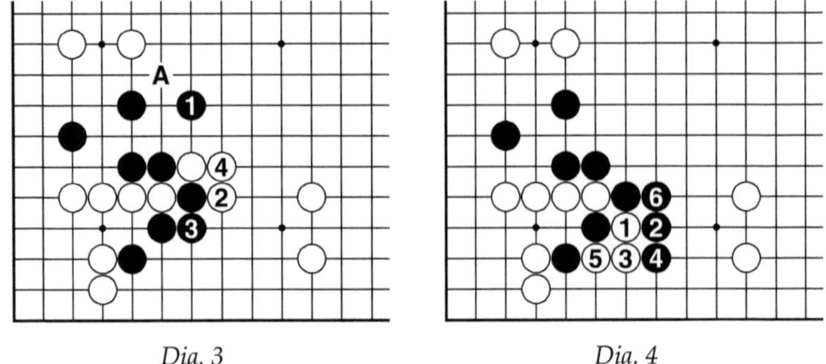

Dia. 3 *Dia. 4*

Diagramm 3. Wenn Schwarz mit 1 von oben verteidigt, dann gibt Weiß mit 2 Atari und deckt mit 4. Die schwarze Gruppe unten ist tot und die obere noch nicht aus der Gefahrenzone (es droht Weiß A).

Der Schnitt in Diagramm 2 hat sehr gut funktioniert, Diagramm 2 und 3 waren für Weiß hervorragende Ergebnisse. Jedoch sollte man jetzt nicht denken, dass jeder Schnitt gut wäre. Wenn Sie etwas abschneiden, dessen Verlust der Gegner verschmerzen kann, dann könnte der Schnitt sogar nach hinten losgehen und ihm dabei helfen, seine Stellung zu verstärken.

Diagramm 4. Ein weißer Schnitt hier wäre grauenhaft. Zwar fängt Weiß die beiden abgeschnittenen Steine ohne Probleme, jedoch ist das nicht besonders groß. Schwarz 2, 4 und 6 hingegen wirken Wunder für die schwarze Gesamtstellung. Anstatt einen so mickrigen Schnitt zu spielen, lassen Sie es besser bleiben.

Diagramm 5. Manchmal bringt es mehr, die gegnerischen Steine zusammenzutreiben, als sie auseinanderzuhauen.

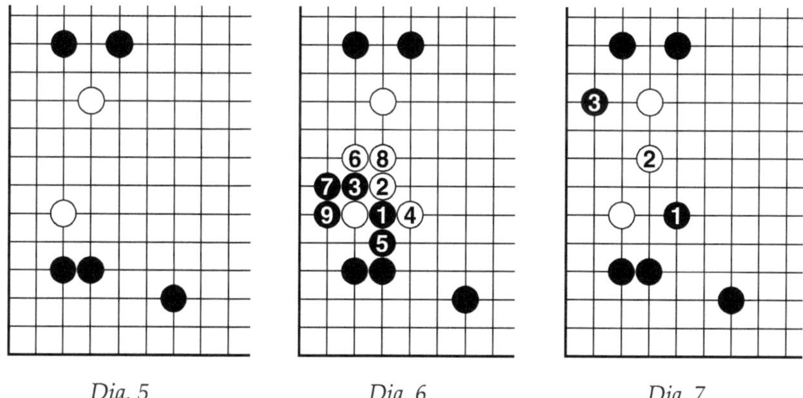

Dia. 5 Dia. 6 Dia. 7

Diagramm 6. Hier zum Beispiel kann Schwarz durch den Kreuzschnitt mit 1 und 3 auf einfache Weise einen Stein fangen, doch Weiß bekommt die Züge 4, 6 und 8 in Vorhand. Jetzt hat er eine viel widerstandsfähigere Form als zuvor.

Diagramm 7. Anstatt die Weißen auseinanderzuschneiden, sollte er sie mit 1 zusammentreiben, dann mit 3 ihren Augenraum aushöhlen und sie in die Brettmitte hinausjagen. Auch so macht Schwarz Punkte, aber Weiß hat viel mehr Probleme.

Können Sie einen guten von einem schlechten Schnitt unterscheiden? Was kann der Gegner verschmerzen und was nicht? Auf den nächsten Seiten haben wir sechs Beispiele für Schnitte zusammengestellt, gute und schlechte. Jetzt sind Sie am Zug!

Diagramm 8. Soll Schwarz auf A schneiden?

Diagramm 9. Wie ist es mit Weiß A?

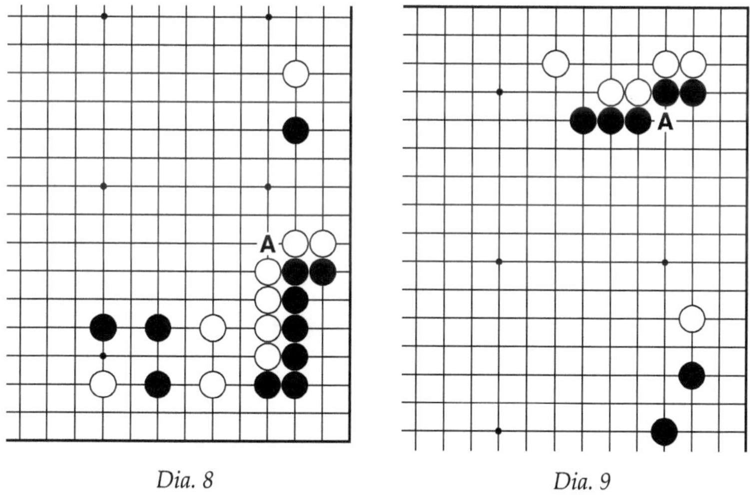

Dia. 8 Dia. 9

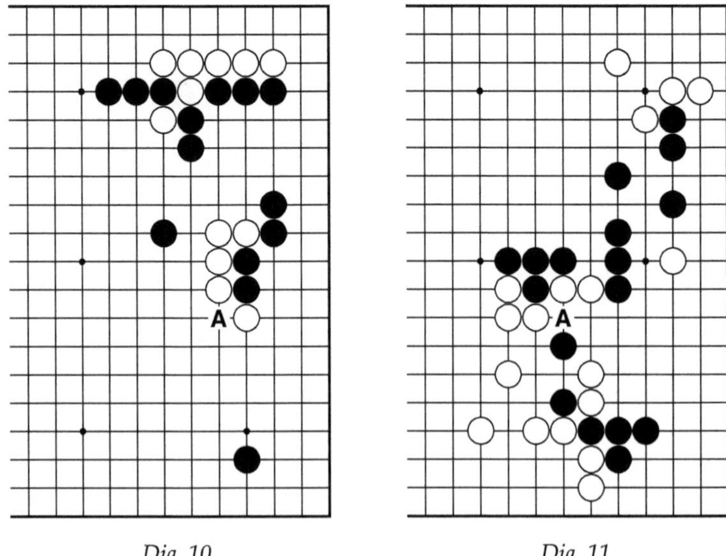

Dia. 10 *Dia. 11*

Diagramm 10. Schwarz A würde einen Stein abschneiden. Lohnt sich das?
Diagramm 11. Diesmal sind es zwei Steine, die Schwarz abschneiden kann.
Diagramm 12. Die weißen Steine am oberen Rand sind schwach. Soll Schwarz auf A schneiden?

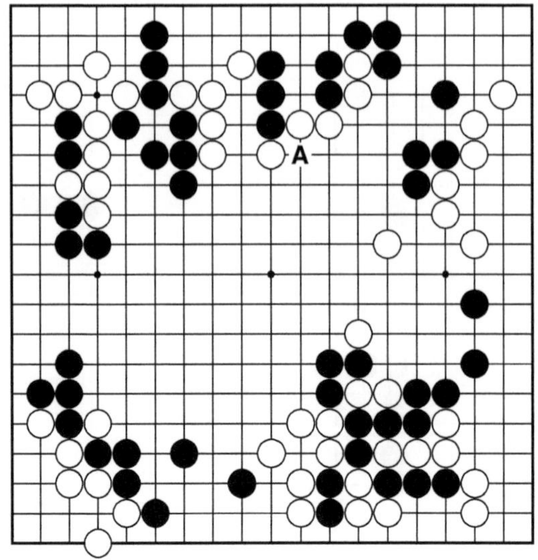

Dia. 12

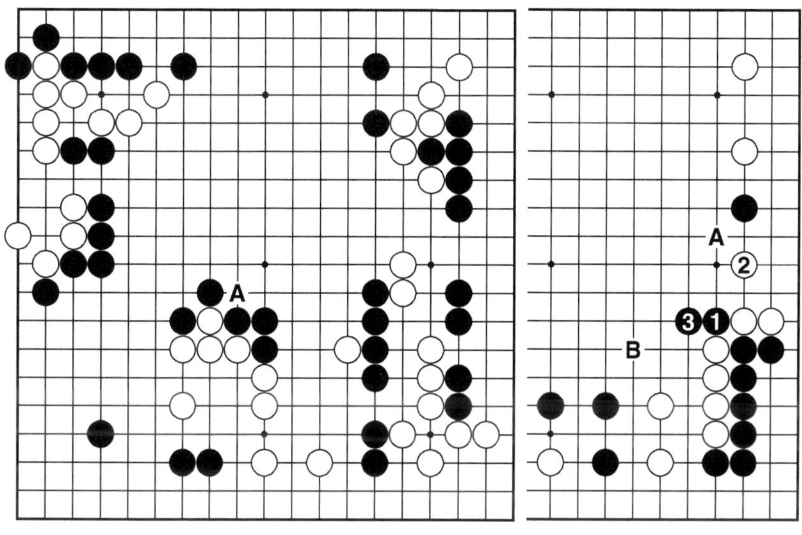

Dia. 13 *Dia. 14*

Diagramm 13. Soll Weiß auf A schneiden?

Lösungen

Diagramm 14. Gut! Schwarz 1 ist ein idealer Schnitt. Weiß kann keine der beiden Gruppen einfach so aufgeben, doch es wird ihm nicht leicht fallen, beide zu retten. Schwarz 3 zielt auf A und B.

Diagramm 15. Schlecht! Schwarz gibt die beiden Steine gern her und fügt mit 4 sogar noch einen dritten hinzu, um die Weißen noch wirkungsvoller auszuquetschen.

Weiß hat in der Ecke ein Nasenwasser bekommen und dafür außen ein Vermögen hergegeben. Beachten Sie, dass außerdem noch Schwarz A, Weiß B, Schwarz C droht.

Diagramm 16. Wenn Weiß anstatt 5 im vorigen Diagramm auf 1 hier spielt, dann wird die schwarze Stellung außen nur noch stärker.

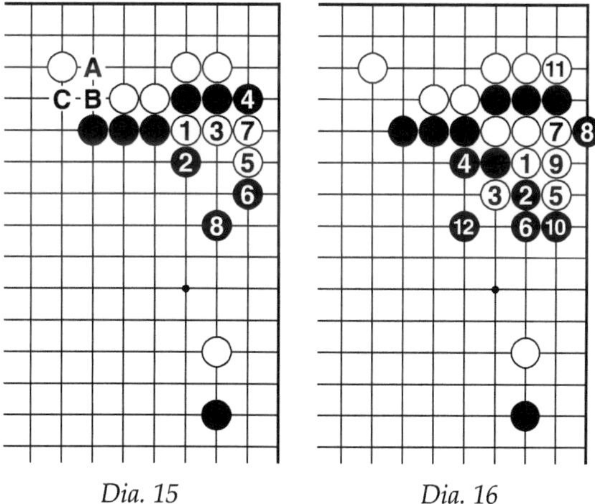

Dia. 15 *Dia. 16*

Diagramm 17. Anstatt zu schneiden, sollte Weiß sich auf 1 nähern – mit dem augenstehlenden Tesuji. Wenn Schwarz mit 2 verbindet (was sein bester Zug wäre) dann kann Weiß mit 3 unten herum verbinden.

Diagramm 18. Gut! Obwohl Schwarz mit 1 lediglich einen Stein abschneidet, wäre es sehr groß, ihn zu fangen. Entsprechend versucht Weiß mit 2 bis 6, ihn zu retten, doch Schwarz 7 droht mit Fortsetzungen auf A und B.

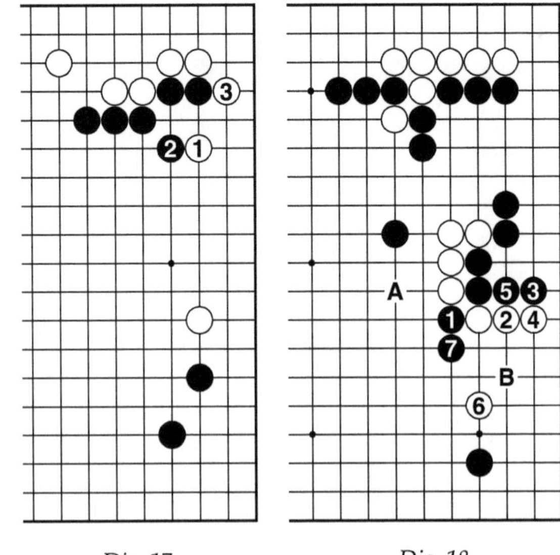

Dia. 17 *Dia. 18*

Diagramm 19. Schlecht! Weiß ignoriert Schwarz 1 und invadiert mit 2 den rechten Rand. Zu den schwarzen Problemen in der Ecke kommt noch die Tatsache, dass Weiß nach A als Vorbereitung droht, auf B herauszuziehen.

Diagramm 20. Statt zu schneiden, soll Schwarz auf 1 verbinden und die drei Steine opfern, um den rechten Rand in Vorhand abzusichern.

Wenn Weiß diesmal mit 2 auf A spielt, dann keilt Schwarz sich mit 7 dazwischen.

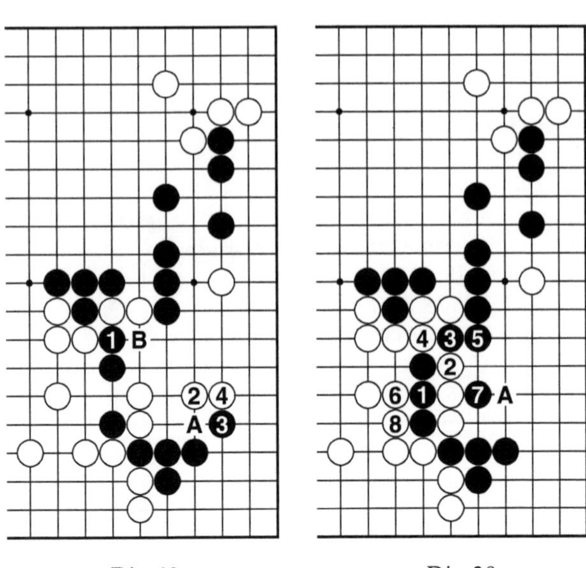

Dia. 19 *Dia. 20*

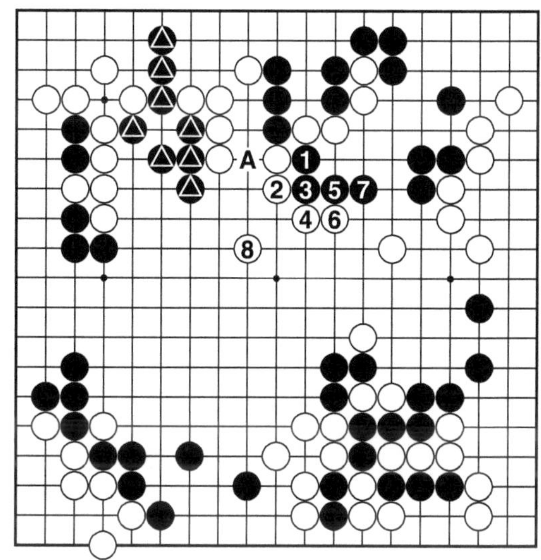

Dia. 21

Diagramm 21. Schlecht! Nach Schwarz 1 droht A, also muss Weiß mit 2 antworten. Schwarz fängt dann vier Steine mit 3 bis 7, summa summarum sind das etwa zwölf Punkte. Bezogen auf die Gebietsbilanz ist das bei Weitem nicht genug, um die Partie zu gewinnen. Mit 8 beginnt Weiß, die markierte Gruppe zu bedrohen, außerdem macht dieser Zug den Einfluss der schwarzen Mauer unten links zunichte und stärkt den verbliebenen Teil der weißen Gruppe erheblich.

Diagramm 22. Schwarz sollte die weiße Gruppe als Ganzes angreifen. Wahrscheinlich kann er sie nicht töten, doch er baut so eine Mauer, die gut mit der anderen unten links harmoniert und durchaus zu einem großen Mittelgebiet beitragen könnte.

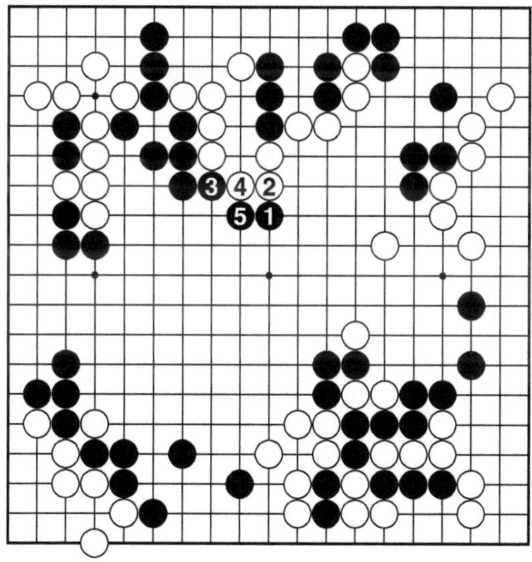
Dia. 22

Diagramm 23.
Gut! Die Treppe läuft nicht für Schwarz, somit trennt Weiß 1 die markierte Steinansammlung in zwei angreifbare Teile. Wahrscheinlich kann keiner von beiden gefangen werden, doch im Lauf der nächsten Züge kann Weiß sich auf Doppelangriffe bei A und C freuen: Weiß A würde die markierte Gruppe links angreifen und eine Invasion der Ecke auf B drohen, Weiß C greift die rechte Abteilung der markierten Steine an und gleichzeitig die beiden Steine oben (Weiß D). Zudem kann Weiß sich mit E oder F anlehnen. Weiß 1 ist ein Schnitt mit hervorragenden Aussichten.

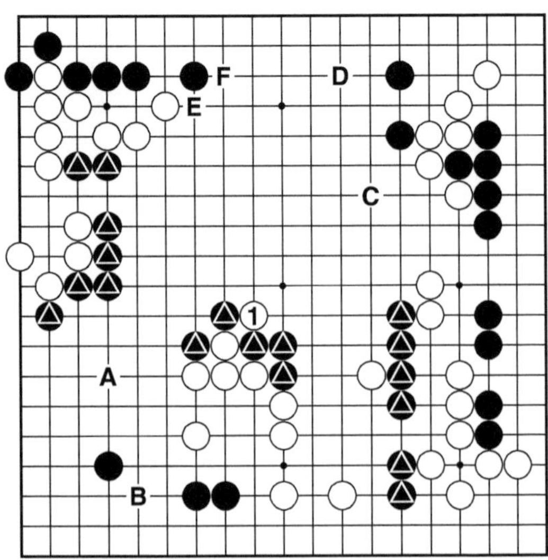

Dia. 23

Das Problem stammt aus einer Partie des japanischen Autors (mit Weiß) gegen Chen Zude, einen Topspieler der Volksrepublik China. Zum Abschluss des Kapitels möchten wir den Angriff, der mit 1 seinen Anfang nahm, bis zum Ende mitverfolgen. Beachten Sie, dass Weiß zu Beginn mit nur wenig Gebiet aufwarten kann, während Schwarz fast überall Gebiet oder Anlagen hat. Falls Weiß also gewinnen sollte, so wäre das ein Zeugnis für die Macht des Angriffs.

Diagramm 24 (1–5).
Schwarz beantwortete den Schnitt Weiß 1 mit 2, einem Hilfsstein

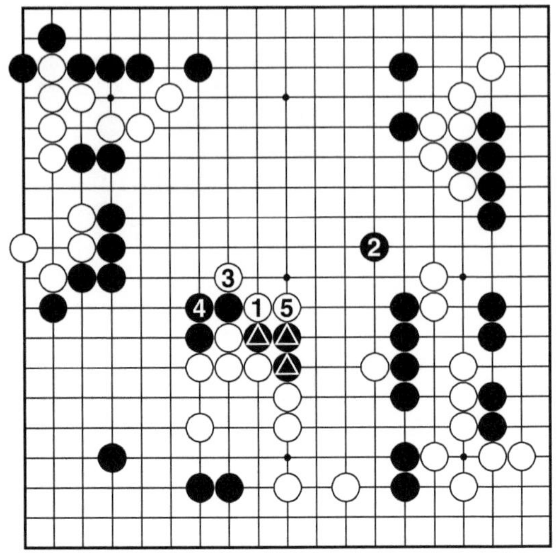

Dia. 24 (1 – 5)

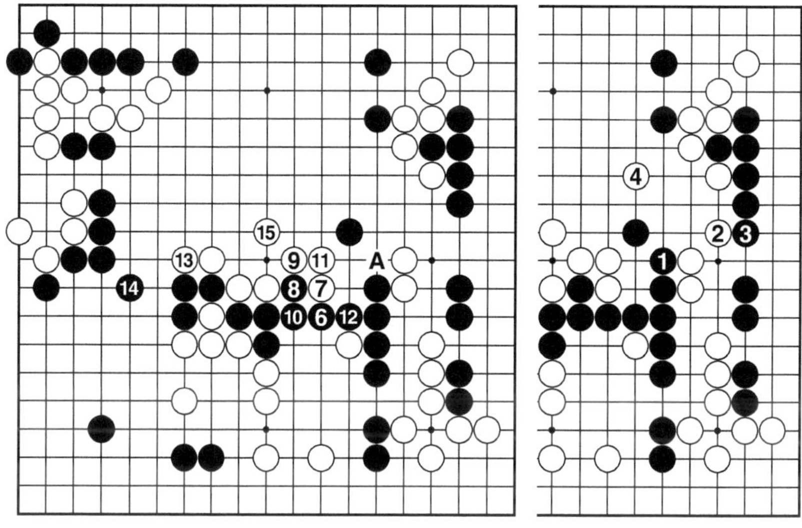

Dia. 25 (6 – 15) *Dia. 26*

für die Treppe, und Weiß gab das Atari auf 3. Statt dessen hätte Weiß auch auf 4 Doppel-Atari geben können, doch dann hätte Schwarz 3 den Schnittstein 1 zur Nutzlosigkeit verdammt. Weiß 3 hatte den Zweck, Schwarz 3 zu verhindern. Weiß 5 droht nun, die drei markierten Steine zu fangen.

Diagramm 25 (6–15). Schwarz verteidigte auf 6 und Weiß entwickelte seine Schnittgruppe mit 7 bis 15 weiter. Am Ende dieser Zugfolge war die schwarze Streitmacht rechts unten in akuter Gefahr: Sie hatte noch keine Augen und konnte zudem durch Weiß A abgeschnitten werden.

Diagramm 26. Schwarz könnte verteidigen, indem er auf 1 verbindet, doch das wäre nur eine Einladung zu dem Doppelangriff auf 4, den Weiß beim ursprünglichen Schnitt bereits im Sinn hatte.

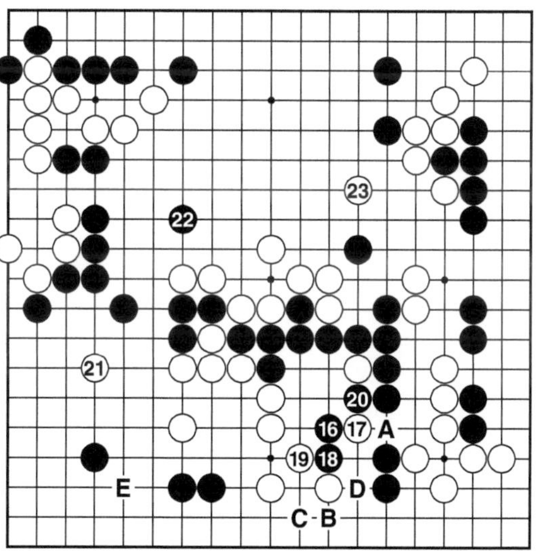

Dia. 27 (16 – 23)

Diagramm 27 (16–23, vorherige Seite). Also versuchte Schwarz, mit 16 an Ort und Stelle zu leben. Schwarz bekommt ein sicheres Auge, indem er mit 20 einen Stein fängt, und ein zweites, wenn er in Nachhand den Stein 17 mitnimmt. Falls Weiß diesen Stein mit A anbindet, kann Schwarz sich mit Schwarz B, Weiß C und Schwarz D in ein Kō um das Leben seiner Gruppe retten.

Anstatt das Kō sofort zu erzwingen, entschied sich Weiß dafür, die beiden geplanten Doppelangriffe 21 und 23 durchzuführen. Weiß 21 drohte mit der Invasion auf E und Weiß 23 schloss die schwarze Gruppe unten rechts ein, so dass es jetzt mit dem Kō A bis D ernst wurde.

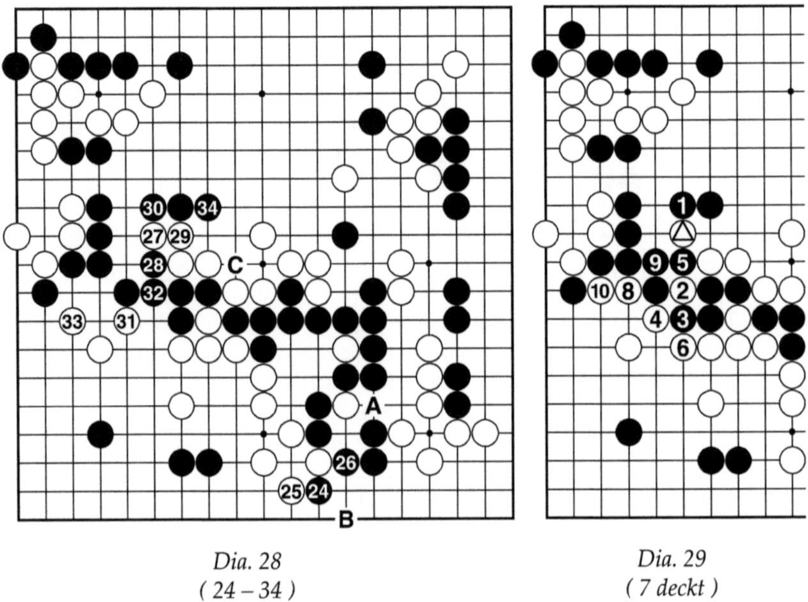

Dia. 28
(24 – 34)

Dia. 29
(7 deckt)

Diagramm 28 (24–34). Schwarz wehrte die schlimmste Bedrohung ab, indem er mit 24 und 26 Leben machte. Wenn Weiß jetzt auf A spielt, dann kann Schwarz auf B ein bedingungsloses Auge bekommen, statt das Kō zu kämpfen.

Weiß verlagerte seinen Angriff nun mit 27 bis 33 nach oben links. Schwarz ignorierte Weiß 33, um in der Mitte auf 34 zu spielen. Dies war ein guter Verteidigungszug, der die Drohung auf C ausnutzt. Doch wegen der fehlenden Antwort nach Weiß 33 war die Ecke unten links noch verwundbarer geworden.

Während dieser Zugfolge stand bei Weiß 27 und 31 die Drohung von Diagramm 29 im Raum.

Diagramm 29. Falls Schwarz den markierten Zug (Weiß 27) mit 1 beantwortet, dann keilt sich Weiß mit 2 dazwischen, spielt mit 4, 6 und 8 Shibori und schneidet schließlich mit 10.

Diagramm 30 (35–53). Weiß verteidigte mit 35 im Zentrum und Schwarz mit 36 in der Ecke. Jetzt entschloss Weiß sich, das Kō zur Entscheidung zu bringen, und spielte auf 37. Beginnend mit 39 hatte er Kō-Drohungen in ausreichender Zahl. Schwarz bot durch das Verbinden mit 44 an, dass Weiß auf A spielen kann und das Kō über Leben und Tod entscheiden lässt. Doch Weiß lehnte dieses Gambit ab und schlug auf 45 durch. Damit brachte er seine eigene untere Gruppe aus jeder denkbaren Gefahr und ließ Schwarz mit 52 leben.

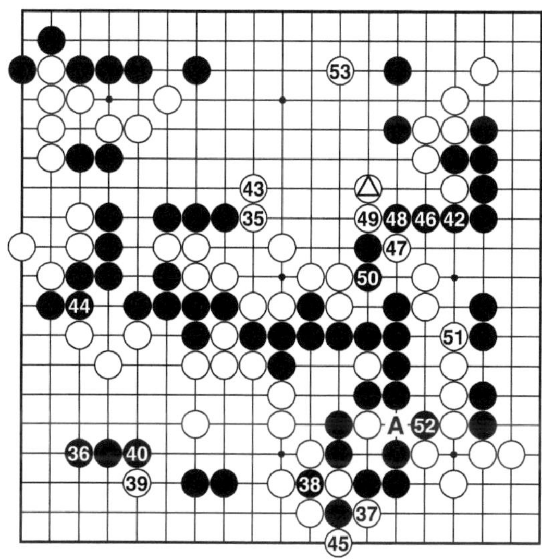

Dia. 30 (35 – 53)
41 schlägt das Ko

So weit hatte Weiß durchs Angreifen nicht viel echtes Gebiet erworben, aber seine Angriffe wurden immer heftiger. Weiß 53 schließlich war der Todesstoß. Jetzt, nachdem Weiß 43 und △ auf dem Brett lagen, waren die beiden schwarzen Steine oben rechts in großen Schwierigkeiten.

Diagramm 31. Nebenbei bemerkt hätte Schwarz anstatt 36 in Diagramm 30 auch mit 1 bis 7 vier Steine fangen können. Doch abgesehen davon, dass Schwarz so die linke untere Ecke nicht verteidigt, lässt er auch zu, dass Weiß mit 8 die markierten Steine tötet.

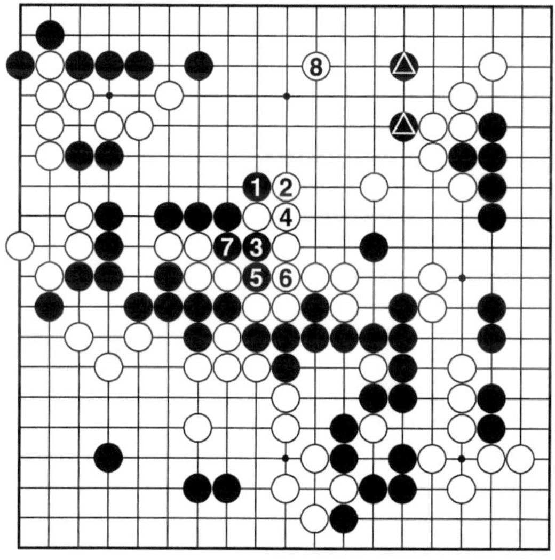

Dia. 31

Diagramm 32 (54–85). Hier ist das Ende der Entwicklung zu sehen. Schwarz verlor die obere Gruppe und gab auf. Beachten Sie die Anlehnungszüge 57, 65 und 67, die beim Fangen der Gruppe hilfreich waren. Weiß 57 war eine Art Testzug: Bei einer anderen schwarzen Antwort hätte Weiß sich vielleicht entschieden, mit 59 auf 60 zu spielen.

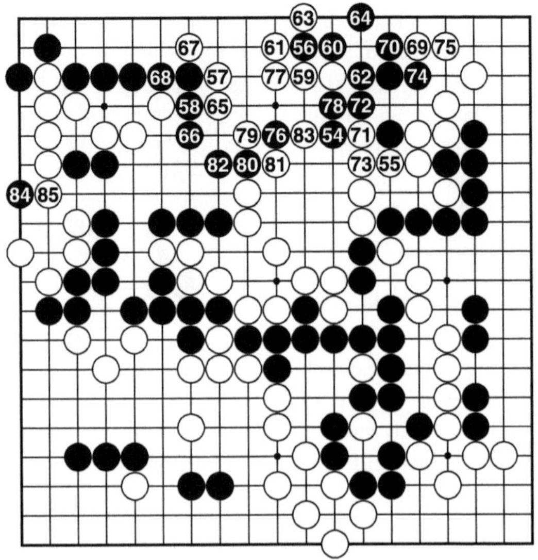

Dia. 32
54 – 85

3. Angriffszüge

Im vorigen Kapitel haben wir uns mit Angriffsstrategie befasst. In diesem wenden wir uns nun den Taktiken zu, mit denen diese Strategie in die Tat umgesetzt wird.

Vermeide die Berührung

Wenn Menschen miteinander kämpfen, dann besteht ihre Angriffstechnik grundsätzlich darin, einen kraftvollen Kontakt mit dem Angegriffenen herzustellen. Ein Boxer greift durch Schläge an, ein Ringer umklammert seinen Gegner. Wenn man auf Abstand bleibt, kann man nichts erreichen. Caesars Armeen hatten zur Eroberung Galliens Schwerter, Speere und Rammböcke zur Verfügung – alles Waffen, die durch unmittelbaren Kontakt wirken. Moderne Kriegsführung ersetzt sie durch Bomben und Geschosse, doch das Grundprinzip bleibt der zerstörerische Kontakt.

Vernünftigerweise dürfte ein Anfänger im Go analog schließen, dass die stärksten Angriffszüge Kontaktzüge seien, bei denen die angegriffenen Steine unmittelbar berührt werden. Und diese Annahme dürfte durch die Erfahrung erhärtet werden, dass dem Anfänger die Kontaktzüge seines Gegners die meisten Schwierigkeiten machen. Und so wird „Durchstoßen und Schneiden“ zu seinem Spielstil, sein Motto lautet „Angriff durch Berühren“. Doch das ist gefährlich, weil es falsch ist.

Vielleicht möchten Sie das letzte Kapitel noch einmal daraufhin durchsehen, wie viele der Angriffszüge dort Kontaktzüge waren. Wenn Sie das tun, werden Sie eine wertvolle Beobachtung machen: Von den Schnitten abgesehen war fast kein Kontaktzug dabei. Und die gespielten Kontaktzüge waren fast alle Anlehnungszüge, die etwas anderes berührten als die angegriffene Gruppe. Das ist kein Zufall. Im Gegensatz zur Vermutung des Anfängers lautet ein Grundprinzip des Go: „Berühre nicht, was du angreifst.“

Der Grund dafür ist: Auf einen Kontaktzug antwortet der Gegner im Allgemeinen durch solides Strecken oder eine feste Verbindung, womit er seine Stellung festigt und damit stärkt. Daher ist ein Angriff mit einem Kontaktzug in sich widersprüchlich – und schlägt wahrscheinlich fehl. Obendrein berührt nun der Stein, der den Angriff durchführen sollte, den gestärkten gegnerischen – und muss höchstwahrscheinlich mit einem Gegenangriff rechnen. Wenn man so spielt, kann man bestenfalls auf ein ausgeglichenes Hin-und-Herdrücken hoffen, bei dem beide gleichzeitig angreifen und verteidigen.

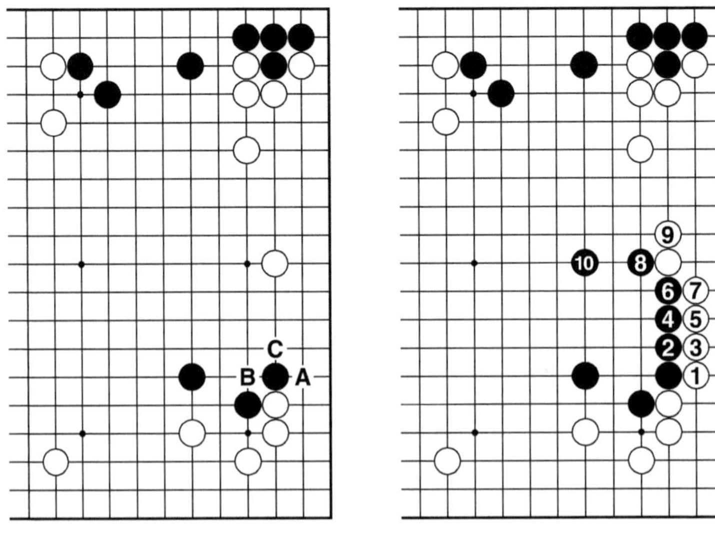

Dia. 1　　*Dia. 2*

Diagramm 1. Nehmen wir diese Stellung als konkretes Beispiel. Weiß möchte die ungefestigte Gruppe unten rechts angreifen. Was passiert, wenn er sich für einen der drei denkbaren Kontaktzüge A, B oder C entscheidet?

Diagramm 2 (A). Nehmen wir an, dass er das Hane auf 1 spielt. Er kann dann am rechten Rand entlang verbinden. Doch während er auf der zweiten Linie entlang läuft (oder besser gesagt kriecht), entwickelt die vorher so verwundbare schwarze Gruppe Stabilität, Gebiet und Augenraum. Das ist von allen denkbaren Spielweisen für Weiß die schlechteste.

Diagramm 3 (B). Als nächster Kandidat ist der Schnitt auf 1 zu beurteilen. Doch dies ist die Sorte Schnitt, vor der wir im vorigen Kapitel gewarnt hatten, da der Gegner das Abgeschnittene ohne Weiteres hergeben kann. Schwarz antwortet mit 2 bis 6. Diesmal bekommt er wohl weder Gebiet noch Augenraum, dafür

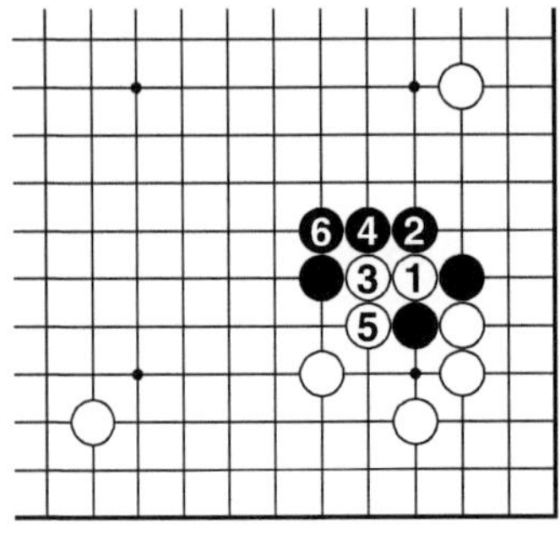

Dia. 3

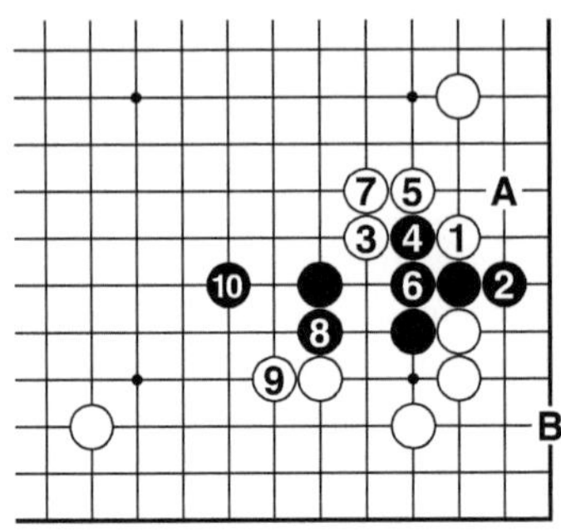

Dia. 4

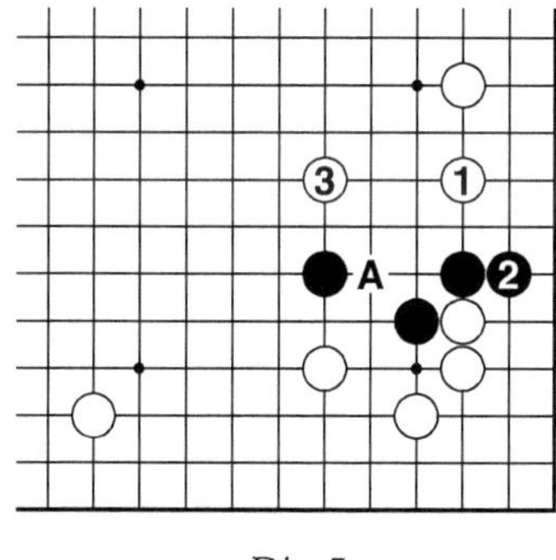

Dia. 5

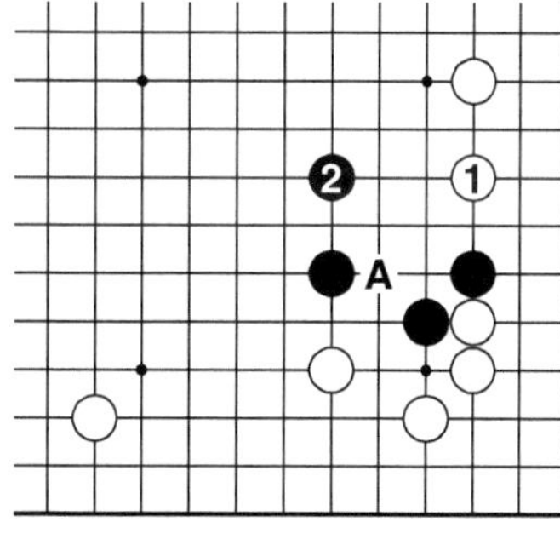

Dia. 6

aber Festigkeit. Weiß hingegen bekommt lediglich einen Stein, dessen Verlust Schwarz gut verschmerzen kann.

Diagramm 4 (C). Der weiße Klemmzug auf 1 ist der interessanteste unter den drei Kontaktzügen, da er der weißen Form den größten Schaden zufügt – doch beachten Sie, wie die schwarze Gruppe durch die Antwort mit 2 bis 10 wieder Stabilität gewinnt und der weiße Stein auf 1 geschwächt wird. Und schließlich fällt auf, dass Schwarz 2 am Rand gewaltigen Schaden für Weiß anrichtet – fast zwanzig Punkte. Stellen Sie sich vor, wie Schwarz im Endspiel in Vorhand auf A springt und auf B ins weiße Gebiet hineingleitet: Weiß 1 ist ein überzogener Zug, der eine sehr unerwünschte Antwort heraufbeschwört.

Somit bringt keiner von diesen drei Kontaktzügen ein gutes Ergebnis. Wie soll Weiß also dann angreifen?

Diagramm 5. Weiß soll Abstand halten und auf 1 spielen. Zum Vergleich mit dem vorigen Diagramm nehmen wir an, dass Schwarz auf 2 herabsteigt. Weiß kann dann auf 3 springen. Das sieht zwar aus wie Diagramm 4, doch gibt es zwei wesentliche Unterschiede: Zum einen hat Weiß die schwarze Gruppe nicht so festgestampft wie eben – spielbar wäre etwa Weiß A. Zum anderem steht der Stein Weiß 1 nun viel stärker da. Dieses Ergebnis ist für Weiß deutlich besser.

Diagramm 6. Anstatt herabzusteigen, wird Schwarz wahrscheinlich mit einem Sprung wie Schwarz 2 in die Brettmitte antworten, um gegen Weiß A zu verteidigen. Doch wieder ist klar, dass Weiß ein besseres Ergebnis bekommt als in den Diagrammen 2 bis 4: Die schwarze Gruppe ist noch nicht gefestigt und hat keinerlei Augenform.

Was hier aufscheint, gilt auch ganz allgemein: Angriffe mit Kontaktzügen gehen oft nach hinten los. Vergleichsweise harmlos wirkende Züge aus sicherem Abstand sind viel wirksamer.

Spiele druckvoll

Allein durchs Abstandhalten jedoch entsteht noch kein starker Angriff, dazu braucht es mehr. Ein Angriffszug muss druckvoll sein, er muss den Gegner da treffen, wo es weh tut. Tatsächlich geht es im Grunde um druckvolles Spiel; Abstand ist nicht das Entscheidende.

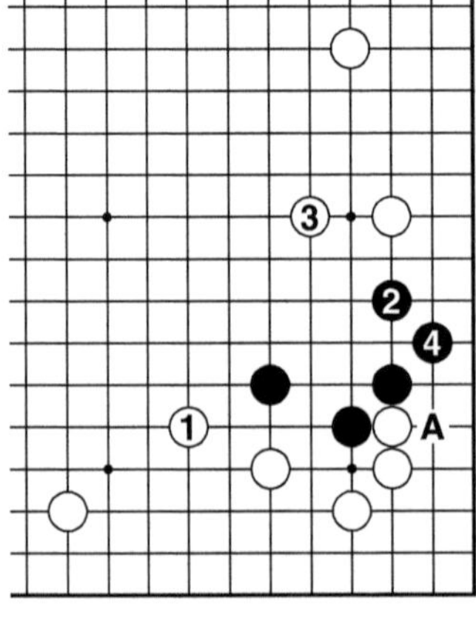

Dia. 1

Diagramm 1. Man könnte die Frage stellen, warum Weiß im vorigen Beispiel nicht aus der Richtung von 1 angreift, etwa um am unteren Rand Gebiet zu machen. Strategisch ist das auch sinnvoll, doch wenn wir uns die Situation genauer ansehen, dann fehlt den weißen Zügen die Entschlossenheit. Schwarz kann sich auf 2 ausdehnen. Wenn Weiß mit 3 weiterhin angreift, dann lebt Schwarz mit 4. Der weiße Angriff ist bereits zu Ende und Schwarz war zu keiner Zeit in Gefahr. Schwarz hat sogar Gebiet erzielt, denn er kann später in Vorhand A und so fort spielen.

Einen Kontaktzug kann jeder erkennen, aber einen druckvollen von einem wenig druckvollen Zug zu unterscheiden, ist nicht ganz so einfach. Finden Sie in dieser Stellung den stärksten Angriffszug?

Diagramm 2. Diese Position hatte einmal der japanische Autor vor sich. Sein Gegner hatte gerade mit Weiß den markierten Stein gesetzt. Offenbar wollte er, dass Schwarz auf A antwortet, so dass er in Vorhand den Austausch B gegen C spielen und dann die rechte Gruppe mit D verteidigen kann. Doch die schwarze Gruppe war nicht in akuter Gefahr. Deshalb schien es besser, nicht dem weißen Wunsch zu entsprechen, sondern vielmehr rechts zum Angriff überzugehen – was der Autor dann auch tat. Um das Beste aus der Gelegenheit zu machen, muss Schwarz druckvoll spielen. Wo ist der richtige Zug?

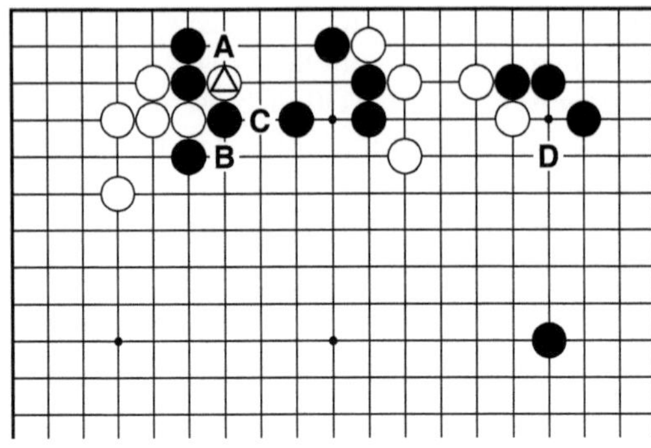

Dia. 2

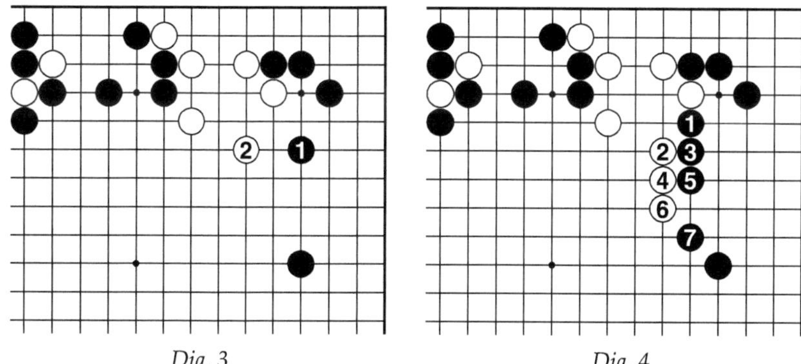

Dia. 3 *Dia. 4*

Diagramm 3. Hier nicht. Zwar ist Schwarz 1 ein Standardzug, doch erlaubt er dem Weißen eine einfache Verteidigung mit 2. Schwarz greift von der richtigen Seite aus an, bekommt aber nur ein mittelmäßiges Ergebnis.

Diagramm 4. Also dann, ist das Einklemmen auf 1 druckvoller? Nun ja, Sie wissen schon, dass dieser Kontaktzug wahrscheinlich nicht korrekt ist. Weiß antwortet mit 2 und lässt sich in die Brettmitte hinausschieben. So gibt er dem Schwarzen zwar Gebiet, stärkt sich dafür aber in Vorhand. Auch das ist noch nicht zufriedenstellend.

Diagramm 5. Der stärkste Angriffszug ist hier, nur je einen Punkt von den beiden vorhin betrachteten, schwächeren Zügen entfernt. Druckvoll macht ihn zum einen der Umstand, dass Weiß nicht wie in Diagramm 4 an ihm vorbeikommt und herausspringen kann. Zum anderen bereitet er einen Schnitt auf A vor, so dass es für Weiß nicht ratsam ist, mit B an 1 vorbei in den rechten Rand einzudringen.

Diagramm 6. Falls er es versucht, bekommt er dieses Ergebnis. Weiß mag zwar durchgekommen sein, doch hat er dabei die Hälfte seiner Gruppe verloren. Die andere Hälfte hat keine Augenform und bleibt ein Angriffsobjekt.

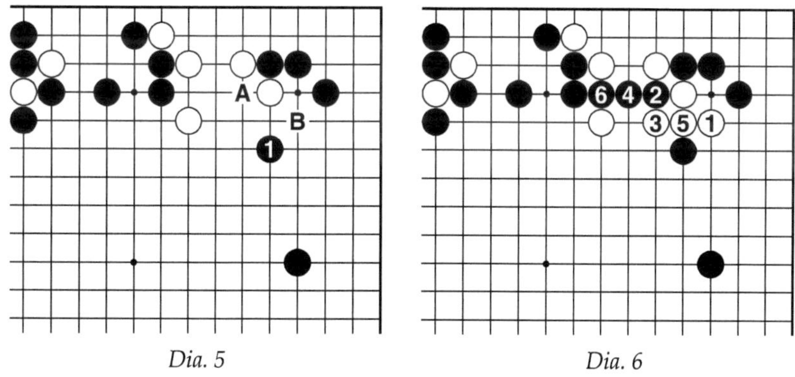

Dia. 5 *Dia. 6*

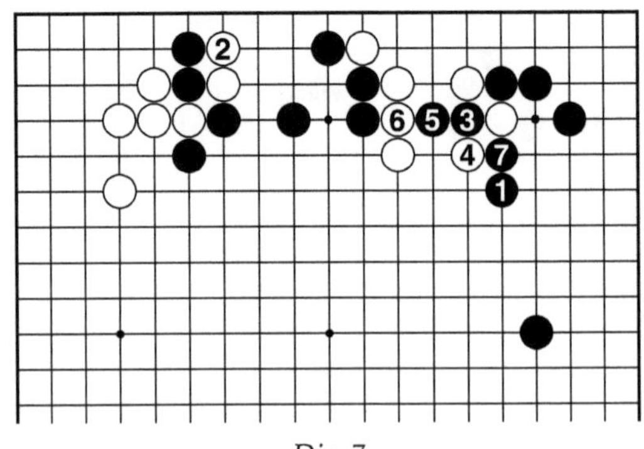

Dia. 7

Diagramm 7. In der Partie kam Weiß zu dem Schluss, dass er keine gute Antwort auf Schwarz 1 hat, und blieb mit 2 fern. Schwarz 3 bis 7 bildeten die Fortsetzung. Weiß 4 und 6 sind eine Tesuji-Kombination, aber dennoch blieb die weiße Gruppe augenlos und schlecht entwickelt, während Schwarz ein beträchtliches Gebiet am rechten Rand aufbaute. Der Angriff war erfolgreich gewesen.

Um Züge wie Schwarz 1 in Diagramm 5 zu finden, ist ein gewisser Suchaufwand nötig, doch mit etwas Erfahrung lernt man, wo man zu suchen hat. Einige Angriffszüge kommen so oft vor, dass man sie als Standard beschreiben kann. Fünf der häufigsten Züge werden im Folgenden vorgestellt.

Das augenstehlende Tesuji

Angriffszüge, die die gegnerische Augenform zerstören, sind am zwingendsten, allen voran das augenstehlende Tesuji.

Diagramm 1. Schwarz ist am Zug und will die weiße Gruppe am rechten Rand angreifen. Es gibt hier einen herausragenden Punkt, der dem Betrachter ins Auge springen sollte.

Diagramm 2. Dieser Punkt ist Schwarz 1. Im Zusammenhang mit dem markierten Stein bildet er das augenstehlende Tesuji.

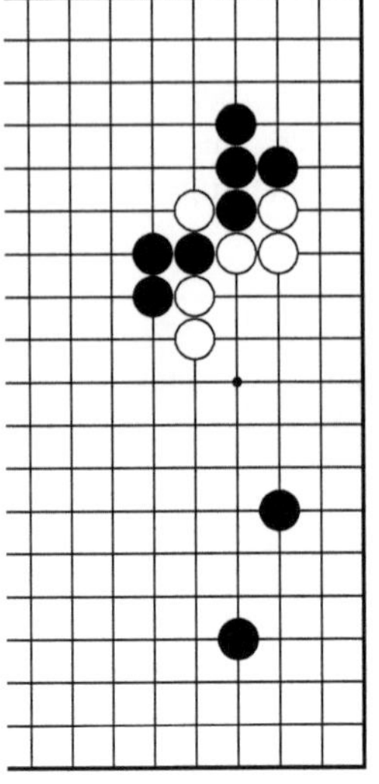

Dia. 1

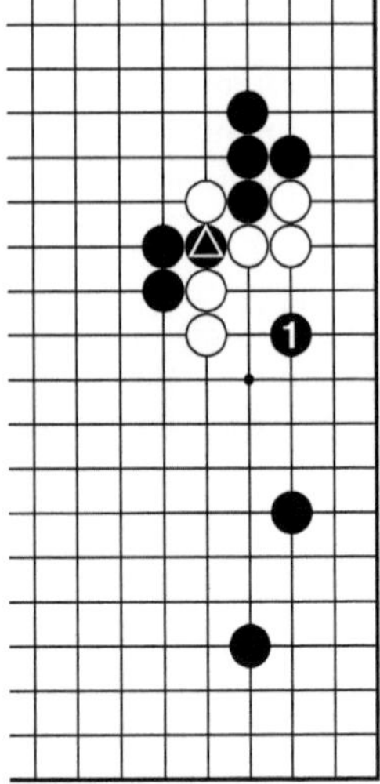

Dia. 2

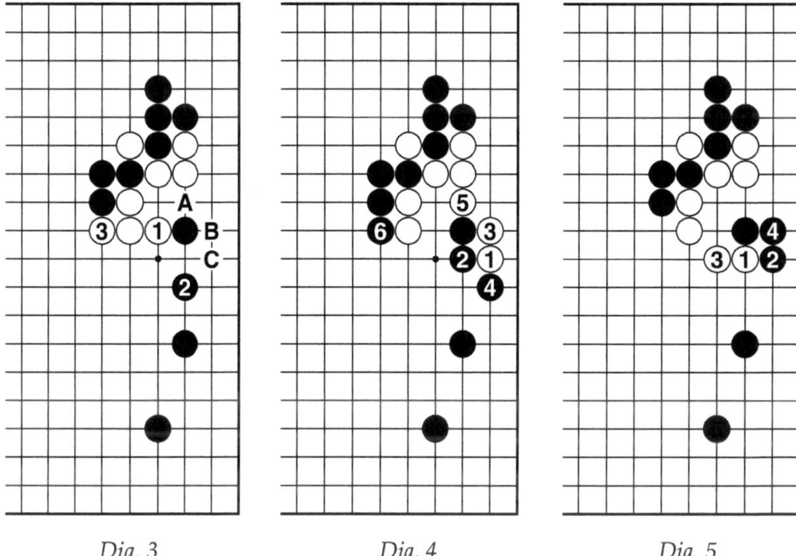

Dia. 3 *Dia. 4* *Dia. 5*

Diagramm 3. Die weiße Standardantwort ist der Zug auf 1. Schwarz springt nach 2 zurück – wie soll Weiß jetzt Augen bekommen? Weiß A, Schwarz B bringt ihn nicht weiter. Weiß B, Schwarz C, Weiß A sieht zwar schon besser aus, doch mehr als ein Auge bekommt er am Rand nicht. Also muss er sich mit 3 in Richtung Brettmitte wenden.

Vielleicht fragen Sie sich, ob Weiß nicht eine stärkere Antwort zur Verfügung hat als 1 in Diagramm 3. Aber so wie die Steine stehen, ist das nicht der Fall:

Diagramm 4. Der Fallschirmzug auf 1 ist zwar vorstellbar, aber dennoch zweifelhaft. Denn nach 3 und 5 lebt Weiß am Rand nicht bedingungslos und außerdem kommt Schwarz zu dem großen Punkt 6.

Diagramm 5. Der Anleger von außen ist auch nicht überzeugend. Schwarz spielt mit 2 von unten Hane und das Verbinden auf 4 droht zu schneiden. So bekommt Weiß am Rand nicht einmal ein Auge.

Diagramm 6. Wenn wir allerdings den Stein auf A entfernen, dann wird Weiß 2 wirkungsvoll. Er beantwortet jetzt Schwarz 3 mit der Ausdehnung auf 4. Schwarz kann danach mit 5 und 7 verbinden, denn wenn Weiß mit 6 unterhalb von 7 spielt, um zu trennen, schneidet Schwarz. Insgesamt ist der schwarze Angriff somit nicht wirklich

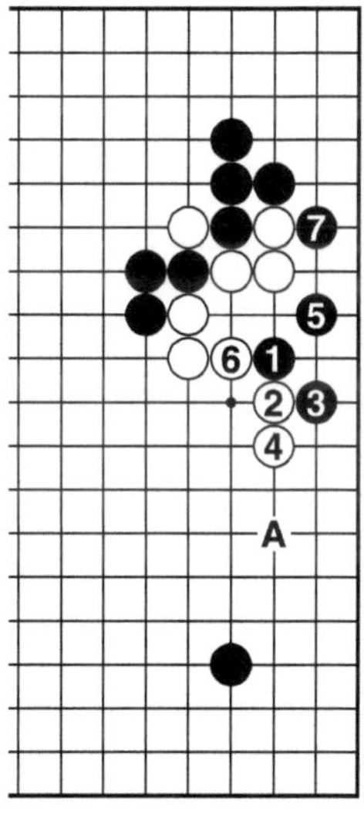

Dia. 6

fehlgeschlagen, aber das Ergebnis für Weiß ist auch nicht so schlecht. Wenn also der Stein auf A fehlt, dann ist Schwarz 1 eine Frage des richtigen Zeitpunkts.

Wie auch immer: Wenn es soweit ist, dann ist Schwarz 1 der richtige Punkt für den Angriff.

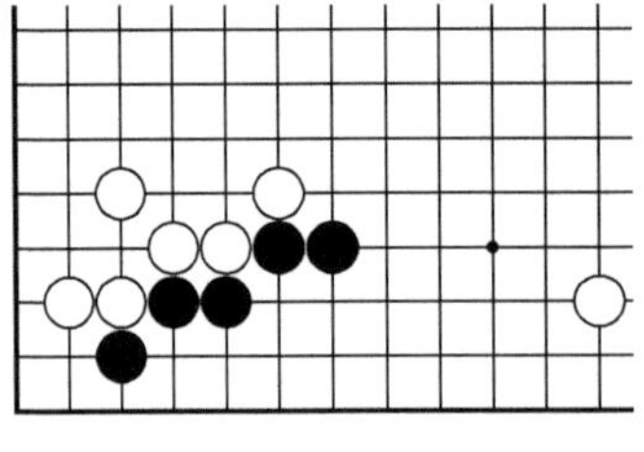

Dia. 7

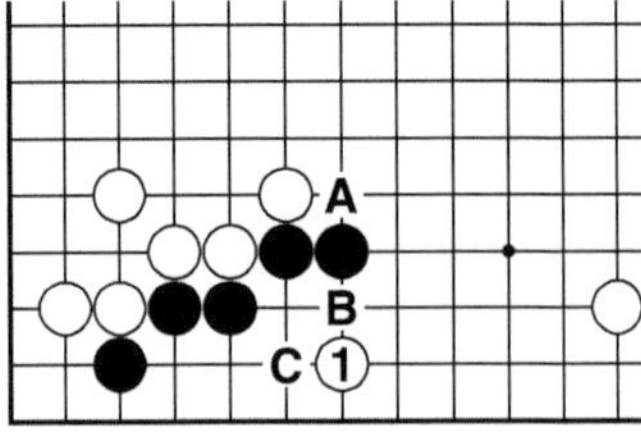

Dia. 8

Diagramm 7. Eine andere Stellung, das gleiche Tesuji: Weiß greift an.

Diagramm 8. Weiß 1 ist korrekt. Auch hier stellt sich die Frage des richtigen Zeitpunkts, denn unter gewissen Bedingungen am linken Rand oder im Zentrum möchte sich Weiß vielleicht lieber auf A anlehnen. Doch wenn er am unteren Rand angreifen will, dann mit 1. Schwarz antwortet mit B oder C, doch selbst wenn er beide Züge bekommt, dann bringt ihm das nur ein unechtes Auge ein.

Das Winkel-Tesuji

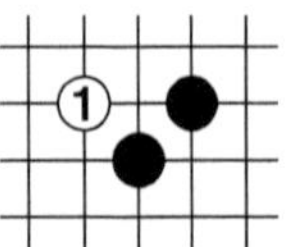

Hier ist ein weiterer Zug, der auf die gegnerische Augenform abzielt: Es ist der Zug 1 im rechten Bild, der mit den beiden gegnerischen Steinen ein V bildet.

Diagramm 1. Weiß am Zug greift die schwarze Gruppe am rechten Rand an.

Diagramm 2. Das ist ein Fall für das Winkel-Tesuji.

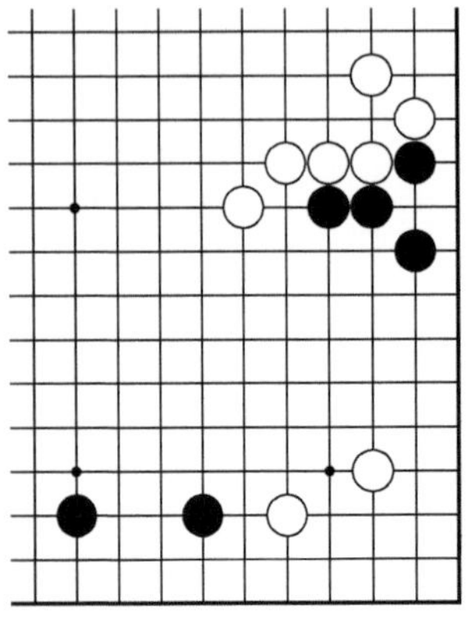

Dia. 1

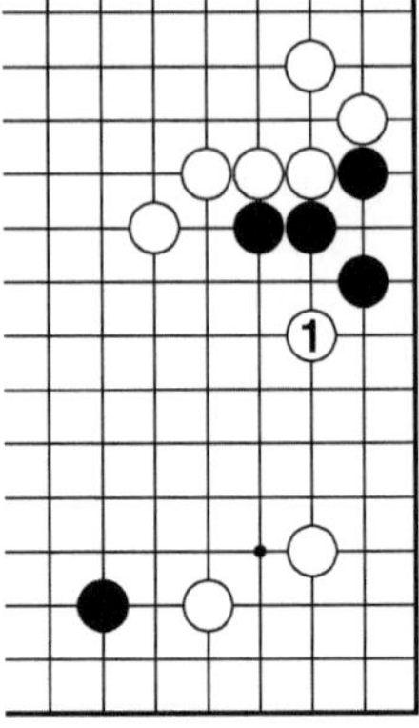

Dia. 2

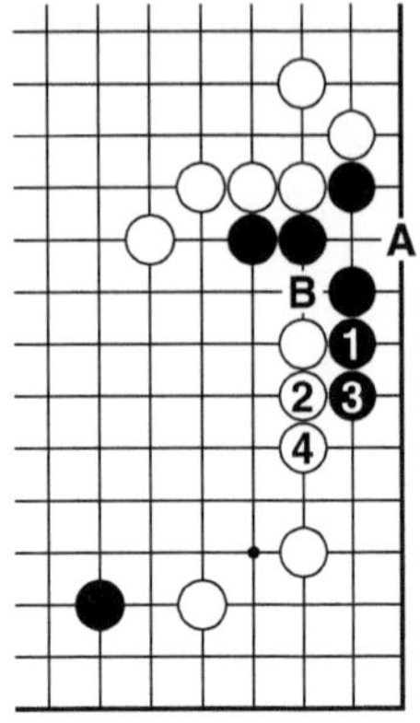

Dia. 3

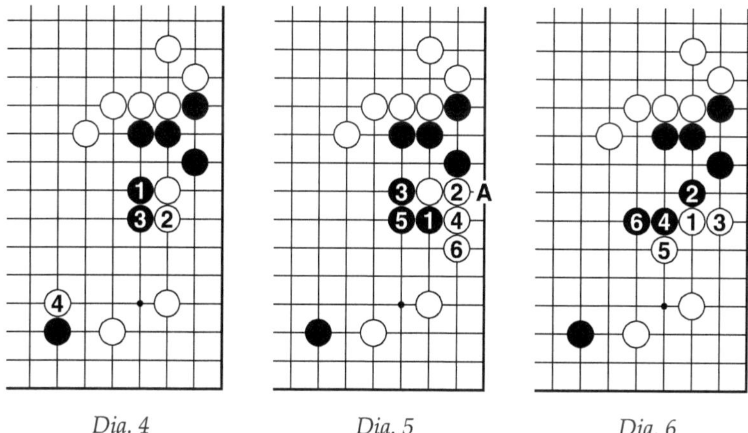

Dia. 4 *Dia. 5* *Dia. 6*

Diagramm 3. Wenn Schwarz mit 1 und 3 davonkriecht, zieht Weiß mit 2 und 4 zurück. Schwarz kann am rechten Rand nicht mehr als ein Auge bekommen (auf Schwarz A folgt Weiß B). So ist es gut möglich, dass seine gesamte Gruppe stirbt.

Diagramm 4. Spielt Schwarz mit 1 und 3 von oben, so kann Weiß sich auf 4 anlehnen. Wieder bekommt Schwarz am rechten Rand nur ein Auge.

Diagramm 5. Die stärkste oder zumindest trickreichste Verteidigung für Schwarz ist der Zug auf 1 hier, denn er macht Miai aus 2 und 3. Wenn Weiß allerdings mit 2 bis 6 antwortet, bleibt Schwarz nicht einmal ein Auge am Rand. Er muss ins Zentrum fliehen und Weiß kann sich genauso anlehnen wie in Diagramm 4. Wenn Schwarz jedoch mit 3 auf 4 spielt, dann folgt Weiß 3, Schwarz A, Weiß 5 und Schwarz ist tot.

Diagramm 6. Nehmen wir zum Vergleich an, dass Weiß zurückhaltender auf 1 angreift. Schwarz nimmt dann mit 2 den entscheidenden Punkt und hat nach 6 keine Probleme.

Der Angriff mit dem Keima

Dieser Angriffszug zielt nicht unmittelbar auf die Augenform der gegnerischen Gruppe. Er dient vielmehr dazu, sie gegen ein Hindernis zu treiben oder in eine bestimmte Richtung – oder auch dazu, während des Angriffs eine Anlage aufzubauen – am besten beides.

Diagramm 1. Ein typisches Beispiel dafür ist dieses Keima, das bei einer Fernsehpartie gegen den japanischen Autor gespielt wurde. Schwarz versuchte, die weißen Steine in Richtung des oberen Randes zu treiben.

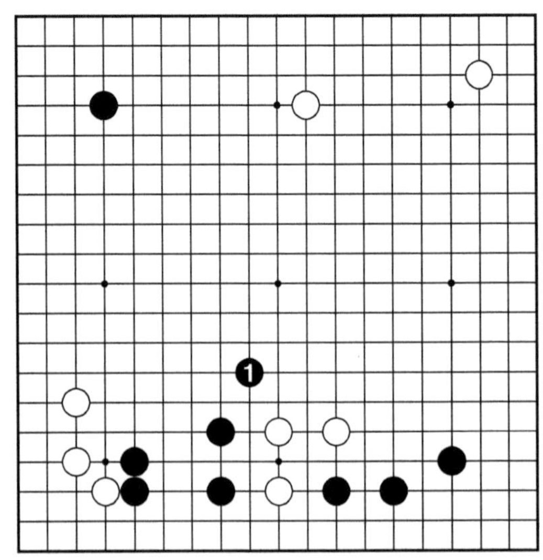

Dia. 1

Diagramm 2. Weiß verteidigte mit 2 und Schwarz griff mit einem zweiten Keima auf 3 an.

Diagramm 3. Weiß verteidigte mit 4 und Schwarz setzte den Angriff mit weiteren Keima auf 5, 7 und 9 fort. Der Angriff begann jetzt, den oberen Rand zu bedrohen, was Schwarz von Anfang am im Sinn hatte. Weiß musste nun hier mit 10 und 12 verteidigen. Die untere weiße Gruppe war jetzt schon zu groß geworden, um sie als Ganzes anzugehen, doch Schwarz konnte mit 13 schneiden, was zu einem schwierigen Kampf führte.

Eine bessere Veranschaulichung für einen Keima-Angriff gibt es nicht.

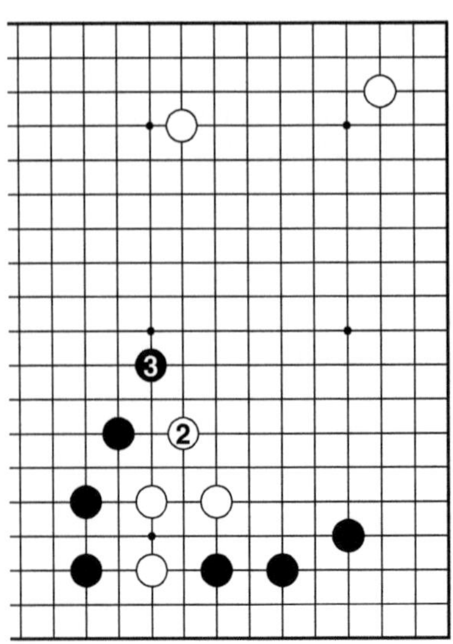

Dia. 2

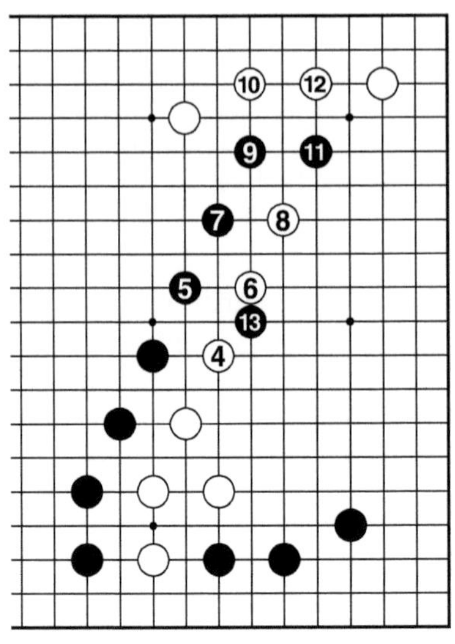

Dia. 3

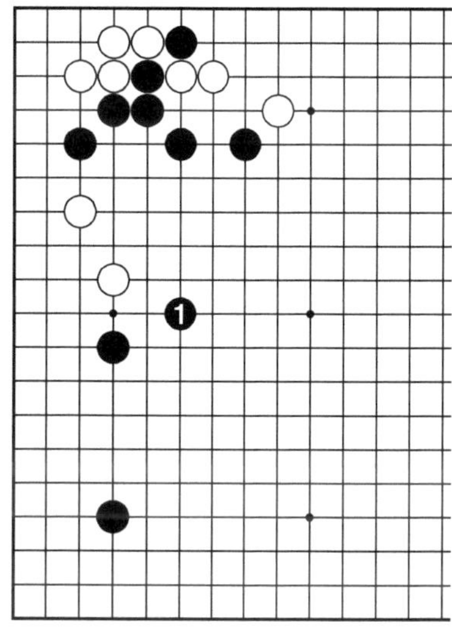

Dia. 4

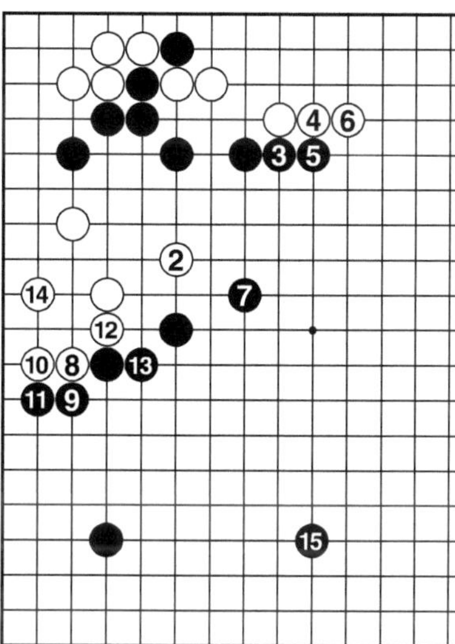

Dia. 5

Diagramm 4. Hier sehen wir einen weiteren typischen Angriff mit dem Keima. Schwarz besitzt oben links eine Mauer und möchte sie nutzen, indem er Weiß dagegen treibt. Daher spielt er das Keima auf 1.

Diagramm 5. Flieht Weiß mit 2, dann lehnt Schwarz sich mit 3 und 5 oben an. Danach attackiert er mit dem zweiten Keima auf 7. Weiß kann nicht entkommen und wird seine Gruppe wohl mit 8 bis 14 verteidigen. Das gibt ihm zwar Sicherheit, gleichzeitig bekommt Schwarz aber eine hervorragende Außenposition, die er mit 15 zum Aufbau einer idealen, großzügigen Gebietsanlage nutzen kann. Ein solches Ergebnis bedeutet einen gewaltigen Erfolg für den Angreifer.

Der Angriff mit dem Bōshi

Während der Angriff mit dem Keima darauf abzielt, den Gegner zu jagen, lässt das Bōshi ihn frontal auflaufen.

Diagramm 1. Weiß am Zug soll die zwei schwarzen Steine unten links angreifen. Der richtige Zug sollte sofort ins Auge springen.

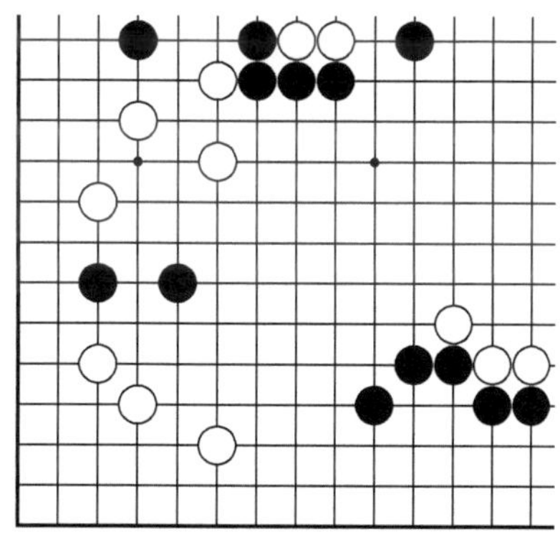

Dia. 1

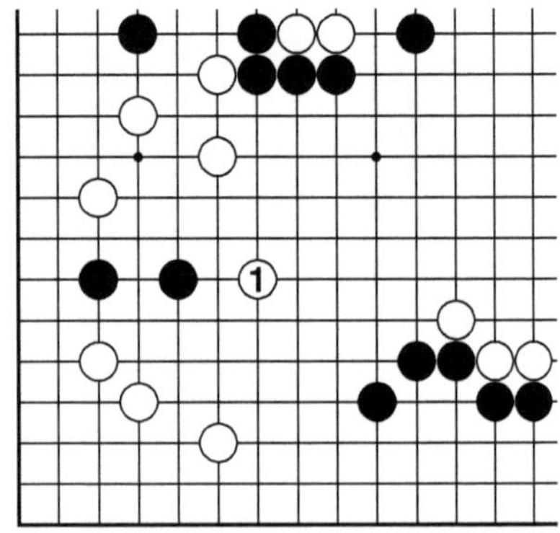

Dia. 2

Diagramm 2. Weiß setzt den Schwarzen mit 1 eine Mütze auf. Schwarz sitzt in der Falle, er kann nicht in die Brettmitte gelangen. Im nächsten Kapitel werden wir sehen, ob er leben kann.

Diagramm 3. Auch wenn das Bōshi den Gegner – wie hier – nicht völlig einschließt, kann es dennoch wirkungsvoll sein. Schwarz ist zwar nicht wirklich gefangen…

Diagramm 4. Doch wenn er sich mit 1 zur Flucht wendet, spielt Weiß mit 2 ein weiteres Bōshi. Schwarz entkommt zwar mit 3, lässt aber auf A einen Schwachpunkt zurück. Seine ganze Gruppe wird weiter das Ziel eines heftigen Angriffs bleiben.

Diagramm 5. Wählt Schwarz mit 1 die andere Richtung, dann nimmt Weiß mit 2 Gebiet. Weiß 4 erhält den Druck auf Schwarz aufrecht, so dass ihm eine Invasion der Ecke unten rechts nicht möglich ist.

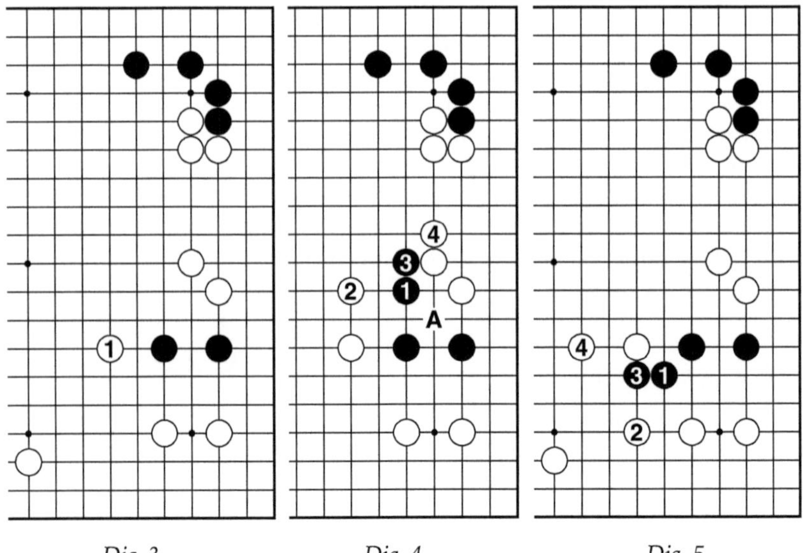

Dia. 3 Dia. 4 Dia. 5

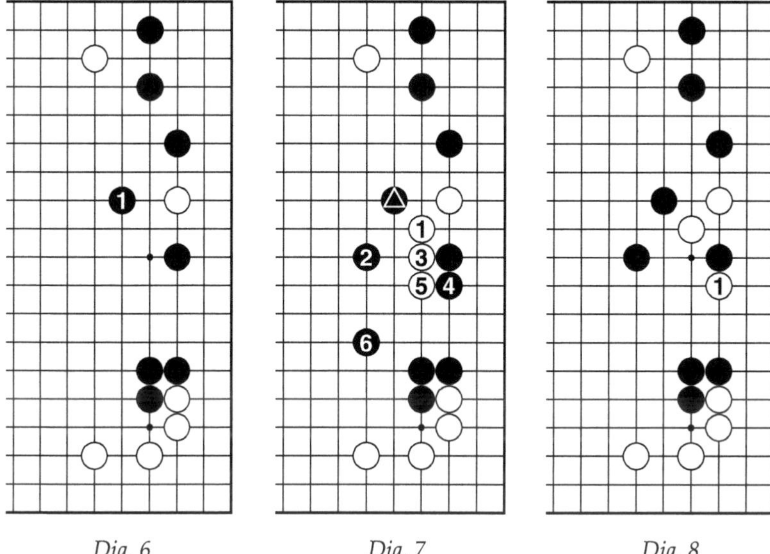

Dia. 6 *Dia. 7* *Dia. 8*

Diagramm 6. Der Bōshi-Angriff kann sogar wie hier gegen einzelne Steine angewandt werden. Kann Weiß entkommen?

Diagramm 7. Nach Weiß 1 spielt Schwarz auf 2 – auf den Bōshi-Angriff folgt ein Keima. Schiebt Weiß sich mit 3 und 5 weiter, dann wird er durch Schwarz 6 eingeschlossen. Auf diese Weise werden die Weißen vermutlich sterben. Beachten Sie, dass der markierte Stein auf dem „Winkel"-Punkt liegt.

Diagramm 8. Aber Weiß ist nicht verloren, denn er hat ein rettendes Tesuji auf 1. Bitte erforschen Sie selbst die Varianten: Weiß kann entkommen – womöglich zum Preis von einem oder zwei Steinen – doch Schwarz kann Gebiet erzielen und den Angriff weiterführen.

Der Angriff mit dem Spähzug

Als letzte Variante soll der Spähzug besprochen werden, der auf verschiedenste Weise nützlich ist. Zunächst kann er wie im folgenden Beispiel die gegnerische Augenform zerstören.

Diagramm 1. Schwarz am Zug will die weiße Gruppe angreifen.

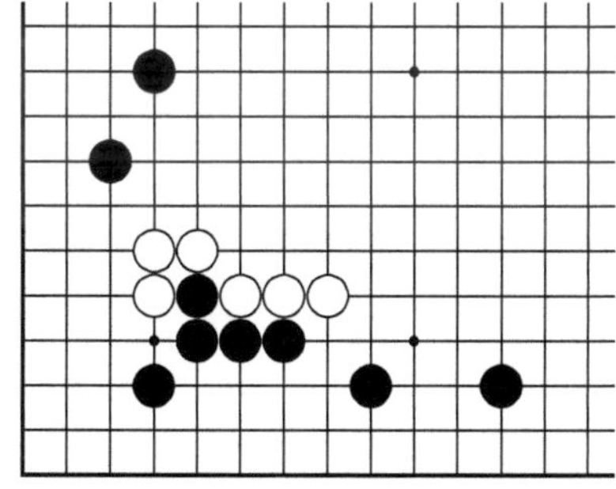

Dia. 1

Diagramm 2. Schwarz späht auf 1 in die Lücke. Weiß bleibt kaum etwas anderes übrig, als auf 2 zu verbinden, doch dann springt Schwarz mit 3 nach vorn. Weiß mit seinem leeren Dreieck hat eine bedauernswerte Form, die vom Austausch 1 gegen 2 herrührt. Schwarz führt einen vielversprechenden Angriff.

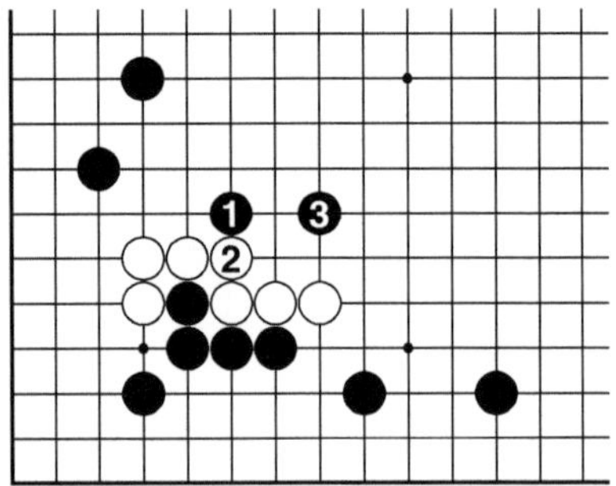

Dia. 2

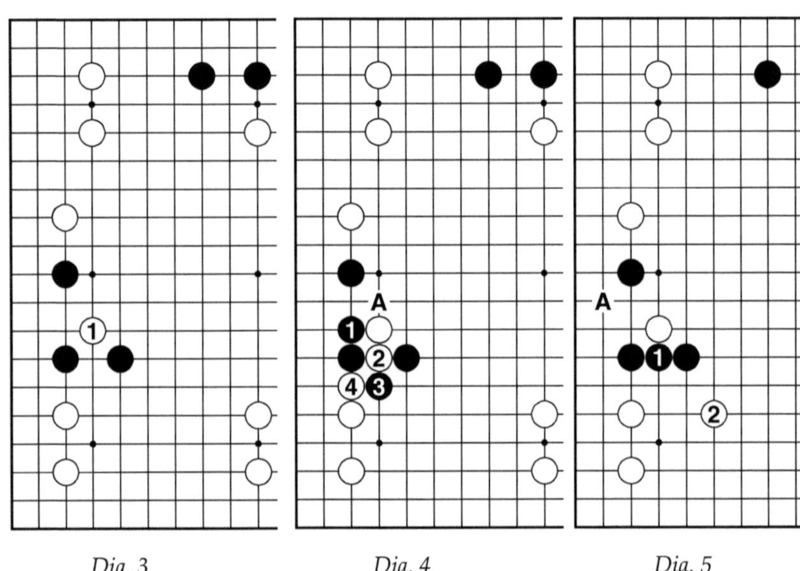

Dia. 3 *Dia. 4* *Dia. 5*

Diagramm 3. Hat der Gegner eine solche Drei-Steine-Stellung, die von einer Zwei-Punkte-Ausdehnung und einem Ein-Punkt-Sprung gebildet wird, dann wird der Spähzug auf 1 oft gespielt. Diesmal bedeutet er keinen Anschlag auf die Augenform, sondern vielmehr eine Testfrage, wie Schwarz verbinden will.

Diagramm 4. Antwortet Schwarz auf 1, dann kann Weiß wie hier sofort mit 2 durchstoßen. Da die Treppe mit A nicht läuft, hat Schwarz keine gute Fortsetzung. Wenn er also seine Steine am linken Rand sichert, dann bekommt Weiß unten eine große Gebietsanlage.

Diagramm 5. Deshalb wird Schwarz auf 1 verbinden, aber dann ist ein Zug auf 2 für Weiß ausreichend. Weil Schwarz auf 1 verbunden hat und nicht so wie in Diagramm 4, muss er sich jetzt wegen Weiß A sorgen.

Diagramm 6.
Kombinationen, die mit einem Spähzug beginnen, sind eine übliche Angriffstaktik. Zwei Beispiele dafür haben wir nun gesehen, hier ist ein drittes: Der Zweck des Spähzugs ist diesmal, die Schwarzen einzuschließen. Weiß setzt auf 3 fort, womit er große Anlagen oben und rechts absteckt. Weiß 3 ist das Motiv, doch Weiß 1 ist genauso wichtig.

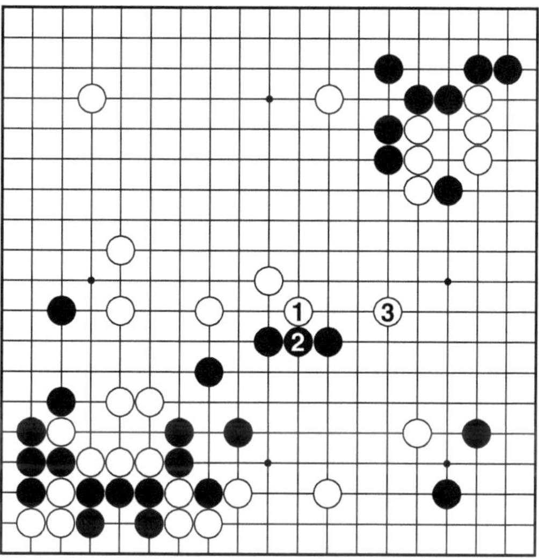

Dia. 6

Diagramm 7.
Würde Weiß den Spähzug weglassen und sofort auf 1 angreifen, dann könnte Schwarz mit 2 entkommen. Die Chancen der weißen Strategie, eine Gebietsanlage aufzubauen, wären jetzt viel geringer.

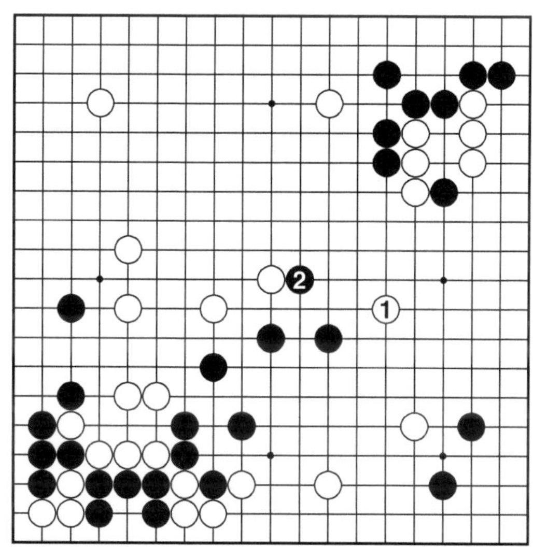

Dia. 7

Damit wäre unsere Übersicht der wichtigsten Angriffszüge abgeschlossen. Nun folgen ein paar Probleme für Sie.

Probleme

Die folgenden zehn Probleme zeigen Anwendungen der fünf Angriffszüge, die auf den letzten Seiten vorgestellt wurden. In manchen der Probleme kommen die Züge einzeln vor, in manchen auch kombiniert – ein Keima kann gleichzeitig ein Winkel-Tesuji sein. Die Antworten folgen auf den Seiten 72–79.

Wenn Sie die Probleme bearbeiten, dann achten Sie darauf, dass Ihre Züge sowohl taktisch als auch strategisch richtig sind – also der Angriff aus der korrekten Richtung erfolgt. In einigen der Probleme kommen Laufduelle vor, bei denen diese Richtung besonders bedeutsam ist.

Problem 1. Weiß am Zug. Trotz des Ponnuki ist die schwarze Gruppe reif für einen Angriff.

Problem 2. Schwarz am Zug. Diesmal soll die weiße Gruppe in der Mitte des rechten Rands angegriffen werden.

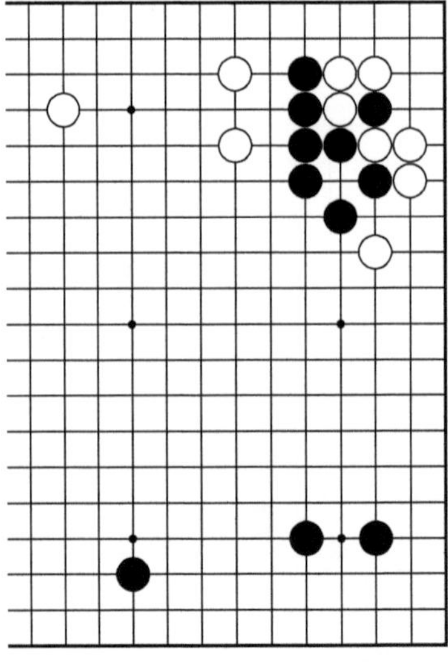

Problem 1

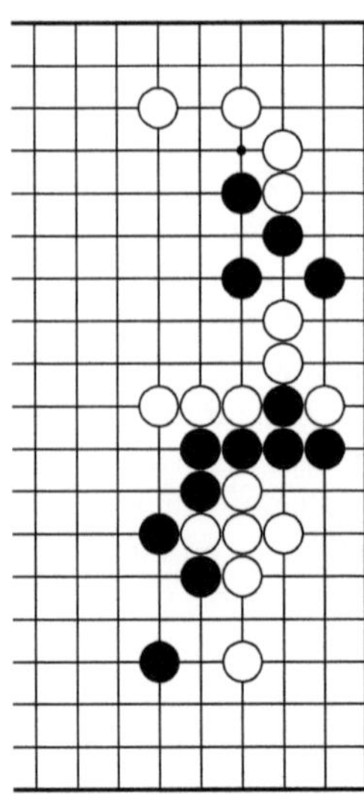

Problem 2

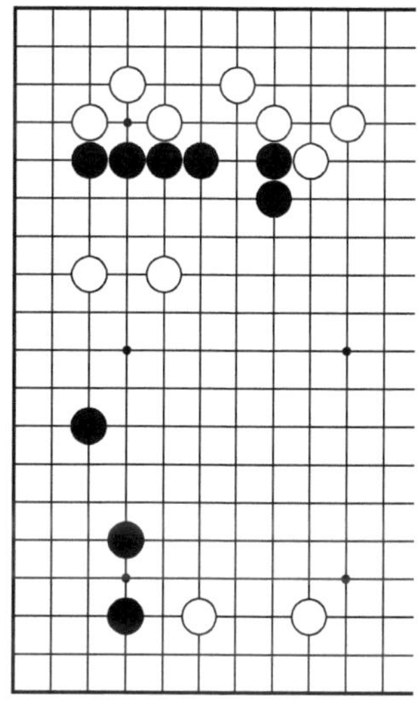

Problem 3

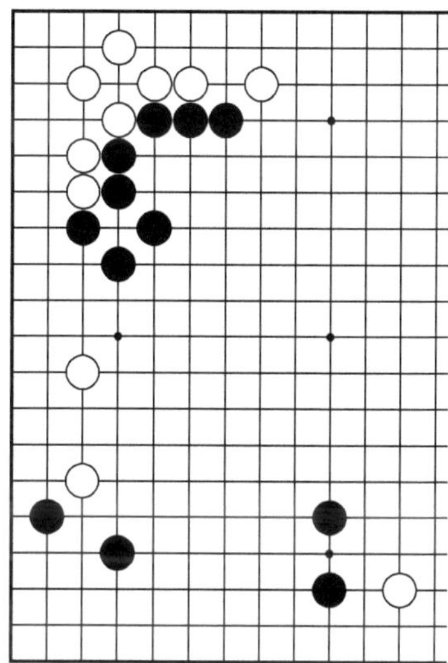

Problem 4

Problem 3. Schwarz will die zwei weißen Steine links angreifen.
Problem 4. Schwarz am Zug gegen die zwei weißen Steine links unten.
Problem 5. Schwarz am Zug. Diesmal ist eine größere Gruppe das Angriffsziel, nämlich die vier weißen Steine rechts.

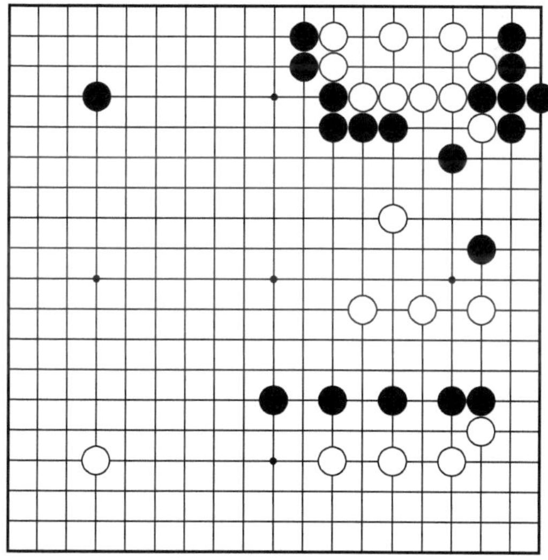

Problem 5

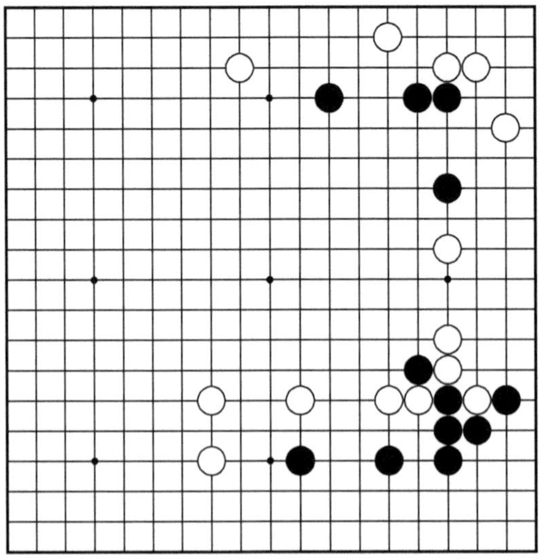

Problem 6

Problem 6. Weiß am Zug. Das Angriffsziel ist die schwarze Gruppe oben rechts.

Problem 7. Weiß will die schwarze Gruppe in der Brettmitte angreifen.

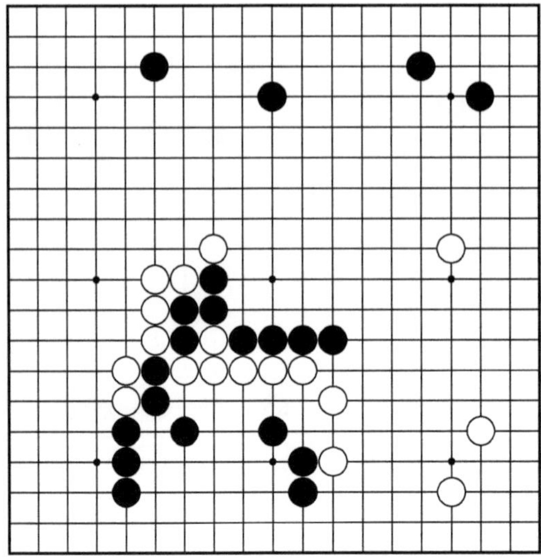

Problem 7

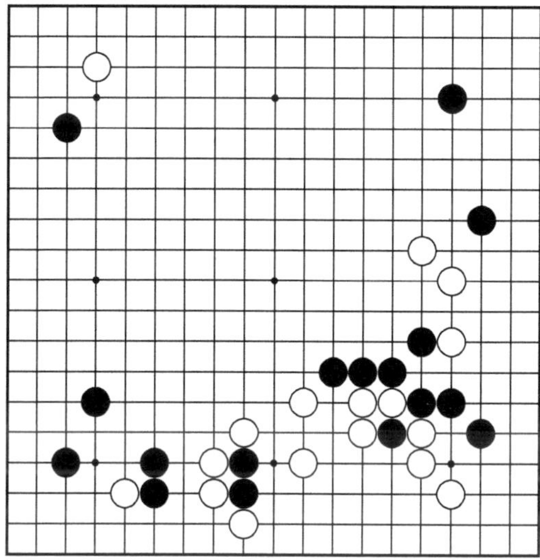

Problem 8

Problem 8. Schwarz am Zug. Wie soll er die drei weißen Steine am rechten Rand angreifen?

Problem 9. Weiß am Zug. Wenn er die Wahl zwischen zwei Angriffszielen hat, sollte er sich für das größere entscheiden, d.h. die schwarze Gruppe unten links.

Problem 10. Weiß will die schwarze Gruppe oben rechts angreifen.

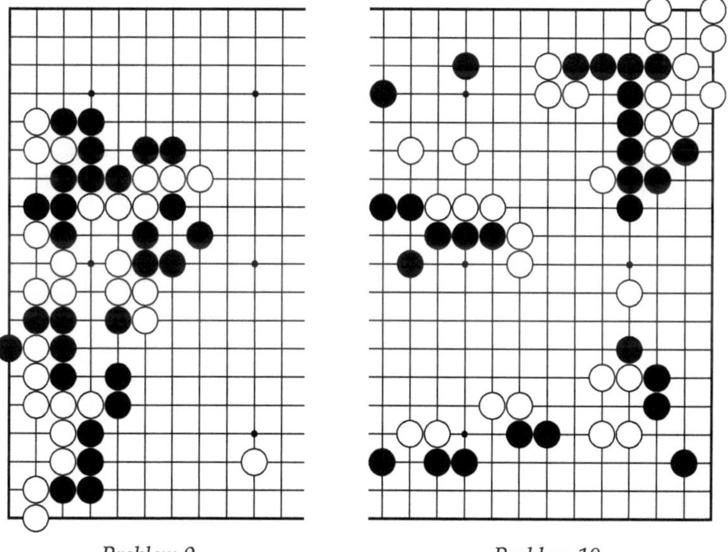

Problem 9 *Problem 10*

Lösungen

Lösung zu Problem 1

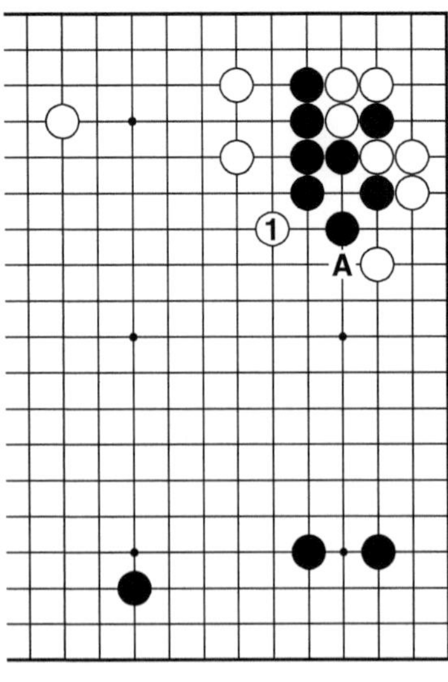

Dia. 1

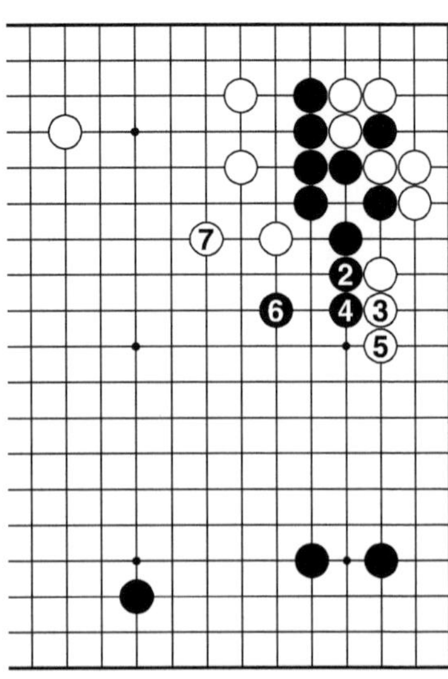

Dia. 2

Diagramm 1. Weiß 1 verbindet einen Keima-Angriff mit dem Winkel-Tesuji und trifft den Gegner an einem schmerzhaften Punkt. Wenn Schwarz diesen Angriff ignoriert, wird er mit Weiß A gefangen.

Diagramm 2. Also läuft er mit 2, 4 und 6 heraus, doch dabei muss er den Weißen in die wertvolle Region hineintreiben, die vor dem schwarzen Eckeinschluss unten rechts liegt. Danach stärkt Weiß seine Stellung oben mit 7 und wartet auf die nächste Gelegenheit, den Angriff fortzusetzen.

Lösung zu Problem 2

Diagramm 3. Schwarz bekommt einen Vorsprung im Laufduell, wenn er das augenstehlende Tesuji auf 1 spielt. Es droht mit dem Schnitt auf A, den Weiß nicht zulassen kann.

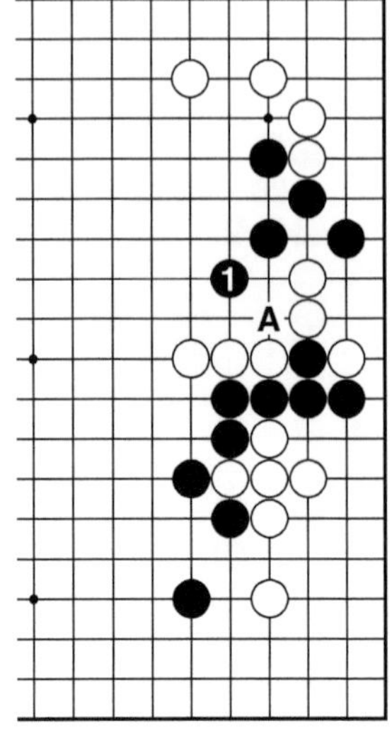

Dia. 3

Diagramm 4. Weiß verteidigt mit 2, er kann das leere Dreieck nicht vermeiden. Jetzt entwickelt Schwarz seine Gruppe mit 3, während Weiß mit bedauernswerter Form zurückbleibt.

Dia. 4

Lösung zu Problem 3

Diagramm 5. Schwarz 1 ist ein natürlicher Spähzug. Falls Weiß verbindet, lehnt Schwarz sich als Nächstes mit 3 an. Wenn Weiß jetzt auf A antwortet, dann setzt Schwarz mit B fort, was der weißen Gruppe am linken Rand Probleme bereiten könnte. Dementsprechend verteidigt Weiß mit 4 und 6 und erlaubt Weiß, oben in idealer Form mit 7 niederzudrücken.

Diagramm 6. Falls Weiß nicht mitspielen will, kann er sich dem schwarzen Spähzug auf 1 widersetzen, doch das Ergebnis sieht nicht empfehlenswert aus. Verbinden mit Weiß 2 in Diagramm 5 ist korrekt.

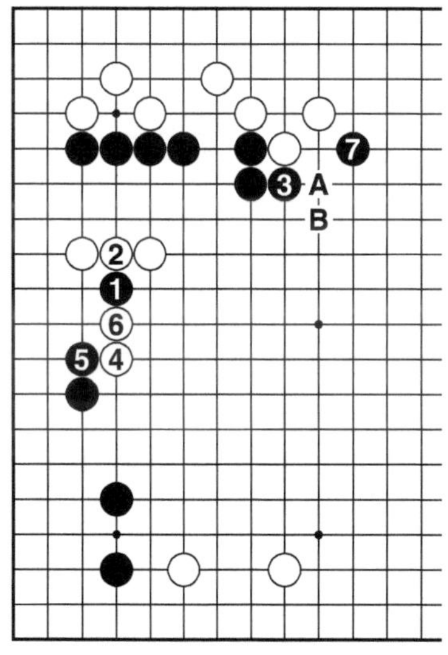

Dia. 5

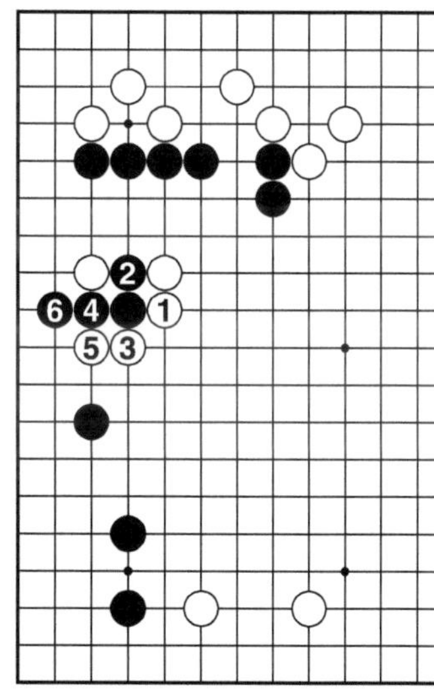

Dia. 6

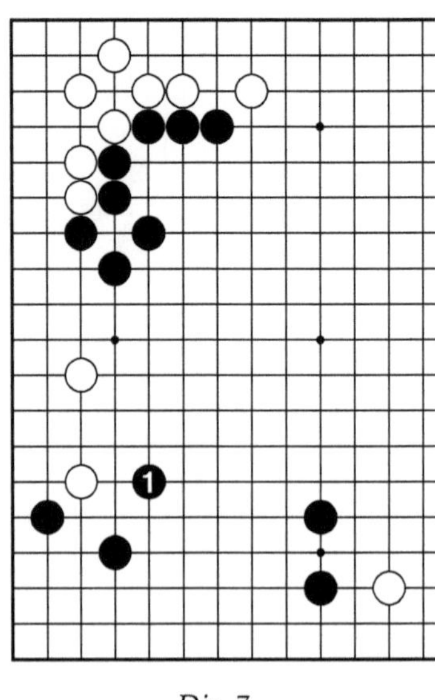

Dia. 7

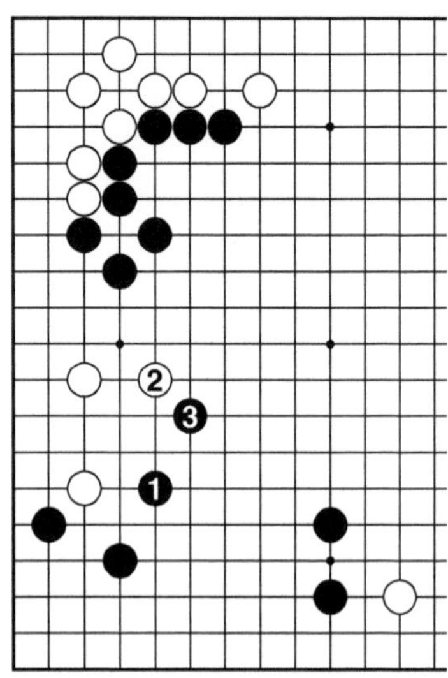

Dia. 8

Lösung zu Problem 4

Diagramm 7. Das ist die perfekte Ausgangssituation für den Zug Schwarz 1, der gleichzeitig Keima und Bōshi ist. Er vergrößert die schwarze Anlage am unteren Rand und treibt Weiß gleichzeitig gegen die dicke Stellung oben links, leistet also alles, was man von einem guten Angriffszug erwarten kann.

Diagramm 8. Falls Weiß mit 2 verteidigt, dann greift Schwarz mit dem Keima auf 3 weiter aus derselben Richtung an.

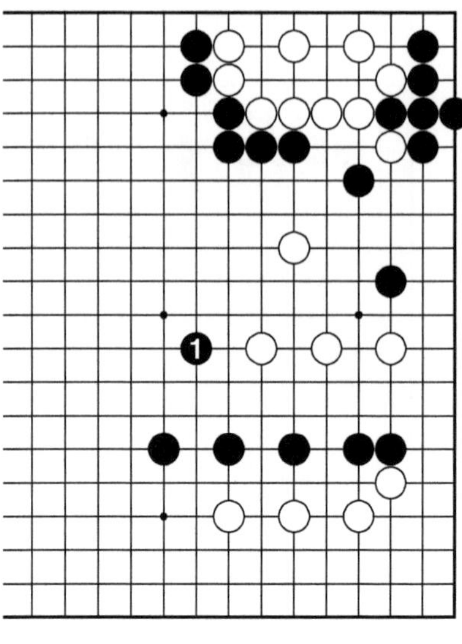

Dia. 9

Lösung zu Problem 5

Diagramm 9. Mit dem Bōshi auf 1 übernimmt Schwarz die Kontrolle. Diese Stellung war aus einem Laufduell am rechten Rand entstanden. Schwarz 1 ist der Schlüsselzug, der die eigene Gruppe schützt und gleichzeitig die gegnerische angreift.

Diagramm 10. Falls Weiß mit 2 antwortet, spielt Schwarz mit 3 ein weiteres Bōshi. Außer seiner Sorge um die Gruppe rechts muss Weiß nun die große schwarze Gebietsanlage oben links fürchten, außerdem ihre mögliche Ausdehnung zum linken Rand und nicht zuletzt die schwarzen Züge A und B unten. Schwarz hat die Partie schon so gut wie gewonnen.

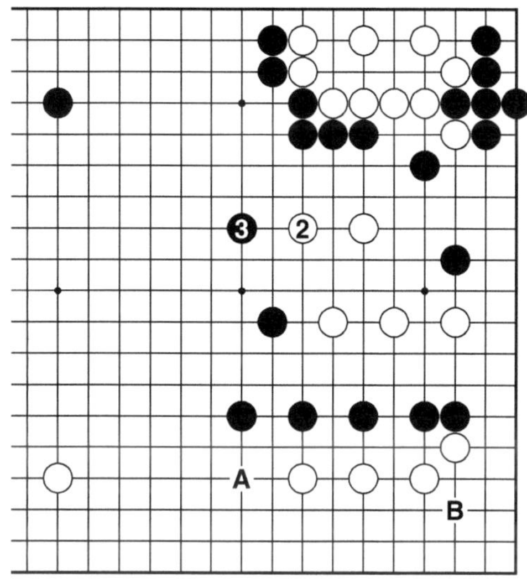

Dia. 10

Lösung zu Problem 6

Diagramm 11. Der richtige Zug ist das Keima auf 1. Während er die Gruppe oberhalb angreift, durchkreuzt er auch noch alle Pläne, die Schwarz für seinen markierten Stein gehabt haben mag. Zudem steckt er ein ansehnliches Gebiet in der Brettmitte ab.

Diagramm 12. Falls Schwarz mit 2 verteidigt, spielt Weiß 3 und 5 in Vorhand und vergrößert danach seine Anlage mit 7.

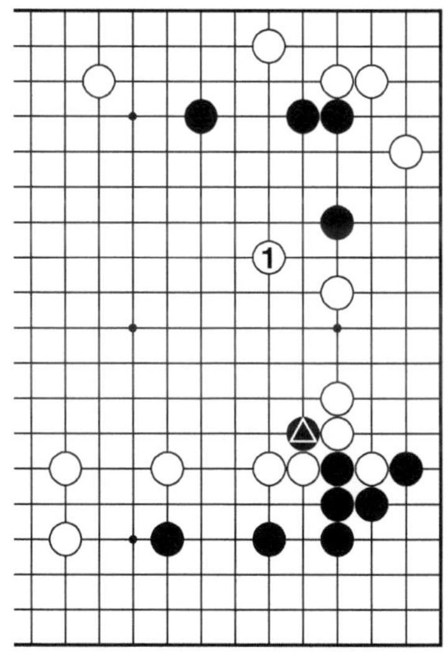

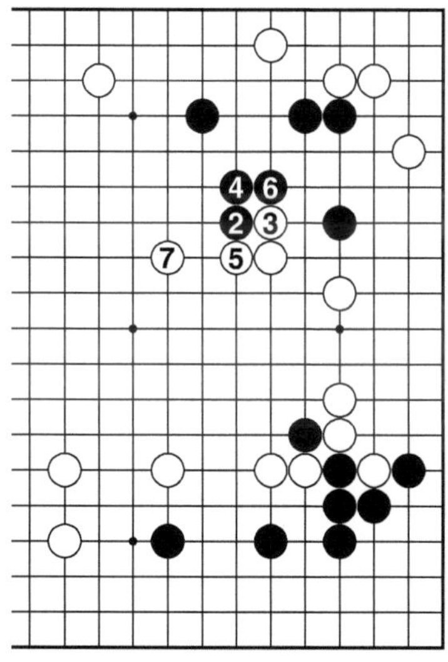

Dia. 11

Dia. 12

Lösung zu Problem 7

Diagramm 13. Hier sehen wir das augenstehlende Tesuji wieder, das ist der Schlüsselpunkt. Würde Weiß aus irgendeiner anderen Richtung angreifen, dann bekäme Schwarz sofort gute Form, indem er selbst auf 1 spielt.

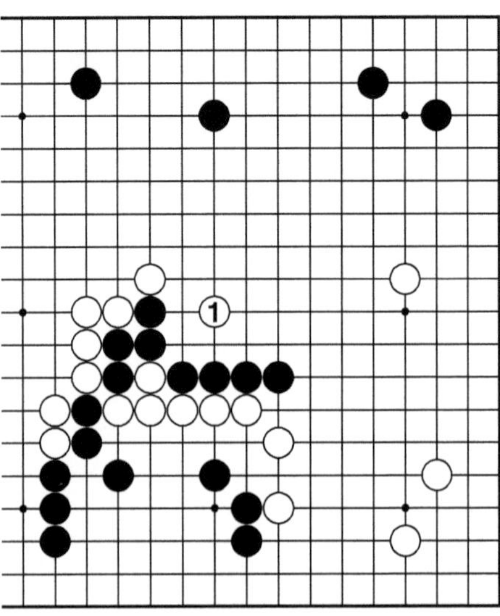

Dia. 13

Diagramm 14. Bevor er auf 3 verbindet, spielt Schwarz das Hane auf 1 – wenn er 1 erst nach 3 spielte, könnte Weiß mit A antworten. Aber trotz des Schnittsteins auf 1 ist Schwarz in ernsten Schwierigkeiten, denn Weiß 4 besetzt einen weiteren Schlüsselpunkt in seiner Form.

Diagramm 15. Springt Schwarz auf 1 heraus, dann spielt Weiß ein Bōshi auf 2. Möglicherweise kann Schwarz leben. Doch der Einfluss, den Weiß im Zentrum aufbaut (er kann jederzeit auf A vier Steine fangen) bedroht den oberen Rand mit Invasionen.

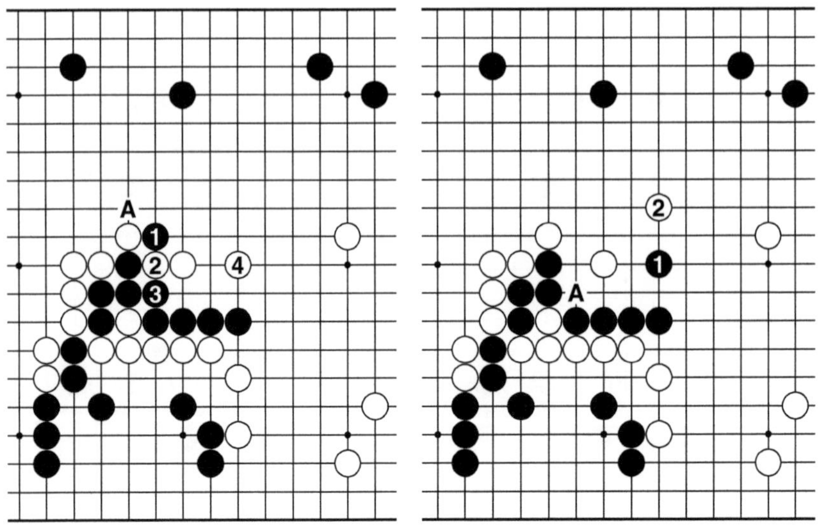

Dia. 14 *Dia. 15*

Lösung zu Problem 8

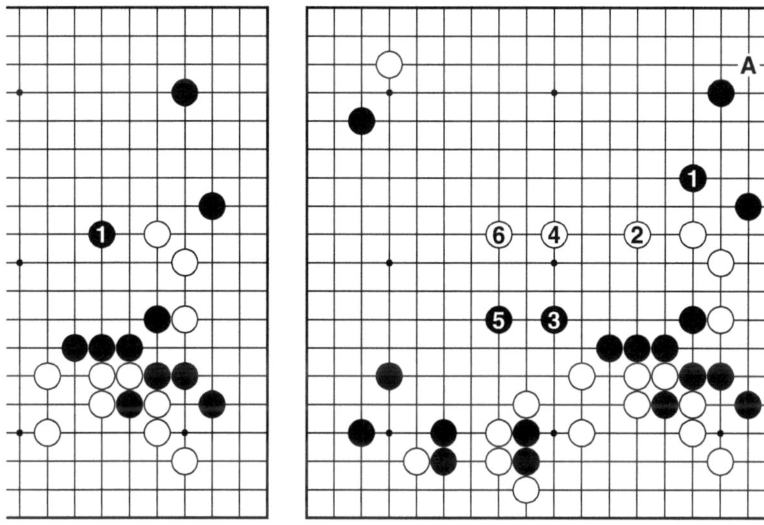

Dia. 16 *Dia. 17*

Diagramm 16. Der Schlüsselpunkt in diesem Laufduell ist das Bōshi auf 1, das die schwarze Gruppe verteidigt und gleichzeitig die weiße angreift. Um das deutlich zu machen, wollen wir vor der Besprechung der korrekten Fortsetzung zwei weitere denkbare, aber fehlerhafte Angriffsvarianten anschauen.

Diagramm 17. Nehmen wir an, dass Schwarz mit 1 aus dieser Richtung angreift. Wenn Weiß jetzt mit 2 herausläuft, ist Schwarz zur Flucht mit 3 gezwungen. Weiß verfolgt ihn mit 4 und 6 weiter und drückt ihn gegen die stabile Stellung am unteren Rand. Die schwarzen Züge haben keinen Effekt auf die gefestigte weiße Gruppe dort, die Wirkung der weißen auf den offenen oberen Rand ist gewaltig. Obendrein kann die Ecke oben rechts noch immer auf A invadiert werden, womit die schwarze Strategie völlig gescheitert ist.

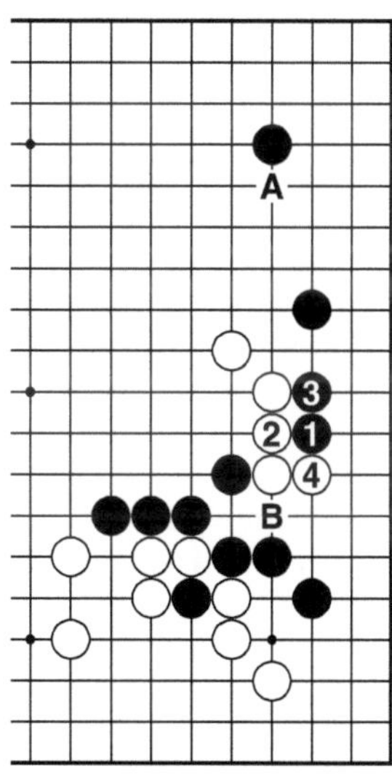

Dia. 18

Diagramm 18. Genau so zu vermeiden ist der Spähzug auf 1. Weiß 2 und 4 schwächen die schwarze Gruppe unterhalb beträchtlich, außerdem besteht die Gefahr, dass Weiß sich oben mit A anlehnt. Beachten Sie auch, dass Schwarz mit 3 nicht auf 4 spielen kann, weil dann Weiß B folgt.

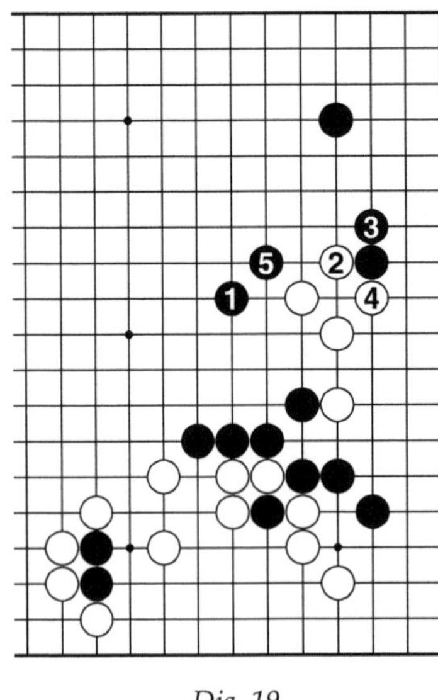

Dia. 19

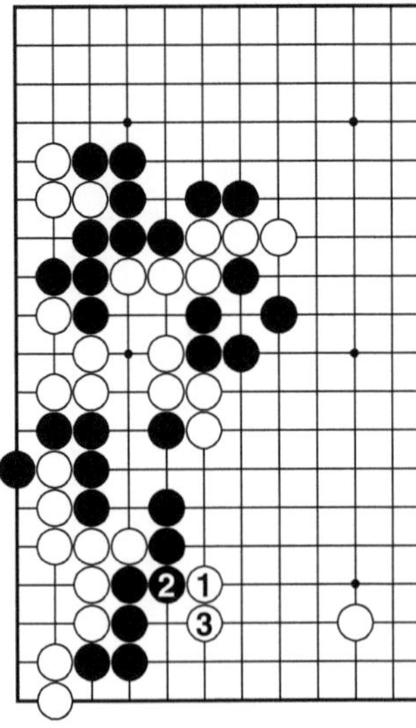

Dia. 20

Diagramm 19. Damit kommen wir zurück zum korrekten Bōshi auf 1, das der japanische Autor in einer seiner Partien spielte. Weiß verteidigte auf 2 und 4, danach konnte Schwarz mit einem hübschen Winkel-Tesuji auf 5 fortsetzen. In dem folgenden Kampf bekam Schwarz eine starke Stellung in der Brettmitte und ging klar in Führung.

Lösung zu Problem 9

Diagramm 20. Am besten ist der Spähzug auf 1. Wenn Schwarz auf 2 verbindet, dann hat er nach dem weißen Herabsteigen auf 3 nichts, was den Namen Augenform verdient hätte. Schwarz muss fliehen, so dass Weiß in der Lage sein sollte, bei der Verfolgung ein großes Stück Gebiet einzusammeln.

Diagramm 21. Vermutlich sollte Schwarz mit 1 und 3 verteidigen und Weiß den Schnitt auf 4 erlauben. Er wirft so die eine Hälfte seiner Gruppe über Bord und wird mit ruhigem Fahrwasser für die andere belohnt. Aber auch so werden die Aussichten für Weiß in der Brettmitte immer besser, ganz abgesehen

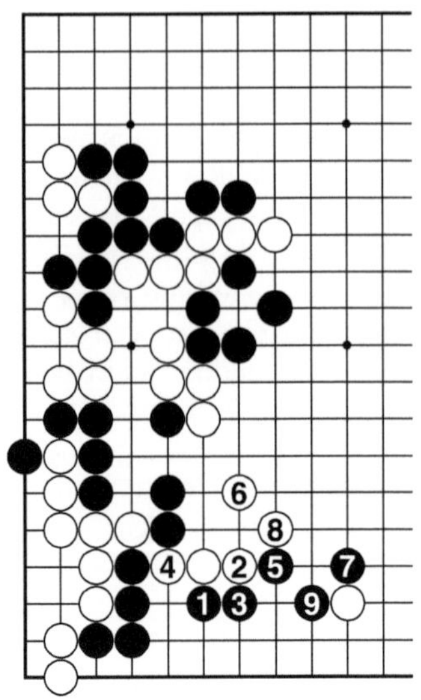

Dia. 21

von den 25 Punkten, die er sich mit 6 und 8 sichert. Der Sinn von Weiß 8 ist, ein schwarzes Keil-Tesuji zwischen 2 und 6 zu verhindern.

Lösung zu Problem 10

Diagramm 22. Der weiße „Winkel"-Zug auf 1 ist am druckvollsten. Man kann sich nur sehr schwer vorstellen, dass Schwarz jetzt noch lebt. Er kann mit Schwarz A bis E am oberen Rand ein Nachhand-Auge bekommen, doch zuerst ein anderes in Vorhand zu machen, scheint unmöglich zu sein.

Diagramm 23. Der Spähzug auf 1 hier ist der Fehler, den Sie vermeiden sollten. Würde Schwarz verbinden, dann wäre alles in Ordnung, doch er wird es nicht tun. Er spielt auf 2 und droht, an die Gruppe links unten anzubinden. So würden sich seine Chancen zu leben deutlich verbessern.

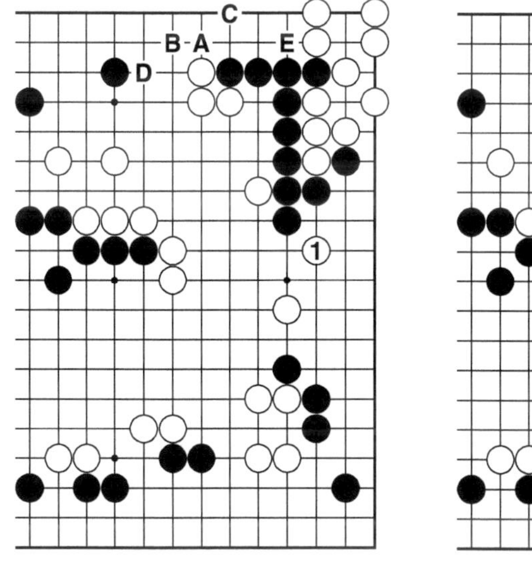

Dia. 22

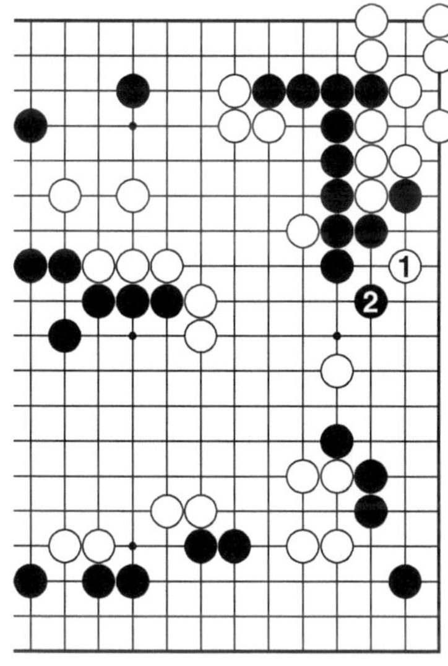

Dia. 23

4. Verteidigung

Nachdem wir nun lange und ausführlich Strategie und Taktik des Angriffs untersucht haben, ist es nun Zeit, das Problem herumzudrehen und aus der Sicht des Verteidigers anzuschauen. Das wird weniger Raum in Anspruch nehmen, die wichtigsten Themen lassen sich in einem Kapitel behandeln.

Ein Grund dafür ist, dass Verteidigen an und für sich leichter ist als Angreifen. Um das einzusehen, betrachten wir den einfachsten denkbaren Fall, nämlich das Angreifen und Verteidigen eines einzelnen Steins. Um einen Stein zu fangen, braucht man vier Züge – sogar in der sparsamsten Form in Diagramm 1. Zur Verteidigung hingegen würde nur ein Zug benötigt – etwa Schwarz 4 nach Weiß 3. Entkommen ist einfach, Fangen ist schwer. Das Töten von Gruppen aus mehreren Steinen ist noch schwieriger. Deshalb werden die Strategien des indirekten und des Doppelangriffs in Kapitel 2 benötigt. Im Go hat der Verteidiger die besseren Karten.

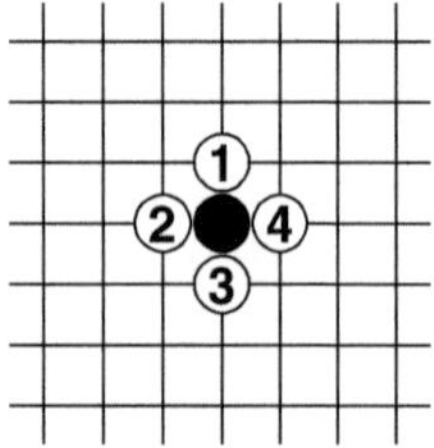

Dia. 1

Aus diesem Grund könnte man eine Neigung dazu entwickeln, Verteidigungspflichten zu umgehen – und Schwächen ungeschützt lassen, um voranzukommen, sofern sie nicht tödlich sind. Bis zu einem gewissen Grad ist das eine gesunde Herangehensweise. Verteidigung bringt weniger Erträge als Angriff – und wer zwanghaft verteidigt, wird gemeinhin verlieren. Andererseits kann der Unwille zu verteidigen auch übertrieben werden. Wir haben bereits mehrere Beispiele gesehen, in denen der Angreifer Gebiet machen oder andere Vorteile erwerben konnte, ohne die angegriffene Gruppe tatsächlich zu töten. Diese „Nebenwirkungen" sollten nicht missachtet werden. Mit das Erste, was bei der Spielweise von Berufsspielern auffällt, ist dass sie verteidigen – und häufig dann, wenn sie es anscheinend auch lassen könnten.

Diagramm 2. Diese Stellung entstand in einer Partie der zweiten Meijin-Liga zwischen Kitani (Weiß) und Go Seigen, Weiß am Zug. Soll er die Gebietsanlage invadieren, die Schwarz am oberen Rand aufbaut? Oder soll er besser versuchen, das bereits gefestigte schwarze Gebiet am unteren Rand zu zerstören, oder seine eigene Anlage links vergrößern? Was hätten Sie getan?

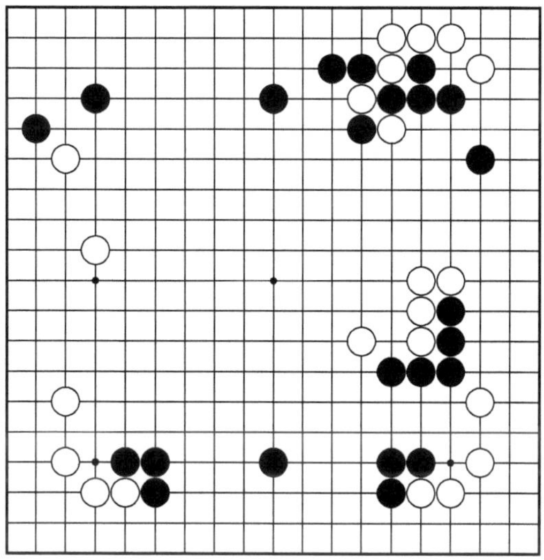

Dia. 2

Diagramm 3. Kitani spielte Weiß 1. Zugegeben, dieser Zug scheint nicht viel zu leisten: Weder zerstört er schwarzes Gebiet, noch erzielt er welches für Weiß; der Stein steht einfach dort draußen. Man könnte sich fragen, was einem berühmten 9-Dan-Profi einfiel, einen solchen Zug zu spielen?

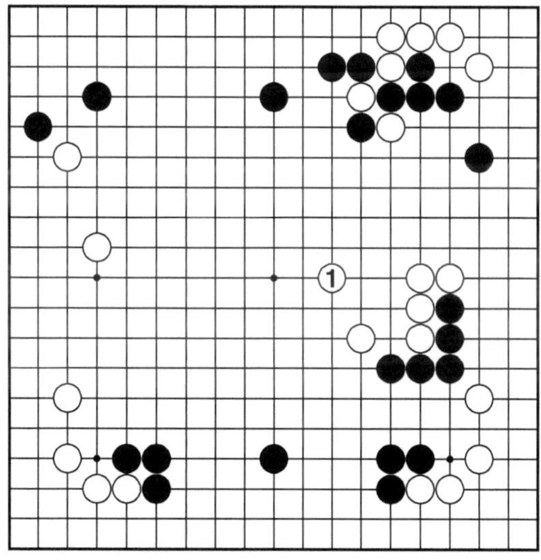

Dia. 3

Diagramm 4. Die Antwort wird klar, wenn man sich die Alternative anschaut: Weiß verteidigt nicht und Schwarz greift mit 1 und 3 an. Wir sehen die bewährte Strategie, eine Gebietsanlage (unten) zu erweitern, indem man eine gegnerische Gruppe an anderer Stelle angreift. Schwarz nutzt seine Stärke oben rechts auf perfekte Weise, indem er die Weißen dagegen drückt. Natürlich kann er die weiße Gruppe nicht töten, doch wenn er unten fünfzig Gebietspunkte erzielt, dann hat er das gar nicht nötig – er gewinnt dann so oder so.

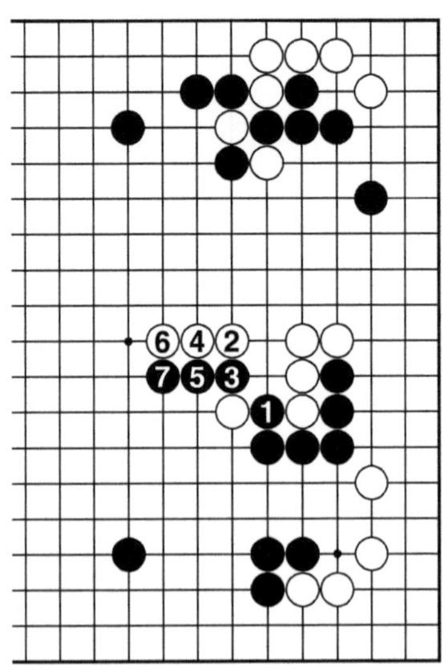

Dia. 4

In diesem Licht betrachtet sieht der Zug Weiß 1 in Diagramm 2 bereits viel sinnvoller aus, doch es gibt noch mehr zu berücksichtigen. Zum einen ist da die Gebietsbilanz. Weiß hat sicheres Gebiet in drei Ecken und gute Aussichten am linken Rand, so dass er nicht sofort invadieren muss – er kann es sich erlauben zu verteidigen. Zum anderen wird Weiß 1 ihm wertvollen Rückhalt geben, falls er je einmal oben oder unten wird invadieren müssen.

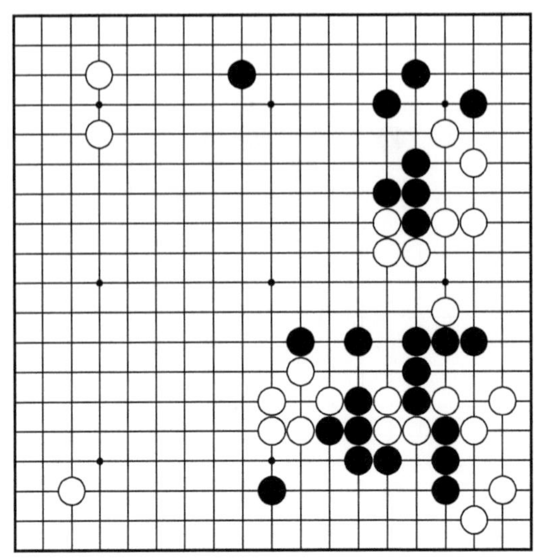

Dia. 5

Diagramm 5. Hier eine Partie aus einem Honinbō-Titelkampf zwischen Sakata (Weiß) und Takagawa, Weiß am Zug. Man sieht auf dem Brett einige schwache Steine, doch Sakata ist berühmt für seine Fähigkeit, aus Schwierigkeiten zu entkommen. Somit scheint es für ihn ein zu früher Zeitpunkt, um zu verteidigen, und wir erwarten also eine Ausdehnung am unteren oder am linken Rand, oder eine Reduktion der schwarzen Anlage oben.

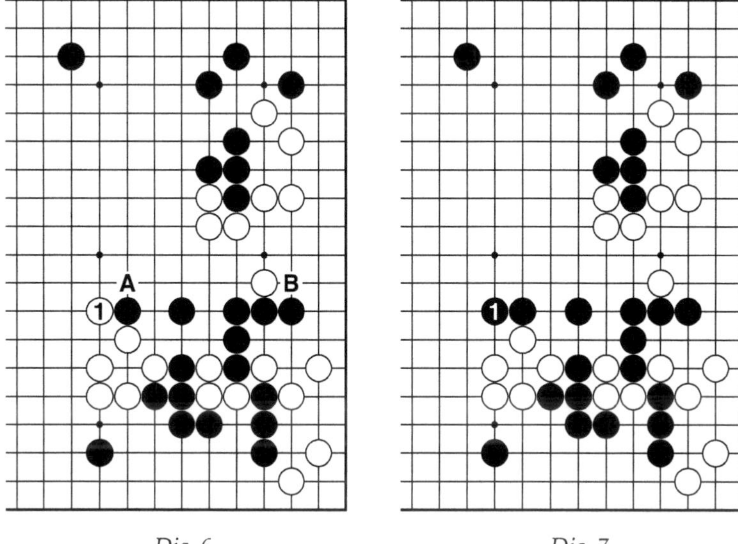

Dia. 6 *Dia. 7*

Diagramm 6. Aber Sakata tat nichts dergleichen, er verteidigte den kleinen weißen Steinhaufen mit 1. Und für den Fall, dass Schwarz auf A antwortet, wollte er seine Gruppe rechts mit B verteidigen.

Weiß 1 gehört nicht zu den Verteidigungszügen, für die man sich schämen müsste. Mit Sicherheit ist hier ein großer Punkt, was die Einflussbilanz angeht, und er hat eine große mittelbare Wirkung auf den unteren, den linken und den oberen Brettrand. Wenn der Zug einmal auf dem Brett liegt, sieht er schon recht beeindruckend aus. Und doch ist seine wichtigste Funktion, zu verteidigen.

Diagramm 7. Wenn Schwarz auf 1 spielen dürfte, würde er die fünf weißen Steine unterhalb auf ihrem Winkelpunkt angreifen und gleichzeitig die große Gruppe rechts. Ohne Zweifel könnte Weiß beide Gruppen retten, müsste sich aber gewaltig anstrengen und hätte währenddessen keine Zeit für irgendetwas anderes. Auch in psychologischer Hinsicht ist es keine angenehme Erfahrung, heftig angegriffen zu werden. Schauen Sie sich den Gesichtsausdruck eines Spielers an, der kurz davor steht, eine große Gruppe zu verlieren – die gespannten Kinnmuskeln, die Falten auf der Stirn, das Flackern der Verzweiflung in den Augen.

Für die Nerven ist es viel angenehmer, einem Angriff zuvorzukommen, bevor er zu stark wird, und so früh zu verteidigen wie Sakata in Diagramm 6.

Diagramm 8. Dies ist eine neuere Partie aus einem Honinbō-Titelkampf zwischen Ishida Yoshio (Weiß) und Rin Kaihō, Weiß ist am Zug. Zwar dürfte Ihnen jetzt klar sein, dass der nächste Zug defensiven Charakter haben wird, aber dennoch wird er Sie überraschen.

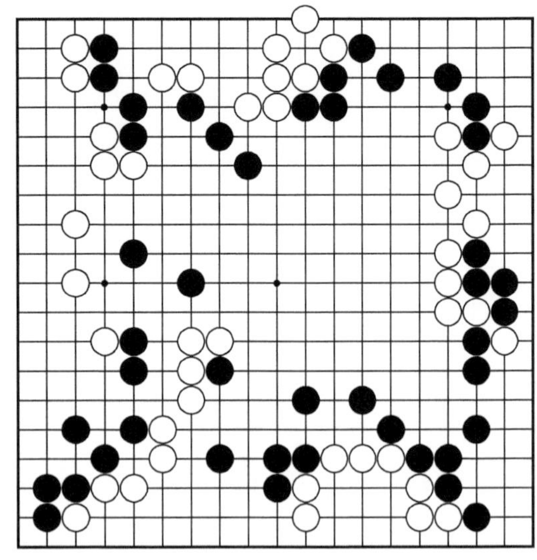

Dia. 8

Diagramm 9. Ishida spielte Weiß 1. Man bekommt zwar das Gefühl, das sei ein Fehler – er spielt in sein eigenes Gebiet – doch Weiß 1 war der richtige Zug. Halten wir zunächst fest, dass dieser Zug der einzige ist, mit dem die weiße Gruppe bedingungslos lebt. Zum Zweiten hat Weiß unten links eine weitere schwache Gruppe, so dass er mit 1 einem Doppelangriff zuvorkommt. Drittens ist Weiß 1 nicht gerade klein, was Gebiet angeht, denn jetzt kann Weiß auf A in die Ecke springen und hat obendrein auf B eine Vorhand am rechten Rand zur Verfügung. Weiß 1 ist wertvoller als jeder Zug in der überwiegend neutralen Brettmitte.

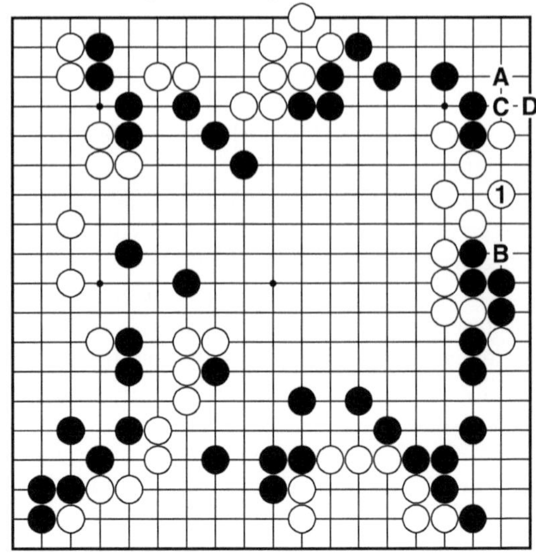

Dia. 9

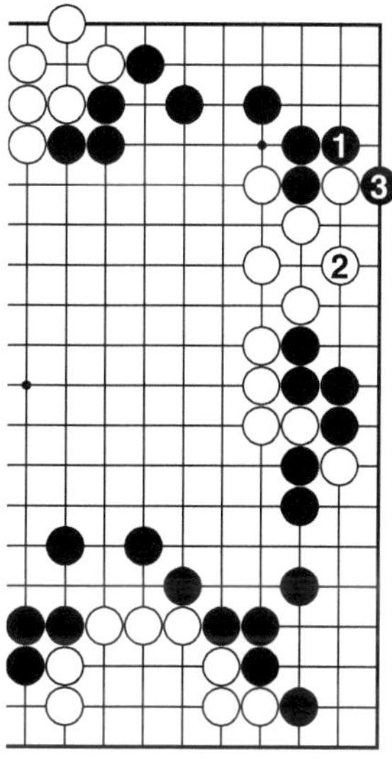
Dia. 10

Diagramm 10. Nehmen wir an, dass Schwarz vorher auf 1 die Ecke nimmt. Dann ist Weiß 2 die korrekte Antwort, doch Weiß gibt auf 3 Atari. Vergleichen Sie dies mit der Abfolge Schwarz C, Weiß D in Diagramm 9. Und die Gefahr, dass Schwarz anstatt 1 mit einem Fallschirmzug auf 2 die weiße Gruppe augenlos macht, ist ein weiteres Argument für das frühzeitige Besetzen des Schlüsselpunkts.

Wenn sogar Profis der Spitzenklasse solche Verteidigungszüge spielen und doch gewinnen – in allen drei Beispielpartien siegte Weiß – dann muss ihnen etwas grundsätzlich Korrektes innewohnen. Letzten Endes kann man das auf die Einflussbilanz zurückführen: Wenn Sie Ihre schwachen Gruppen verteidigen, gewinnen Sie an Stärke – und das hilft Ihnen bei allem, was für Sie als Nächstes ansteht. Wenn Ihre Gruppen hingegen schwach sind, dann müssen Sie ständig in ihrer Nähe bleiben – und um sie nicht in Gefahr zu bringen, Ihre Aktivitäten an anderen Orten zurückfahren. In diesem Buch steht zwar der Angriff vor der Verteidigung, doch in der Praxis ist es im Allgemeinen umgekehrt: Erst verteidigen und sicherstellen, dass es all Ihren Gruppen gut geht, dann losgehen und mit Zuversicht angreifen – das ist eine der grundlegenden Strategien des Spiels.

In einfachen Zeiten wie hier erfordert die Verteidigung keine besonderen Fähigkeiten. Meist braucht man lediglich Ein-Punkt-Sprung, Ausdehnung, Hane – also Züge, die jeder kennt. Besonderes Geschick ist nur dann vonnöten, wenn Sie um Ihr Leben kämpfen müssen.

Wünschenswert ist es also, der Gefahr auszuweichen und niemals auf besondere Kniffe angewiesen zu sein – doch wie jeder Go-Spieler weiß, ist das unmöglich. Dafür ist das Spiel zu komplex – und um das Beste aus Ihrer Stellung zu machen, müssen Sie sich zuweilen an der Grenze von Leben und Tod bewegen. Aus diesem Grund beschäftigen wir uns nun mit Tesuji zur Verteidigung.

Verteidige mit Kontaktzügen

Im letzten Kapitel haben wir gesehen, dass die stärksten Angriffszüge normalerweise die Berührung mit der anzugreifenden Gruppe vermeiden. Nun kann man vermuten, dass Züge zum gegenteiligen Zweck auch die gegenteilige Eigenschaft haben, und so ist es in der Tat. Kontaktzüge oder Züge, die fast berühren, sind im Allgemeinen die stärksten zur Verteidigung. Sie werden in Notfällen gebraucht. Wir werden uns zunächst einige Standardzüge ansehen und danach ein paar Beispiele aus der professionellen Praxis untersuchen.

Diagramm 1. Weiß am Zug. Wie kann er seine zwei Steine rechts oben verteidigen?

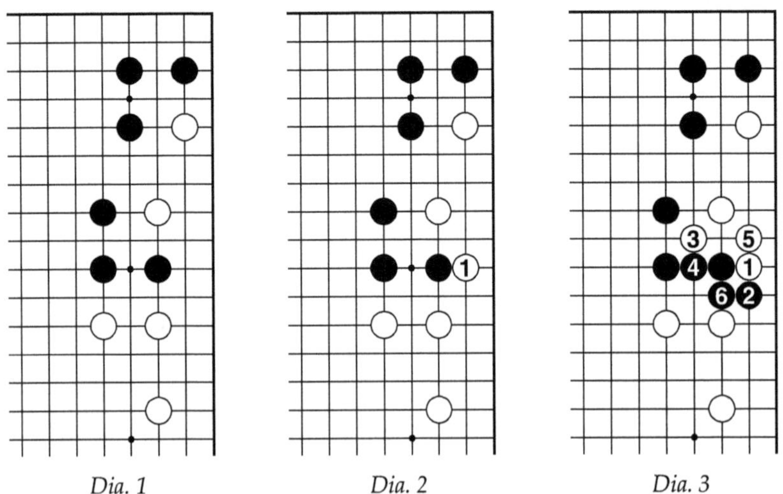

Dia. 1 Dia. 2 Dia. 3

Diagramm 2. Der Anleger auf 1 ist das Tesuji. Weil Weiß droht, seine beiden Positionen zu verbinden, wird Schwarz mit einem Hane oberhalb oder unterhalb antworten.

Diagramm 3. Wenn Schwarz auf 2 antwortet, dann schiebt Weiß mit 3 einen Spähzug ein und streckt dann auf 5 zurück. Schwarz muss in schlechter Form auf 6 verbinden. Die Reihenfolge der weißen Züge ist eine Bemerkung wert.

Diagramm 4. Falls Weiß erst auf 1 zurückzieht und erst danach auf 3 spielt, dann kann Schwarz mit 4 eine Bambusverbindung machen und so gute Form bekommen.

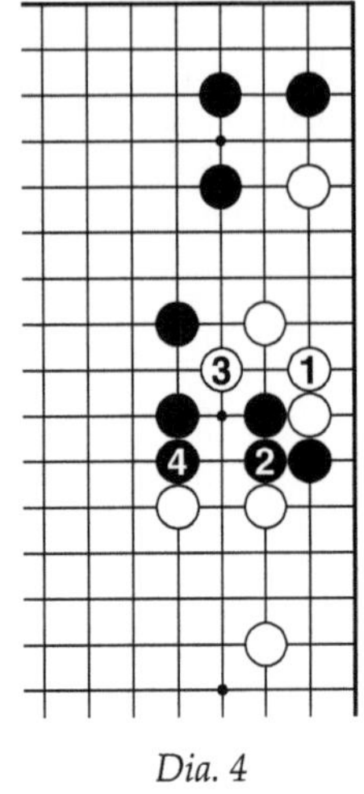

Dia. 4

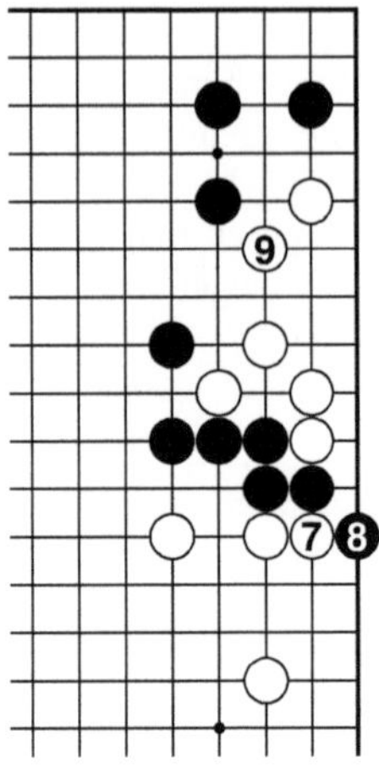

Dia. 5

Diagramm 5. Anschließend an Diagramm 3 spielt Weiß zunächst in Vorhand auf 7 und lebt dann mit 9. Die weiße Stellung unten gerät durch Schwarz 8 ein wenig in Mitleidenschaft, doch das lässt sich leicht verschmerzen.

Diagramm 6. Spielt Schwarz mit 2 das Hane von oben, so kann

Weiß mit 3 bis 7 herausverbinden. Bei diesem Tausch schädigen beide die gegnerische Stellung, doch Weiß hat das bessere Ergebnis, weil seine Steine verbunden, die schwarzen aber böse zerschnitten sind. Schwarz sollte sich also an die weniger drastische Zugfolge in Diagramm 3 und 5 halten.

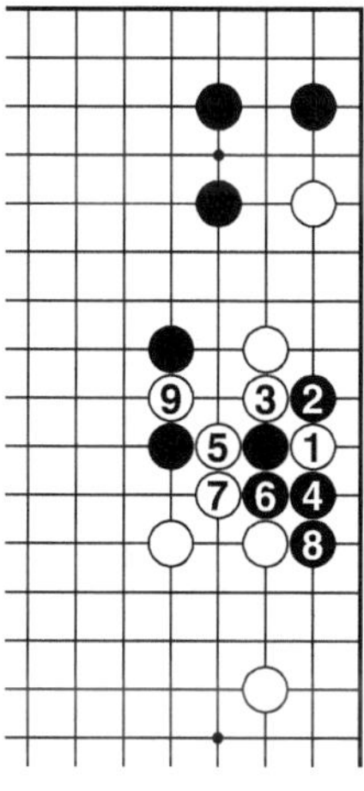

Dia. 6

Diagramm 7. Die folgende Stellung könnte in einer Vorgabepartie entstehen. Weiß muss seinen Invasionsstein am linken Rand verteidigen.

Diagramm 8. Er kann zwar mit 1 und 3 fliehen, sieht sich aber dann dem Doppelangriff auf 4 gegenüber. Will er seine Gruppe links retten, so muss er den Stein am unteren Rand aufgeben, so dass diese Variante keine wirklich überzeugende Verteidigung darstellt. Weiß 1 ist zwar korrekt, doch Weiß 3 ist zu langsam.

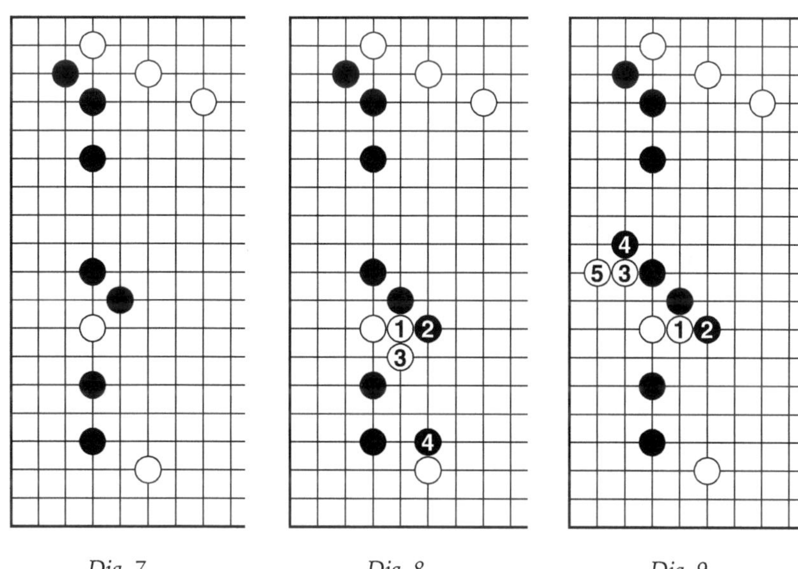

Dia. 7 Dia. 8 Dia. 9

Diagramm 9. Der richtige Zug ist das Unterlegen auf 3. Nach Schwarz 4 steigt Weiß auf 5 herunter. Anlegen und Herabsteigen bilden eine häufige Verteidigungskombination.

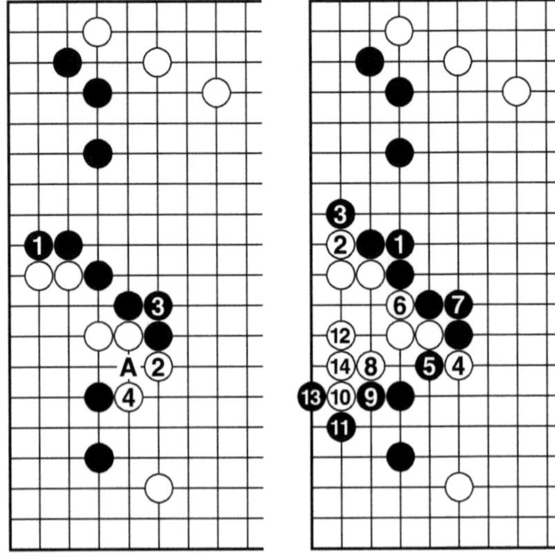

Dia. 10 Dia. 11

Diagramm 10. Falls Schwarz mit 1 hartnäckig bleibt, kann Weiß mit 2 und 4 ausbrechen. Das sieht nun ganz anders aus als Diagramm 8. Weiß hat bessere Form und die schwarze Ecke erscheint auch langsam ein wenig schwächer. Wenn Schwarz mit 3 auf A spielt, dann schneidet Weiß mit 3 und gelangt durch Schlagen ins Freie. Bitte prüfen Sie das selbst einmal nach.

Diagramm 11. Schwarz fährt besser, wenn er auf 1 verbindet. Nun kann er nach dem Hane Weiß 4 mit 5 schneiden, doch Weiß lebt und hat selbst einige Möglichkeiten zu schneiden. Und das Wichtigste ist, dass Weiß eine Schwächung seines Steins am unteren Rand vermeiden konnte.

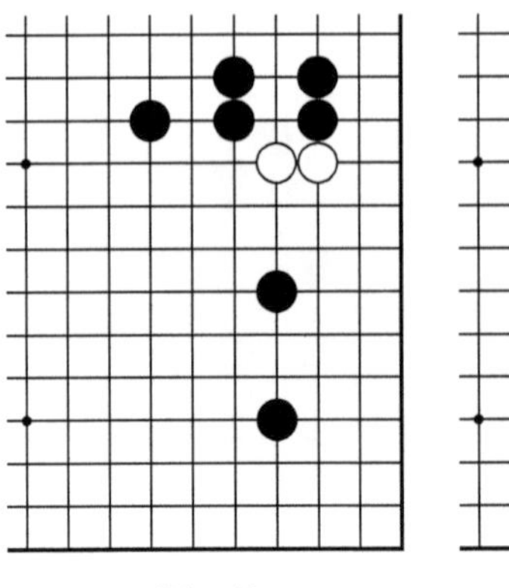

Dia. 12

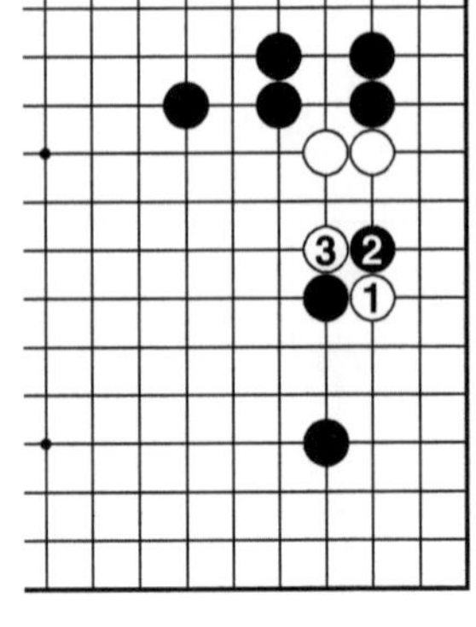

Dia. 13

Diagramm 12. Hier muss Weiß sich um seine zwei Steine am rechten Rand kümmern. Das Einstiegs-Tesuji ist das gleiche wie vorhin.

Diagramm 13. Er legt mit 1 unter dem gegnerischen Stein an. Wenn Schwarz auf 2 Hane spielt, dann macht Weiß den Kreuzschnitt auf 3. Jetzt gibt es viele Varianten, bei denen Weiß vielleicht einen oder auch drei Steine hergibt, doch seine Stellung kann nicht als Ganzes zerstört werden. Indem Schwarz mit 2 einen Kampf anzettelt, macht er die Verteidigung für Weiß eigentlich einfacher.

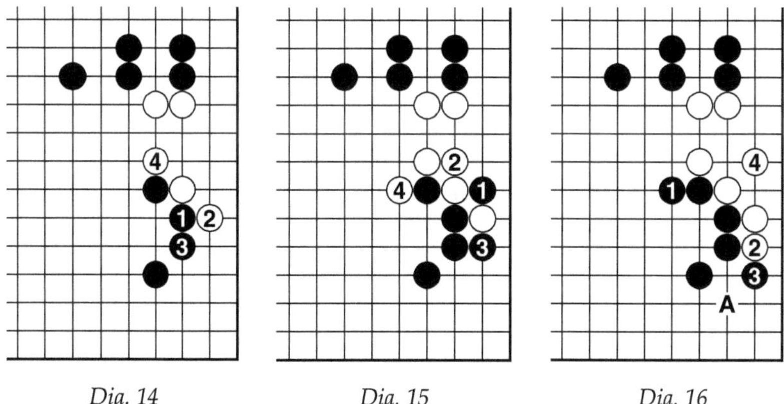

Dia. 14 Dia. 15 Dia. 16

Diagramm 14. Schwarz hat mehr von dem anderen Hane auf 1. Weiß spielt Gegen-Hane auf 2 und 4, einen Kontaktzug nach dem anderen.

Diagramm 15. Schwarz kann zwar mit 1 und 3 einen Stein fangen, doch dann spielt Weiß auf 4 und kann zufrieden sein.

Diagramm 16. Wenn Schwarz den weißen Zug auf 4 im letzten Diagramm verhindern will, lebt Weiß wie hier gezeigt. Danach kann er auf A in die Ecke invadieren. Dieses Ergebnis ist für Schwarz nicht hinnehmbar.

Diagramm 17. In einer anderen Fortsetzung von Diagramm 14 will Schwarz seine Steine 1 und 3 opfern, um 7 und 9 in Vorhand zu bekommen. Weiß aber lehnt das Angebot ab und springt mit 10 in die Brettmitte. Diese Zugfolge ist genau so wie Diagramm 15 für beide Seiten spielbar.

Diagramm 18. Was geschieht, wenn Schwarz nach Weiß 1 auf 2 verbindet? Er plant mit Weiß 4 und Schwarz 3, wonach Weiß ungenügende Augenform hätte. Doch Weiß streckt auf 3 und tauscht die äußeren Steine vorteilhaft gegen die Ecke: Sie ist groß und Schwarz behält Schnittpunkte und Schwachstellen.

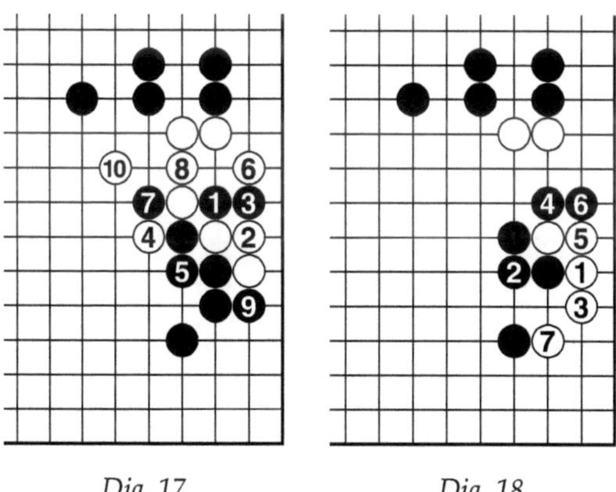

Dia. 17 Dia. 18

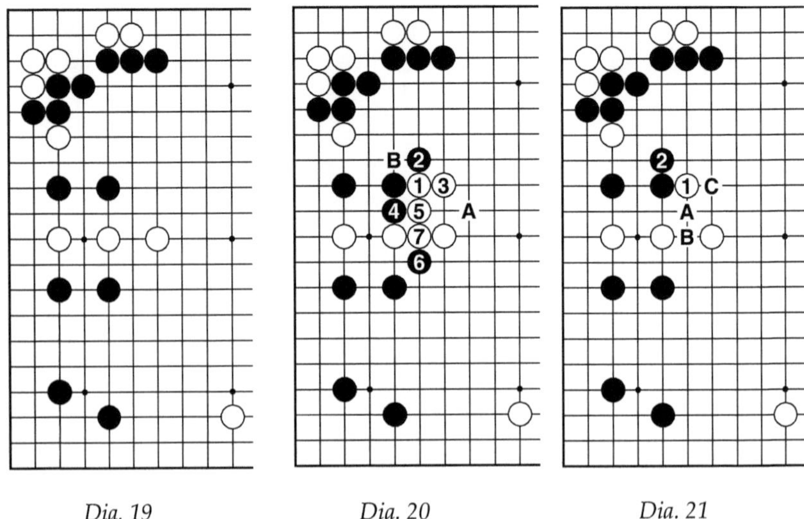

Dia. 19 *Dia. 20* *Dia. 21*

Diagramm 19. Nach diesen drei Beispielen fürs Anlegen unter gegnerische Steine betrachten wir nun zwei Fälle, in denen der Kontaktzug von oben gespielt wird. Hier möchte Weiß seiner Gruppe am linken Rand einen besseren Halt in der Brettmitte verschaffen.

Diagramm 20. Das gelingt ihm durch Auflegen mit 1. Schwarz erringt nach 2 bis 6 die Vorhand und zwingt Weiß zu einem leeren Dreieck, verhilft ihm jedoch gleichzeitig zu Augenform – Weiß kann zu gegebener Zeit auf A spielen. Außerdem bleibt der Schnitt auf B. Weiß hat sich mit einigem Erfolg gestärkt.

Diagramm 21. Antwortet Schwarz mit 2 hier, so ist die weiße Stellung auch jetzt schon um Einiges besser. Beispielsweise kann Schwarz jetzt den Spähzug auf A nicht mehr in Vorhand spielen, denn nach Weiß B muss er mit C noch einmal antworten.

Diagramm 22. Hier haben wir ein Laufduell. Vor allem geht es Schwarz darum, seine L-förmige Gruppe von vier Steinen zu verteidigen. Und dazu steht ihm ein Standard-Anlege-Tesuji zur Verfügung.

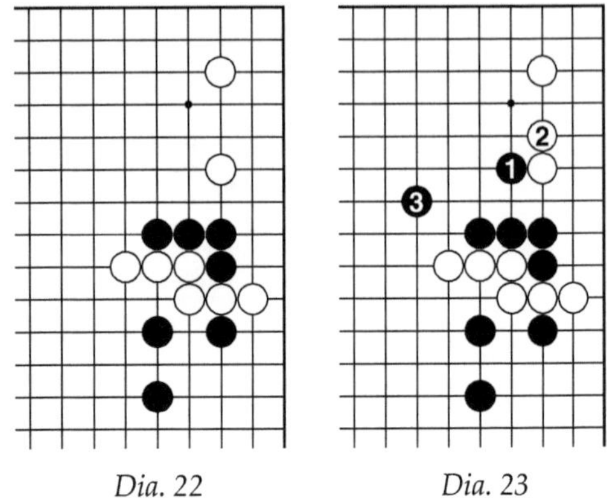

Dia. 22 *Dia. 23*

Diagramm 23. Schwarz spielt auf 1. Wenn Weiß auf 2 zurückstreckt, dann kann Schwarz auf 3 springen, ohne sich vor einem Schnitt zu fürchten. Schwarz 1

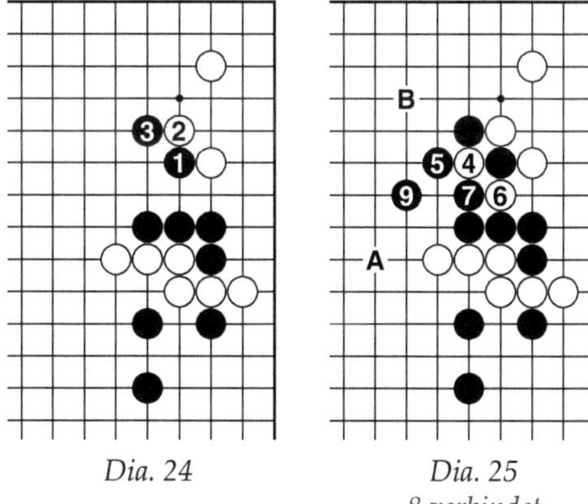

Dia. 24

Dia. 25
8 verbindet

könnte sich später zur Augenbildung nützlich erweisen oder auch, um weiße Gebietswünsche am oberen Rand im Zaum zu halten.

Diagramm 24. Falls Weiß mit dem Hane auf 2 Widerstand leistet, spielt Schwarz das Gegen-Hane auf 3, ein weiteres Anlege-Tesuji.

Diagramm 25. Weiß gibt mit 4 Atari, aber Schwarz gibt Gegenatari auf 5 – das dritte Anlege-Tesuji. Es folgen Weiß 6 und Schwarz 7. Weil das Kō für Weiß nicht besonders einladend ist, wird er im Allgemeinen auf 8 verbinden. Durch dieses Aufkleben seiner Steine auf die weißen hat sich Schwarz geschickt in die Brettmitte hinausgearbeitet. Die Diagonalverbindung mit 9 vervollständigt seine Form und erlaubt ihm gute Fortsetzungen auf A und B.

Das Opfern unbedeutender Steine, wie es Schwarz in Diagramm 25 zeigt, ist eine wichtige Verteidigungstechnik. Jeden einmal gesetzten Stein verteidigen zu wollen, ist eine unlösbare Aufgabe. Opfern lernen ist der Schlüssel, um Verteidigen zu lernen.

Es ist schwer zu sagen, ob Weiß mit 2 in Diagramm 23 oder Diagramm 24 auf Schwarz 1 antworten soll. Einerseits fühlt sich Diagramm 23 recht nachgiebig an, andererseits scheint Diagramm 24 dem Schwarzen bei der Entwicklung zu helfen. Mal ist der eine Zug vorzuziehen, mal der andere.

Ein naher Verwandter des Anlegers ist der Zug auf die Schulter, also den Punkt diagonal zum gegnerischen Stein. Nachdem Anleger so nützliche Verteidigungszüge sind, ist es eine vernünftige Erwartung, dass Schulterzüge auch brauchbar sind. Es soll nicht der falsche Eindruck entstehen, dass Anleger in einhundert Prozent der Fälle korrekt wären, darum sehen wir jetzt ein Beispiel, in dem der Schulterzug besser ist.

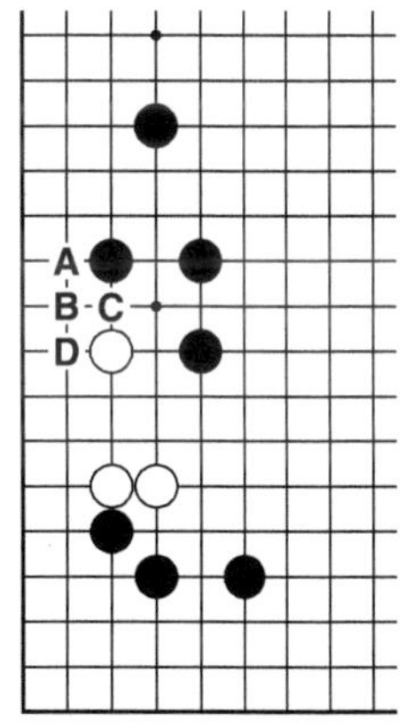

Dia. 26

Diagramm 26. Weiß muss seine Gruppe am linken Rand verteidigen. Als Erstes fällt uns das Anlege-Tesuji auf A ein, das in Diagramm 1 bis 6 zum Einsatz gekommen war, doch nach Schwarz B, Weiß C und Schwarz D hat er es nicht so leicht wie zuvor. Bitte versuchen Sie diese Zugfolge einmal und finden Sie selbst die Schwierigkeiten, die Weiß erwarten.

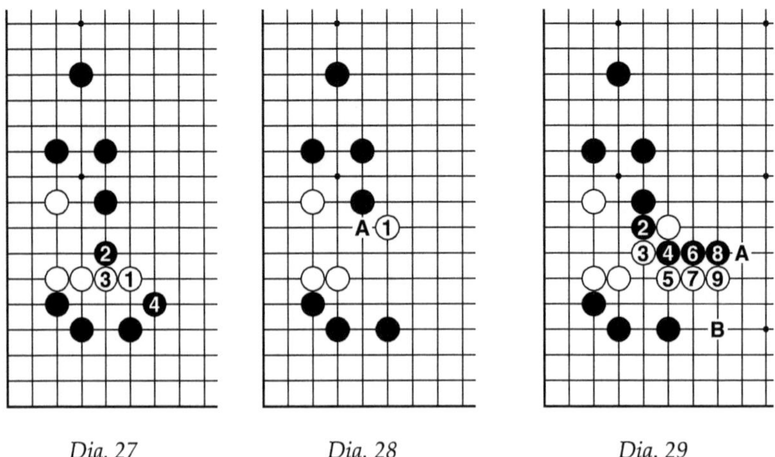

Dia. 27 *Dia. 28* *Dia. 29*

Diagramm 27. Eine Alternative zu einem Zug am Rand scheint ein Sprung auf 1 in die Brettmitte zu sein. Doch das ist eine Einladung zum Spähzug auf 2 und dem Diagonalzug auf 4, die eine schöne Angriffskombination bilden. Weiß 1 ist ein wenig zu langsam; wer angegriffen wird, muss schneller sein.

Diagramm 28. Korrekt ist der Zug 1 auf die Schulter, er ist viel kraftvoller und wirksamer als der Ein-Punkt-Sprung im vorigen Diagramm. Wenn Schwarz ihn ignoriert, hat Weiß eine starke Fortsetzung auf A.

Diagramm 29. Wenn Schwarz die natürliche Antwort wählt und mit 2 dazwischengeht, dann stellt Weiß mit 3 dagegen. Nach den Kontaktzügen 4 bis 9 sind A und B Miai und Weiß ist draußen. Das ist besser als Diagramm 27.

Diagramm 30. Was passiert, wenn Schwarz statt Diagramm 29 mit 1 versucht, in die Lücke zu stechen? Weiß tauscht vorbereitend 2 gegen 3 ab und stößt dann mit 4 durch. Nach 12 sind A und B Miai – der schwarze Angriff ist gescheitert.

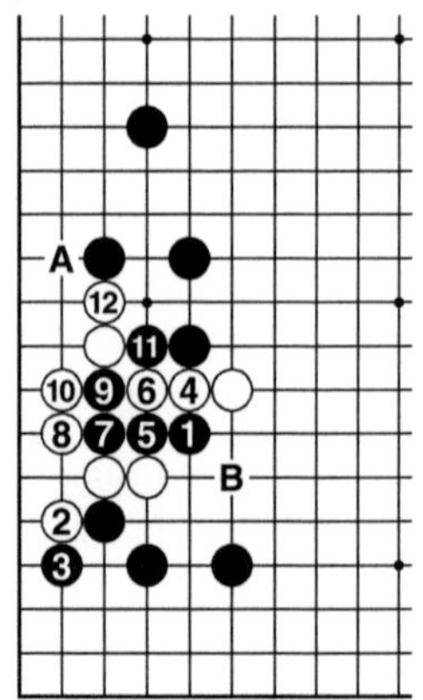

Dia. 30

Fallbeispiele aus professionellen Partien

Lassen Sie uns zum Schluss anschauen, wie Anleger- und Schulter-Tesuji in Profipartien angewandt werden. Es folgen fünf Fallbeispiele.

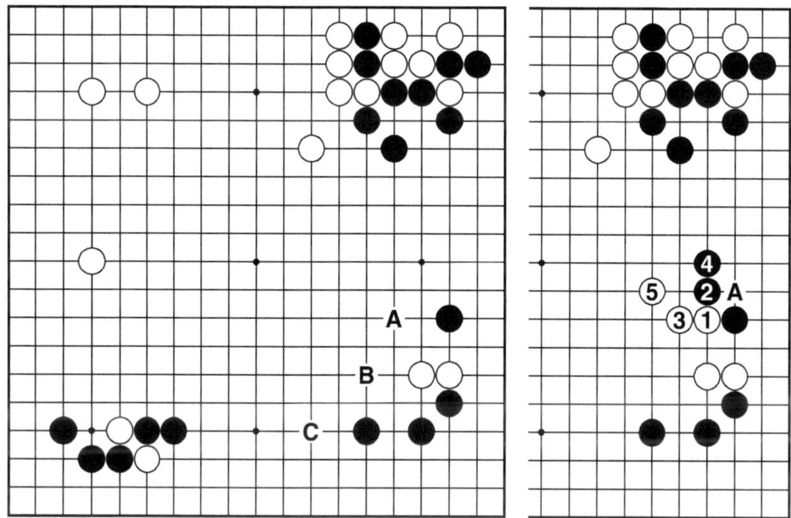

Dia. 1: Takemiya (Weiß) – Sugiuchi

Dia. 2

Diagramm 1. Beispiel 1: Weiß am Zug. Schwarz droht, mit der Zugfolge Schwarz A, Weiß B, Schwarz C sowohl rechts als auch unten Gebiet zu nehmen, somit muss Weiß seine zwei Steine verteidigen. Vielleicht können Sie seinen nächsten Zug erraten.

Diagramm 2. Es ist der Anleger auf 1. Schwarz möchte am rechten Rand schon ein anständiges Stück Gebiet haben und spielt Hane auf 2, hier kommt das Zurückstrecken auf A nicht in Frage. Man könnte jetzt erwarten, dass Weiß den Kreuzschnitt auf A spielt, doch hier funktioniert das nicht so gut. Für ihn ist es besser, mit Weiß 3 das Schneiden nur anzudrohen. Schwarz verteidigt mit 4 und Weiß entwickelt sich mit 5 in Richtung Brettmitte.

Diagramm 3. Wenn Weiß mit 1 den Kreuzschnitt spielt, dann steigt Schwarz auf 2 herunter. Jetzt könnten Weiß 3 und Schwarz 4 folgen. Die weiße Stellung ist ein wenig besser als nach 3 und 4 in Diagramm 2 – Weiß kann mit 5 oberhalb von 3 Atari geben – doch die Stärkung der schwarzen Position fällt offensichtlich noch viel größer aus. Aus diesem Grund beschränkt sich Weiß auf die schlichten Züge in Diagramm 2.

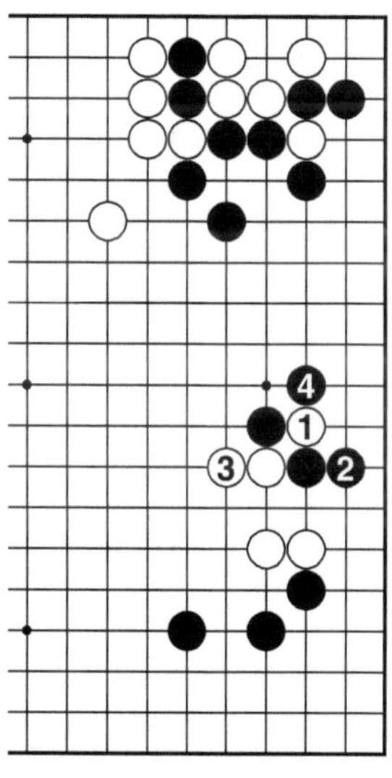

Dia. 3

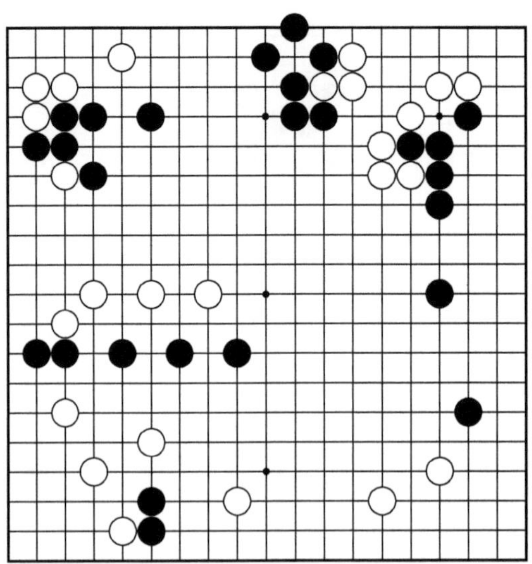

Dia. 4: Ishida A. (Schwarz) – Yamashiro

Diagramm 4. Beispiel 2: Schwarz am Zug. Das dringendste Problem besteht für die zwei Steine am unteren Rand. Was soll Schwarz tun, um sie zu retten?

Diagramm 5. Der Schulterzug auf 1 ist in dieser Form Standard. Wenn Weiß mit 2 antwortet, spielt Schwarz mit 3 ein weiteres Mal auf die Schulter.

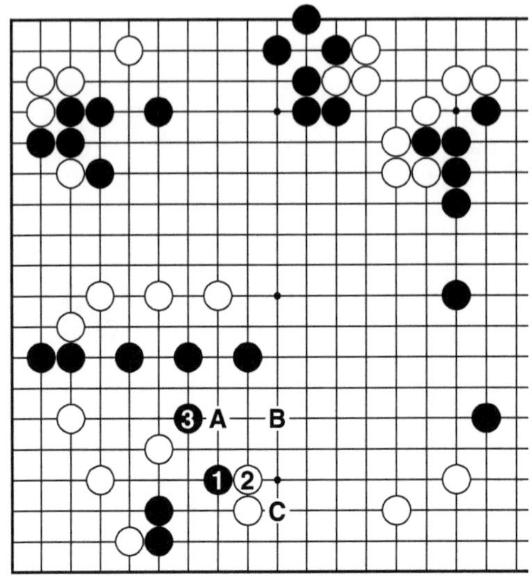

Dia. 5

Diese Kombination mag dünn wirken, ist jedoch erstaunlich widerstandsfähig – Können Sie einen Weg für Weiß finden, hier durchzustoßen? Wenn das nicht geht, dann hat Schwarz seine beiden schwachen Gruppen verbunden. Und statt eines Angriffs wird Weiß erst einmal seine Ecke verteidigen müssen.

Wenn Weiß mit 2 auf A spielt, um die Schwarzen getrennt zu halten, dann schiebt Schwarz mit 2. Wenn nun Weiß B und Schwarz C folgen, dann

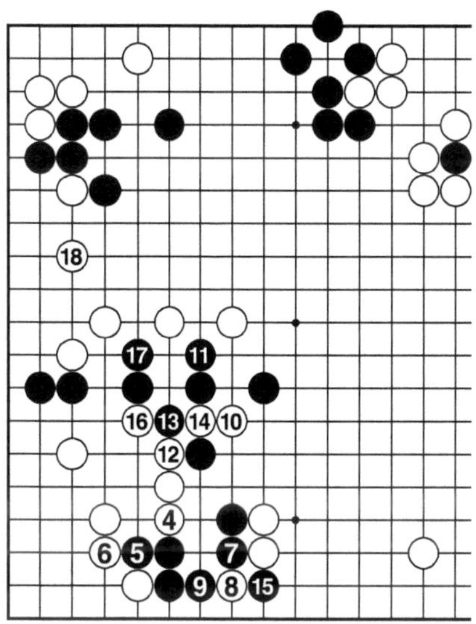

Dia. 6

hat Weiß die schwarze Gruppe am linken Rand zwar abgetrennt, aber sie sollte dennoch nicht in Gefahr sein, weil die weiße Gruppe am linken Rand genauso schwach ist. Zudem ist der weiße Verlust am unteren Rand gewaltig.

Diagramm 6. Das ist die Fortsetzung der Partie. Weiß spielte 4 bis 8 in Vorhand und griff dann mit dem Spähzug auf 10 an. Und obwohl er die gegnerischen Steine trennen konnte, lebte Schwarz am unteren Rand mit Gebiet. Außerdem wurde die weiße Gruppe links durch Schwarz 11 und 17 geschwächt, so dass Weiß sie mit 18 verteidigen musste.

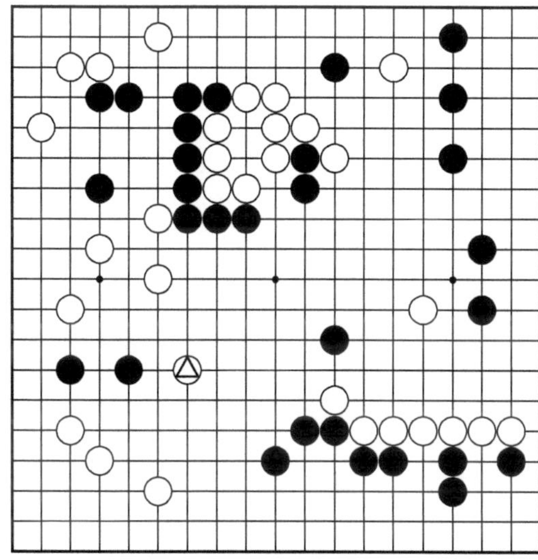

Dia. 7: Ishida A. (Schwarz) – Chō

Diagramm 7. Beispiel 3: Schwarz am Zug. Soeben hat Weiß mit △ ein Bōshi auf die zwei schwarzen Steine links gespielt – gibt es Rettung für sie?

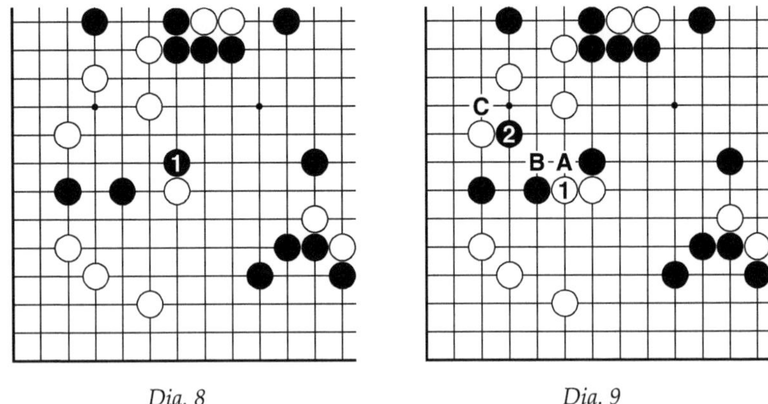

Dia. 8

Dia. 9

Diagramm 8. Schwarz 1 ist der einzige Zug. In den möglichen Fortsetzungen finden sich einige gute Beispiele für Verteidigungstaktiken, so dass wir sie genauer untersuchen wollen. Die erste Frage ist: Wie antwortet Weiß?

Diagramm 9. Angenommen, Weiß spielt auf 1. Er möchte, dass Schwarz mit A antwortet, damit er auf B schneiden kann, doch Schwarz weicht dieser Falle aus, indem er mit 2 auflegt. Dieser Zug macht Miai aus Schwarz A (Verbinden zur Brettmitte) und Schwarz C (Leben am Rand) – damit ist Weiß 1 gescheitert.

Diagramm 10. So bleibt Weiß nur das Hane auf 1 hier. Schwarz schneidet natürlich mit 2. Weiß 3 und 5 sind eine Tesuji-Kombination, doch Schwarz spielt jetzt 6 und 8. Er hat nichts dagegen, die Steine 4 und ▲ zu opfern, wenn er so den Hauptteil seiner Gruppe retten kann. Wenn Weiß auf A schneidet, dann antwortet Schwarz mit B. Weiß würde dann mit der Abfolge C, D und E einen Stein einsammeln, müsste sich aber immer noch mit F in der Ecke und mit G in der Mitte auseinandersetzen – ein schlechtes Ergebnis für Weiß.

Diagramm 11. Falls Weiß den Schnitt A mit dem Spähzug auf 1 vorbereiten will, kontert Schwarz mit 2. Der Austausch von 3 gegen 4 ist nicht gut für Weiß.

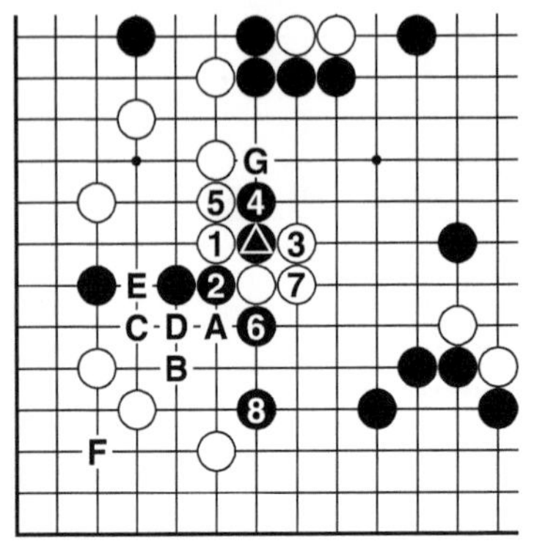

Dia. 10

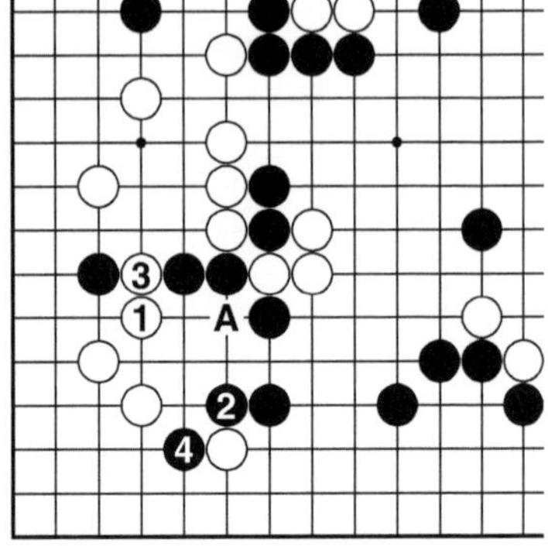

Dia. 11

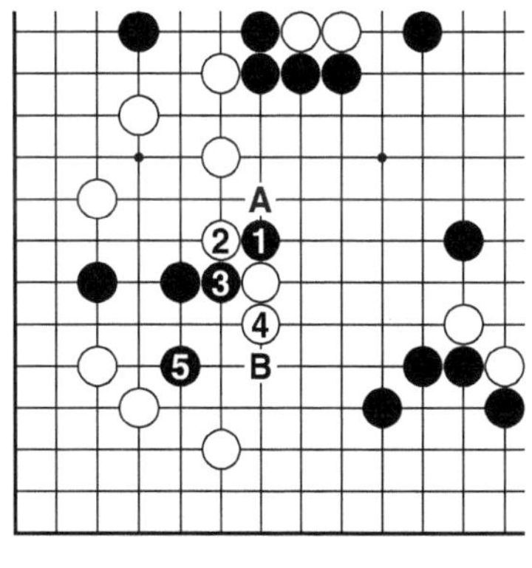

Dia. 12

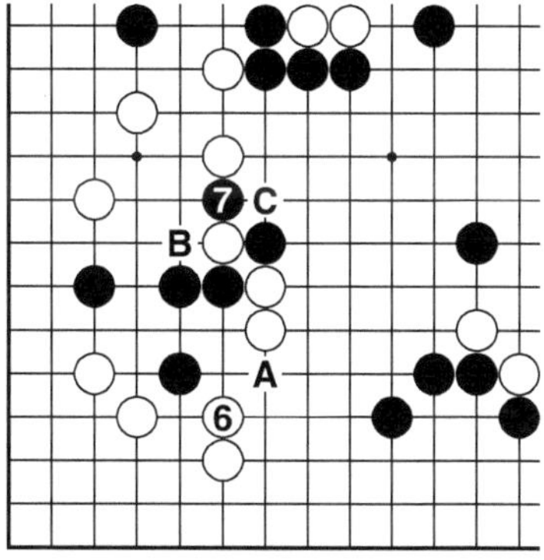

Dia. 13

Diagramm 12. Nachdem Schwarz 1 und 3 in der Partie gespielt waren, streckte Weiß auf 4, um zu verhindern, dass Schwarz dort Atari gibt und entfleucht. Jetzt hatte Schwarz die Gelegenheit, Atari gegen Weiß 2 zu geben, doch zuerst machte er den Sprung auf 5. Spielt Weiß jetzt A, dann entkommt Schwarz mit B. Das war zwar die unmittelbare Drohung hinter Schwarz 5, doch der tiefere Sinn dieses Zuges war es, der schwarzen Gruppe Augenform zu verschaffen, wie noch zu sehen sein wird.

Diagramm 13. Weiß spielte 6, um Schwarz A zu verhindern. Schwarz gab auf 7 Atari, wonach Weiß zwei Möglichkeiten hat: B und C.

Diagramm 14. Weiß entschied sich für Ersteres und lief mit 8 heraus. Schwarz trieb ihn mit 9 und 11 vor sich her und spielte dann mit 13 und 15 Hane. Er lebte jetzt, weil A und B Miai sind. Jetzt erkennen wir auch den Zweck des markierten Steins: Zusammen mit Schwarz B bildet er ein Auge unterhalb von 9.

Diagramm 15. Gegen einen weißen Angriff von außen mit 1 und 3 könnte Schwarz die hier gezeigte Zugfolge spielen. Entscheidend sind der Schnitt

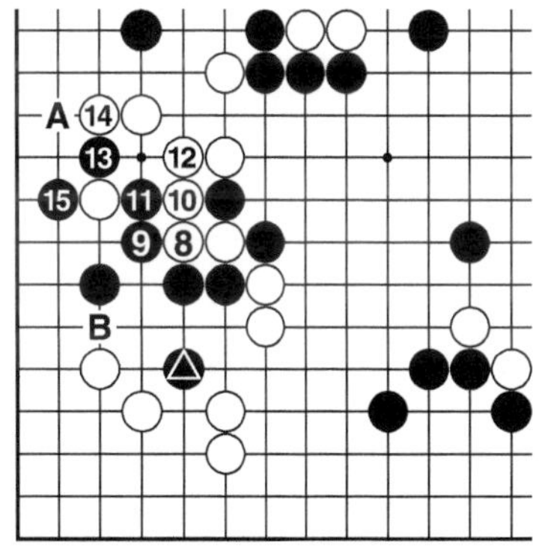

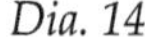

Dia. 14

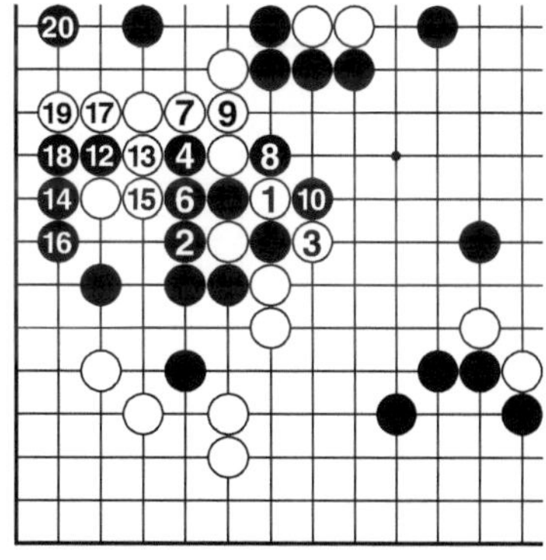

Dia. 15
5 schlägt Kō, 11 deckt

durch das Keima mit 12 und das Hane auf 14. Wenn Weiß sich mit 15 bis 19 widersetzt, dann schließt Schwarz ihn mit 20 ein und gewinnt den Wettlauf.

Sie sollen diese Zugfolgen bestimmt nicht auswendig lernen. Doch es lohnt sich, das Ausweichen in Diagramm 9 und 11 und das Tesuji in Diagramm 14 im Gedächtnis zu behalten.

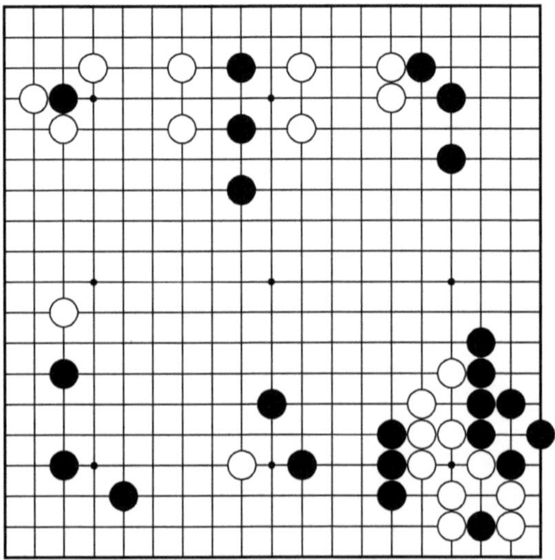

Dia. 16: Fujisawa Shūkō (Weiß) – Ishida Y.

Diagramm 16. Beispiel 4: Weiß am Zug. Das Problem befindet sich unten links. Es geht weniger darum, den vereinzelten Stein neben dem Vorgabepunkt zu retten. Vielmehr muss Weiß insgesamt in diesem Teil des Bretts eine Art lebensfähiger Form bilden.

Diagramm 17. Das übliche Vorgehen ist, mit dem Kontaktzug auf 1 gegen den Eckeinschluss zu beginnen.

Diagramm 18. Streckt Schwarz auf 2, so streckt Weiß auf 3 mit und verschafft sich so den größtmöglichen Augenraum.

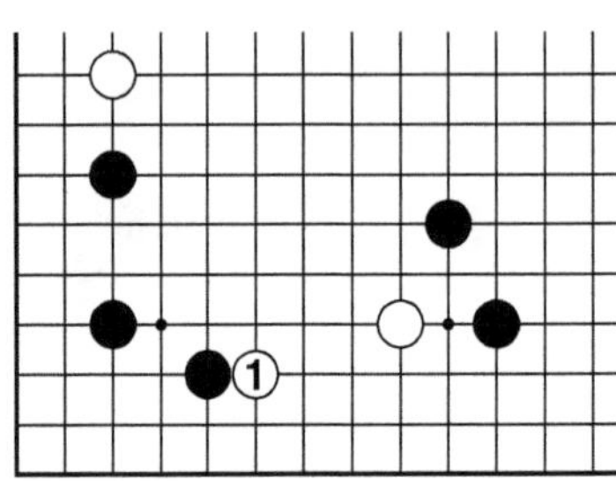

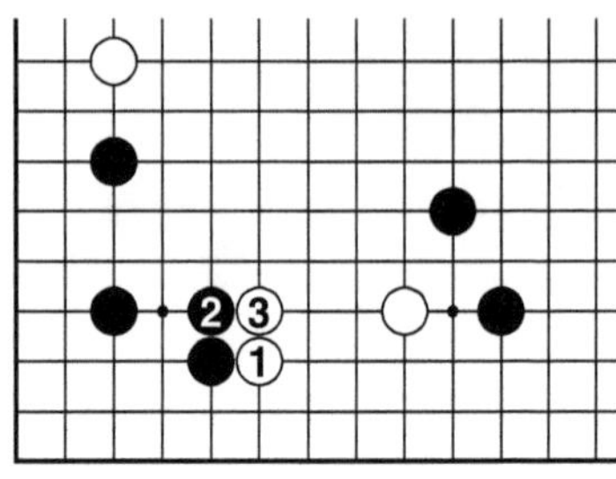

Dia. 17

Dia. 18

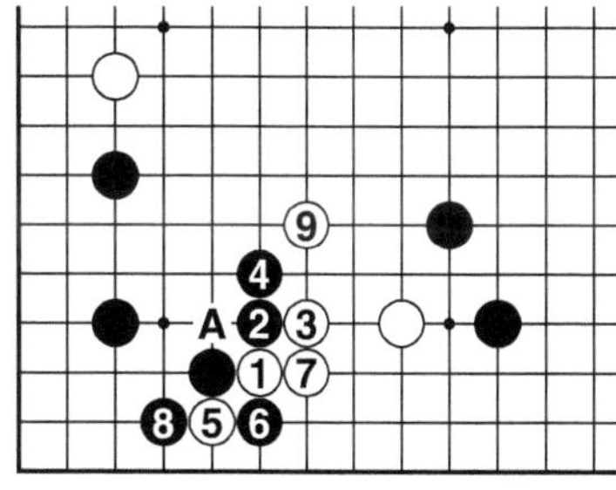

Dia. 19

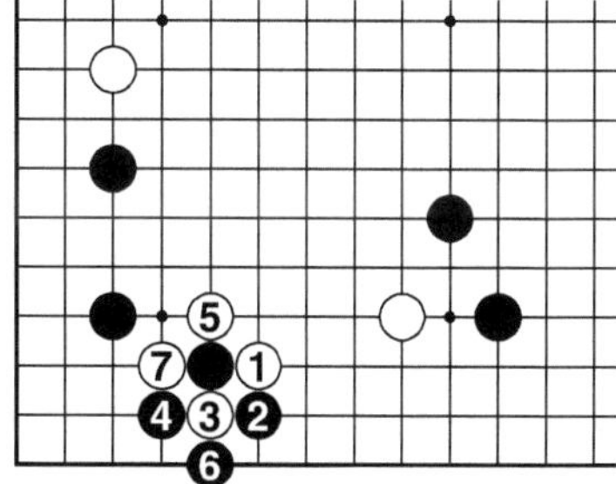

Dia. 20 (8 deckt)

Diagramm 19. Spielt Schwarz mit 2 Hane von oben, dann spielt Weiß mit 3 und 5 Gegen-Hane und erzwingt so 6 und 8. Danach springt er auf 9, wobei er das Schnittpotenzial bei A nutzt.

Diagramm 20. In der Partie spielte Schwarz mit 2 Hane von unten, um den weißen Augenraum am unteren Rand zu zerstören. Weiß antwortete mit dem Opfer auf 3, um 5 und 7 in Vorhand zu bekommen.

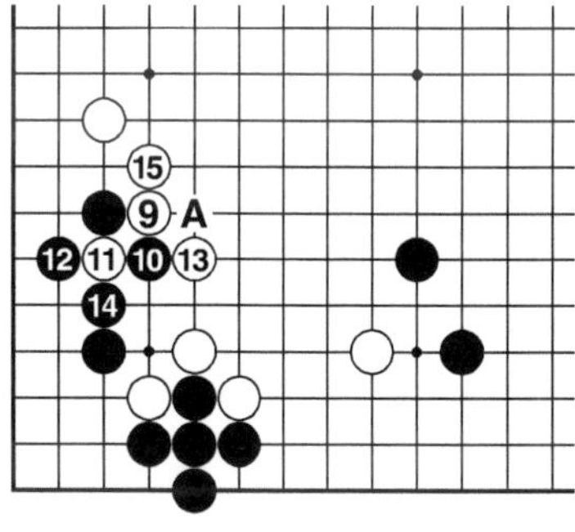

Dia. 21

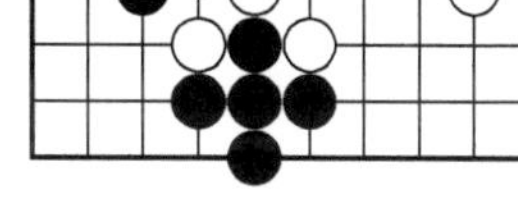

Dia. 22

Diagramm 21. Weiß ließ mit 9 und 11 einen weiteren Berührzug und Kreuzschnitt folgen. Durch das Opfer auf 11 konnte er 13 in Vorhand spielen und mit 15 zurückstrecken. Und damit hatte er am unteren Rand so verteidigt, dass er gleichzeitig seine Gebietsanlage oben links vergrößerte. Seine einzige verbliebene Sorge war der Schnitt bei A. Wir werden später sehen, wie er damit umging, doch zunächst wollen wir uns Weiß 11 noch einmal genauer anschauen.

Diagramm 22. Ohne Opfer ist das Hane auf 1 nicht machbar. Wenn Weiß ohne Vorbereitung auf 1 spielt, dann trennt Schwarz mit 2 und 4 die untere Gruppe vom markierten Stein, was diesen schlecht aussehen lässt.

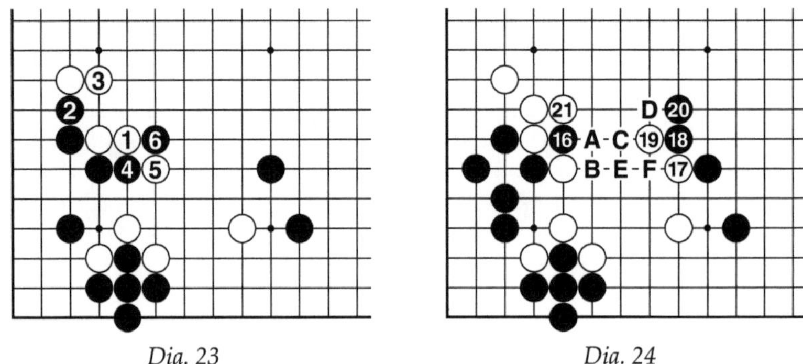

Dia. 23 *Dia. 24*

Diagramm 23. Mit Weiß 1 das Tsuke-nobi-Jōseki nachzuahmen, ist auch ein schlechter Zug. Sie werden erkennen, dass Schwarz 6 ein sehr kraftvoller Schnitt ist.

Diagramm 24. Nach Weiß 15 in Diagramm 21 spielte Schwarz den Schnitt auf 16 hier (beachten Sie, dass die Treppe mit Weiß A nicht läuft). Die weiße Antwort bestand aus zwei weiteren Kontaktzügen mit 17 und 19, danach folgte 21. Würde Schwarz nun mit A loslaufen, dann käme Weiß mit B, Schwarz C, Weiß D, Schwarz E und Weiß F hinterher. An dieser Stelle droht nun ein weißes Hane oberhalb von 20 – oder die schwarzen Steine werden durch einen Zug unter E gefangen.

In Diagramm 20, 21 und 24 blies Weiß zum raschen Rückzug und verstreute Steine hinter sich, um die schwarze Verfolgung zu bremsen. Diese leichte Spielweise ist der Inbegriff geschickter Verteidigung. Schwarz hat zwar einige dieser Steine gefangen und könnte auch noch ein paar mehr einsammeln, doch die weiße Gruppe als Ganzes ist nicht mehr angreifbar.

Diagramm 25. Beispiel 5: Schwarz am Zug. Es geht darum, den Stein am linken Rand zu verteidigen.

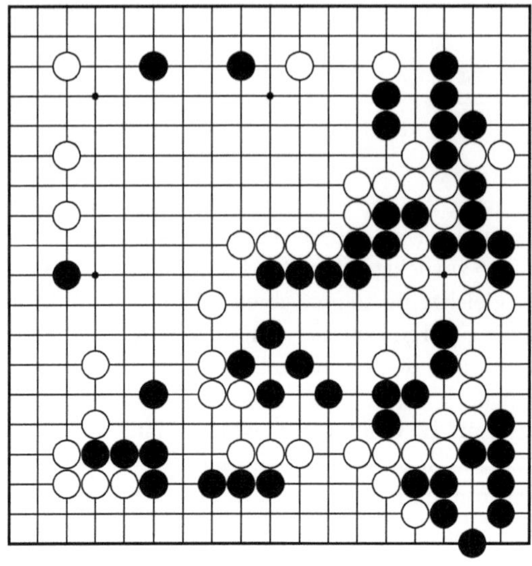

Dia. 25: Kobayashi K. (Schwarz) – Ishida A.

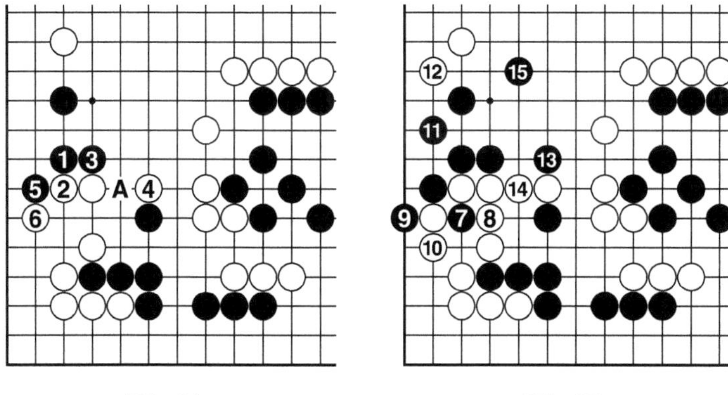

Dia. 26 *Dia. 27*

Diagramm 26. Er fing auf 1 mit einer Art Schulterzug an, dann folgten Kontaktzüge auf 3 und 5, die ihm den größtmöglichen Platz verschafften. Weiß 4 war ein kleiner Fehler – A ist korrekt. Nicht, weil A die Schwarzen töten würde, sondern weil Schwarz nach 4 ein hilfreiches Tesuji zur Verfügung hat.

Diagramm 27. Dieses Tesuji ist der Schnitt mit 7. Weiß 8 war erzwungen, so dass Schwarz in Vorhand auf 9 spielen konnte, bevor er die Diagonalverbindung mit 11 machte. Weiß 12 war die einzige Möglichkeit, den Angriff aufrecht zu erhalten, doch Schwarz lief mit 13 und 15 aus der Gefahrenzone.

Diagramm 28. Nach dem Opfer Schwarz 7 in Diagramm 27 hätte Weiß auch auf 1 hier fangen können. Doch dann kann Schwarz seine Steine mit 2 und 4 anbinden.

Diagramm 29. Wenn Schwarz das Opfer auf A weglässt und lediglich die Diagonalverbindung auf 1 macht, kann Weiß mit 2 antworten. Jetzt kann Schwarz sich seiner Augen nicht mehr ganz so sicher sein.

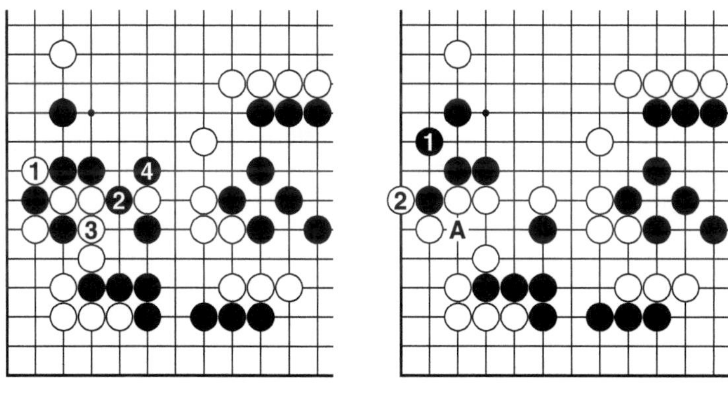

Dia. 28 *Dia. 29*

5. Kikashi

Bei der Ausführung all der Taktiken, die in den ersten Kapiteln beschrieben sind, hat ein Spieler häufig Gelegenheit, kleine, aber zwingende Züge abseits des Themas einzustreuen, die der eigenen Sache dienlich sind und den Gegner stören. Solche Züge kamen schon einmal vor, sie bilden allerdings ein so allgegenwärtiges Thema, dass sie ein eigenes Kapitel verdient haben.

Diagramm 1. Weiß am Zug. Der große Punkt ist Weiß A. Schwarz hat links unten eine Lücke bei B, nur kann Weiß sich nicht dazwischenkeilen und trennen, weil Schwarz mit einem Doppel-Atari antwortet. Und doch bildet diese Lücke einen Schwachpunkt in der schwarzen Form – und Weiß kann ihn ausnutzen, bevor er sich auf A ausdehnt.

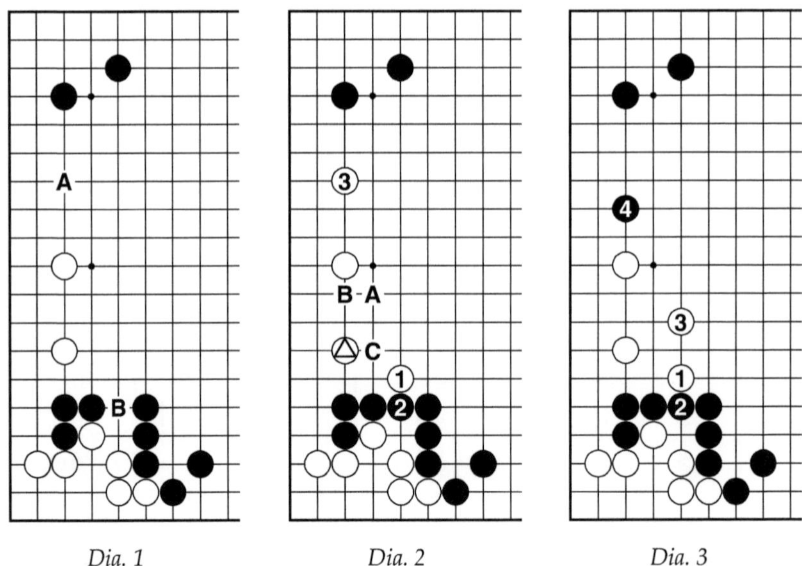

Dia. 1 *Dia. 2* *Dia. 3*

Diagramm 2. Weiß spielt den Spähzug auf 1. Schwarz bleibt keine andere Wahl, als auf 2 zu verbinden. Was für eine Wirkung hat nun dieser Austausch? Zum einen ist klar, dass der Stein Weiß 1 der weißen Gruppe links in gewisser Hinsicht geholfen hat – er stört etwa die Zugfolge Schwarz A, Weiß B, Schwarz C. Und sollte ein Kampf ausbrechen, dann könnte er der entscheidende Stein sein, der Weiß eine zusätzliche Freiheit verschafft oder Schwarz in Atari setzt. Auch Treppen könnten beeinflusst werden. Jedenfalls steht er an einer Stelle, an der er Weiß vermutlich von Nutzen ist – und nicht schaden kann.

Schwarz 2 hingegen ist ein Stein ohne jeden Wert. Er verbindet, wo Schwarz im Grunde vorher schon verbunden war – es ist demütigend, hier spielen zu müssen. Für Schwarz ist der Austausch 1 gegen 2, als hätte er eins auf die Finger bekommen.

Nachdem er Schwarz auf diese Weise geärgert hat, vergisst er den Stein auf 1 sofort und spielt auf 3. Das hat nichts mit Wankelmut zu tun; es ist sogar sehr wichtig für ihn, den Stein auf 1 aufzugeben.

Diagramm 3. Wenn er zulässt, dass seine Aufmerksamkeit an dem Stein Weiß 1 hängenbleibt, und ihn mit einem weiteren Zug auf 3 verteidigt, dann kommt Schwarz zu der großen Ausdehnung auf 4. Der Witz an dem weißen Stein auf 1 ist, dass er gar nicht verteidigt werden muss. Denn selbst wenn er tatsächlich gefangen und vom Brett genommen wird, so dass sein Wert für Weiß auf Null gefallen ist, dann ist das noch immer nicht weniger als der Wert von 2 für Schwarz. Wenn ein Stein wie Weiß 1 einmal gespielt ist, dann sollte er als entbehrlich angesehen und abgeschrieben werden.

Ein Zug wie Weiß 1 heißt Kikashi. Ein Kikashi könnte definiert werden als ein Vorhandzug, der möglicherweise einen Vorteil bringt, aber weder einer Fortsetzung noch einer Verteidigung bedarf. Spähzüge wie Weiß 1 in Diagramm 2 sind eine häufige Spielart von Kikashi. Können Sie nach diesem Hinweis in den nächsten drei Diagrammen die Kikashi finden, die Weiß vor seinem Zug auf A spielen soll? Es sind insgesamt vier, achten Sie in Diagramm 6 auf die Reihenfolge.

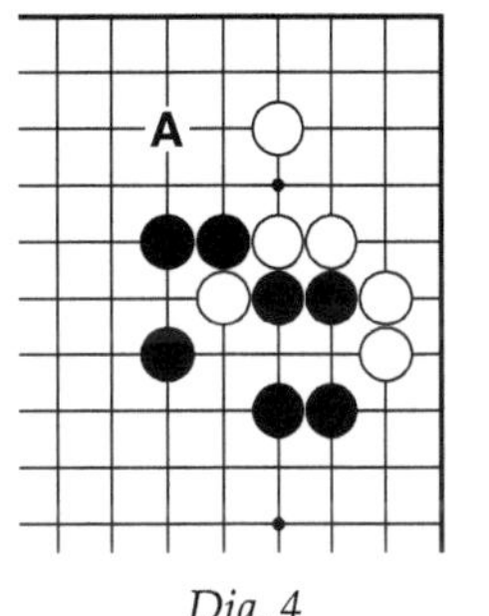

Dia. 4

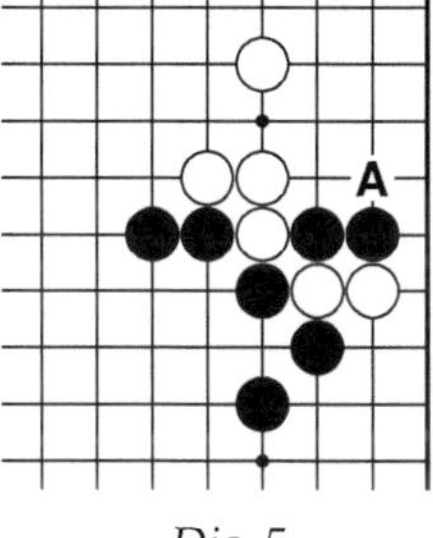

Dia. 5

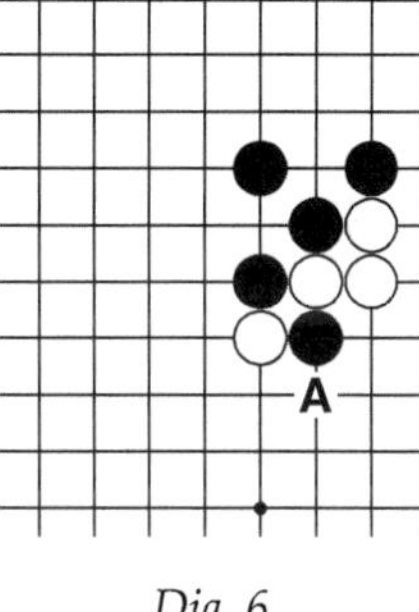

Dia. 6

Diagramm 7. Weiß 1 ist das Kikashi: Weiß spielt den Stein und überlässt ihn dann sich selbst, um auf 3 zu springen. Später könnte Weiß 1 durchaus eine Treppe beeinflussen oder die schwarzen Manöver stören, während Schwarz 2 keinen vergleichbaren Wert hat.

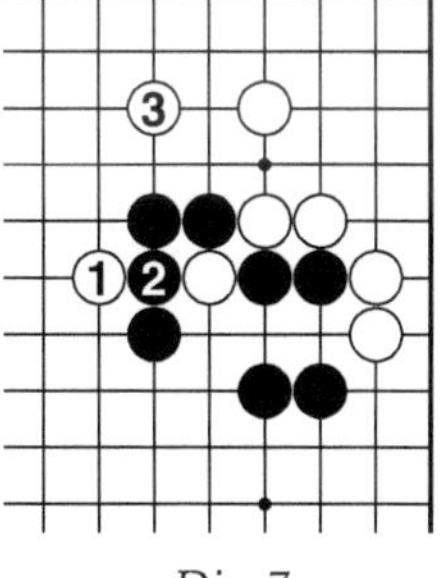

Dia. 7

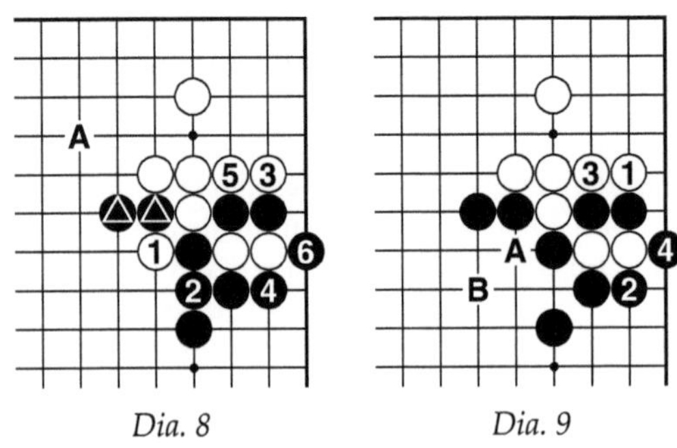

Dia. 8 Dia. 9

Diagramm 8. Weiß 1 ist das Kikashi. Weil er es ermöglicht, die beiden markierten Steine abzuschneiden, steigert Weiß 1 den Wert von Weiß A und auch den jedes anderen Zugs, den Weiß in dieser Region spielen will. Beachten Sie auch, wie Schwarz gezwungen wird, ein leeres Dreieck zu machen.

Diagramm 9. Wenn Weiß ohne das Kikashi auf A sofort auf 1 spielt, verpasst er seine Chance. Weiß 3 auf A ist schon zu spät, denn Schwarz antwortet mit 4 und Weiß bekommt den Zug auf 3 nicht mehr in Vorhand. Wenn Weiß erst nach 1 bis 4 auf A schneidet, dann fängt ihn Schwarz auf B mit einem Netz.

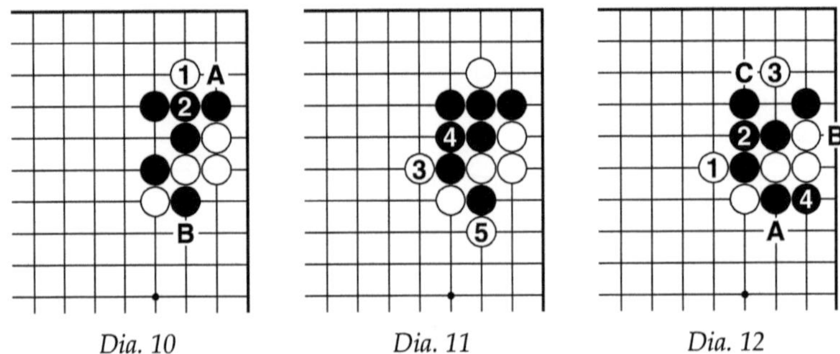

Dia. 10 Dia. 11 Dia. 12

Diagramm 10. Weiß 1 ist das erste Kikashi. Schwarz muss decken, weil Weiß 2 Atari wäre (oder zumindest wird Weiß B dann Vorhand, falls Schwarz pfiffig 2 auf A versucht). Der Wert von 1 ist, dass er später bei einer Invasion der Ecke helfen kann.

Diagramm 11. Weiß 3 ist das zweite Kikashi. Sein Wert wird beim Betrachten der Fortsetzung deutlich werden. Doch zunächst sehen wir uns an, warum die Reihenfolge von 1 und 3 eine Rolle spielt.

Diagramm 12. Wenn Weiß zuerst das Atari und dann den Spähzug spielt anstatt umgekehrt, dann antwortet Schwarz auf 4, und das wäre verheerend. Mit anderen Worten: Weiß kann den Spähzug auf 3 nicht machen, sondern muss zuerst auf A spielen. Und nach A geht es auch nicht, weil Schwarz dann mit B und C antwortet, womit sein Kikashi also komplett verlorengeht.

Nun kommen wir zurück zu Diagramm 11.

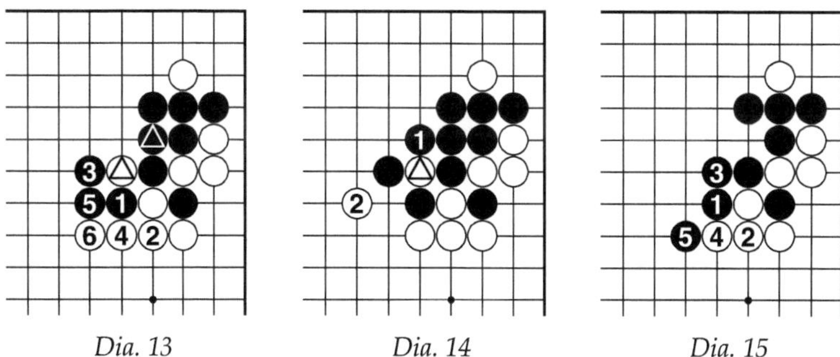

Dia. 13 Dia. 14 Dia. 15

Diagramm 13. In der Fortsetzung von Diagramm 11 gibt Schwarz auf 1 Atari und schnappt sich den Stein △ mit 3. Dieser Stein jedoch hat seinen Zweck schon erfüllt, indem er Weiß 4 zu einer unbedingten Vorhand macht und Schwarz zu 5 zwingt, so dass Weiß auf 6 weiter ins Zentrum schieben kann. Zudem hat der Stein △ nach dieser Zugfolge möglicherweise noch nützliches Potenzial. Der Stein ▲, gegen den er ausgetauscht wurde, ist hingegen so gut wie wertlos.

Diagramm 14. Falls Schwarz den Stein △ lieber beseitigen will, kann Weiß auf 2 niederdrücken. Die schwarze Gruppe sieht nun recht klumpig aus.

Diagramm 15. Würde Weiß in Diagramm 11 das Kikashi 3 weglassen und gleich auf 5 spielen, dann könnte Schwarz nach 1 auf 3 decken. Auf Weiß 4 könnte er noch mit 5 antworten oder auf Wunsch fernbleiben. Vergleichen Sie das mit Diagramm 13, um den Unterschied zu sehen, den das Kikashi ausmacht.

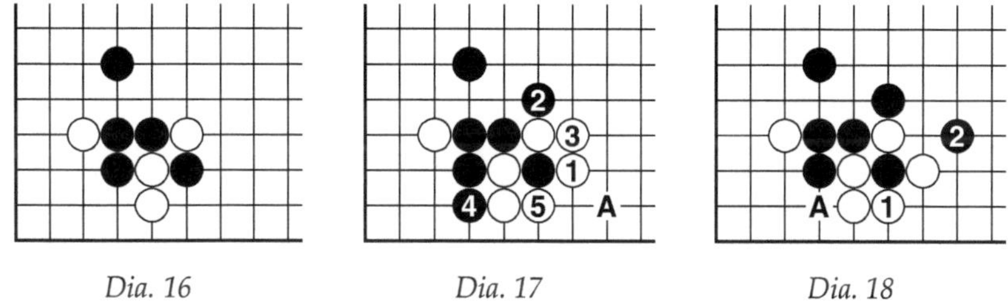

Dia. 16 Dia. 17 Dia. 18

Diagramm 16. Ein Punkt, auf dem für beide Seiten ein Kikashi möglich ist, hat besondere Bedeutung. In dieser Stellung gibt es einen solchen Punkt – können Sie ihn finden (und damit auch den nächsten Zug von Weiß)?

Diagramm 17. Weiß 1 hier ist nicht der gesuchte Punkt. Natürlich muss Weiß hier irgendwann spielen, doch wenn er es sofort tut, kann bekommt Schwarz zwei Kikashi auf 2 und 4. Das ist ziemlich ungut: Schwarz bekommt eine große Ecke und Weiß kann auf A immer noch angegriffen werden.

Diagramm 18. Anstatt 3 im letzten Diagramm gleich mit 1 zu schlagen, hilft Weiß nicht weiter. Schwarz kann zwar nicht mehr in Vorhand auf A spielen, dafür aber das Winkel-Tesuji auf 2, was noch schlechter ist, weil Weiß jetzt schon fast eingeschlossen wird. Der richtige Weg, Schwarz A zu verhindern, hat nicht so viele Nachteile.

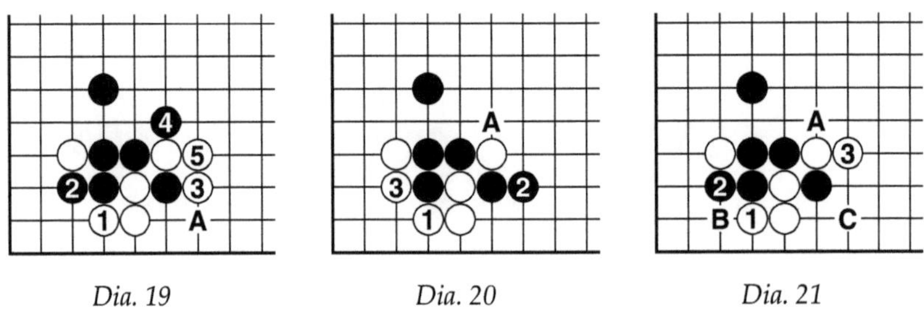

Diagramm 19. Der Schlüsselpunkt ist 1 hier; Weiß sollte beginnen, indem er ihn selbst besetzt. Jetzt ist Schwarz derjenige, der zur Antwort auf 2 gezwungen ist. Nach 3 und 5 steht Weiß jetzt, was Gebiet und Augenform angeht, wesentlich besser da als in Diagramm 17.

Diagramm 20. Bei Weiß 1 besteht das Risiko, dass Schwarz auf 2 antwortet, doch dann nimmt Weiß mit 3 die Ecke. Ob Schwarz so spielen kann, hängt von der Umgebung ab, insbesondere der Treppe auf A. Doch selbst wenn sie läuft, kann Weiß einen Treppenbrecher spielen. Und dieser Austausch ist besser für ihn, als wie in Diagramm 17 herumgeschubst zu werden.

Diagramm 21. Übrigens wäre es unklug, wenn Weiß nach dem Austausch 1 gegen 2 auf 3 streckt, um dem Kikashi auf A zu entgehen. Schwarz könnte dann in Vorhand auf B spielen oder mit C von der anderen Seite her angreifen.

Nun hat uns diese Diskussion allerdings vom Thema „Punkte, die für beide Kikashi sind" weggeführt. Hier kommt ein weiteres Beispiel.

Diagramm 22. Diese Stellung stammt aus einer Partie des japanischen Autors – Weiß am Zug. In erster Linie möchte er auf A spielen, um dem schwarzen Gebiet und Einfluss oben und in der Mitte etwas entgegenzusetzen (stellen Sie sich zum Vergleich Schwarz B vor). Doch zuerst hat er ein Kikashi, das auch eines für Schwarz wäre. Möglicherweise ist es nicht leicht zu sehen, aber wenn Sie ernsthaft darangehen, werden Sie es auf der dritten Linie finden.

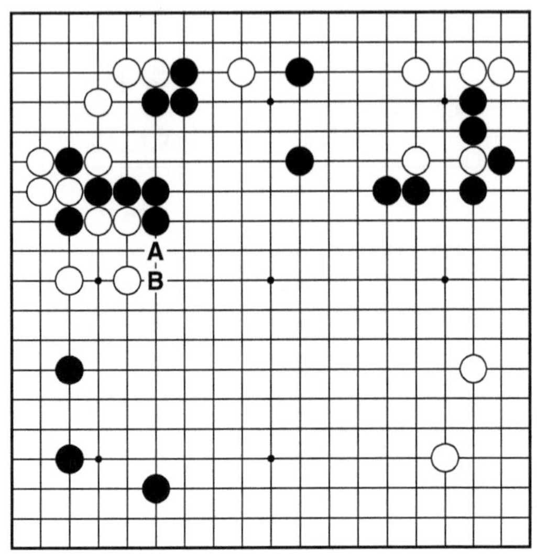

Dia. 22

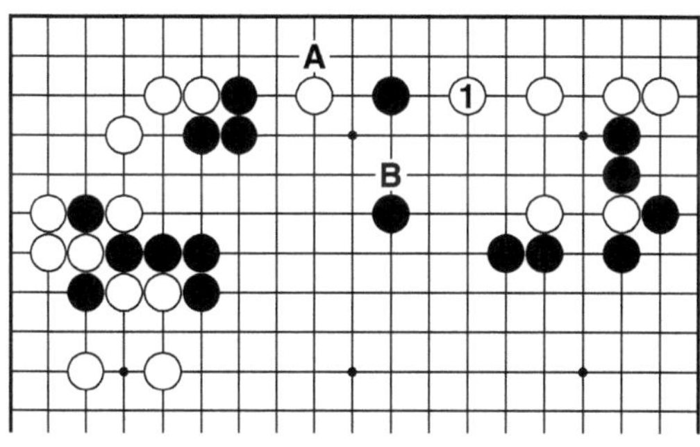

Dia. 23

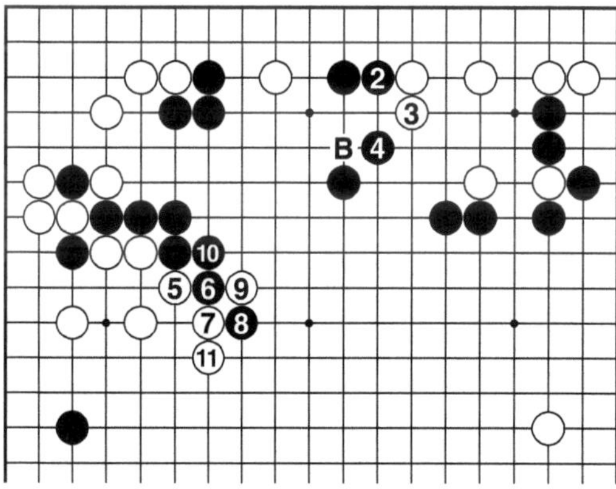

Dia. 24

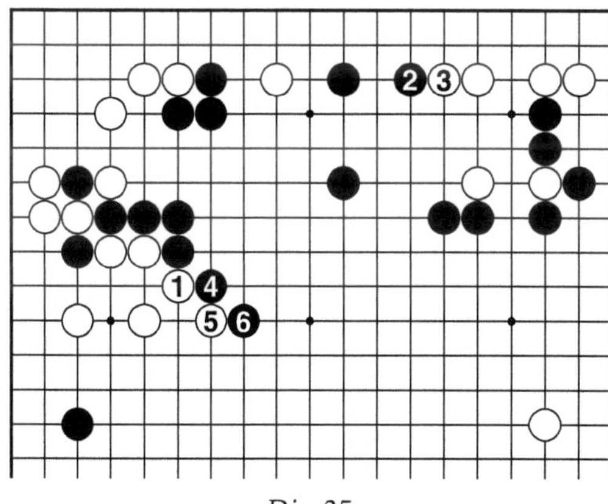

Dia. 25

Diagramm 23. Der gesuchte Zug ist Weiß 1. Er ist Kikashi, denn falls Schwarz fernbleibt, kann Weiß mit A oder B fortsetzen und das einzige große schwarze Gebiet zerstören.

Diagramm 24. Schwarz antwortet mit 2, doch Weiß kann auch 3 in Vorhand spielen, weil so erneut B droht. Nachdem Schwarz mit 4 verteidigt hat, kommt Weiß wieder zum Thema zurück, nämlich dem „Gedränge" (Kampf um Einfluss) in der Brettmitte. Hier ist Weiß 9 ein weiteres Kikashi, das zusammen mit Weiß 11 eine Treppe vorbereitet, Schwarz zu einem leeren Dreieck zwingt und ansonsten ähnliche Dienste leistet wie Weiß 3 in Diagramm 11.

Diagramm 25. Was geschieht, wenn Weiß auf 1 spielt und den Kikashi-Punkt versäumt?

Schwarz besetzt ihn mit 2 selbst und Weiß verteidigt die Ecke mit 3. Danach belässt Schwarz 2 und 3 als erzwungenen Austausch und spielt mit 4 weiter. Das ist für ihn klar besser als Diagramm 24.

Diagramm 26. Wenn Weiß nicht auf ▲ antwortet, dann tötet Schwarz 1 die Ecke.

Im Endspiel würde man Weiß 1 in Diagramm 23 oder Schwarz 2 in Diagramm 25 als „doppelte Vorhand" bezeichnen. Solche Züge bedeuten puren Gewinn für den, der sie ausführt.

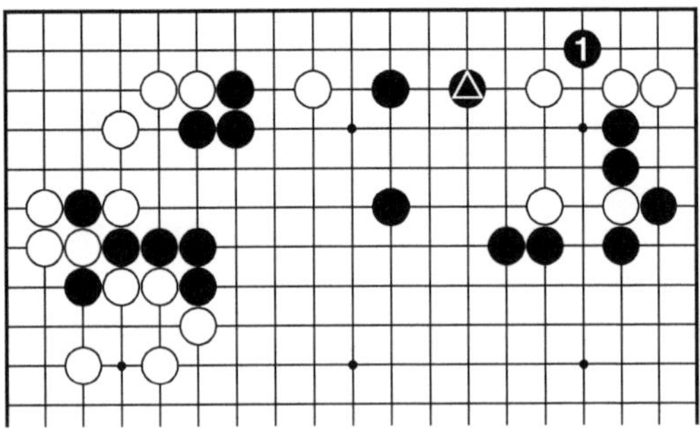

Dia. 26

Widerstand

Alle Kikashi, die wir bis jetzt gesehen haben, liefen problemlos, weil der Gegner immer nachgegeben hat wie erwartet. Allerdings tut er das widerwillig – er mag es nicht, zu etwas gezwungen zu werden. Wann immer es also möglich ist, wird er versuchen, Widerstand zu leisten.

Diagramm 1. Dieser Spähzug wurde einmal gegen den amerikanischen Autor gespielt. Schwarz spielt das Kikashi als Vorbereitung für eine Invasion am unteren rechten Rand. Wenn Weiß auf A verbindet, hat er tatsächlich dem Gegner seinen Willen getan.

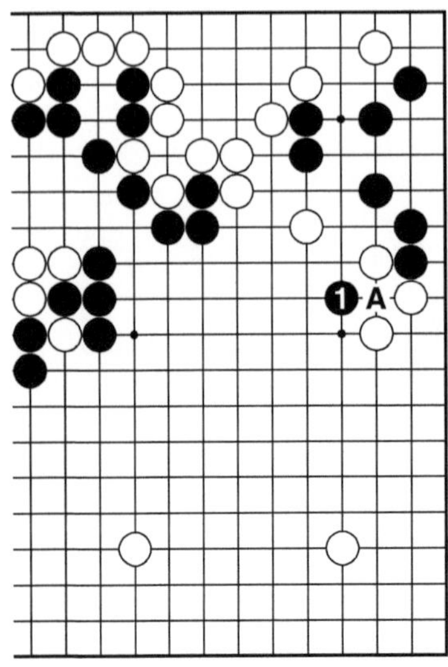

Dia. 1

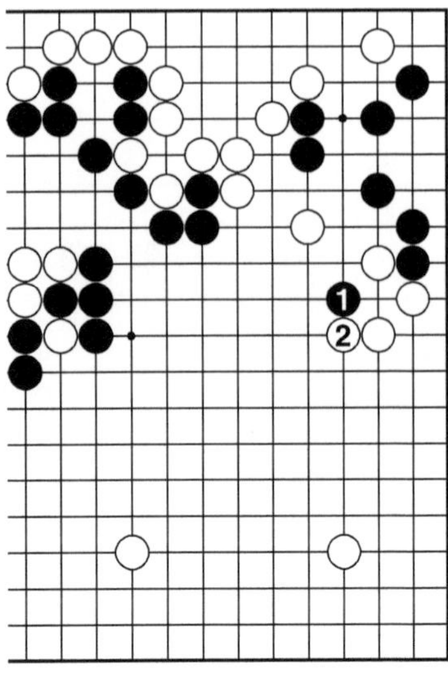

Dia. 2

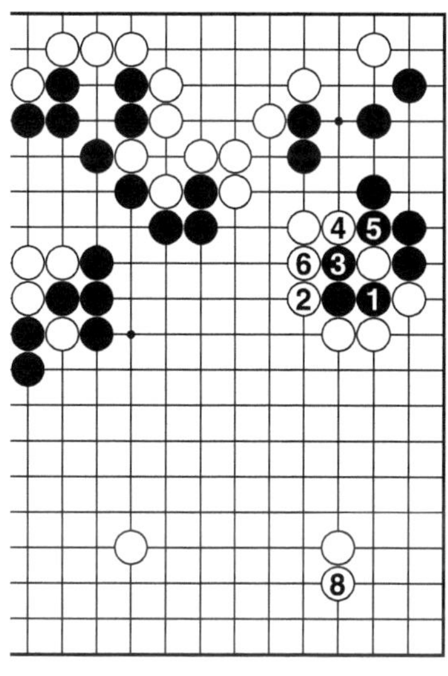
Dia. 3 (7 deckt)

Diagramm 2. So fügsam wird Weiß allerdings nicht spielen, er widersetzt sich mit 2. Jetzt ist er derjenige, der bei dem Austausch das bessere Ende hat: Weiß 2 tut einiges zur Vergrößerung seiner Gebietsanlage rechts unten, während Schwarz 1 eigentlich überhaupt nichts tut. Das versuchte Kikashi ist für Schwarz nach hinten losgegangen.

Bevor Weiß sich dem Kikashi widersetzt, muss er überprüfen, dass er seine Stellung nicht gefährdet, doch in diesem Fall kann nichts passieren.

Diagramm 3. Wenn Schwarz jetzt schneidet, dann spielt Weiß in Vorhand Shibori und versiegelt dann mit 8 die Ecke. Und das hat Schwarz sich wohl kaum so vorgestellt, als er den Spähzug auf 1 in Diagramm 1 spielte.

Diagramm 4. Als zweites Beispiel für das Widersetzen betrachten wir diese Joseki-Stellung. Weiß späht mit 1 in die Lücke. Wie soll Schwarz antworten?

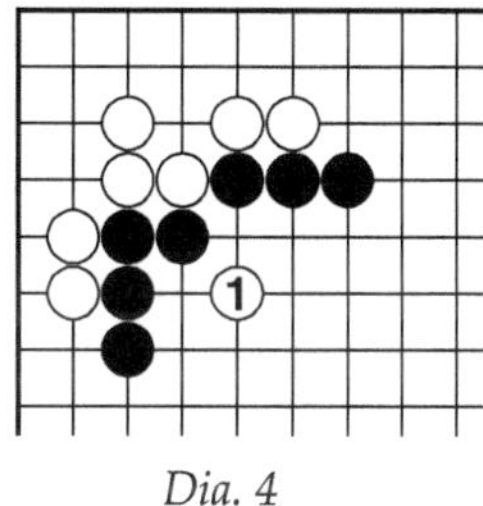
Dia. 4

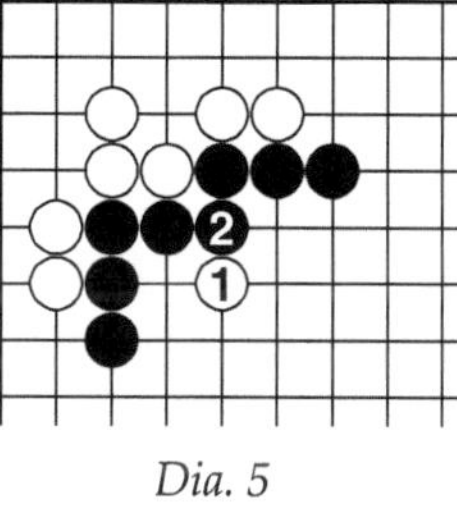
Dia. 5

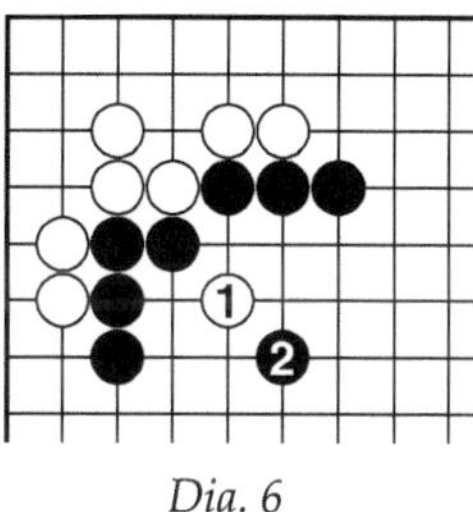
Dia. 6

Diagramm 5. Verbindet er auf 2, dann gibt er dem Gegner, was er wollte.

Diagramm 6. Allerdings kann er auch Widerstand leisten, mit diesem Zug auf die Schulter. Wenn Weiß seinen Stein jetzt aufgibt, dann wird sein versuchtes Kikashi zu einem Geschenk für den Gegner.

Diagramm 7. Doch wenn er mit 1 und 3 davonläuft, hat er unversehens eine schwache Gruppe am Bein, um die er sich kümmern muss. Ein echtes Kikashi steht für sich und bringt einen nicht in solche Schwierigkeiten. Dementsprechend ist Weiß 1 in Diagramm 4 ein Fehlschlag – zumindest, wenn Schwarz korrekt Widerstand leistet.

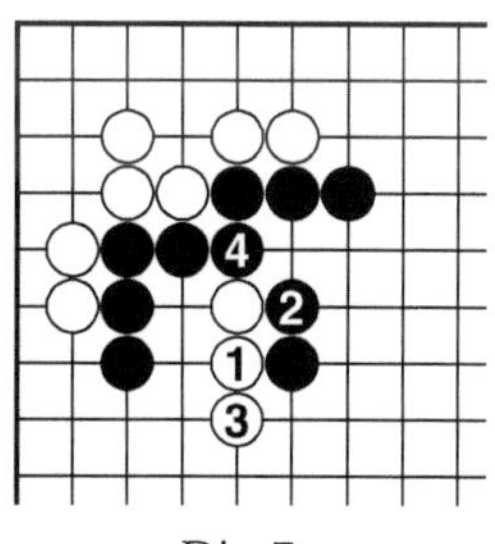
Dia. 7

Dankeschön-Züge

Die wesentliche Eigenschaft eines Kikashi ist die, dass der Gegner zu einer Antwort gegen seine Absichten gezwungen wird – dass er nachgeben muss und irgendeine Art von Nachteil erleidet. Ist der Gegner aber mit seiner Antwort ganz zufrieden, so trifft der Begriff „gezwungen" nicht mehr zu.

Diagramm 1. So zum Beispiel für Weiß 1 hier, denn dieser Zug zwingt Schwarz lediglich zu dem, was er ohnehin tun will: den Schnittpunkt auf 2 zu decken. Weiß wollte vielleicht mit so etwas wie Weiß A fortsetzen, doch nachdem Schwarz jetzt verbunden hat, werden alle weißen Invasionskräfte unter schweren Beschuss kommen. Der Zug Weiß 1 mag Vorhand sein, ist aber kein Kikashi. Technisch betrachtet, ist er Aji Keshi – Weiß verliert so die Option, auf 2 zu schneiden. Einfach ausgedrückt: Weiß 1 ist ein „Dankeschön-Zug", denn Schwarz ist dankbar, dass Weiß ihn gespielt hat.

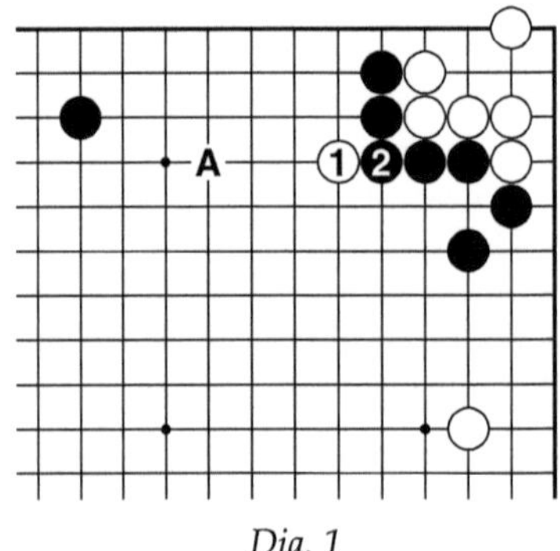

Dia. 1

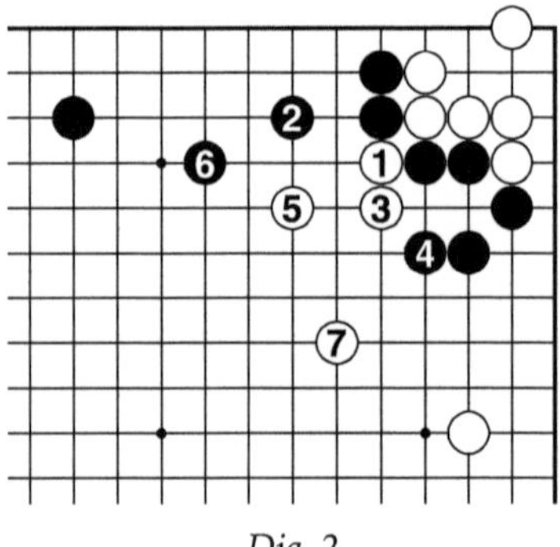

Dia. 2

Diagramm 2. Weiß sollte vielmehr sofort die schwarze Stellung mit 1 entzweischneiden und angreifen, das bringt Schwarz am rechten Rand in eine unangenehme Lage. Wenn Sie diese Zugfolge anschauen, können Sie erfassen, wie dankbar Schwarz für Diagramm 1 gewesen ist.

Wenn Anfänger Kikashi erlernen, dann neigen sie dazu, sie wahllos einzusetzen, wodurch solche Fehler entstehen wie eben. Und es gibt ein Sprichwort, das davor warnt, neben einen Schnittpunkt zu spielen.

Diagramm 3. Schwarz 1 hier ist ein weiterer häufiger Fehler. So „zwingend" dieser Zug auch sein mag, Weiß ist dennoch froh, dass Schwarz ihn gespielt hat. Das hat mindestens drei Gründe:

1. Schwarz verliert eine Freiheit.
2. Schwarz verliert eine Kō-Drohung.
3. Schwarz verliert das Aji, das im nächsten Diagramm zu sehen ist.

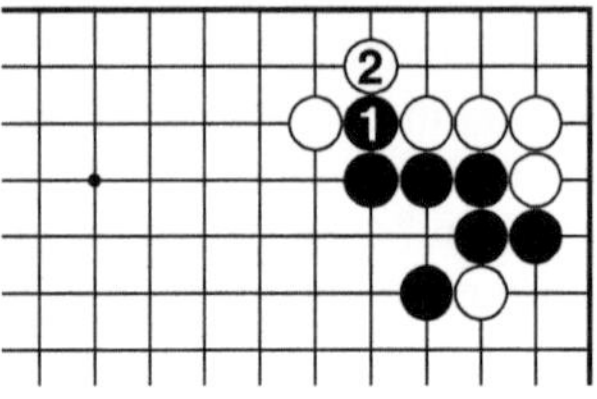

Dia. 3

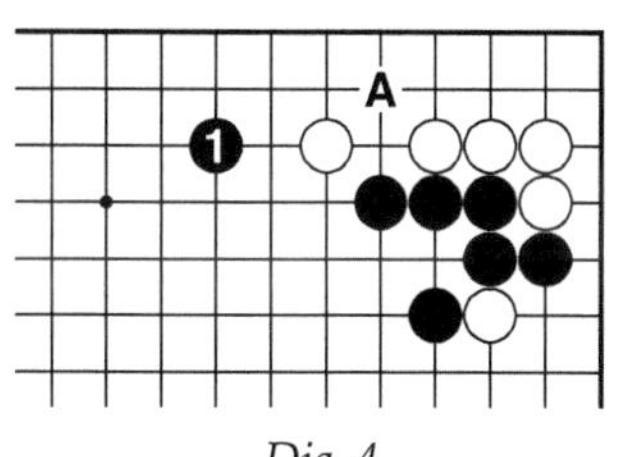

Dia. 4

Diagramm 4. Wenn Schwarz die Stellung so belässt, dann kann er auf 1 spielen und einen Fallschirmzug auf A androhen. Diese Option ist viel nützlicher als der Zug, durch den sie in Diagramm 3 verloren ging.

Zuweilen ist es schwierig, die Trennlinie zwischen Kikashi und Dankeschön-Zug zu ziehen. Stärkere Spieler neigen dazu, sich im Zweifel zurückzunehmen, weil sie Vorhandzüge von fraglichem Wert vermeiden möchten. Schwächere Spieler tun im Allgemeinen das Gegenteil und machen jeden Vorhandzug, den sie finden können – und achten selten darauf, welche Seite davon mehr profitiert.

Diagramm 5 und 6. Was halten Sie von den beiden Zügen in diesen Diagrammen? Welcher von beiden ist Kikashi und welcher ein Dankeschön-Zug? Oder sind beide Kikashi? Oder keiner von beiden?

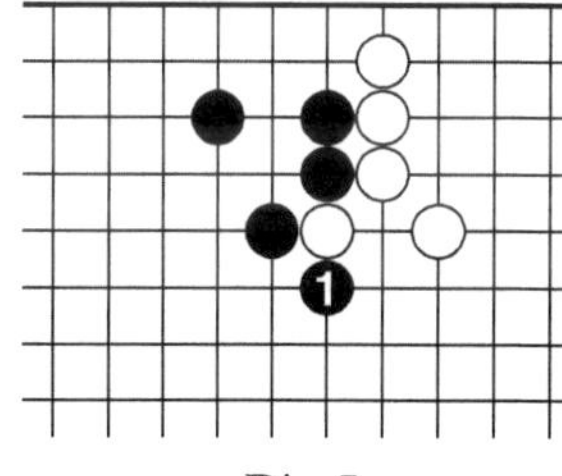

Dia. 5

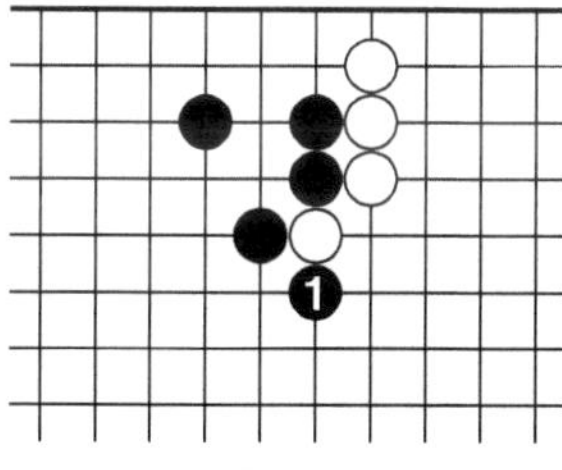

Dia. 6

Diagramm 7. Schwarz 1 ist ein astreines Kikashi. Wenn Weiß auf 2 verbindet, so wird △ überflüssig (Weiß kann zwar 2 weglassen oder einen Punkt darunter spielen, doch dann hat Schwarz seine Schnittpunkte verteidigt).

Diagramm 8. Diesmal ist Schwarz 1 ein Dankeschön-Zug, weil er die weiße Mauer stärker macht. Schwarz hingegen muss noch auf A verbinden, aber dann…

Diagramm 9. …wäre es besser, einfach nur auf 1 zu spielen und den Schnittpunkt A offen zu lassen.

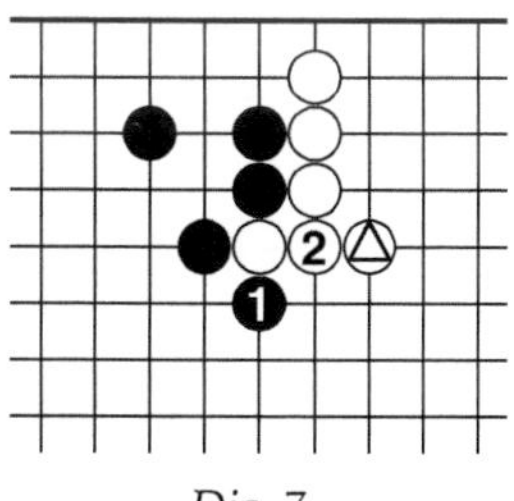

Dia. 7

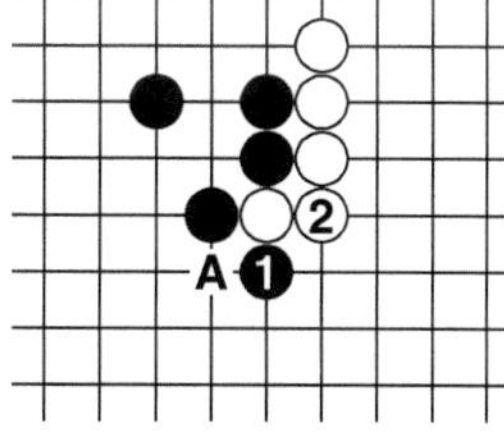

Dia. 8

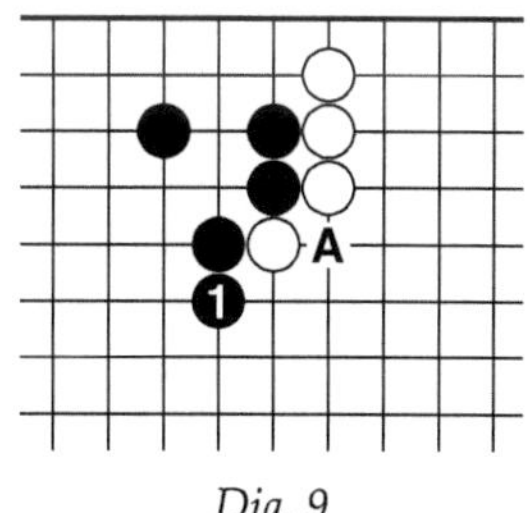

Dia. 9

Weitere Beispiele aus der Praxis

Betrachtet man das Spiel als Ganzes, dann scheinen Kikashi ein Randthema zu sein, doch in ernsthaften Partien erlangen sie große Bedeutsamkeit. Wenn es gelingt, den Gegner immer wieder zum Nachgeben zu zwingen und dabei eine Reihe kleiner Vorteile zu erringen, so kann das allein schon genügen, um die Partie zu entscheiden. Das Spielen von Kikashi wird zum Instinkt – aber auch, sich ihnen zu widersetzen: Ein Spieler, der immer nachgibt, wird niemals gewinnen. Oft findet man in professionellen Partien lange Zugfolgen, die aus nichts bestehen als Kikashi, Antwort auf Kikashi, Widerstand dagegen oder Fortsetzungszüge. Zum Beispiel hier:

Figur 0: Der japanische Autor führt die weißen Steine in dieser Partie. Die Stellungen sind niedrig und es gibt keine Kämpfe, so dass beide bis zum Äußersten versuchen, jeden noch so kleinen Vorteil für sich herauszuschlagen. Legen wir unser Augenmerk auf die schwarze Anlage rechts unten. Das ist Gebiet – Weiß kann nicht invadieren. Deshalb möchte er Züge wie A, B und C spielen, die mit Invasion drohen und Schwarz zum Verteidigen zwingen, die aber zudem das schwarze Gebiet verkleinern und die benachbarten weißen Gruppen vergrößern und stärken.

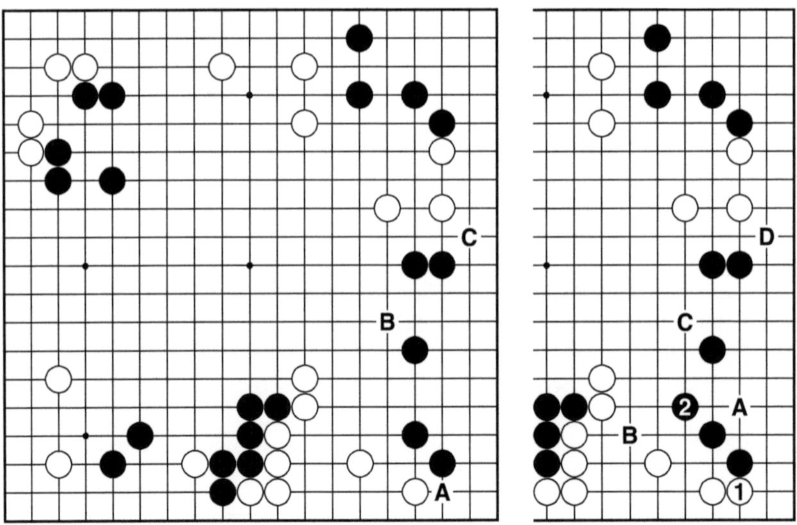

Figur 0: Ishida A. (Weiß) – Kitamura

Figur 1 (1 – 2)

Figur 1. Weiß begann mit 1 und drohte eine Invasion auf A. Schwarz antwortete mit 2.

Diagramm 1. Die übliche Antwort auf Weiß 1 ist zwar, mit 2 dagegenzustellen, doch so würde Schwarz sich völlig zum Gehilfen des Weißen machen. Der Austausch von 1 gegen 2 hilft nur Weiß, der über eine weitere Vorhand auf A verfügt. Ein Gegenwert für Schwarz ist nicht vorhanden.

Der Zug Schwarz 2 in Figur 1 leistet Widerstand. Er verteidigt gegen Weiß A, hat aber dazu noch offensive Bedeutung, denn er droht mit einem Spähzug auf B.

Jetzt würde Weiß gern bei C und bei D zwei weitere Kikashi spielen, doch die Reihenfolge ist wichtig. Welches kommt zuerst?

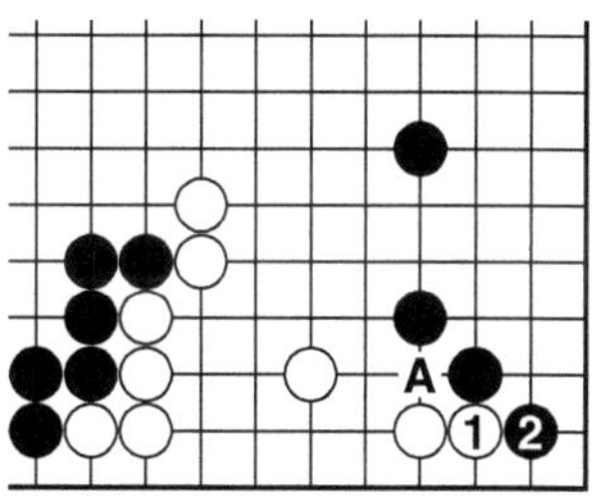

Dia. 1

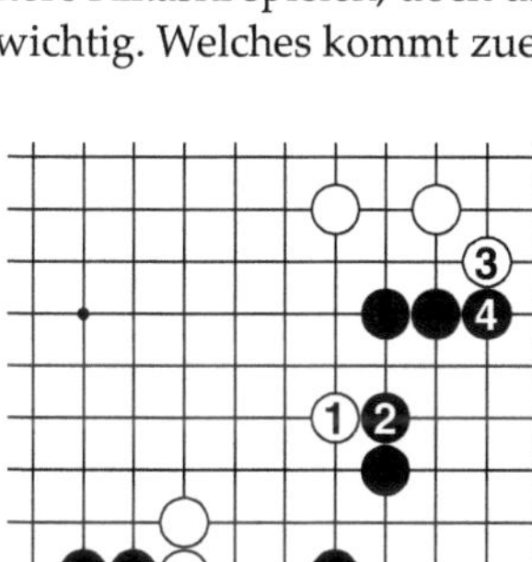

Dia. 2

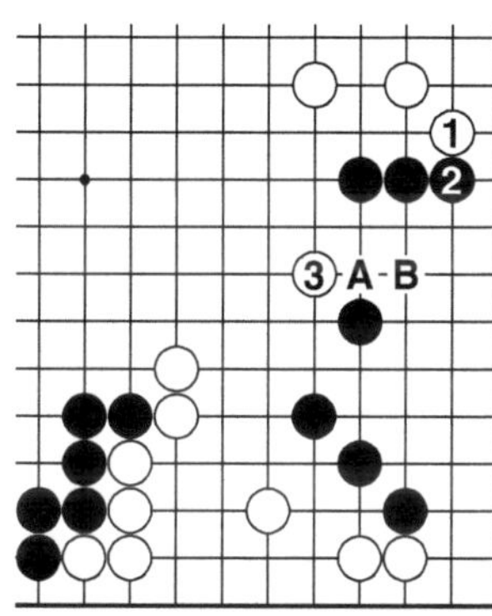

Dia. 3

Diagramm 2. Weiß 1 ist korrekt. Wenn Schwarz mit 2 antwortet, so kann Weiß das zweite Kikashi auf 3 spielen. Weiß 1 schränkt das schwarze Gebiet etwas ein und schwächt außerdem die Bedrohung durch Schwarz A ab.

Diagramm 3. Falls Weiß zuerst 1 hier spielt, muss Schwarz auf Weiß 3 nicht mehr antworten: etwa Weiß A, Schwarz B.

Figur 2. Weiß spielte den korrekten Zug auf 3, doch anstatt der erwarteten Antwort sprang Schwarz auf 4 heraus. Für einen Profi ist das nur natürlich. Wenn Schwarz wie in Diagramm 2 klein beigibt, dann bleibt sein Gebiet unten rechts bei knapp fünfzehn Punkten und der Gegner hat alle Vorteile. So kann man nicht gewinnen.

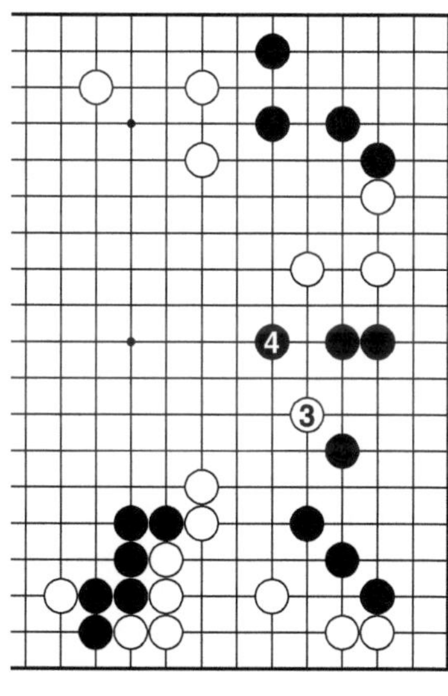

Figur 2 (3 – 4)

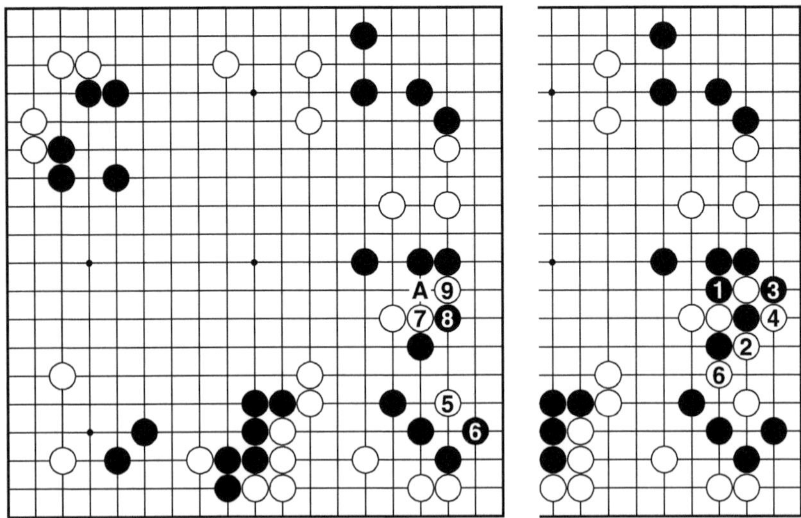

Figur 3 (5 – 9) *Dia. 4 (5 deckt)*

Weiß hingegen war nicht bereit zuzuschauen, wie sein Stein auf 3 verschlungen wird. Schwarz hat sein Gebiet schutzlos gelassen, somit wäre ein Invasionsversuch naheliegend. In den nächsten beiden Figuren sehen wir, wie Weiß das anstellte.

Figur 3. Er begann mit einem Vorbereitungszug auf 5, drückte dann mit 7 hinein und keilte sich mit 9 zwischen die schwarzen Steine. Wegen der Zugfolge in Diagramm 4 konnte Schwarz den Stein 9 nicht mit A fangen.

Diagramm 4. Schwarz kann mangels Kō-Drohungen nichts anderes gegen Weiß 4 tun als verbinden, doch nach Weiß 6 wäre dann die Hälfte seiner Gruppe gefangen. Beachten Sie, wie der Stein Weiß 5 aus Figur 3 diesen Zügen zum Erfolg verhilft.

Figur 4. Schwarz deckte auf 10, Weiß nahm mit 11 bis 15 Gebiet und Schwarz verhaftete mit 16 zwei weiße Steine. Bitte überprüfen Sie, dass sie nicht entkommen können. Zusammen mit dem markierten Opferstein, der für den Erfolg der Zugfolge nötig war, bilden sie die Kompensation für das weiße Gebiet. Das versuchte weiße Kikashi und der schwarze Widerstand dagegen haben zu einem interessanten Tausch geführt.

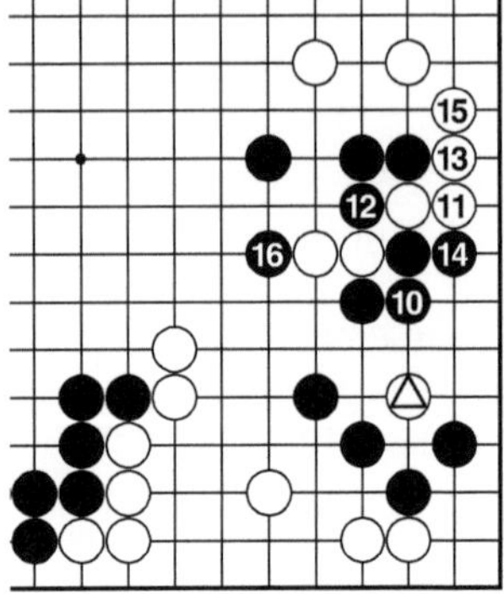

Figur 4 (10 – 16)

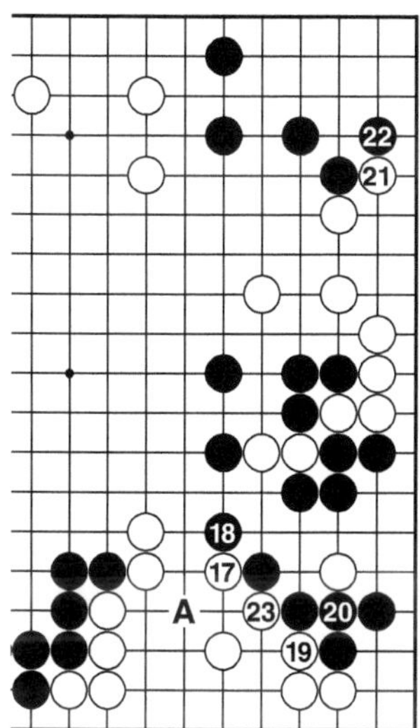

Figur 5 (17 – 23)

Figur 5. Weiß zwang jetzt seinen Gegner mit 17, 19 und 23 drei Mal zum Nachgeben. Diese Züge schränkten das schwarze Gebiet ein und verhinderten außerdem Schwarz A. Diesmal konnte Schwarz sich nicht widersetzen und musste mit 18 und 20 antworten.

Mitten in diese Zugfolge baute Weiß mit 21 ein Kikashi in der Ecke rechts oben ein. Sein Zweck wird in den nächsten vier Diagrammen erklärt werden.

Diagramm 5. Zunächst ist festzustellen: Falls Weiß den Zug 21 weglässt, kann Schwarz ihn mit 1 und 3 zum Nachgeben zwingen. Wie man 1 und 2 auch immer bewertet, der Austausch 3 für 4 bedeutet Punkte für Schwarz.

Diagramm 6. Wenn Schwarz später auf 5 deckt, muss Weiß wohl mit 6 zwei Augen bilden.

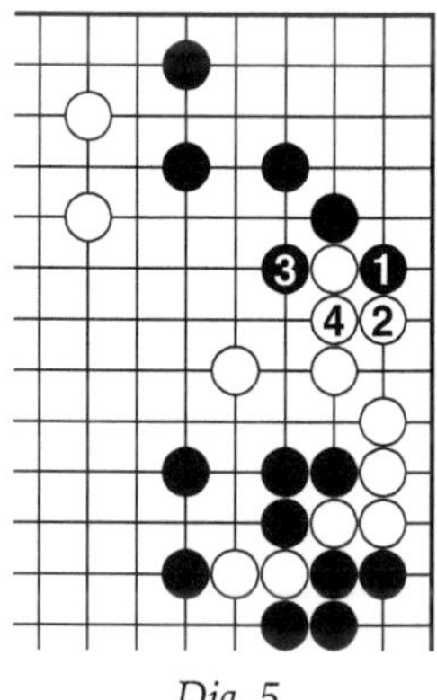

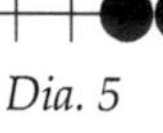

Dia. 5

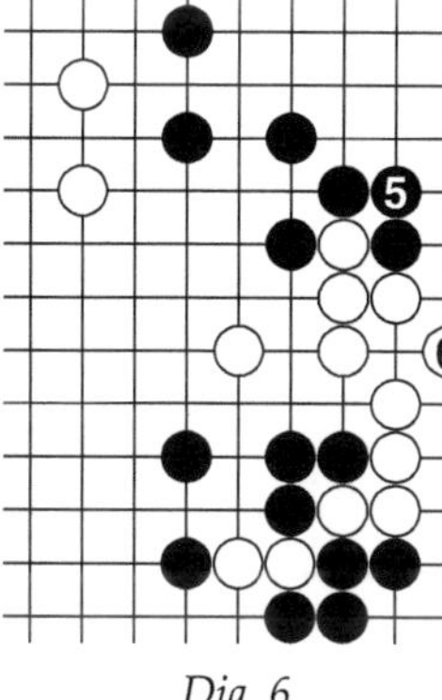

Dia. 6

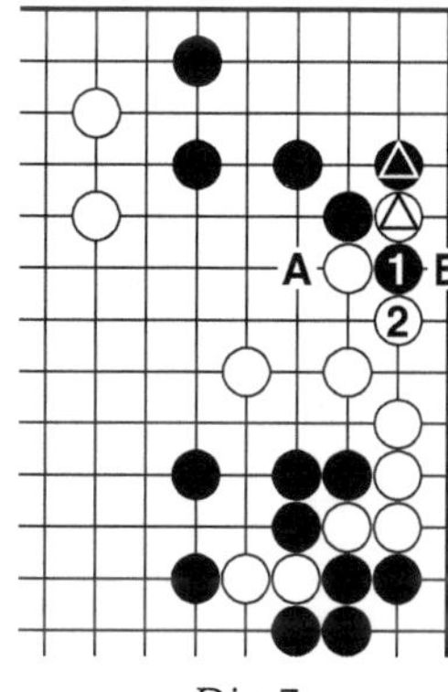

Dia. 7

Diagramm 7. Liegen die beiden markierten Steine erst einmal auf dem Brett, ist Diagramm 5 vom Tisch. Der Austausch Schwarz 1 gegen Weiß 2 ist zwar auch jetzt möglich, doch an sich wertlos, und Schwarz wird nicht mit A fortsetzen wie zuvor, weil Weiß jetzt mit B antwortet.

Diagramm 8. Wenn Schwarz mit 3 schlägt und Weiß zwei Augen braucht, verfügt er jetzt über Weiß 4. So bekommt er mehr Gebiet und eine bessere Entwicklung in die Brettmitte als in Diagramm 6 – all das Dank des Kikashi 21 in Figur 5.

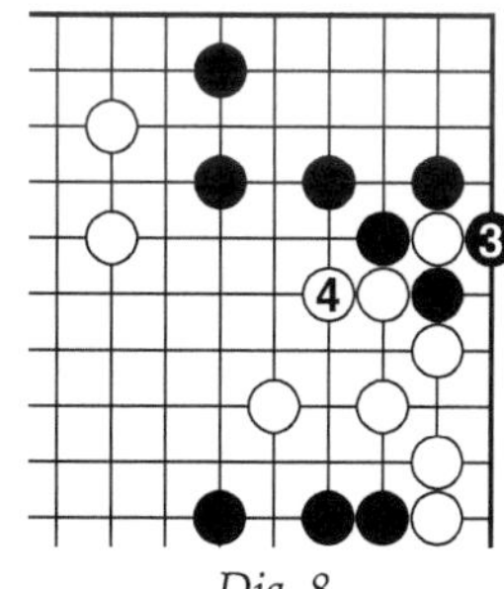

Dia. 8

Figur 6. Schwarz war noch die Antwort auf Weiß 23 schuldig geblieben, doch bevor er auf 26 deckte, spielte er mit 24 noch ein Kikashi. Mit 26 kam dann die längliche Zugfolge unten rechts zum Abschluss.

Obwohl der Stein △ ursprünglich als Kikashi gedacht war, deckte Weiß ihn jetzt mit 27. Dieser Verbindungszug ist sehr groß aus folgendem Grund:

Diagramm 9. Bleibt Schwarz fern, so droht Weiß mit 1 eine Invasion der Ecke. Die schwarze Stellung ist so schwach, dass er mit 2 auf schmerzhafte Weise nachgeben muss, sonst folgt Weiß 2. Um das zu vermeiden, spielte Schwarz auf 28 in Figur 6 beziehungsweise 1 im nächsten Diagramm.

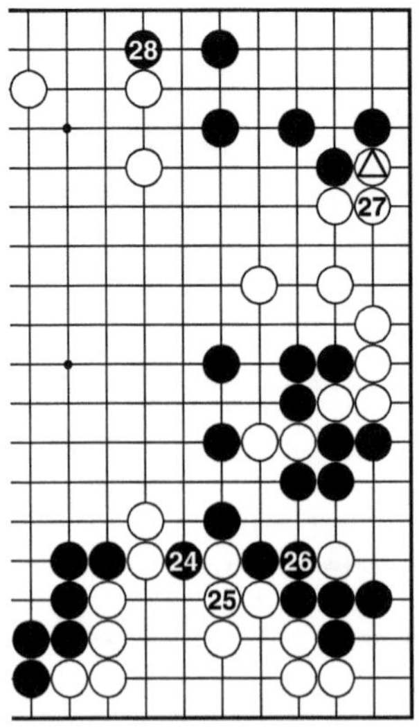

Figur 6 (24 – 28)

Diagramm 10. Mit 1 will Schwarz seinen Gegner zum Nachgeben zwingen. Würde Weiß mit 2 antworten, dann sichert Schwarz 3 die Ecke in Vorhand, weil Weiß auf 6 noch einmal decken müsste. Zwischen Diagramm 9 und 10 besteht ein beträchtlicher Unterschied.

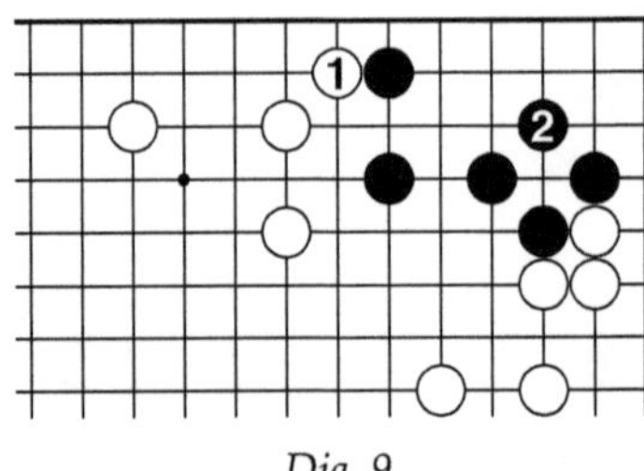

Dia. 9

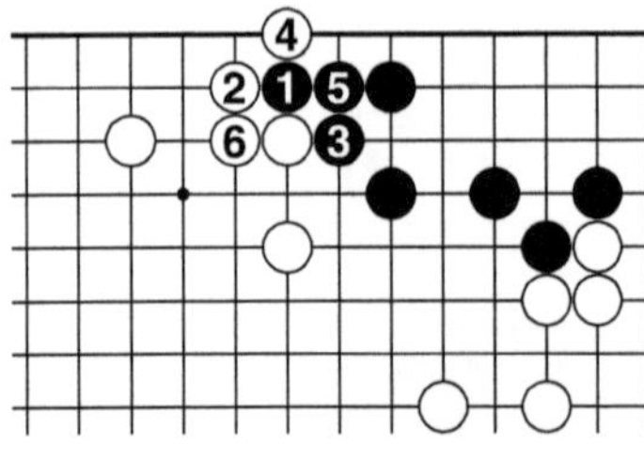

Dia. 10

Figur 7. Um nicht derart herumgeschubst zu werden, spielte Weiß statt A auf 29, ließ ein Kikashi auf 31 folgen (es droht Weiß B) und spielte schließlich auf 33, was offensichtlich größer ist als A. Allerdings versuchte er nicht das Kikashi auf C, denn das wäre ein Dankeschön-Zug gewesen.

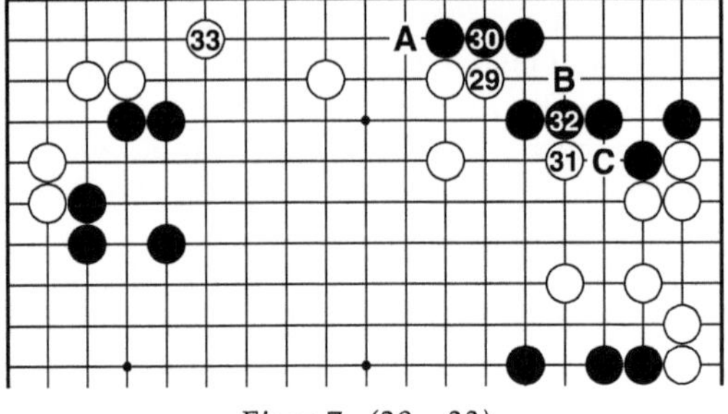

Figur 7 (29 – 33)

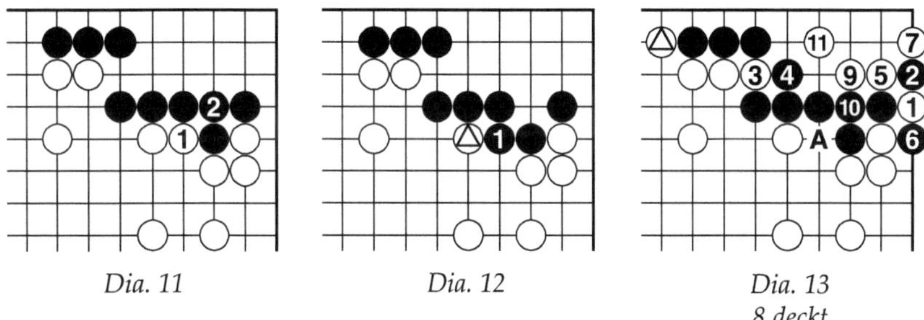

Dia. 11 *Dia. 12* *Dia. 13*
8 deckt

Diagramm 11. Der Austausch 1 gegen 2 hilft Schwarz nur dabei, jegliches Invasionspotenzial in der Ecke zu beseitigen. Der Zug Weiß 1 erweitert zwar das weiße Gebiet geringfügig, ist aber nicht dringend.

Diagramm 12. Schwarz wird wohl kaum mit 1 schlechte Form spielen wollen. Und falls doch, so könnte Weiß fernbleiben und den markierten Stein guten Gewissens aufgeben.

Diagramm 13. Wenn Weiß das Atari auf A weglässt, dann bleibt ihm dieses Aji: Falls Schwarz auf 1 mit 2 und auf 3 mit 4 antwortet, wird ein weißer Zug auf △ Vorhand, denn er droht die Invasion 5 bis 11.

An dieser Stelle beenden wir die Besprechung dieser Partie, doch es wird Sie freuen, dass Weiß am Ende mit 3,5 Punkten gewann.

6. Induktion

Eng verwandt mit dem Kikashi aus dem letzten Kapitel ist ein Konzept, das wir Induktion nennen wollen. Induktionszüge können als eine besondere Form von Kikashi angesehen werden, nur versuchen sie nicht, den Gegner zum Nachgeben zu zwingen, sondern bringen ihn zur Kooperation.

Diagramm 1. Schwarz ist am Zug, offensichtlich muss er auf A hinausspringen, um seine große Gruppe zu verteidigen. Weniger offensichtlich ist, dass er diesen Sprung zuerst vorbereiten und wirkungsvoller machen kann.

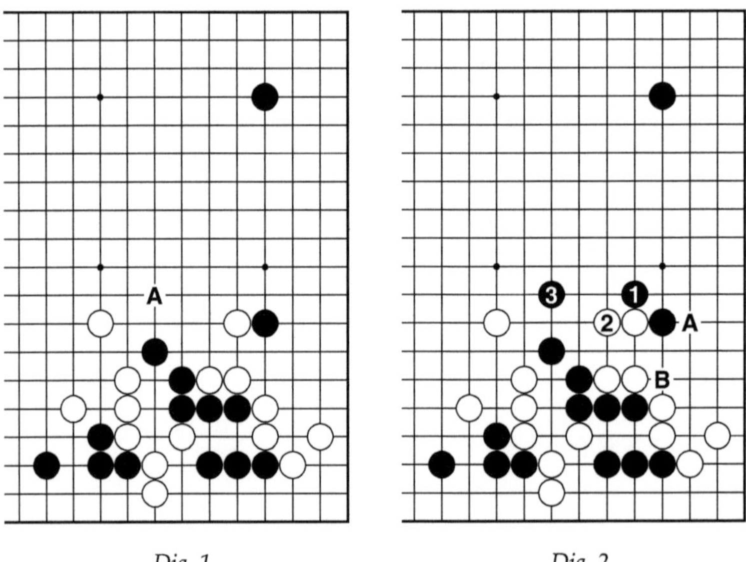

Dia. 1 *Dia. 2*

Diagramm 2. Schwarz spielt zuerst Hane auf 1, denn jetzt wird 3 zu einer natürlichen und notwendigen Antwort auf Weiß 2. Schwarz 1 induziert den Zug Weiß 2, der wiederum Schwarz 3 induziert – also das, was Schwarz zu Anfang wollte. Man könnte es auch so sagen: Wenn Schwarz vorhat, auf 3 zu spielen, hält er einen weißen Zug auf 2 aus. Dann kann er aber auch das Bestmögliche aus seinem Zug herausholen, indem er zuerst mit 1 Kikashi spielt. Schwarz 1 verbessert sein Aji am rechten Rand; eine gute Fortsetzung könnte später Schwarz A sein, mit der Drohung B.

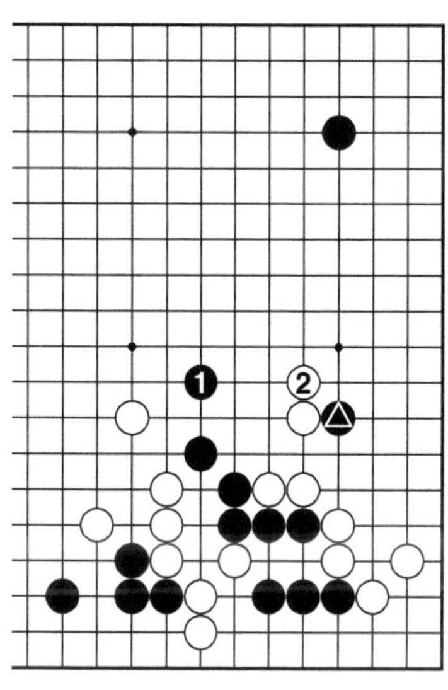

Dia. 3

Diagramm 3. Springt Schwarz direkt auf 1, dann streckt Weiß auf 2. Er beendet damit jegliche Beziehung zwischen dem markierten Stein und der Mittelgruppe und lässt Schwarz zudem viel weniger Potenzial am rechten Rand.

Es ist eine nützliche Technik, den Gegner für sich einzuspannen, indem Sie ihn dazu bringen, Ihren beabsichtigten Zug selbst auszulösen. Hier sind zwei weitere Beispiele.

Diagramm 4. Schwarz möchte auf A spielen. Wie soll er diesen Zug induzieren?

Diagramm 5. Schwarz möchte auf A spielen, gleiche Aufgabe.

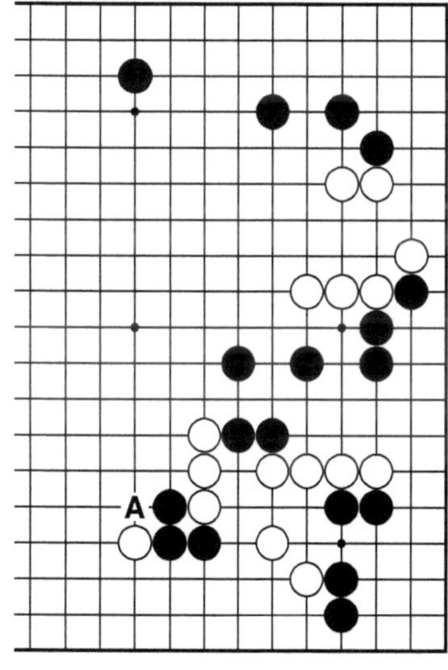

Dia. 4

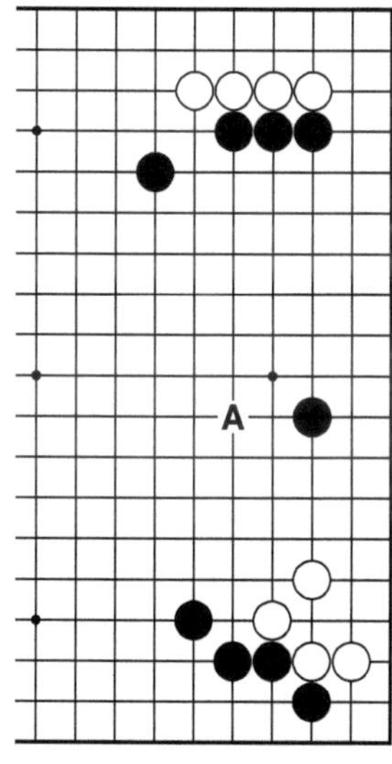

Dia. 5

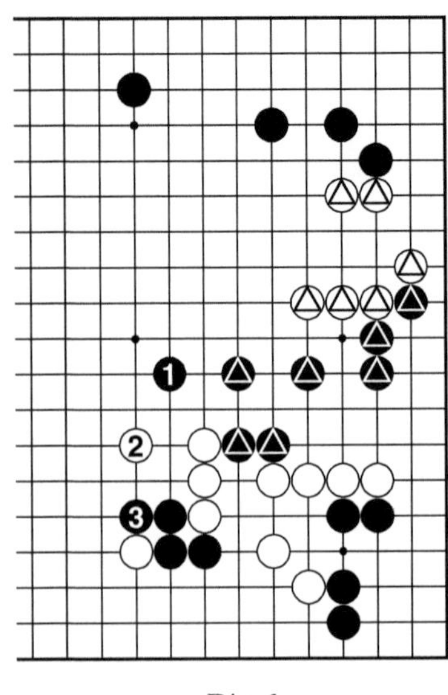

Dia. 6

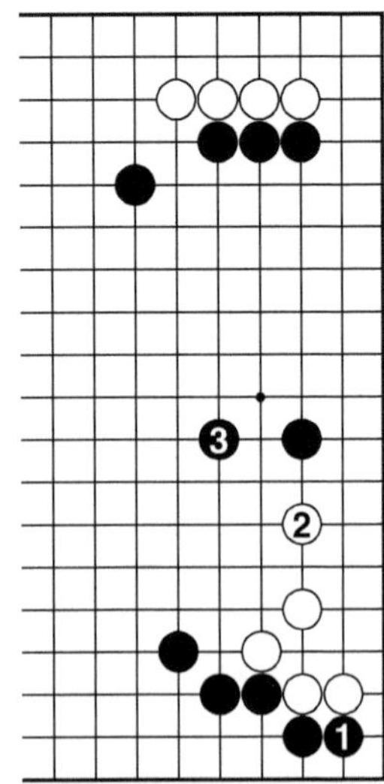

Dia. 7

Diagramm 6. Schwarz 1 induziert Weiß 2, was wiederum Schwarz 3 induziert. Wenn Schwarz einfach nur auf 3 spielt, dann greift Weiß mit 1 an und drückt die markierte schwarze Gruppe gegen die markierte weiße.

Diagramm 7. Schwarz 1 induziert Weiß 2 induziert Schwarz 3. Die Zugfolge läuft wie ein Uhrwerk. Indem er Weiß 2 hervorruft, erhöht Schwarz die Wirksamkeit von 3. Schwarz 1 ist gebietsmäßig groß und sichert den Augenraum der unteren Gruppe.

Erst Kikashi, dann verteidigen

Diagramm 1. Schwarz muss seine Stellung verteidigen, indem er einen Stein bei 3 ergänzt. Um diesen Zug herbeizuführen, spielt er Kikashi mit dem Spähzug auf 1. Wenn Weiß nicht mit 2 verbindet, kann Schwarz hier durchstoßen und 3 weglassen. Wenn Weiß verbindet, dann wird seine so vermehrte Stärke durch Schwarz 3 entwertet. Schwarz 1 wird in Richtung Brettmitte hilfreich sein, besonders wenn Schwarz zu seinem nächsten Vorhaben auf A kommt (mit der Folge Weiß B, Schwarz C).

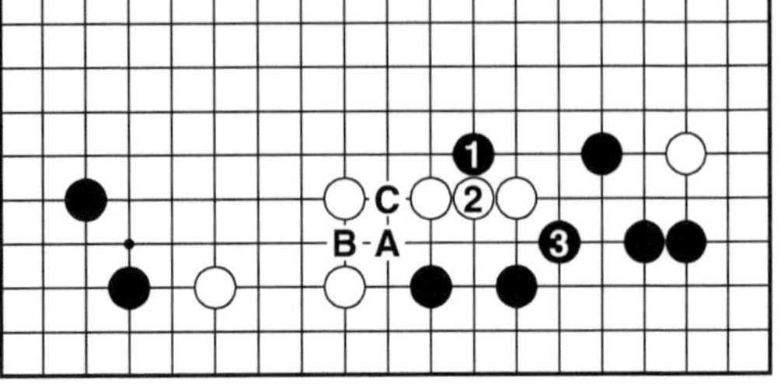

Dia. 1

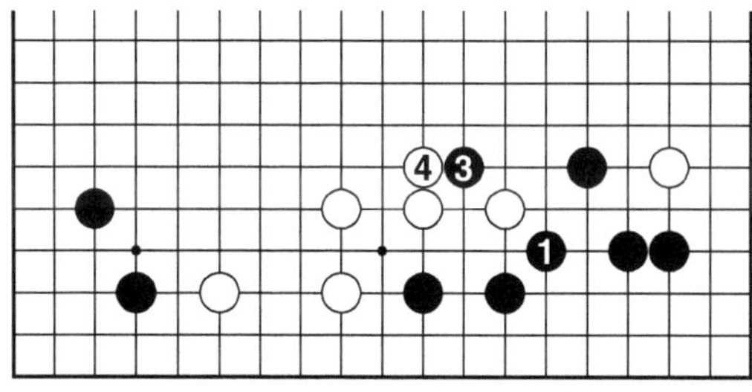

Dia. 2 (2 tenuki)

Diagramm 2. Wenn Schwarz zuerst auf 1 spielt und dann mit 3 das Kikashi versucht, dann wird Weiß sich mit 4 widersetzen oder sogar ganz fernbleiben. Hier wird der Stein auf 1 überflüssig, er wäre besser auf dem Punkt unterhalb von 3.

„Erst Kikashi, dann verteidigen" ist ein Grundprinzip des Go, das in jeder Partie Anwendung findet. Im letzten Kapitel waren ohne weitere Anmerkung schon zahlreiche Beispiele dafür vorgekommen.

Diagramm 3–5. In allen drei Aufgaben will Weiß auf dem Punkt A verteidigen. Und in allen drei hat er ein Kikashi zur Verfügung, das er zuerst spielen sollte. Versuchen Sie, diese drei Kikashi zu finden.

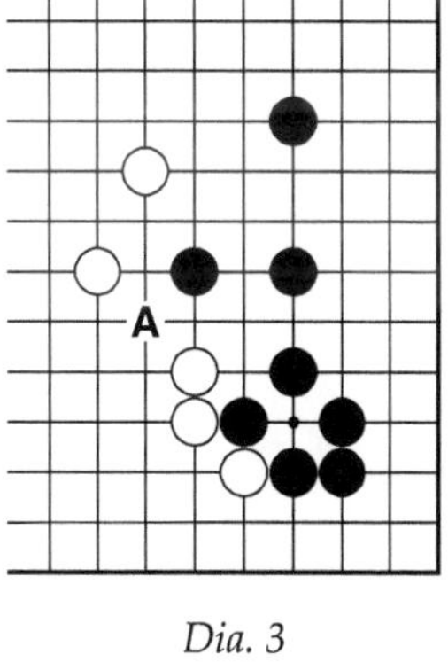

Dia. 3

Dia. 4

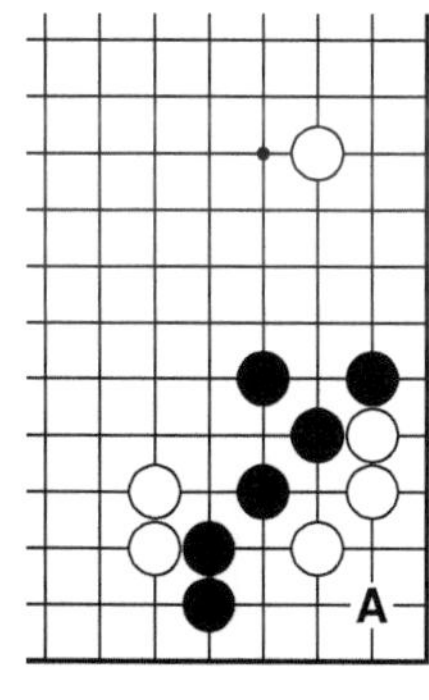

Dia. 5

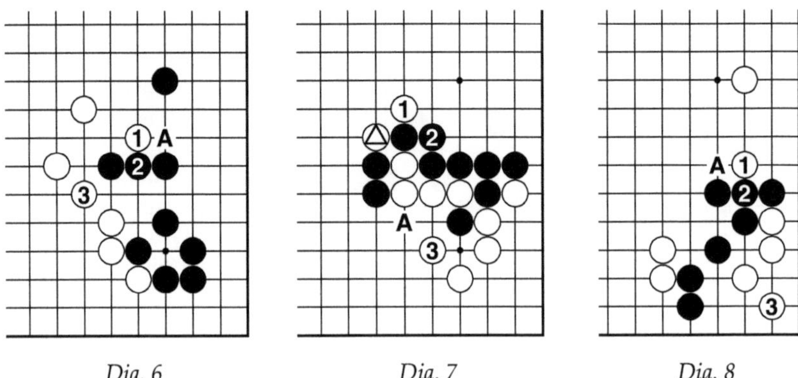

Dia. 6 Dia. 7 Dia. 8

Diagramm 6. Weiß späht mit 1 in die Lücke, lässt Schwarz auf 2 verbinden und verteidigt dann auf 3. Würde er erst nach 3 auf 1 spielen, dann wäre die Antwort Schwarz A und nicht 2.

Diagramm 7. Weiß 1 zwingt Schwarz zu einem leeren Dreieck und hilft dem Stein ◬. Wenn Weiß einfach nur 3 spielt, antwortet Schwarz mit 1. Und der Tausch mit Schwarz 2 auf A und Weiß 2 ist schlecht für Schwarz.

Diagramm 8. Würde Weiß nach 3 auf 1 spielen, wäre die schwarze Antwort möglicherweise auf A. Weiß 3 würde dann unnötig.

Taktische Situationen

Diagramm 1. Induktionszüge bergen in vielen taktischen Stellungen den Schlüssel. Hier hat Schwarz ein Auge am linken Rand – fünf Steine auf der zweiten Linie garantieren eins – aber er braucht noch ein zweites.

Diagramm 2. Mit Schwarz 1 kann er es bekommen. Als Bonus kann er mit 3 später noch zwei Steine fangen, aber das ist nicht effizient. Die Züge 1 und 3 sind beide Nachhand.

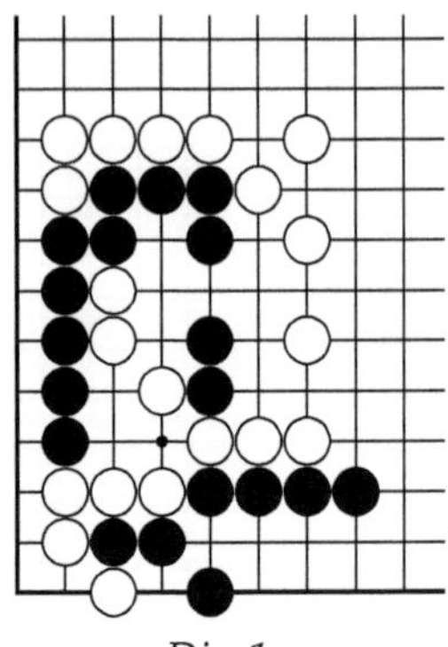

Dia. 1

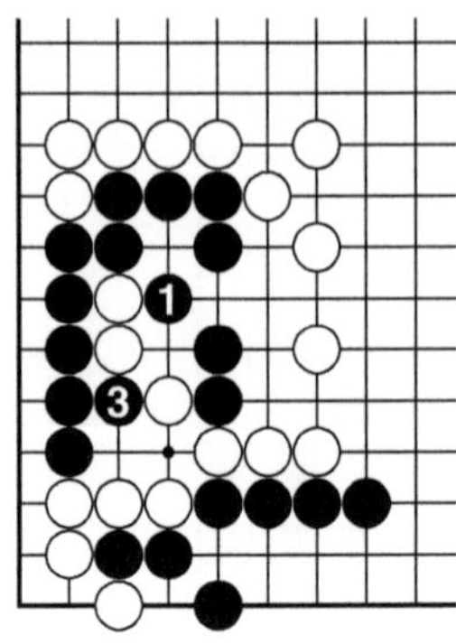

Dia. 2 (2 tenuki)

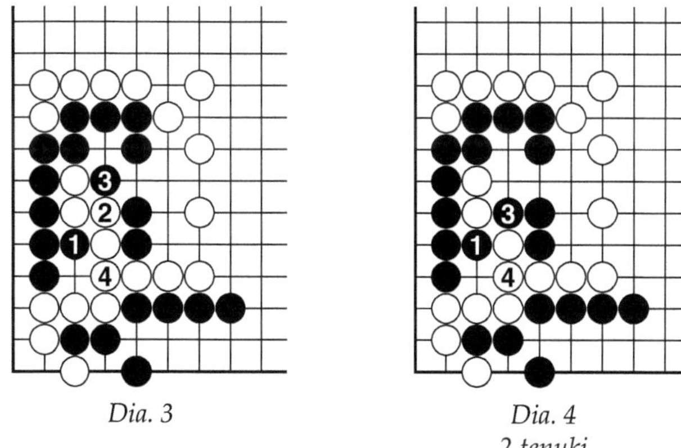

Dia. 3

Dia. 4
2 tenuki

Diagramm 3. Schwarz soll mit 1 beginnen. Wenn Weiß mit 2 antwortet, dann ist Schwarz 3 Atari und Schwarz lebt in Vorhand. Der Zug Schwarz 1 macht die Vorarbeit und induziert Weiß 2, so dass Schwarz 3 maximale Kraft entfaltet.

Diagramm 4. Schwarz kann jedoch nicht erwarten, in Vorhand zu leben, weil Weiß auf 1 nicht antworten wird. Dann allerdings muss Schwarz nicht Nachhand nehmen, um die zwei Steine zu fangen, was somit besser ist als Diagramm 2.

Diagramm 5–7. Hier möchte Schwarz jeweils auf A spielen. Wie soll er diesen Zug induzieren?

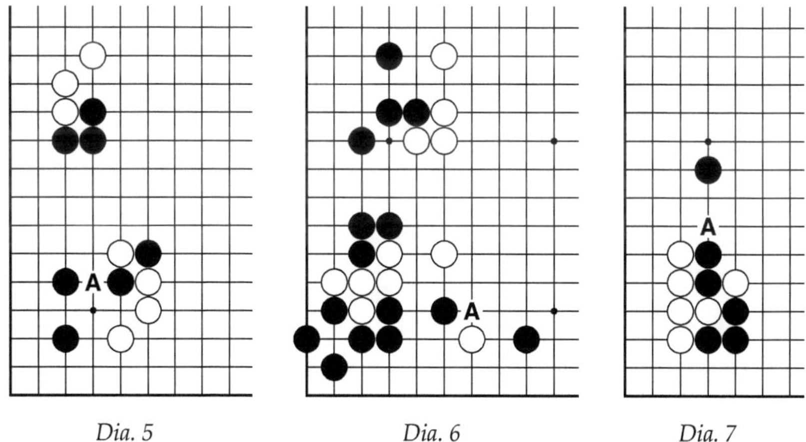

Dia. 5

Dia. 6

Dia. 7

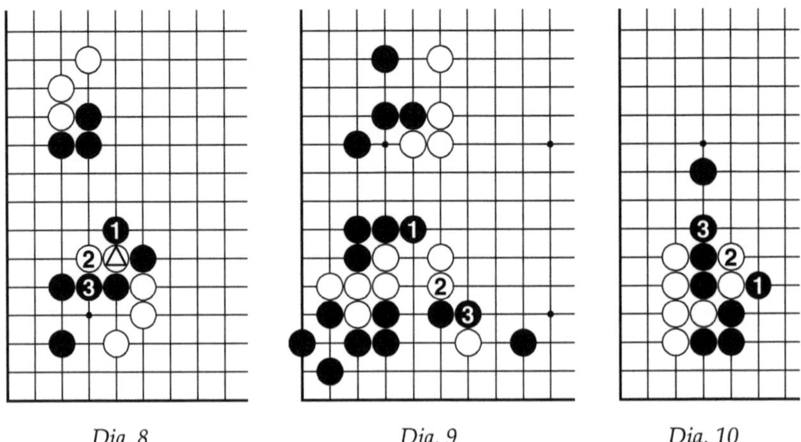

Dia. 8 *Dia. 9* *Dia. 10*

Diagramm 8. Diese Kombination ist so gut, dass Weiß 2 und △ bereits gefangen sind. Wenn Schwarz nur auf 3 spielt, dann streckt Weiß auf 1 und entkommt.

Diagramm 9. Spielte Schwarz nur 3, dann könnte Weiß mit 1 verbinden und wäre in Sicherheit. So allerdings geht der schwarze Angriff weiter.

Diagramm 10. Auch hier gilt: Falls Schwarz nur 3 spielt, antwortet Weiß mit 1.

Widerstand

Diagramm 1. Wie bei Kikashi muss man sich manchmal Induktionszügen widersetzen, damit sie nicht zur Falle werden. Oft trifft das für den Schnitt durch das Keima zu, Weiß 1 ist ein Beispiel.

Diagramm 2. Es erscheint natürlich, den weißen Stein mit 1 abzufangen, doch darauf hat Weiß gehofft. Schwarz 1 induziert Weiß 2.

Diagramm 3. Wenn Schwarz die weißen Steine jetzt mit 1 einhegen will, dann bekommt Weiß mit 2 bis 8 ein schönes Shibori und bricht zur anderen Seite aus.

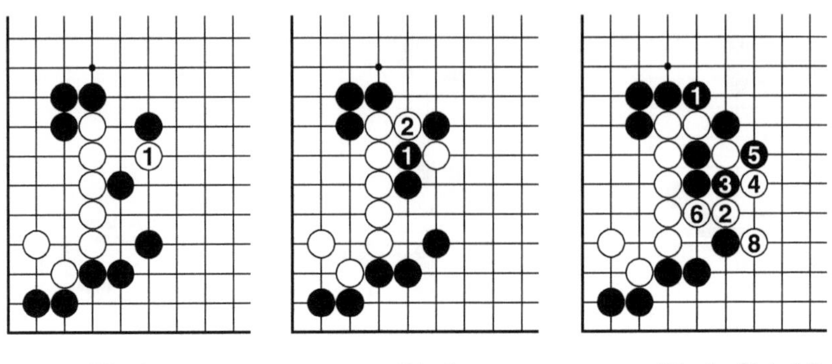

Dia. 1 *Dia. 2* *Dia. 3 (7 deckt)*

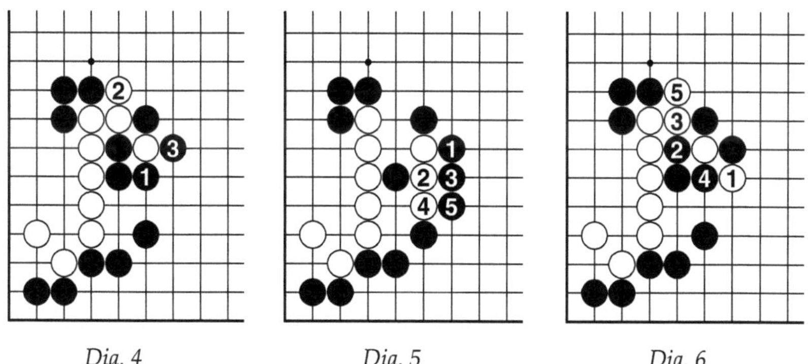

Dia. 4 Dia. 5 Dia. 6

Diagramm 4. Also spielt Schwarz auf 1 hier und lässt die Weißen mit 2 entkommen. Danach muss er auf 3 schlagen, so dass Weiß in Vorhand entwischt – wie ein Footballspieler, der mit einer Körpertäuschung an seinem Verteidiger vorbeikommt, der ungläubig blinzelnd zurückbleibt. Schwarz ist der Induktion zum Opfer gefallen.

Diagramm 5. Um das zu vermeiden, soll Schwarz mit 1 von außen Hane spielen. Wenn Weiß mit 2 und 4 mitläuft, mauert Schwarz ihn mit 3 und 5 ein. Jetzt hat Weiß ein Leben-und-Tod-Problem vor sich – und selbst wenn er es lösen kann und lebt, so ist die Außenmauer ein hervorragendes Ergebnis für Schwarz.

Diagramm 6. Vielleicht kann Weiß sich mit dem Doppel-Hane auf 1 aus der Umklammerung herauskämpfen, doch der Stein 1 geht verloren und Weiß kommt mit Nachhand heraus. Vergleichen Sie das mit Diagramm 4.

Diagramm 7. Weiß 1 ist ein häufiger Induktionszug. Wie antwortet Schwarz?

Diagramm 8. Was hat Weiß mit dem Kreuzschnitt auf 1 und 3 vor? Wo soll Schwarz jetzt spielen?

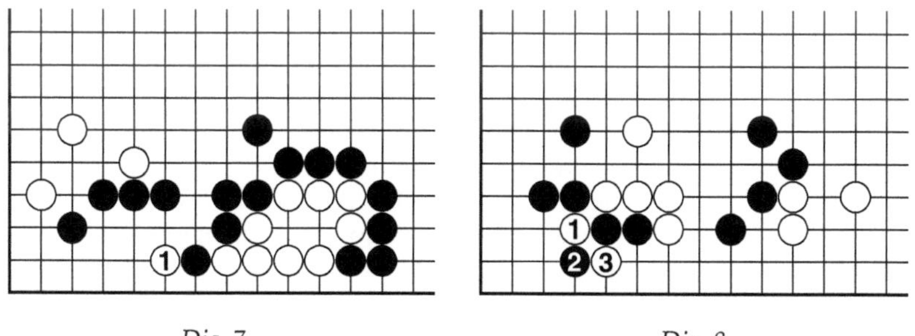

Dia. 7 Dia. 8

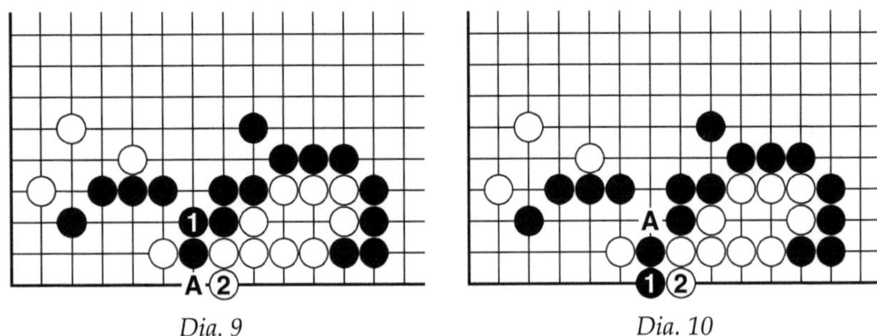

Dia. 9 *Dia. 10*

Diagramm 9. Schwarz 1 ist korrekt, Weiß muss mit 2 in Nachhand Leben machen. Wenn er mit 2 auf A spielt, tötet Schwarz mit 2.

Diagramm 10. Wenn Schwarz auf 1 heruntersteigt, lebt Weiß mit 2 und droht überdies noch A. Das ist für Schwarz schon peinlich.

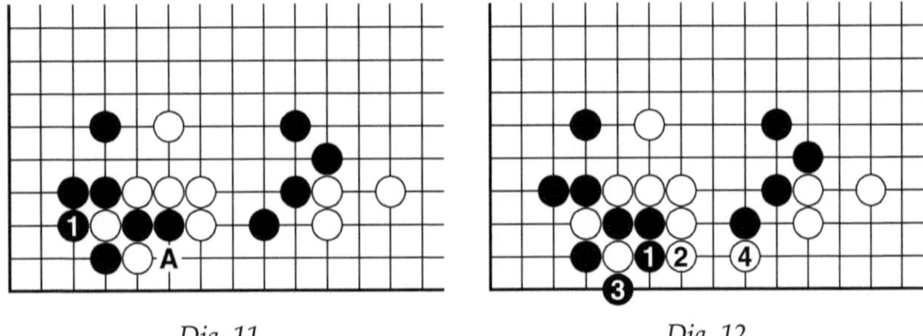

Dia. 11 *Dia. 12*

Diagramm 11. Schwarz 1 ist korrekt, auch wenn Weiß so den Endspielzug auf A bekommt. Die weißen Gruppen bleiben jedoch getrennt.

Diagramm 12. Spielt Schwarz auf 1 hier, dann tappt er in die Falle. Weiß 2 wird jetzt Vorhand und mit 4 werden die beiden Gruppen unten herum sicher verbunden.

Induzieren eines Angriffs

Diagramm 1. Abschließen möchten wir mit einem höherklassigen Beispiel für Induktionstechnik aus dem professionellen Go. In der gezeigten Stellung war Yamabe T. 9-Dan mit Weiß am Zug. Er sucht nach einem Weg, die schwarze Gruppe am linken Rand anzugreifen.

Diagramm 2. Der Versuch mit Weiß 1 wird allerdings nicht funktionieren. Schwarz verbindet mit 2, was zudem seine Ecke stärkt.

Diagramm 3. Weiß 1 hier wäre der direkte Angriff, doch nach Schwarz 2 und 4 ist der Stein auf 1 schwächer als die Gruppe, die er angreifen will – und Weiß hat keine klare Fortsetzung. Weiß A und Schwarz B würden den Stein auf 1 noch mehr schwächen. Beachten Sie, dass die schwarze Gruppe nach Schwarz 4 auf A und Weiß 4 eingeschlossen ist und nur ein sicheres Auge hat.

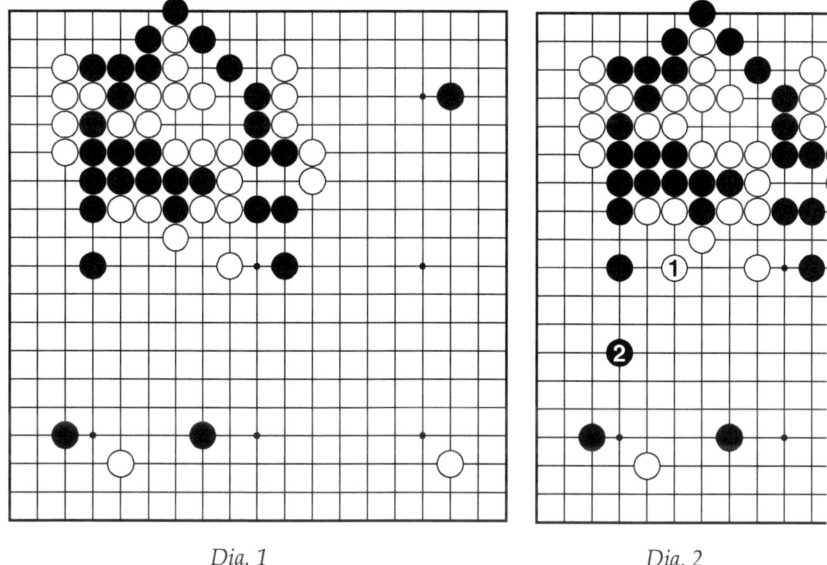

Dia. 1 Dia. 2

Diagramm 4. Da der direkte Angriff keinen Erfolg bringt, musste Weiß sich langsamer vorarbeiten. Er entschloss sich, mit Weiß 1 zu beginnen, was man als indirekten Angriff ansehen kann.

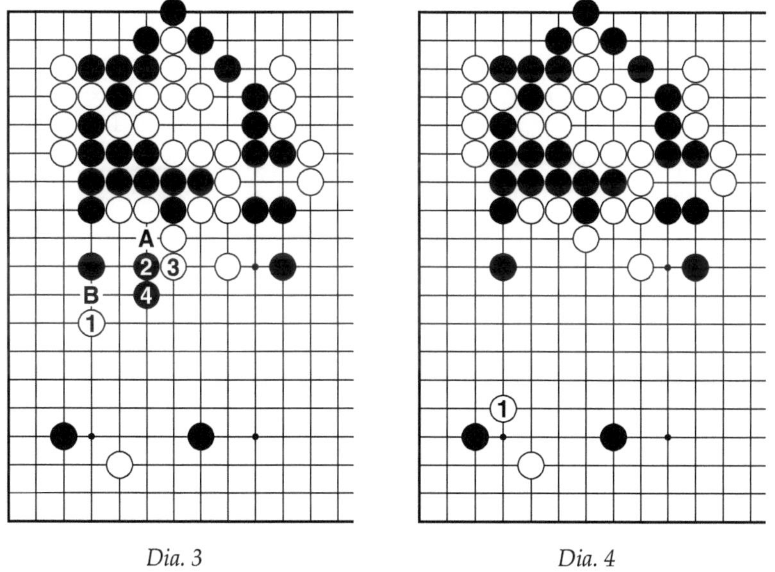

Dia. 3 Dia. 4

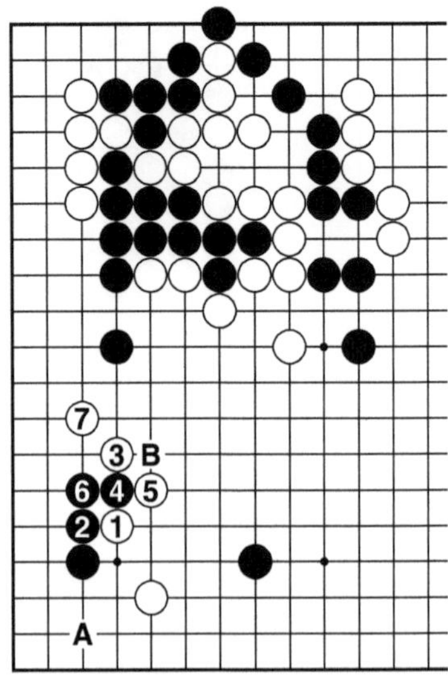

Dia. 5

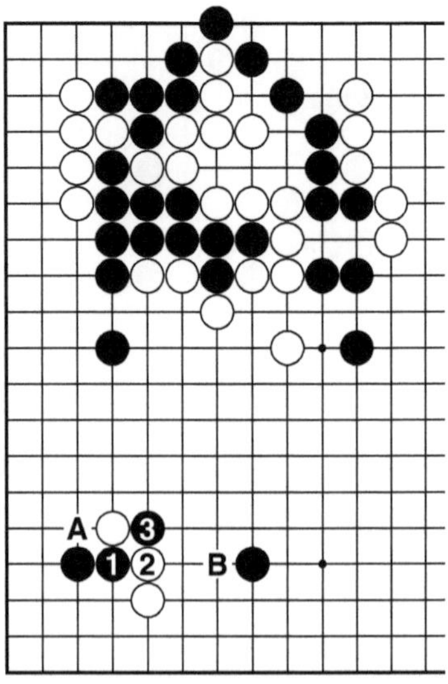

Dia. 6

Diagramm 5. Wenn Schwarz mit 2 antwortet, lässt Weiß seine Steine 3, 5 und 7 an der schwarzen Formation abprallen. Weiß hat jetzt einen Doppelangriff: zum einen gegen die Gruppe oben und mit der Drohung auf A auch gegen die Ecke. Selbst wenn man nur die obere Gruppe betrachtet, steht Weiß besser da als in Diagramm 3, weil er jetzt drei Steine in Stellung gebracht hat statt nur einen. Übrigens sind Weiß 1, 3 und 5 Jōseki-Züge, während Weiß 7 abweicht (im Jōseki deckt Weiß auf B). Nach Weiß B aber wäre Schwarz 7 möglich.

Diagramm 6. Schwarz konnte Weiß 7 vorhersehen und vermied deshalb diese Variante mit den Zügen 1 und 3 hier. Welchen Zug soll Weiß jetzt zur Verfolgung seines Ziels wählen: A oder B?

Diagramm 7. Der Jōseki-Zug ist Weiß 1, doch hier wäre das ein haarsträubender Fehler. Schwarz wäre dann in Sicherheit.

Diagramm 8. Weiß stellte mit 1 dagegen. Schwarz musste Hane auf 2 spielen (sonst folgt Weiß A), doch das induzierte Weiß 3. Wieder bekommt

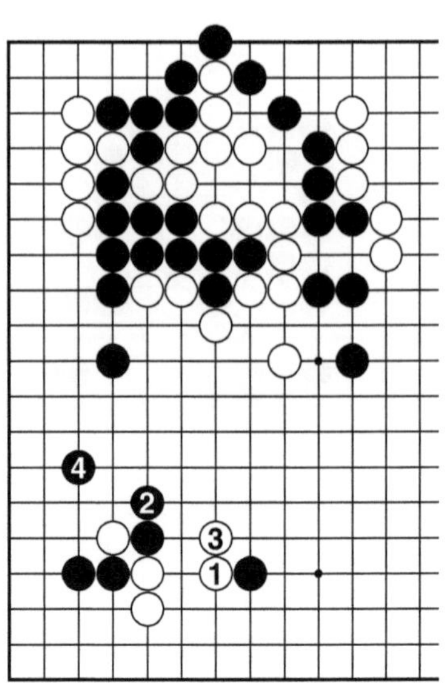

Dia. 7

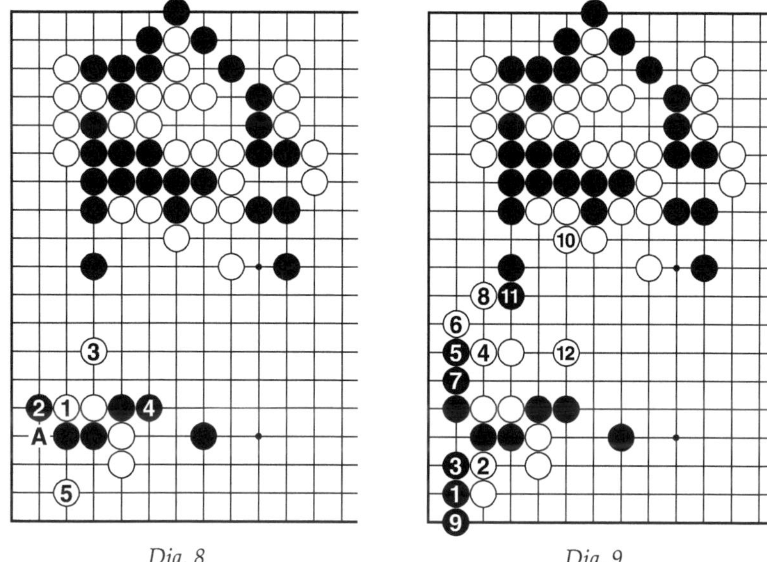

Dia. 8 *Dia. 9*

Weiß seinen Doppelangriff auf die beiden Gruppen, wobei Weiß 5 schon droht, die Ecke zu töten.

Diagramm 9. Um in der Ecke zu leben, müsste Schwarz 1 bis 9 spielen, was Weiß 4, 6 und 8 heraufbeschwört. Und das bedeutet eine Katastrophe außen, etwa Weiß 10 und 12.

Diagramm 10. Man würde gern berichten, dass Weiß nun tatsächlich eine der beiden Gruppen fangen konnte, doch Profipartien enden selten wie im Märchen. Schwarz (Ishida A.) konterte mit 1, 3 und 5, rettete beide Gruppen und bekam auch noch die Ecke. War Weiß gescheitert? Nein, denn mit 10 bis 20 baute er eine prächtige Außenmauer, kam in Vorhand heraus und behielt noch das Aji A-B-C-D-E. Auch trotz der geschickten schwarzen Entgegnung war der weiße Angriff erfolgreich gewesen.

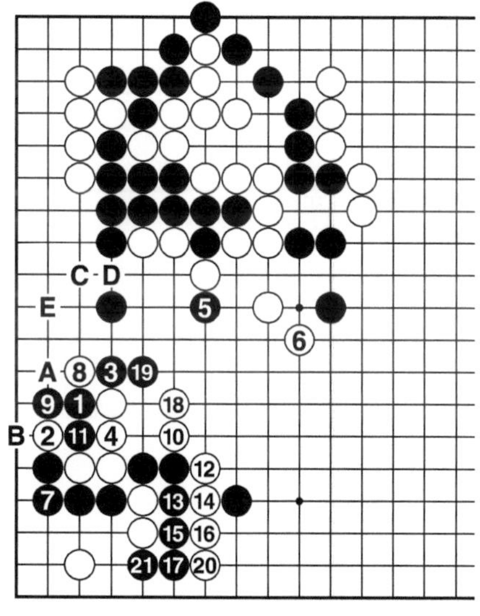

Dia. 10

7. Große Moyō – Reduktion und Invasion

Das Mittelspiel ist der Teil der Partie, in dem unter anderem das Schicksal von großen Gebietsanlagen entschieden wird. Unter einer „großen Gebietsanlage" (Moyō) verstehen wir eine ausgedehnte Fläche auf dem Brett, die von einer Partei teilweise umschlossen oder besetzt ist, aber noch kein sicheres Gebiet darstellt – die also noch invadiert oder reduziert werden kann.

Viele Kämpfe des Mittelspiels entstehen aus Einbrüchen in solche Anlagen – und alle Konzepte wie Angriff, Verteidigung, Kikashi, Induktion und die Bilanzen von Gebiet und Einfluss kommen zum Tragen.

Gegen ein großes gegnerisches Moyō sind zwei Spielweisen möglich. Die erste ist, es von außen zu reduzieren, indem man es an den noch offenen Grenzen eindrückt. Die zweite ist eine Invasion mit der Absicht, zu leben oder zu entkommen. Der Ansatz der Reduktion ist sicherer, aber nicht so scharf. Eine Invasion ist riskanter, doch wenn sie gelingt, zerstört sie meist einen größeren Teil des Moyō. Wir werden beide Spielweisen betrachten.

Wie entscheidet man sich für einen der beiden Ansätze? Nun, zum Teil anhand der Gebietsbilanz: Liegt man nach Gebiet zurück, dann kann eine drastische Invasion vonnöten sein, um das Gleichgewicht wiederherzustellen. Liegt man nach Gebiet vorn, dann könnte eine maßvolle Reduktion genügen.

Man entscheidet aber auch anhand der Einflussbilanz; Invasionen gelingen am besten, wenn man über die nötige Stärke verfügt, um sie zu unterstützen. Diese Aussagen wurden bereits im ersten Kapitel gemacht.

Aus taktischer Sicht gibt es einige spezielle Invasions- und Reduktionszüge, die Sie kennen sollten – etwa den Zug auf die Schulter und das Bōshi – sie werden auf den nächsten Seiten besprochen. Was die Strategie angeht, so gibt es drei eherne Grundsätze:

1. Beachte die Umgebung.
2. Nutze gegnerische Schwächen.
3. Spiele flexibel.

Dieses Kapitel wird die drei Grundsätze der Reihe nach behandeln. Während der Besprechung des ersten machen wir einen Einschub, in dem die Taktiken Schulterzug und Bōshi vorgestellt werden.

Nahtstellen

Diagramm 1. Weiß ist am Zug und will etwas gegen das schwarze Moyō rechts unternehmen. Soll er es invadieren oder nur reduzieren? Und welchen Punkt genau soll er wählen?

Betrachtet man lediglich das schwarze Moyō, dann sind die Antworten auf diese Fragen nicht unmittelbar klar. Eine Invasion und eine Reduktion könnten beide gerechtfertigt sein. Wenn wir aber den unteren Rand mit einbeziehen, dann sehen wir, dass ein weißes Moyō angrenzt, das genauso groß und offen ist. Die Beziehung dieser beiden benachbarten Moyō gibt den weißen Zug vor.

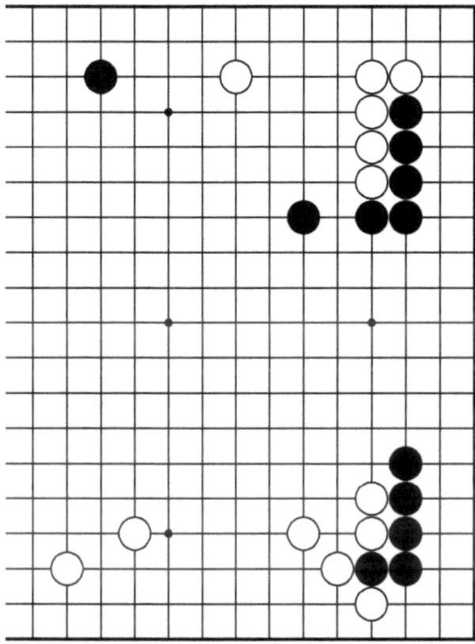

Dia. 1

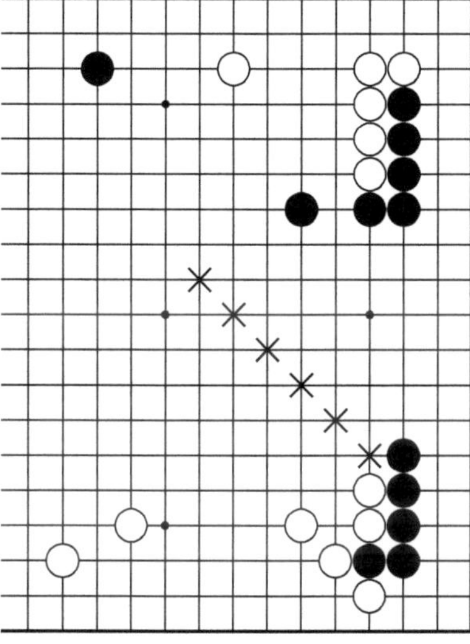

Dia. 2

Diagramm 2. Ziehen Sie in der Mitte zwischen den beiden Moyō eine gedachte Linie. Wenn beide Moyō entlang dieser Grenzlinie Gebiet werden, so bedeutet das ein ausgeglichenes Ergebnis. Weiß sollte also diese Linie besetzen und seinen Gegner hinter sie zurückdrängen, dann ist er im Vorteil. Welchen der Punkte auf der Grenzlinie würden Sie wählen?

Diagramm 3. Weiß 1 ist am besten. Falls Schwarz mit 2 antwortet, schiebt Weiß mit 3 und 5 weiter. Wenn Sie dieses Ergebnis mit dem ausgeglichenen aus Diagramm 2 vergleichen, dann sehen Sie, wie sehr Weiß profitiert hat.

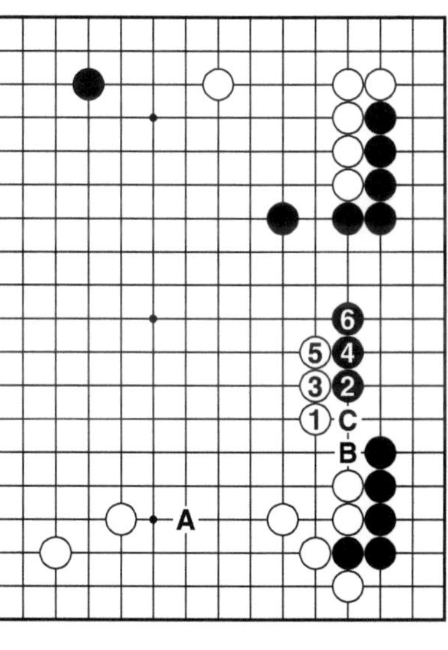

Dia. 3

Man könnte dagegenhalten, dass das schwarze Moyō zwar verkleinert wurde, aber dafür sicheres Gebiet geworden ist. Und dass gleichzeitig das weiße Moyō zwar größer ist als vorher, aber dafür noch invadiert werden kann. Das stimmt zwar, aber Weiß hat die Vorhand behalten und kann mit seinem nächsten Zug nach Wunsch sein Moyō verteidigen. Außerdem hat das weiße Moyō eine ganz andere Größenordnung als das schwarze.

Wenn Schwarz statt 2 auf A invadiert, so wird Weiß 1 ein guter Zug mit zwei Funktionen, nämlich Angriff auf Schwarz A und Reduktion des schwarzen Moyō.

Weiß B statt 1 wäre der zweitbeste Zug. Nach Schwarz C und Weiß 1 kann Schwarz ein Doppel-Hane auf 3 spielen und so eine Linie höher klettern als zuvor.

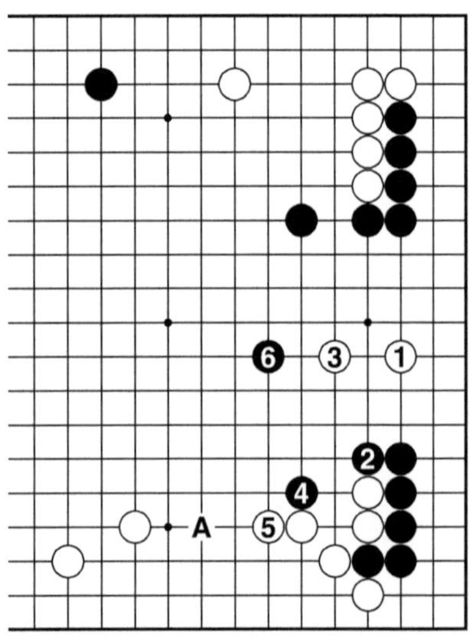

Dia. 4

Diagramm 4. Es sollte sonnenklar sein, dass Diagramm 3 die richtige Spielweise zeigt. Doch nehmen wir einmal an, dass Weiß zu diesen unausgeglichenen Spielern mit einem Neidkomplex gehört, die gegnerisches Gebiet nicht ertragen, und mit 1 invadiert. Ist daran etwas auszusetzen? Allerdings! Schwarz lehnt sich mit 2 und 4 an, spielt auf 6 Bōshi – Weiß ist sofort in Schwierigkeiten. Sterben wird er wohl nicht, aber Schwarz wird durch Angriffe Einfluss gewinnen, mit vielfältigen Folgen. Eine davon könnte eine Gegeninvasion auf A sein, die am unteren Rand mehr Schaden anrichtet als Weiß 1 und 3 auf der rechten Seite.

Anzumerken ist auch, dass Schwarz 2 und 4 (genau so wie die Züge Weiß 1, 3 und 5 in Diagramm 3) die Grenzlinie in Diagramm 2 übertreten. Und genau das sollte Weiß verhindern.

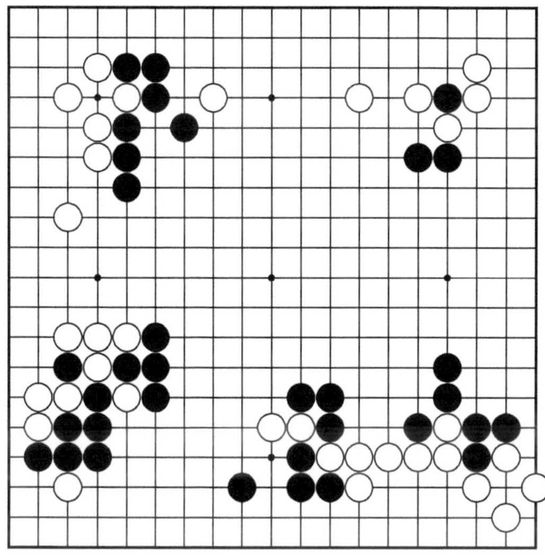

Dia. 5

Diagramm 5. Weiß am Zug. Können Sie zwei große, offene, benachbarte Moyō ausmachen und die Grenzlinie zwischen ihnen bestimmen? Wo soll Weiß spielen?

Leser mit scharfen Augen finden möglicherweise zwei solcher Grenzlinien. Ein Hinweis für die Entscheidung: Halte dich von dicken Positionen fern.

Diagramm 6. Wieder ist Weiß am Zug mit der gleichen Fragestellung. Diesmal könnte Weiß sogar die Grenzlinie gefahrlos leicht überschreiten.

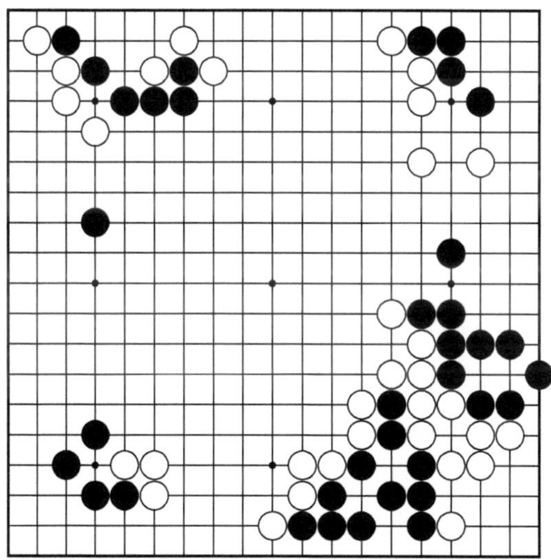

Dia. 6

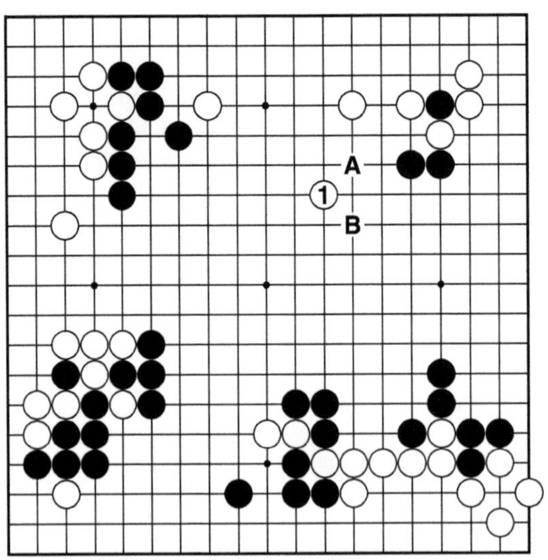

Dia. 7

Diagramm 7. Weiß 1 trifft die Nahtstelle. Er reduziert die schwarze Anlage und vergrößert die weiße am oberen Rand. Eine andere Möglichkeit wäre Weiß A: die Grenzlinie geht durch diese beiden Punkte. Weiß 1 ist ein wenig besser, doch als diese Stellung in einer Partie des japanischen Autors gegen Rin Kaihō auf dem Brett war, spielte Rin auf A.

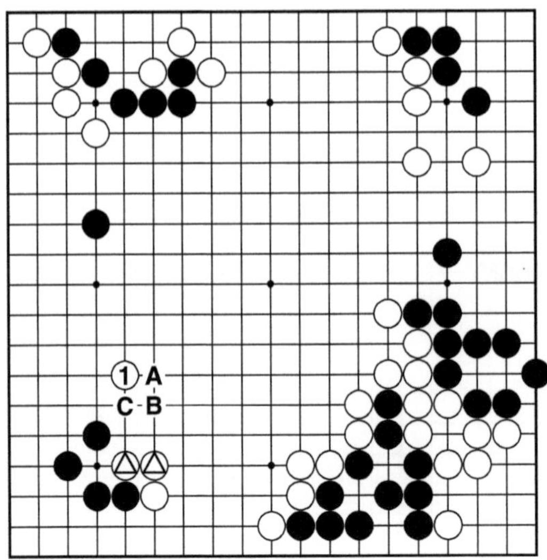

Dia. 8

Diagramm 8. Weiß 1 besetzt die Nahtstelle zwischen dem schwarzen Moyō links und dem weißen, das sich von unten in die Mitte erstreckt. Weiß 1 überschreitet ein wenig die Linie, die eigentlich durch B geht, aber das ist durch die Stärke der markierten Steine gerechtfertigt. Weiß A, B und C wären auch gute Punkte, wenn auch weniger druckvoll.

Beziehungen zu Angriff und Verteidigung

Diagramm 1. In dieser Stellung gibt es ein recht großes weißes Moyō unten links. Was soll Schwarz dagegen unternehmen: eine tiefe Invasion oder eine leichte Reduktion? Und wenn er reduziert, auf welchem Punkt?

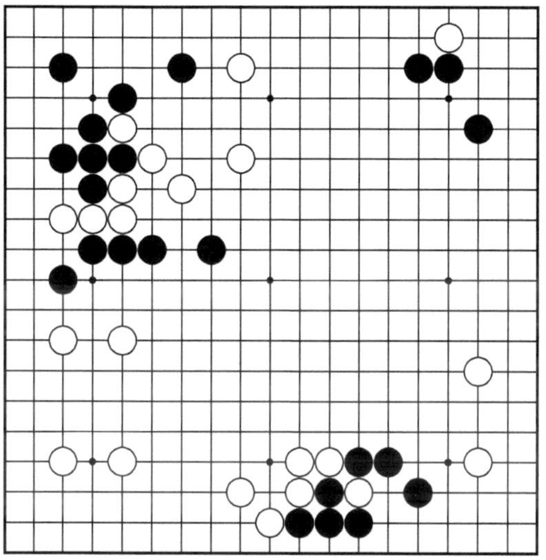

Dia. 1

Wenn wir die Nachbarschaft betrachten, so finden wir kein schwarzes Moyō und damit auch keine Nahtstelle, die zu besetzen wäre. Allerdings gibt es links eine augenlose Kette aus schwarzen Steinen, die dringend Unterstützung braucht. Ein idealer Zug würde sie stärken und gleichzeitig das weiße Moyō reduzieren.

Weitere Gesichtspunkte bei der Betrachtung dieses Problems sind die folgenden:

1. Die schwarze und die weiße Gruppe unten rechts haben in etwa vergleichbare Größe. Deshalb genügt es für Schwarz, das Moyō links unten bei einer Punktzahl zu halten, die er mit seinen Ecken links und rechts oben erreichen kann.

2. Wenn er zu tief invadiert, wird sein Invasionsstein zusammen mit der Gruppe links zum Ziel eines Doppelangriffs.

3. Wenn er seine linke Gruppe stärkt, so kann er vom Angriff auf die weiße Gruppe oberhalb noch einiges erwarten.

Wo spielt Schwarz?

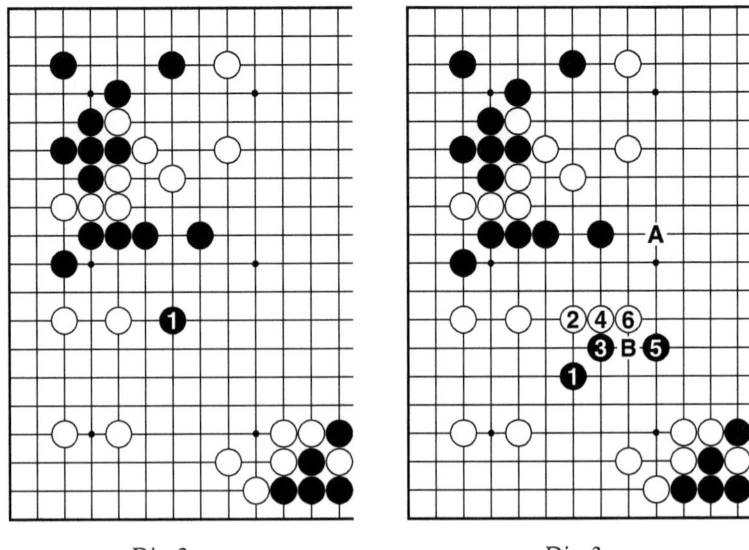

Dia. 2 *Dia. 3*

Diagramm 2. Schwarz 1 ist der gesuchte Zug, Sie kennen bereits die Gründe dafür. Ähnlich den Nahtstellen zuvor liegt hier der Schnittpunkt von zwei bedeutsamen Objekten in dieser Partie, nämlich der eigenen schwachen Gruppe und des gegnerischen Moyō.

Diagramm 3. Der Zug Schwarz 1 sieht nicht wie eine gewagte Invasion aus, doch selbst er geht schon zu weit. Weiß springt auf den Schlüsselpunkt 2 und führt einen Doppelangriff durch. Weiß 6 macht Miai aus dem Bōshi auf A und dem Durchstoßen und Schneiden mit B. Weil Schwarz zu tief invadiert ist, hat er sich in ernste Schwierigkeiten gebracht.

Jemand hat Go einmal als topologisches Spiel bezeichnet, weil es hauptsächlich um Stetigkeit und Zusammenhang gehe. Und gerade in dieser Stellung, in der es Schwarz an Einfluss mangelt, ist es sein Hauptinteresse, verbunden zu bleiben.

Als Ergänzung zum Zugtyp „Reduktion und eigene schwache Gruppe stärken" betrachten wir den Typ „Reduktion und gegnerische Gruppe angreifen". Dazu gehören indirekte Angriffe durch Anlehnen, etwa Schwarz 2 und 4 in Diagramm 4 (Seite 132). Ein anderes Beispiel ist…

Diagramm 4. Weiß am Zug will das schwarze Moyō oben rechts reduzieren. Muss noch gesagt werden, dass die schwache schwarze Gruppe in der Mitte der Schlüssel für dieses Problem ist?

Diagramm 5. Weiß 1, ein Angriff mit dem Ōgeima, ist der richtige Zug. Er reduziert das schwarze Moyō, er droht mit einem Bōshi auf A (was die schwarze Gruppe gegen die dicke weiße Mauer links drücken würde) und er geht kein Risiko ein, weil er mehr oder weniger mit dem markierten Stein verbunden

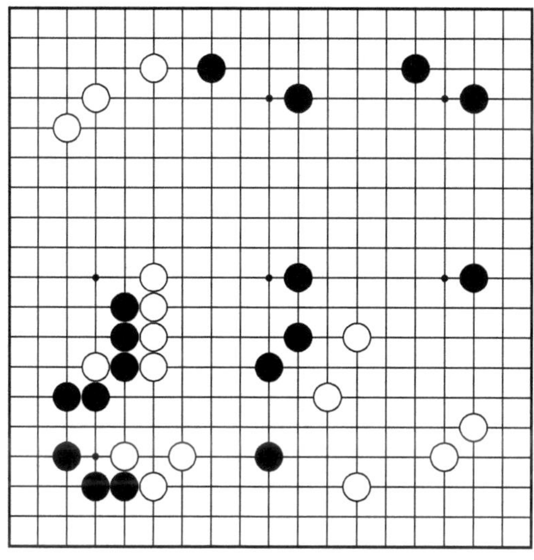

Dia. 4

ist. Wie Schwarz in Diagramm 2 und 3 will Weiß nicht getrennt werden. Nachdem er das Moyō dergestalt von der Mitte her reduziert hat, kann er über Invasionen rechts und oben nachdenken.

Diagramm 6. Man könnte auch das Bōshi auf 1 erwägen, doch das wäre aus mehreren Gründen falsch: Zum Einen treibt es Schwarz von der weißen Mauer weg statt auf sie zu und er bringt sich mit 2, 4 und 6 in Sicherheit. Weiterhin ist der Stein Weiß 1 nicht mit anderen eigenen Positionen verbunden und sieht nach Schwarz 4 und 6 recht verloren aus. Und schließlich hat er Schlagseite zum gut befestigten oberen Rand und steht entfernt vom dünn besiedelten rechten. Solche Gesichtspunkte müssen beachtet werden, wenn man Moyō reduziert.

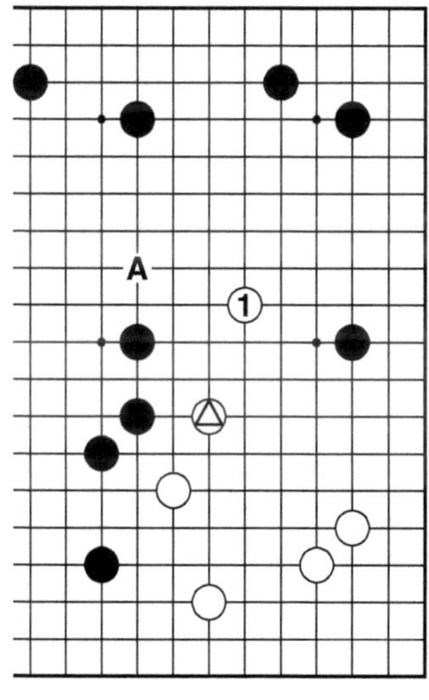

Dia. 5

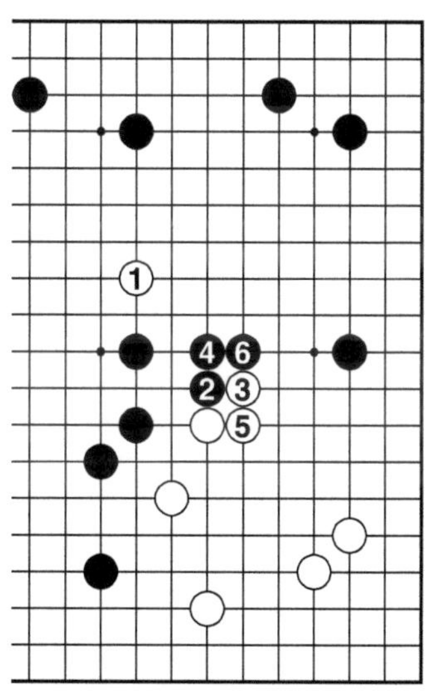

Dia. 6

Der Zug auf die Schulter

Diagramm 1. Schwarz ist am Zug und will etwas gegen das weiße Moyō rechts oben unternehmen. Diesmal sind keine Moyō oder schwache Gruppen in der Nachbarschaft zu berücksichtigen, somit muss Schwarz sozusagen bei Null anfangen. Um den richtigen Zug zu finden, ist es hilfreich zu wissen, dass Weiß in dieser Stellung auf A spielen möchte.

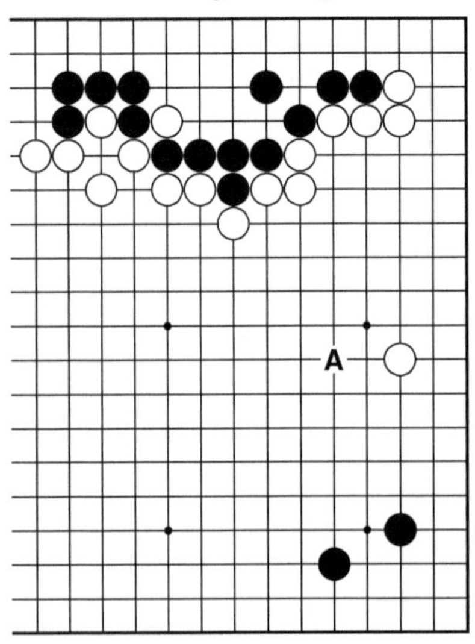

Dia. 1

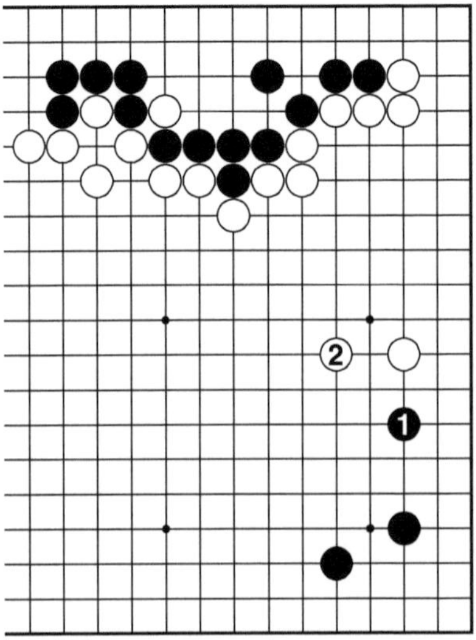

Dia. 2

Diagramm 2. Dementsprechend wäre ein schwarzer Zug auf 1 nicht besonders gut, weil er ja nur den Zug induziert, den Weiß von vornherein machen wollte.

Diagramm 3. Soll Schwarz dann invadieren? Abgesehen davon, ob die Gebietsbilanz eine Invasion nahelegt oder nicht, stellt sich nun die Frage, ob Schwarz leben kann. Die Antwort ist nicht eindeutig. Wenn er invadiert und stirbt, hat er einen entscheidenden Verlust erlitten. Invadieren und Leben hingegen bedeutet nicht unbedingt einen entscheidenden Erfolg: Wenn überhaupt, dann lebt Schwarz in Nachhand, Weiß würde während

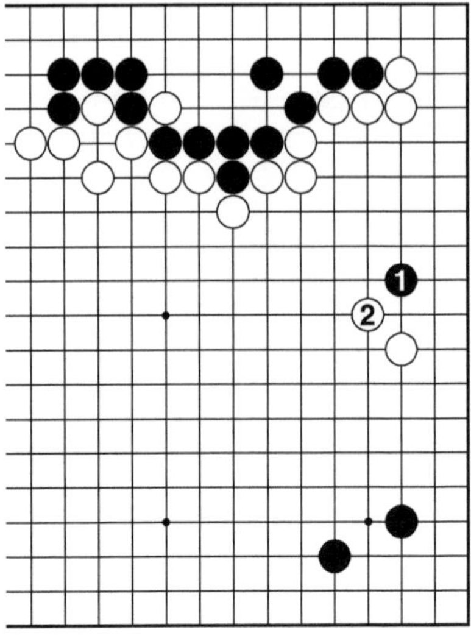

Dia. 3

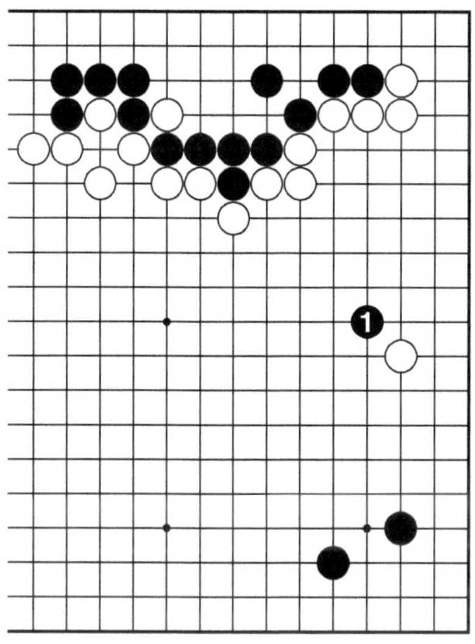

Dia. 4

seines Angriffs eine weitere Außenmauer bauen und könnte mit der Vorhand sein Moyō weiter außen erneuern.

Diagramm 4. Anstatt eine Invasion zu riskieren, sollte Schwarz das weiße Moyō von oben reduzieren. Der stärkste Zug zu diesem Zweck ist der Schulterzug auf 1, der in dieser Stellung sehr gute Dienste leistet. Was wird das Ergebnis sein? Es gibt einige Jōseki, die man kennen sollte. Wir werden zunächst eine kurze Übersicht anschauen und dann zurückkommen, um die passende Zugfolge für diese spezielle Situation zu finden.

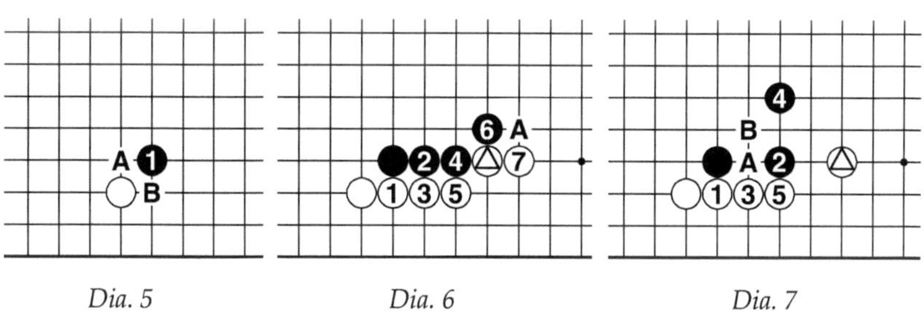

Dia. 5 Dia. 6 Dia. 7

Diagramm 5. Die übliche Antwort auf den Schulterzug ist Strecken auf A oder B. Das Strecken entlang des Rands mit B wird hauptsächlich in zwei Situationen gewählt.

Diagramm 6. In der ersten hat Weiß einen Stein wie den markierten hier zu stehen, auf den er Schwarz hinschieben kann, so dass er mit 7 die dritte Linie verlassen kann (manchmal ist auch Weiß 7 auf A möglich).

Diagramm 7. Steht der Hilfsstein weiter entfernt, dann ist Weiß 1 noch immer gut, nur kann Schwarz jetzt mit 2 einen Punkt weiter springen. Spielt Weiß auf 3, dann springt Schwarz wieder, diesmal mit 4 in Richtung Brettmitte. Nach Weiß 5 kann Schwarz fernbleiben, seine Steine haben jetzt leichtere Form als in Diagramm 6. Wenn Weiß sich mit 3 auf A dazwischenkeilt, dann ist die Zugfolge Schwarz B, Weiß 3, Schwarz 4, Weiß 5 Jōseki. Wenn Weiß nicht auf Schwarz 2 antwortet, dann wird Schwarz 3 ein guter Zug.

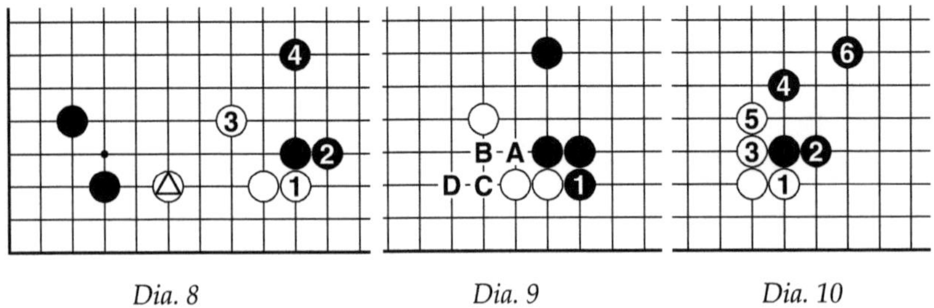

Dia. 8 *Dia. 9* *Dia. 10*

Diagramm 8. Die andere Ausgangssituation für das horizontale Schieben ist die, dass Weiß eine Zwei-Punkt-Ausdehnung in die andere Richtung hat (hier markiert). Schwarz 2 und 4 bilden die Standardfortsetzung und diesmal behält Weiß Vorhand. Ohne den markierten Stein jedoch hat diese Zugfolge für ihn einige Nachteile.

Diagramm 9. Einer wäre, dass Schwarz 1 zu schneiden droht (Schwarz A, Weiß B, Schwarz C). Der andere Nachteil ist das Kikashi Schwarz D, das auch ohne den Zug auf 1 möglich ist.

Diagramm 10. Weiß kann diese Schwächen vermeiden, indem er mit 3 und 5 fester spielt. Manchmal ist diese Zugfolge von Vorteil, aber öfter spielt Weiß wie in Diagramm 11.

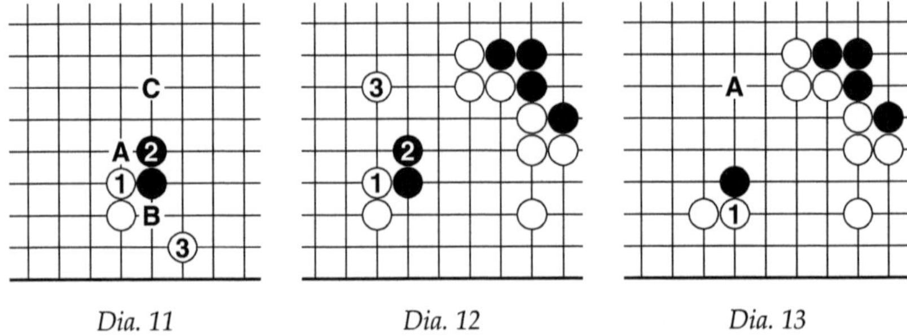

Dia. 11 *Dia. 12* *Dia. 13*

Diagramm 11. Weiß schiebt zuerst nach oben. Nach Schwarz 2 kann Weiß auf A weiterschieben oder aber nach 3 gleiten, was im Allgemeinen besser ist als das Magari auf B. Die schwarze Fortsetzung nach Weiß 3 könnte das Magari auf A sein oder auch ein Sprung in die Brettmitte auf C.

Diagramm 12. Weiß 1 kann auch als Angriffszug dienlich sein. Wenn Schwarz hier auf 2 spielt, wird er mit Weiß 3 gefangen.

Diagramm 13. In dieser Stellung auf 1 zu spielen wäre ein wenig feige. Schwarz könnte mit einem Sprung auf A fliehen oder seinen Stein fürs Erste einfach stehenlassen und als Kikashi ansehen.

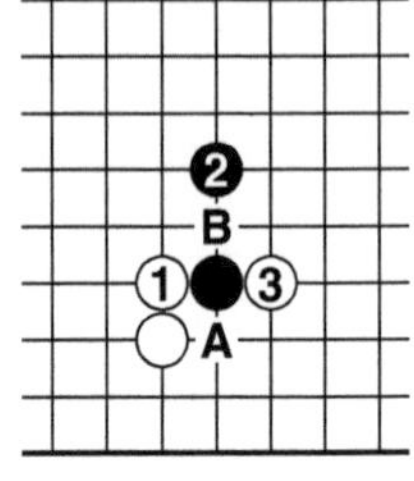

Dia. 14

Diagramm 14. Wenn Schwarz für die Flucht in die Brettmitte leichtere Form braucht (wie etwa in Diagramm 12), dann springt er auf 2. Weiß 3 ist eine denkbare Antwort. Auf Schwarz A folgt jetzt Weiß B.

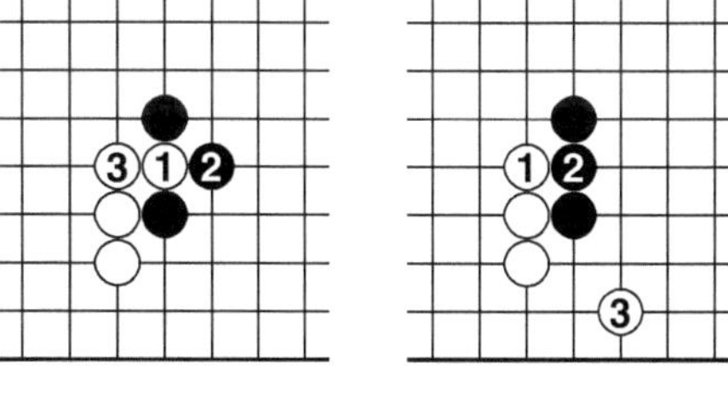

Dia. 15 *Dia. 16*

Diagramm 15. Ein Keil mit Weiß 1 ist eine aggressivere Variante.

Diagramm 16. Weiß kann auch einfach auf 1 strecken, Schwarz auf 2 verbinden lassen und dann nach 3 gleiten, mit einem ähnlichen Ergebnis wie in Diagramm 11.

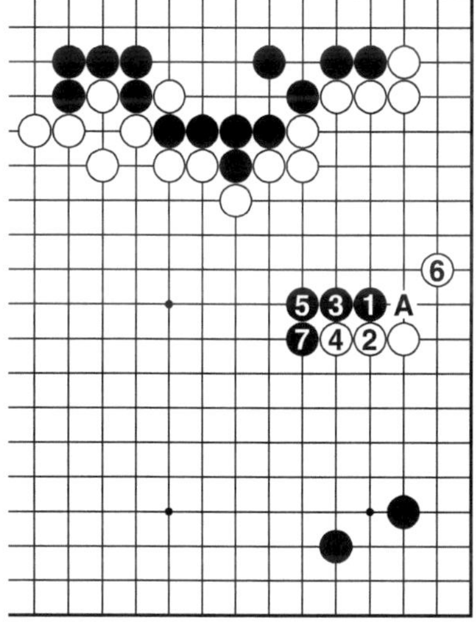

Dia. 17

Diagramm 17. Kehren wir zur Ausgangsstellung zurück. Weiß begegnet Schwarz 1, indem er mit 2 und 4 zur Brettmitte schiebt und dann auf 6 gleitet. Betrachtet man seinen Einfluss im Zentrum, dann wäre Weiß 2 auf A zu zurückhaltend. Schwarz verteidigt mit dem Magari auf 7. Dies ist der Grund für das zweimalige Schieben:

Diagramm 18. Schiebt er nur einmal, dann kann Schwarz mit 4 ein Magari auf den Kopf zweier Steine spielen, was eine gewisse Freiheitsnot hervorruft.

Diagramm 19. Schwarz kann bei Gelegenheit 1 bis 5 spielen. Normalerweise kommt Schwarz mit solchen Zügen nicht durch, weil Weiß den Stein 5 mit der Abfolge A, B und C fangen würde. Doch hier funktioniert die weiße Kombination nicht, weil Schwarz D wiederum droht, drei Steine zu fangen.

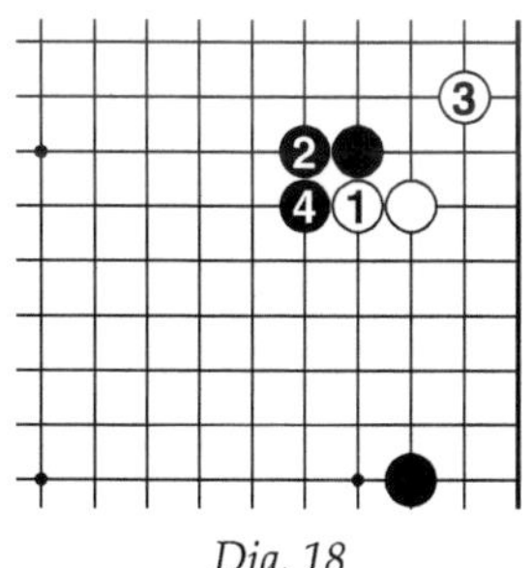

Dia. 18

Dia. 19

Kommen wir zurück zu Diagramm 17. Beachten Sie, wie einschneidend der schwarze Schulterzug das weiße Moyō reduziert. Der Verlust rechts oben ist fast wie bei einer erfolgreichen Invasion ausgefallen, zudem ist Schwarz noch in die Brettmitte hinausgelangt. Weiterhin hat die Mauer, die Weiß mit 2 und 4 baut, keinen Effekt auf den schwarzen Eckeinschluss unterhalb. Auch aus diesem Grund ist Schwarz 1 ein guter Zug.

Der Schulterzug ist nicht nur gegen Steine auf der dritten Linie möglich. Er kann auch gegen Steine etwa auf der vierten Linie eingesetzt werden, obwohl der Gegner dann mehr Gebiet am Rand behält, oder auch in der Brettmitte.

Diagramm 20. Wie soll Weiß das riesige schwarze Moyō reduzieren? Das ist ein unübersichtliches Problem, bis man sich auf den Schulterzug besinnt.

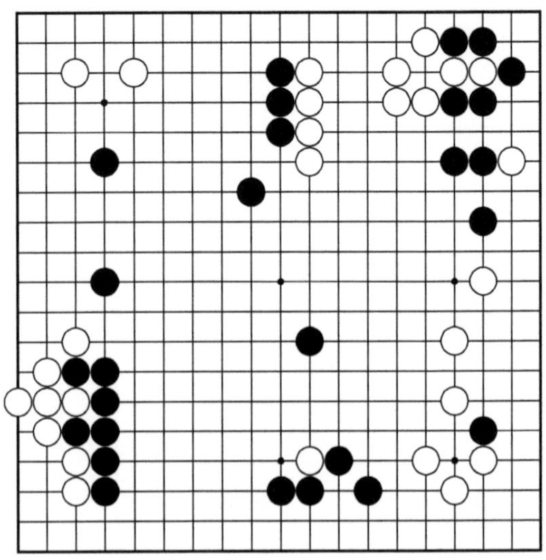

Dia. 20

Diagramm 21. Weiß 1 ist der Schulterzug. Die Fortsetzung bis Weiß 7 ähnelt Diagramm 15 und wurde so gespielt, als diese Stellung in einer Honinbō-Finalpartie zwischen Sakata (Weiß) und Takagawa auf dem Brett war. Wenn Schwarz jetzt unbedacht auf A schneidet, dann treibt Weiß ihn mit B, Schwarz C, Weiß D und so fort vor sich her und opfert bereitwillig die beiden Steine 1 und 5.

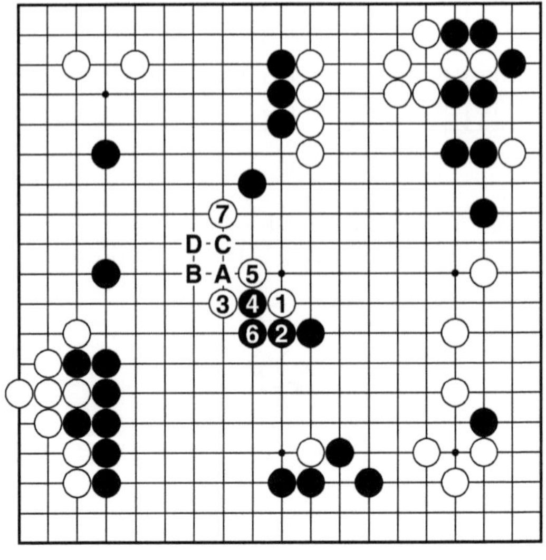

Dia. 21

Das Bōshi

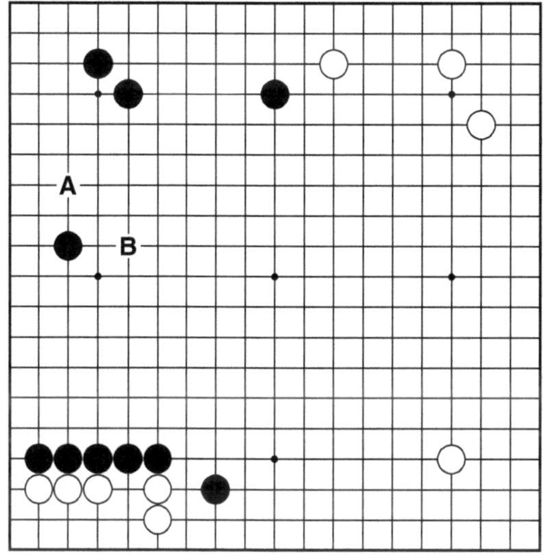

Dia. 1

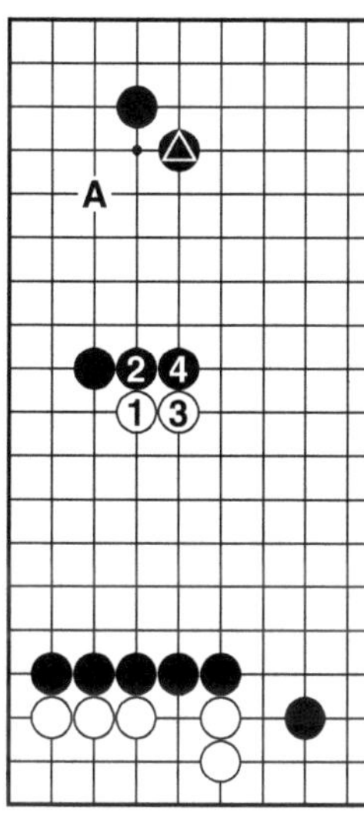

Dia. 2

Diagramm 1. Hier geht es wieder darum, ein großes Moyō ohne weitere Rücksichten zu invadieren oder zu reduzieren. Eine Invasion der oberen Gruppe ergibt wenig Sinn, weil sie am Rand offen ist. Links oben wäre sie schon zweckmäßiger, aber stellen Sie sich Weiß A und Schwarz B vor. Die Gefahr ist offensichtlich, dass Schwarz während des Angriffs auf die Invasionsgruppe ein gewaltiges Gebiet unterhalb aufbauen kann. Bedeutet das, Weiß soll erst links unten invadieren? Nein, denn umgekehrt würde Schwarz beim Angriff sein Moyō oberhalb vergrößern.

Diagramm 2. Nachdem also eine Invasion kontraindiziert ist, versucht es Weiß mit einer Reduktion. Doch diesmal funktioniert der Zug auf die Schulter nicht gut. Wenn Weiß ihn auf der einen Seite anbringt, dann schiebt Schwarz auf der anderen in Richtung Brettmitte und bildet dort ein gewaltiges Gebiet. Man könnte über Weiß 1 nachdenken, wenn der Stein ◭ auf A und damit der obere linke Rand flacher wäre, aber nicht in der dieser Stellung. Hier muss ein Zug her, der keine Richtung bevorzugt.

Diagramm 3. Dieser Zug ist das Bōshi auf 1. Als Standardzug hat er auch Standardfortsetzungen, die wir uns nun zuerst anschauen, bevor wir zu dieser Stellung zurückkehren.

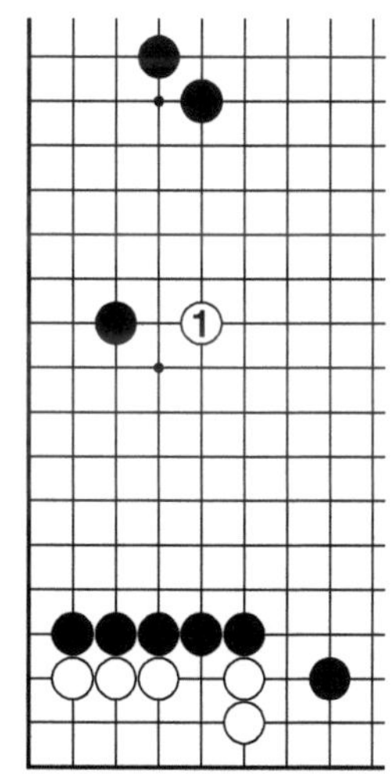

Dia. 3

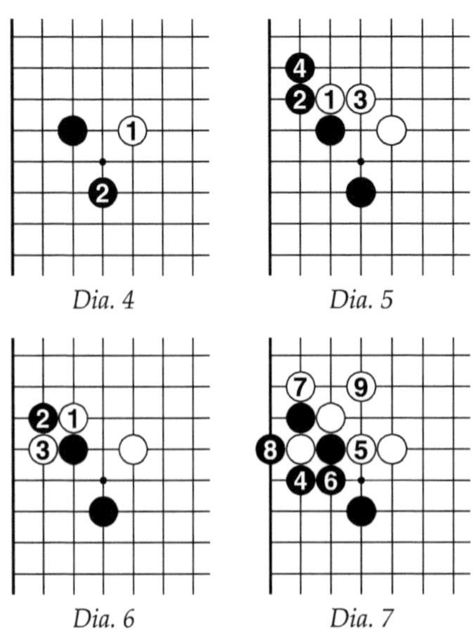

Diagramm 4. Die wohl bekannteste Antwort auf das Bōshi ist ein Keima.

Diagramm 5. Die stärkste Fortsetzung für Weiß ist jetzt der Anleger auf 1. Wenn Schwarz auf 2 Hane spielt, kann Weiß auf 3 zurückstrecken und ihn auf die zweite Linie herabdrücken.

Diagramm 6. Weiß kann auch mit 3 einen Kreuzschnitt spielen, ein Opfertesuji.

Diagramm 7. Anschließend macht Weiß mit drei Zügen Form auf der Außenseite, während Schwarz damit beschäftigt ist, den Opferstein zu schlagen. Zu dieser Zugfolge gibt es mehrere spielbare Varianten, etwa Weiß 5 auf 6.

Diagramm 8. Allerdings kommt es oft vor, dass der Anleger auf 1 nicht möglich ist. Nehmen wir an, dass Schwarz mit 2 von oben Hane spielt und dann auf 4 zurückstreckt. Wenn Weiß den Stein 2 nicht mit einer Treppe auf A fangen kann, muss er seinen Stein auf 1 wohl aufgeben.

Diagramm 9. Ein weiteres Risiko besteht darin, das Schwarz diese Schnittkombination spielen könnte. Falls Weiß darauf oder auf Diagramm 8 schlecht vorbereitet ist, dann sollte er vom Anleger auf 1 besser Abstand nehmen.

Diagramm 10. Wenn der Anleger nicht funktioniert, dann muss Weiß etwas Leichteres versuchen. Das Keima auf 1 ist eine Möglichkeit, obwohl auch jetzt der Erfolg von einer Treppe abhängt (Schwarz A, Weiß B, Schwarz C, Weiß D). Falls Weiß gar keine gute Fortsetzung finden kann, dann sollte er seinen Bōshi-Stein als Kikashi ansehen und fernbleiben.

Diagramm 11. Schwarz hat für seine Antwort einige Alternativen zum Keima. Eine fast genauso häufige ist der Anleger auf 1, er ist in zwei Situationen ratsam.

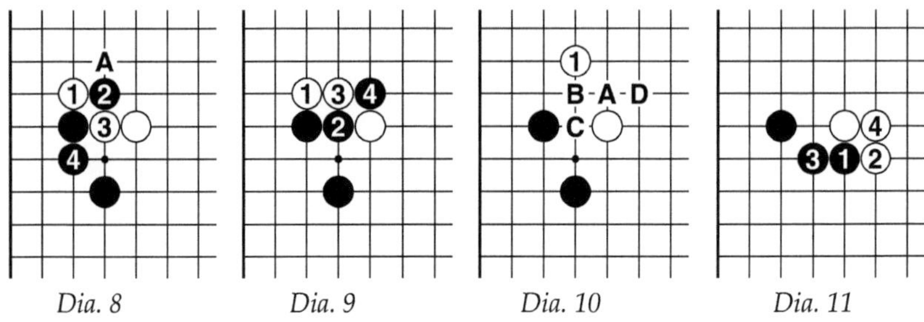

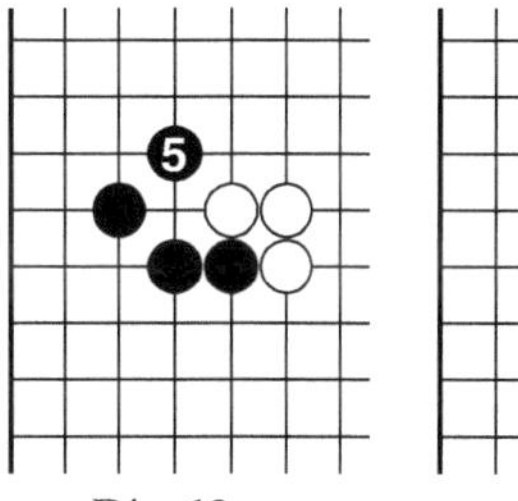

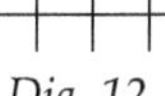

Dia. 12

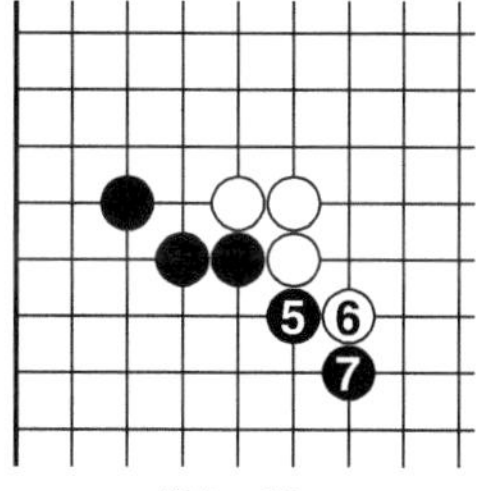

Dia. 13

Diagramm 12. Die eine ist, dass Schwarz auf beiden Seiten Gebiet verteidigen will. In diesem Fall setzt er mit dem Diagonalzug auf 5 fort.

Diagramm 13. Die andere Situation wäre die, dass Schwarz auf einer Seite ein großes Gebiet abstecken will. Dann spielt er nach Diagramm 11 mit dem Doppel-Hane 5 und 7 weiter.

Dia. 14

Diagramm 14. Zwar kann Weiß den gegnerischen Plan durchkreuzen, indem er statt 4 in Diagramm 11 auf 1 streckt, doch dann schneidet Schwarz mit 2. Wegen dieser Schnittoption ist der Anleger gegenüber dem Keima die aggressivere Variante für Schwarz, obwohl er Weiß tendenziell auch stärkt.

Diagramm 15. In der Stellung am Anfang dieses Abschnitts hat Schwarz keinen Anlass, seinen Gegner durch einen Kontaktzug zu stärken, denn selbst auf das vergleichsweise nachgiebige Keima auf 1 hat Weiß keine gute Fortsetzung. Weiß A wäre wegen Diagramm 8 und 9 nicht zu empfehlen. Und das Keima Weiß 2 wird mit Schwarz 3 und 5 geschnitten, weil die Treppe nicht läuft. Die Verteidigung zweier getrennter Gruppen im schwarzen Moyō ist das Letzte, das Weiß sich wünschen kann.

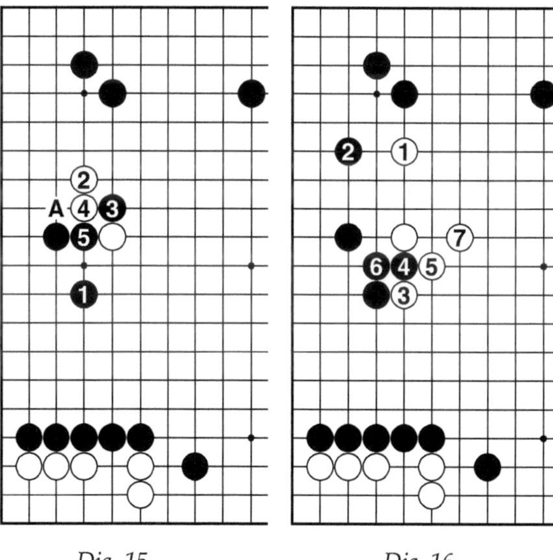

Dia. 15 Dia. 16

Diagramm 16. Entsprechend ist die korrekte Fortsetzung für Weiß eine noch leichtere, etwa 1 bis 7, wodurch er eine brauchbare Stellung mitten im schwarzen Moyō erreicht. Schwarz erntet nicht zu viel Gebiet, wenn man die ursprünglichen Ausmaße des Moyō bedenkt, außerdem bekommt Weiß nützlichen Einfluss zur Brettmitte hin.

Invasionen

Bisher haben wir das Loblied der Reduktion gesungen und Invasionen schlecht geredet. Machen wir es jetzt einmal andersherum.

Diagramm 1. Weiß am Zug. Als Erstes ist festzuhalten, dass die schwarzen Steine in der Ecke oben rechts tot sind: Nach Schwarz A gewinnt Weiß B den Wettlauf. Die weißen Steine in der Ecke unten links sind auch fast tot – es gibt hier allenfalls noch Aji für ein indirektes Ko. Doch abgesehen davon ist diese Partie ein Wettbewerb zwischen dem weißen Moyō oben und dem schwarzen am rechten Rand.

Sofern man nur die beiden Moyō betrachtet, ist Weiß C als Zug auf die Grenzlinie korrekt. Jedoch wäre Weiß C aus zwei Gründen falsch:

Der erste Grund ist, dass das Potenzial des weißen Moyō durch den schwarzen Einfluss am linken Rand schon stark eingeschränkt ist. Trotz Weiß C könnte Schwarz noch immer bei D, E oder anderswo hineinstechen, wobei ihn seine felsenfeste Stellung von hinten unterstützt.

Der zweite Grund ist der weiße Einfluss unten links. So wie er ins schwarze Moyō hineinstarrt, gebietet er Weiß förmlich, zu invadieren und zu kämpfen – war das nicht schon das Thema in Kapitel 1? Wenn Weiß auf C spielt, dann folgt Schwarz F, womit die Gelegenheit zur Invasion für Weiß dahin ist.

Diagramm 2. Nachdem also eine Invasion angezeigt ist, muss noch der richtige Punkt gefunden werden. Vielleicht Weiß 1, der Mittelpunkt auf der dritten Linie? Schwarz spielt auf 2 Bōshi. Weil Schwarz in Vorhand A oder B spielen kann (es droht C), ist dieser Angriff recht kraftvoll.

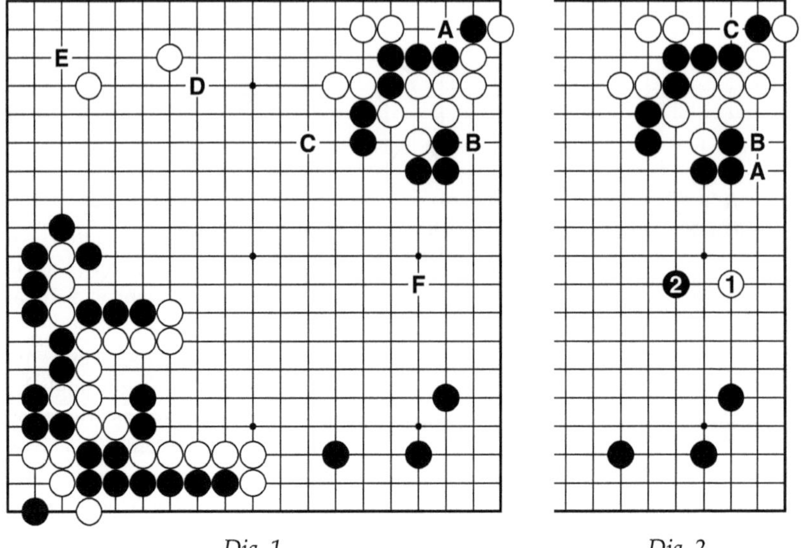

Dia. 1

Dia. 2

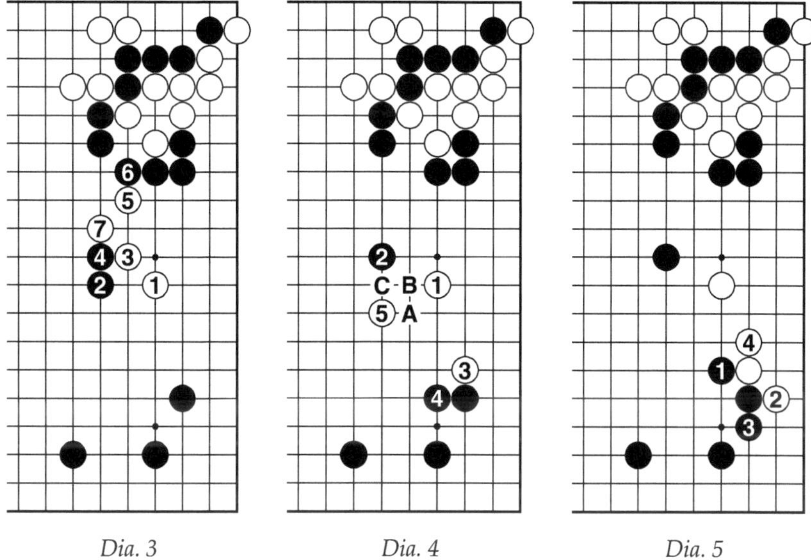

Dia. 3 Dia. 4 Dia. 5

Diagramm 3. Schieben wir Weiß 1 einmal hoch auf die vierte Linie. Das geht schon viel besser. Wenn Schwarz jetzt Bōshi spielt, dann kann Weiß mit 3 bis 7 herausklettern und mit seiner Invasionsgruppe beginnen, die schwarze Mauer oberhalb anzugreifen.

Diagramm 4. Schwarz kann Diagramm 3 nicht zulassen und zieht den Stein 2 eine Linie zurück. Weiß versucht es mit dem Anleger auf 3. Nach Schwarz 4 kann Weiß sorglos auf 5 springen, denn Weiß 3 verhindert den Schnitt Schwarz A – B – C. Diese Stellung stammt aus einer Partie des japanischen Autors, Weiß 1 bis 5 sind die tatsächlich gespielten Züge. Schwarz entschied sich für 4, denn –

Diagramm 5. Spielt er mit 1 Hane, dann induziert Weiß, dass Schwarz ihm hilft, lebende Form zu erlangen. Untersuchen Sie selbst die Varianten, die nach Schwarz 3 auf 4 entstehen.

Zur Auswahl des Invasionspunkts gibt es zwei Richtlinien. Zum einen sucht man nach der ungefähren Mitte des gegnerischen Moyō, was etwa Weiß 1 in Diagramm 4 tut. Außerdem zielt man auf bestimmte Schwachpunkte im Moyō, das war der zweite Grundsatz zu Beginn dieses Kapitels. Dafür sehen wir nun drei Beispiele.

Diagramm 6. Fall I. In dieser Stellung soll Weiß auf 1 invadieren. Dieser Zug nutzt die Tatsache, dass zwei schwarze Steine gegen die weiße Mauer gedrängt werden und gleichzeitig ein Zug auf A droht.

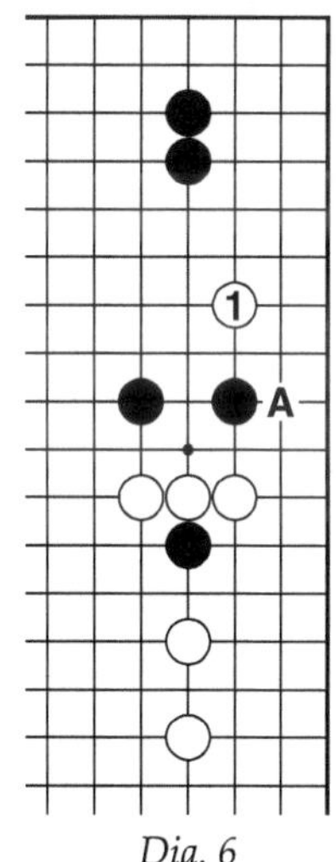

Dia. 6

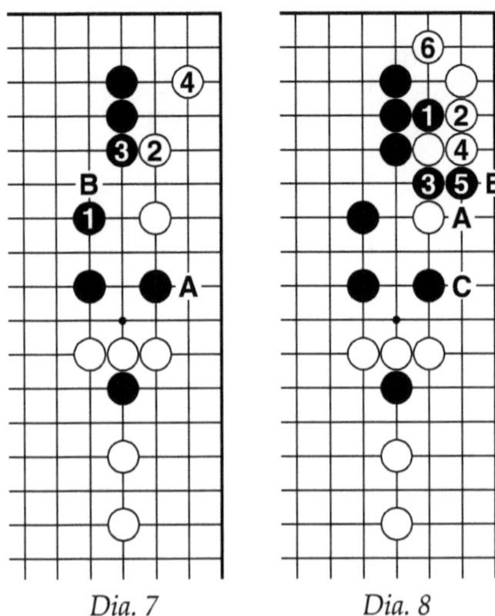

Dia. 7 *Dia. 8*

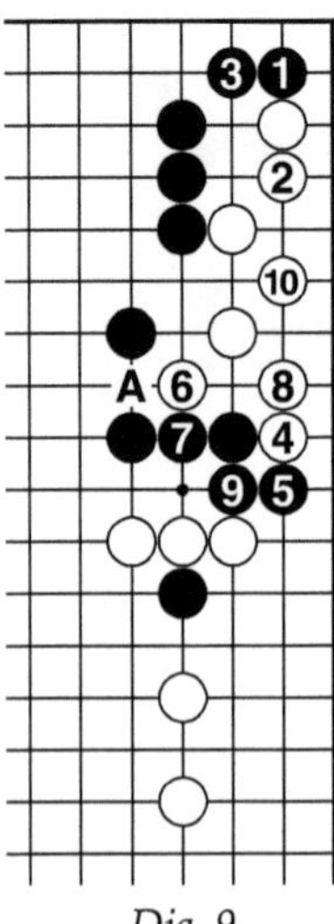

Dia. 9

Diagramm 7. Die natürliche Antwort ist das Bōshi Schwarz 1. Weiß spielt nicht gleich auf A, sondern hält seine Trumpfkarte in der Hand und dehnt sich mit 2 nach vorne aus, mit der Drohung B. Spielt Schwarz jetzt 3, um B zu verhindern, dann gleitet Weiß mit 4 in die Ecke. Das sieht riskant aus, doch –

Diagramm 8. Wenn Schwarz mit 1 bis 5 angreift, lebt Weiß mit 6. Und weil er auch noch das Aji Weiß A, Schwarz B, Weiß C behält, war seine Invasion ein voller Erfolg.

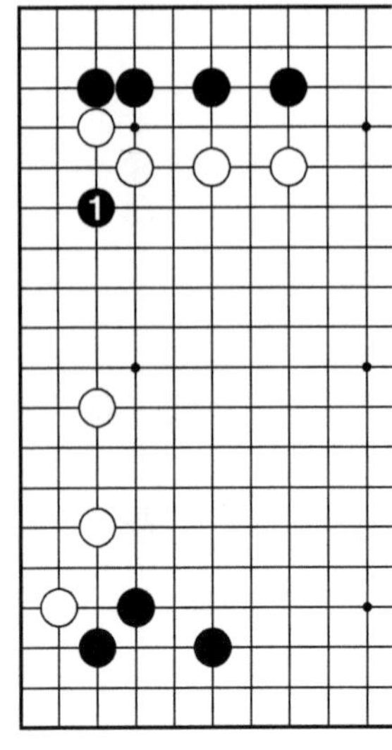

Dia. 10

Diagramm 9. Schwarz spielt deshalb 1 und 3, worauf Weiß dann doch auf 4 unterlegt und eine Zugfolge auslöst, die wir auf Seite 86 untersucht haben. Und weil Schwarz nach 10 mit der Drohung Weiß A zurechtkommen muss, ist auch diese Variante erfolgreich.

Sagen Sie jetzt, dass Ihnen dieser Erfolg niemals zuteil würde, weil Sie niemals auf Weiß 4 in Diagramm 7 gekommen wären? Nun, der amerikanische Autor hatte diesen Zug auch nicht gesehen. Allerdings gibt es noch mehr solche unauffälligen Züge, die den gewünschten Zweck erfüllen. So lange Sie auf 1 invadieren und sich dunkel an 4 und 6 in Diagramm 9 erinnern, wird Ihre Invasion gelingen.

Diagramm 10. Fall II. Schwarz invadiert mit 1, dem Winkel-Tesuji aus Kapitel 3. Hier funktioniert es gut als Invasionszug, denn –

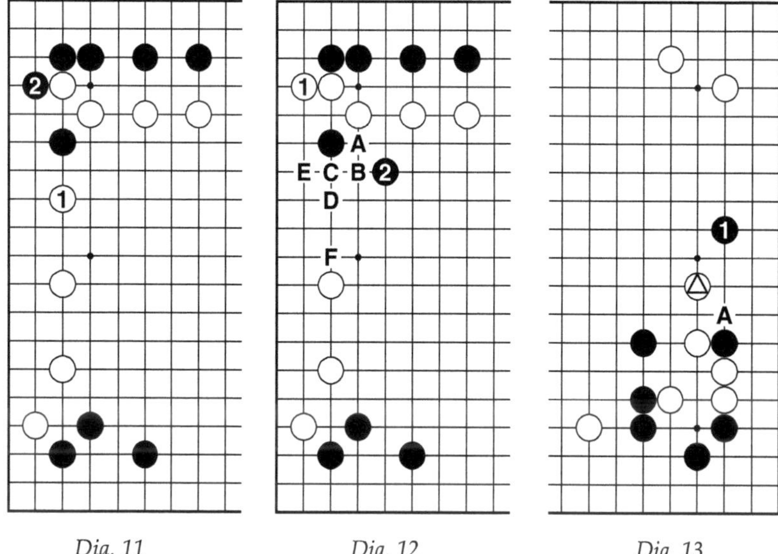

Dia. 11 *Dia. 12* *Dia. 13*

Diagramm 11. Wenn Weiß mit 1 angreift, kann Schwarz auf 2 verbinden.

Diagramm 12. Im Allgemeinen wird Weiß auf 1 herabsteigen, um die Schwarzen zu trennen und schwach zu halten (außerdem ist Weiß 1 groß in Bezug auf das Eckgebiet). Schwarz hat nun mehrere Fortsetzungen, eine davon ist Schwarz 2. Wenn Weiß mit A, Schwarz B, Weiß C durchstößt und schneidet (was er nicht sollte), dann gibt Schwarz mit D, Weiß E, Schwarz F einen Stein her. Schwarz F ist ein Standard-Tesuji, das Schwarz hervorragende Form gibt.

Diagramm 13. Fall III. Schwarz 1 zielt auf A und ist ein guter Invasionszug. Diese Annäherung mit dem Keima trifft immer den Schwachpunkt eines Steins auf der vierten Linie.

Diagramm 14. Falls Weiß fernbleibt, greift Schwarz die weiße Gruppe mit 1 und 3 an.

Diagramm 15. Falls Weiß aber vorher seine Gruppe mit 2 verteidigt, bekommt Schwarz mit der Ausdehnung auf 3 ein hervorragendes Ergebnis. So wird Schwarz 1 gegen Weiß 2 ein schönes Kikashi.

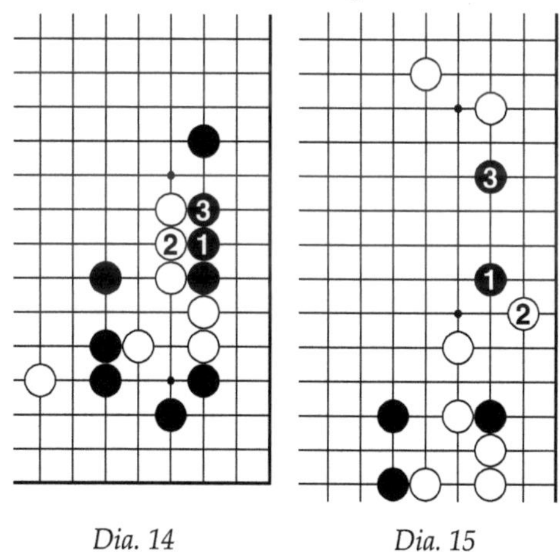

Dia. 14 *Dia. 15*

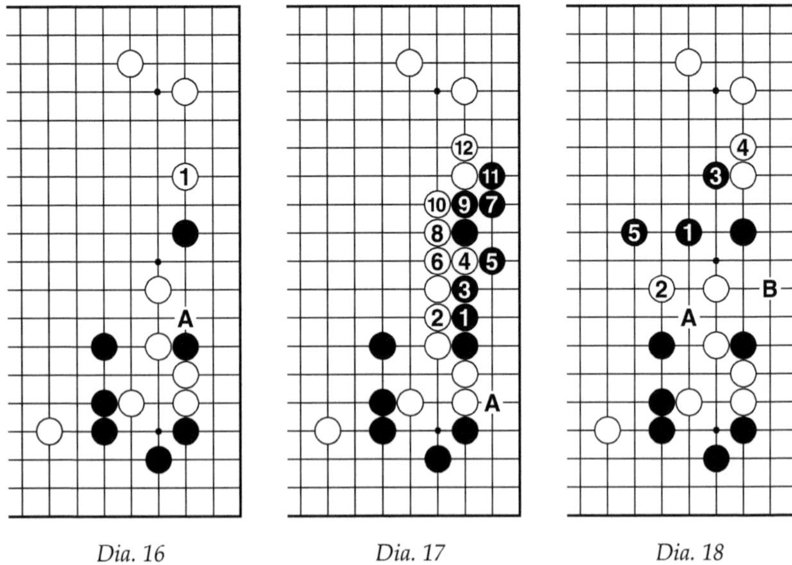

Dia. 16 *Dia. 17* *Dia. 18*

Diagramm 16. Die beste Antwort auf die schwarze Invasion ist, sie mit Weiß 1 vom oberen Rand her einzudämmen. Schwarz kann sich jetzt nicht nach oben ausdehnen und mittelbar wird auch Schwarz A verhindert:

Diagramm 17. Spielt Schwarz jetzt 1 und 3, so kann Weiß ihn mit 4 bis 12 einmauern. Das ist kein gutes Ergebnis für Schwarz. Weiß ist sicher verbunden, seine Mauer strahlt Einfluss aus und Schwarz ist eingeschlossen. Außerdem würde ein weißer Zug auf A jetzt gleichzeitig die schwarze Randgruppe und die Ecke unten rechts bedrohen. Aber natürlich muss Schwarz nicht so spielen.

Diagramm 18. Er sollte mit dem Sprung auf 1 die offene Brettmitte suchen, wobei er die Weißen getrennt und damit schwach hält. Nach 5 liebäugelt Schwarz mit A und B und hat einen ausgeglichenen Kampf. Seine Invasion war erfolgreich.

Diagramm 19. Wenn Schwarz hier invadiert und zulässt, dass Weiß seine Schwäche mit 2 deckt, gewinnt er nicht viel. Im Gegensatz zu Diagramm 18 bekommt er jetzt eine schwache Gruppe zwischen zwei stabilen weißen, so dass er den Kampf mit einem beträchtlichen Handicap führen muss.

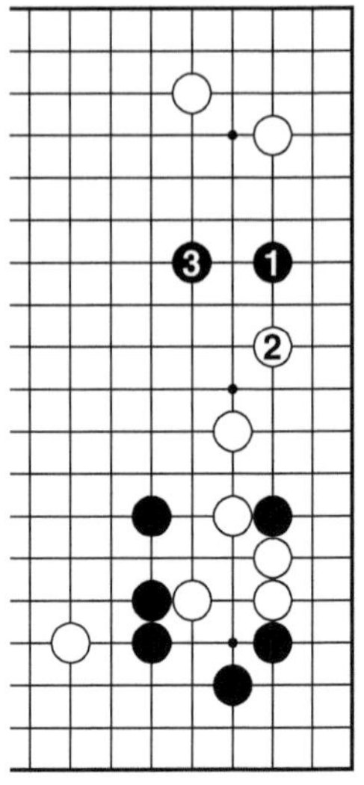

Dia. 19

Flexibilität bei Reduktion und Invasion

Sie können Ihre Reduktionen und Invasionen oft unterstützen, indem Sie großzügig von Kikashi und Testzügen Gebrauch machen, auch von einer Art Nadelstichtaktik. Die Idee dahinter ist ein flexibler und opportunistischer Ansatz, der Sie nicht dazu verpflichtet, jeden ins Moyō gesetzten Stein zu verteidigen. Es folgt ein Beispiel.

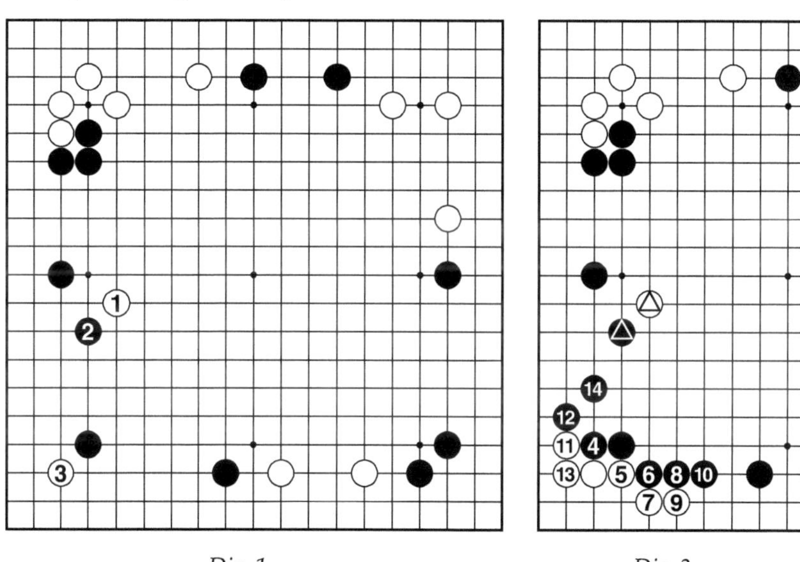

Dia. 1 *Dia. 2*

Diagramm 1. In dieser Stellung könnte Weiß erst mit 1 seinem Gegner von oben einen Hieb versetzen und dann unten mit 3 in die Ecke springen, bevor Schwarz eine Gelegenheit hat, sie zu schließen.

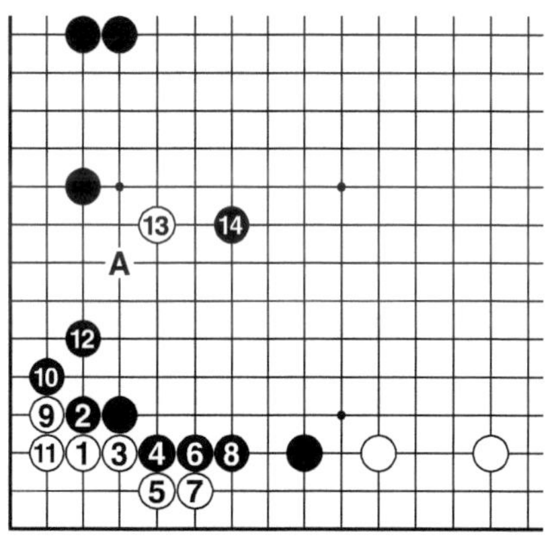

Dia. 3

Diagramm 2. Anschließend möchte Schwarz gern auf 4 dagegenstellen, weil sein Moyō zu dieser Seite hin größer ist. Doch wenn er das tut, wird der Austausch der beiden markierten Steine zu einem üblen Kikashi gegen ihn.

Diagramm 3. Wenn Weiß zuerst die Ecke invadiert und erst danach auf 13 spielt, dann denkt Schwarz nicht im Traum daran, auf A zu antworten. Er wird seine mächtige Mauer nutzen, um mit 14 anzugreifen.

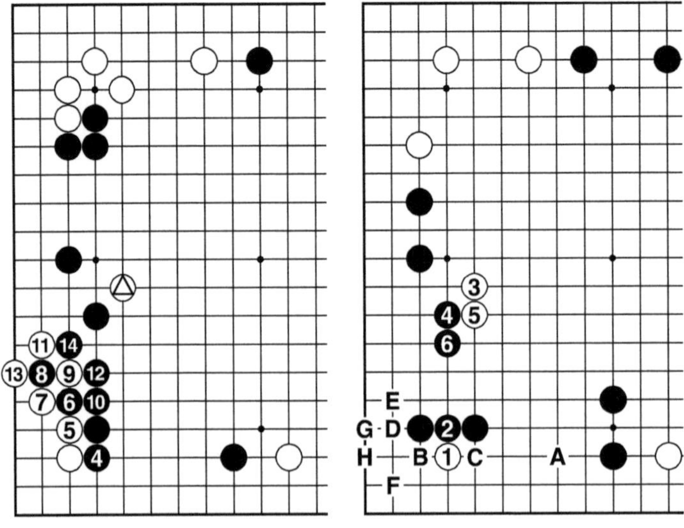

Dia. 4 (15 deckt) *Dia. 5*

Diagramm 4. Anstatt Weiß das Kikashi aus Diagramm 2 zu gönnen, wird Schwarz mit 4 lieber auf der engen Seite seines Moyō dagegenstellen und anschließend mit 6 und 8 das Doppel-Hane-Jōseki spielen. So kann Schwarz den markierten Austausch zu seinem Vorteil umdeuten – Weiß hat ihm jetzt beim Verbinden geholfen. Andererseits bedeutet es einen strategischen Verlust, auf der engeren Seite blocken zu müssen – und das hat Weiß △ mit Erfolg induziert.

In der vorigen Stellung klopfte Weiß erst außen an und invadierte dann die Ecke. In Stellungen, bei denen die Ecke nicht so weit offen steht, kann die umgekehrte Reihenfolge wirksam sein.

Diagramm 5. Hier beginnt Weiß mit einem Testzug auf 1 in der Ecke. Wenn Schwarz mit 2 verbindet, wendet Weiß sich mit 3 und 5 nach außen. Später kann er zurückkommen und seinen Eckstein mit einer Invasion auf A reaktivieren – oder durch Weiß B, Schwarz C und so fort bis Weiß H, womit die Ecke Kō wird. Insbesondere dieses Kō-Aji ist so lästig, dass Schwarz sich jetzt wünscht, er hätte 2 auf B oder C gespielt, um es zu vermeiden. Nach Schwarz 4 und 6 wirkt 2 ein wenig überkonzentriert.

Diagramm 6. Also antwortet Schwarz mit 2 und nimmt seinem Gegner das Kō-Aji in der Ecke. Im Gegenzug kann Weiß die Reduktion nun allerdings mit 3 und 5 schärfer angehen als zuvor. In Diagramm 5 wären diese Züge ein wenig zu tief, doch hier passen sie ins Bild, weil sie die Schwachstelle bei A anpeilen. Nach Weiß 5 hätte Schwarz jetzt den Stein 2 doch lieber auf A.

Schwarz sitzt ein wenig in der Klemme. Er kann nicht die beste Antwort auf Weiß 1 finden, weil er noch nicht wissen kann, wie Weiß außen weiterspielt. Und natürlich ist das der Grund, warum Weiß zuerst auf 1 testet.

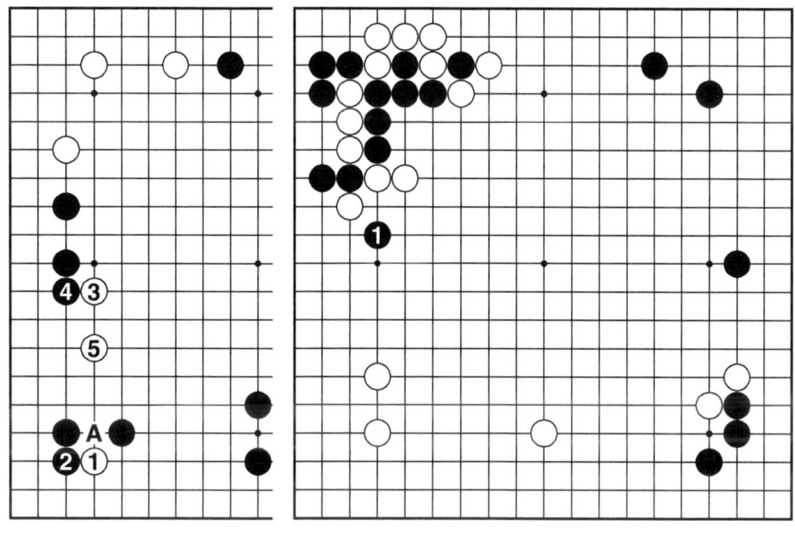

Dia. 6

Dia. 7

Diagramm 7. Dieses Beispiel stammt aus einem Honinbō-Titelmatch zwischen Rin (Schwarz) und Ishida Yoshio. Weiß hat unten links ein großes Moyō. Schwarz beginnt seine Gegenmaßnahmen mit dem Spähzug auf 1. Auch er wählt seinen nächsten Zug in Abhängigkeit von der gegnerischen Antwort.

Diagramm 8. Weil Weiß mit 2 verbindet, ist jetzt der äußere Bereich des Moyō am Wichtigsten. Also geht Schwarz dazu über, es mit 3 und 5 zu reduzieren. Schwarz 1 verbleibt in einer nützlichen Position.

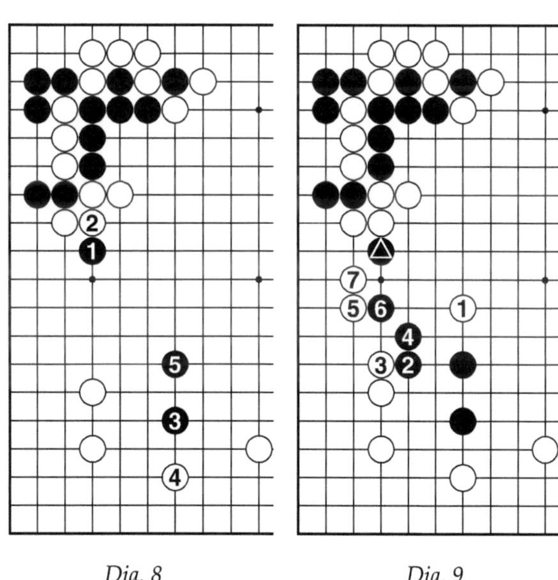

Dia. 8

Dia. 9

Diagramm 9. Nehmen wir an, dass Weiß die Schwarzen mit dem Bōshi auf 1 gegen den linken Rand drückt (das geschah tatsächlich in der Partie). Nach 2 bis

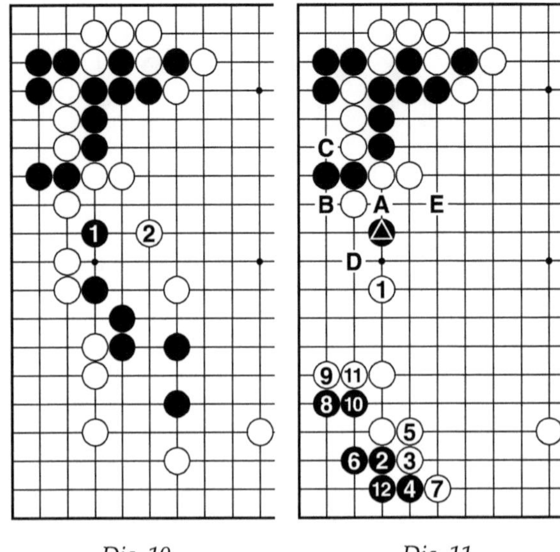

Dia. 10 *Dia. 11*

6 wird der markierte Stein nun zu einer natürlichen Erweiterung der schwarzen Kette. Und ein solcher zusätzlicher Stein macht oft den Unterschied zwischen Leben und Tod aus.

Diagramm 10. Es wäre zwecklos für Schwarz, erst nach den Zügen des vorigen Diagramms auf 1 zu spielen. Weiß würde ihm mit dem Bōshi auf 2 den Fluchtweg verbauen. Das zeigt, warum Schwarz 1 frühzeitig gespielt werden muss: Weiß muss sich dann festlegen, bevor er erkennt, was Schwarz vorhat.

Diagramm 11. Falls Weiß sich anders entscheidet und den markierten schwarzen Spähzug mit 1 beantwortet, passt Schwarz seine Spielweise entsprechend an. Der obere Teil des Moyō ist jetzt nicht mehr so wichtig, weil Schwarz es nach Wunsch mit A – B – C – D – E reduzieren kann. Mit dem Anleger auf 2 kümmert er sich jetzt um den unteren Teil. Nach dem Jōseki 3 bis 12 ist Weiß 1 ein schlechter Zug geworden, weil Weiß jetzt mit 9 und 11 überkonzentriert steht.

Flexibles Spiel ist eine Kunst. Und bevor wir den Abschnitt beenden, möchten Sie vielleicht noch drei weitere kunstvolle Zugfolgen aus professionellen Partien ansehen, um ein Gefühl dafür zu bekommen.

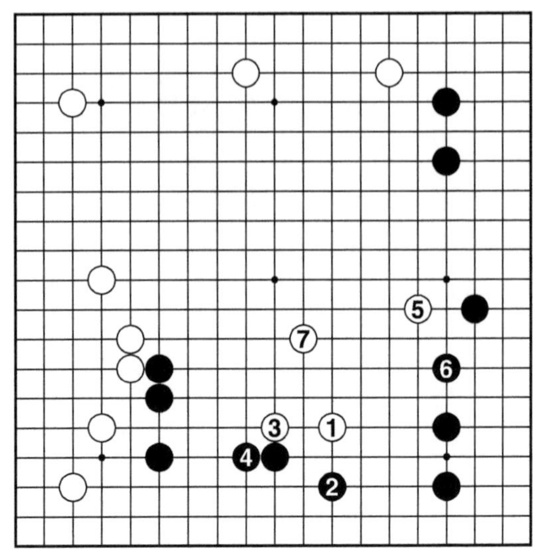

Dia. 12: Sakata (Weiß) – Kanō

Diagramm 12. Weiß beginnt, indem er mit 1 und 3 am unteren Rand anklopft, danach testet er mit 5 am rechten Rand. Zuletzt verbindet er seine Steine mit 7 zu einer zusammenhängenden Gruppe – eine wunderschöne Kombination.

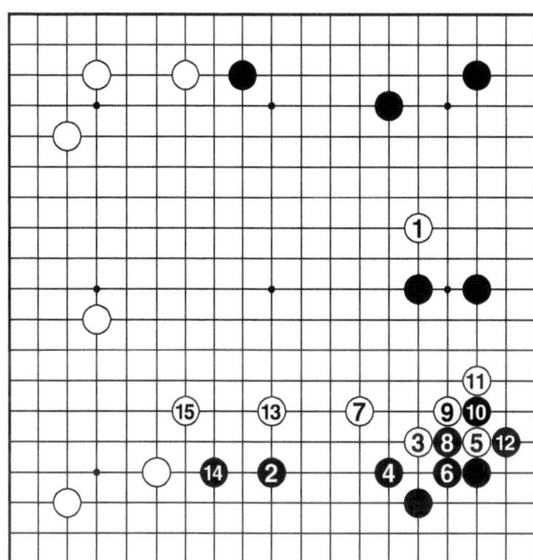

Dia. 13: Sakata (Weiß) – Fujisawa Hōsai

Diagramm 13. Weiß beginnt mit der Reduktion auf 1, reagiert dann aber auf 2, indem er zu 3 wechselt. Nach dem Testzug auf 5 zieht er sich mit 7 bis 15 in leichter Form zurück, wobei er die Schnittpunkte um Weiß 9 herum Schnittpunkte sein lässt. Was als Reduktion des schwarzen Moyō begann, endete auch als genau das – jedoch mit dem Bonus, dass Weiß seinen linken Rand ausgedehnt hat.

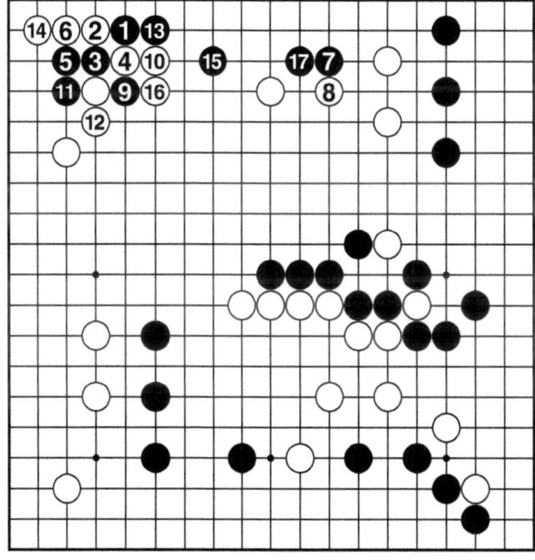

Dia. 14: Ishida Akira (Schwarz) – Chō

Diagramm 14. Der schwarze Einfluss in der Brettmitte rechtfertigt die tiefe Invasion mit 1. Weiß verteidigt entschlossen die Ecke mit 4 und 6, Schwarz wendet sich also nun dem oberen Rand zu und spielt einen Testzug auf 7. Er opfert 9 und 11, um 13 und 15 in Vorhand zu bekommen. Schwarz 15 und 17 ergänzen sich jetzt perfekt und die weißen Steine um 8 sind gehörig geschwächt. Außerdem behalten Schwarz 3, 5, 9 und 11 nützliches Aji.

Diese einzelnen Zugfolgen mussten sorgfältig am Brett ausgearbeitet werden.

Doch was wir hier vermitteln wollen, ist die flexible Herangehensweise, das Wechseln des Schauplatzes, die Opferbereitschaft und die Haltung, sich nicht festlegen zu lassen. Das sind Dinge, die Sie sich immer zu eigen machen können, ungeachtet ihrer Spielstärke.

Flexibles Antworten

Flexibel zu sein ist nicht nur der Seite vorbehalten, die gegen ein Moyō spielt. Auch der Verteidiger kann mitunter bei seinen Antworten die gleichen hinterlistigen Methoden anwenden.

Diagramm 1. Weiß ist auf 1 invadiert. Wie soll Schwarz antworten?

Diagramm 2. Mit den einfachen Zügen auf 1 und 3, die im nächsten Kapitel besprochen werden, lässt er Weiß problemlos zur Ecke verbinden. Das wäre zu entgegenkommend.

Diagramm 3. Was spricht dagegen, sich statt einer unmittelbaren Antwort mit Schwarz 1 an die Ecke anzulehnen? Falls Weiß mit 2 und 4 die üblichen Antwortzüge macht, ist Schwarz vorbereitet, auf 5 zu spielen. Weiß kann nun nicht mehr wie zuvor verbinden; seine Invasion steht vor dem Scheitern.

Diagramm 4. Stattdessen wird Weiß mit 4 herauslaufen, solange er noch Gelegenheit dazu hat. Doch dann nimmt Schwarz mit 5 und 7 die Ecke, was einen gewaltigen Gebietsgewinn bedeutet. Die schwarze Stellung ist zwar getrennt, doch seine Gruppen sind beide stark, während die weiße zwischen ihnen schwach und verwundbar bleibt. Das ist viel besser als Diagramm 2.

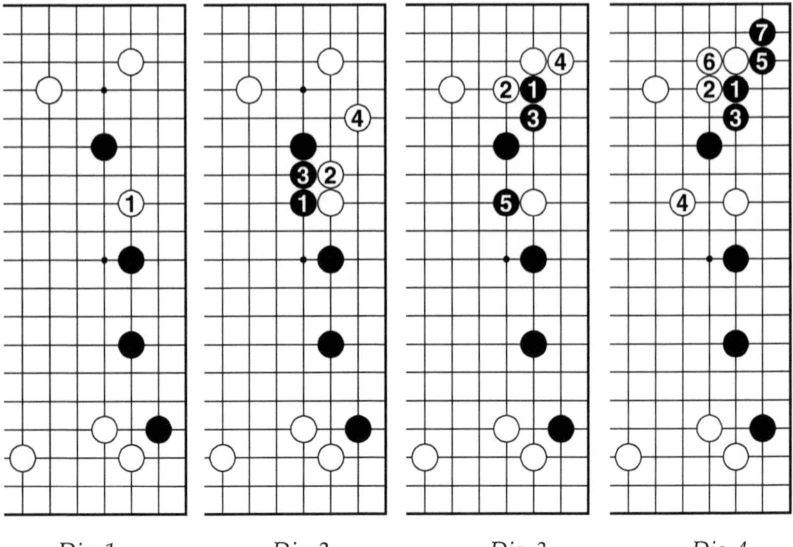

Dia. 1 *Dia. 2* *Dia. 3* *Dia. 4*

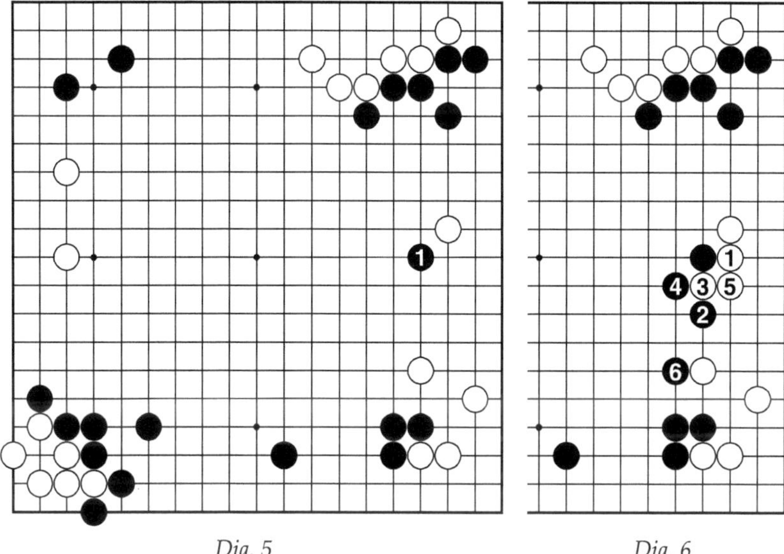

Dia. 5 *Dia. 6*

In Partien von starken Spielern sieht man bei jeder zweiten Invasion, dass die Antwort in einem solchen indirekten Angriff besteht.

Diagramm 5. Hier sehen wir eine Partie des japanischen Autors mit Weiß gegen Haruyama. Wie soll Weiß, unter Berücksichtigung des schwarzen Moyō am unteren Rand, auf Schwarz 1 antworten? Können Sie sich noch an die Standardzüge von Seite 139/140 erinnern?

Diagramm 6. Einer davon ist Weiß 1, doch Schwarz springt auf 2. Nach Weiß 3 und 5 erzielt Schwarz mit 6 ein ideales Ergebnis. Er konnte die Grenzlinie der beiden Moyō überschreiten und hat die weiße Stellung flachgedrückt.

Diagramm 7. Falls Weiß auf 3 hier spielt, um nicht eingeschlossen zu werden, trennt Schwarz mit 4. Weil die beiden Steine oberhalb schwach sind und dazu noch Schwarz A droht, hilft das auch nicht weiter.

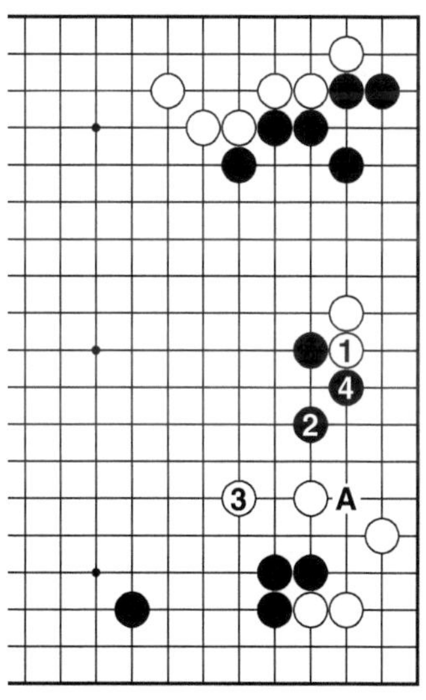

Dia. 7

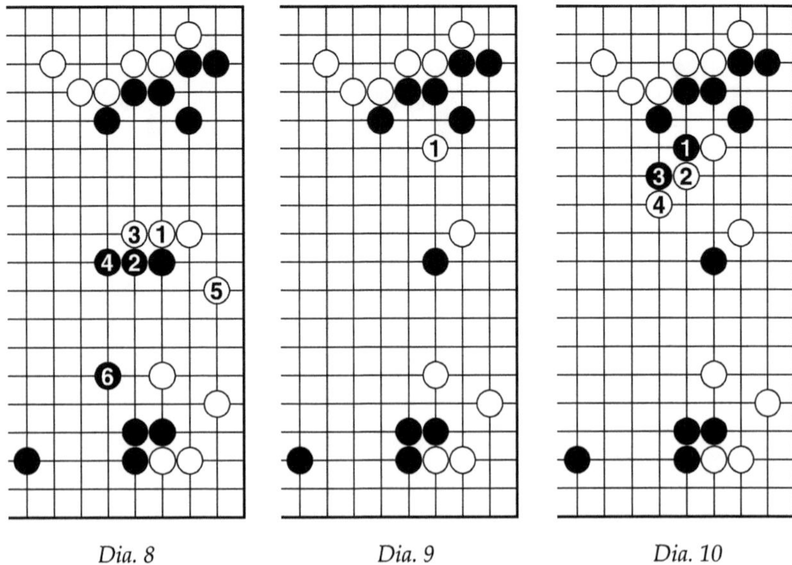

Dia. 8 *Dia. 9* *Dia. 10*

Diagramm 8. Wie wäre es mit der anderen Standardantwort, mit 1 zur Brettmitte zu schieben? Schwarz 2, 4 und 6 passen in hervorragender Weise zum schwarzen Moyō, während die obere schwarze Gruppe den Einfluss von Weiß 1 und 3 zunichte macht.

Keiner der Standardzüge scheint zum Erfolg zu führen. Doch wer sie kennt, der weiß auch, wann sie fehlschlagen – und wann folglich eine Alternative benötigt wird. Die Idee des Autors sehen wir jetzt.

Diagramm 9. Er spielte Weiß 1.

Diagramm 10. Weiß möchte Schwarz 1 bis Weiß 4 induzieren und so einen indirekten Angriff führen. Wenn Schwarz jetzt zwischen 2 und 4 schneidet…

Diagramm 11. Dann bekommt Weiß ein ausgezeichnetes Ergebnis. Der ursprüngliche schwarze Schulterzug wird völlig bedeutungslos.

Diagramm 12. Schwarz erkannte die Falle in Diagramm 10 und 11, er mied sie mit dem Magari auf 1. Es folgte der Austausch bis 4. Dieses Ergebnis nach dem schwarzen Schulterzug war überraschend, doch im Go sind solche Überraschungen ganz normal.

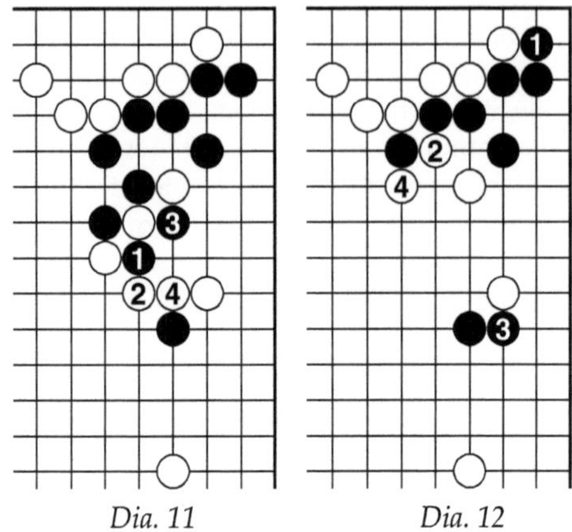

Dia. 11 *Dia. 12*

8. Die Drei-Punkt-Ausdehnungen

Für die Handhabung von Invasion und Reduktion großer Moyō gibt es drei Grundsätze, die im vorigen Kapitel besprochen wurden. Aber für kleine Einflusssphären gibt es sogar echte Jōseki: einschlägige Züge und Zugfolgen, die immer wieder vorkommen. In diesem Kapitel geht es um Drei-Punkt-Ausdehnungen am Rand, die zu den kleinsten und häufigsten Einflusssphären gehören. Ihre Invasion beginnt mit einer recht überschaubaren Zahl von Jōseki. Doch im weiteren Verlauf verzweigen sie sich leider oft in so viele Varianten, dass wir sie nicht erschöpfend behandeln können. Deshalb wollen wir die Wahl der ersten zwei Züge erklären – wo man invadiert und wie man die Invasion beantwortet – und dann lediglich je eine oder zwei der typischsten Fortsetzungen zeigen. Wir hoffen, dass wir Ihnen so eine nützliche Anleitung geben, ohne Ihrem Gedächtnis zu viel zuzumuten.

I. Die Drei-Punkt-Ausdehnung auf der dritten Linie

Diagramm 1. Hier hat Schwarz die einfachste Drei-Punkt-Ausdehnung gespielt.

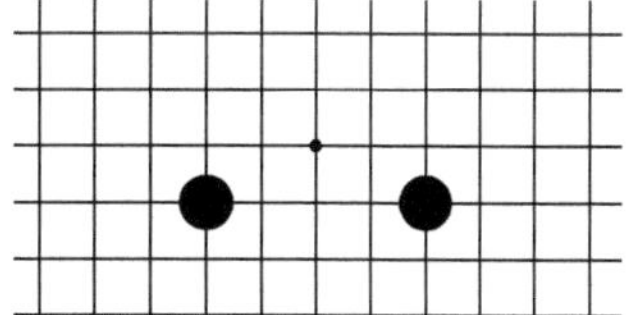

Dia. 1

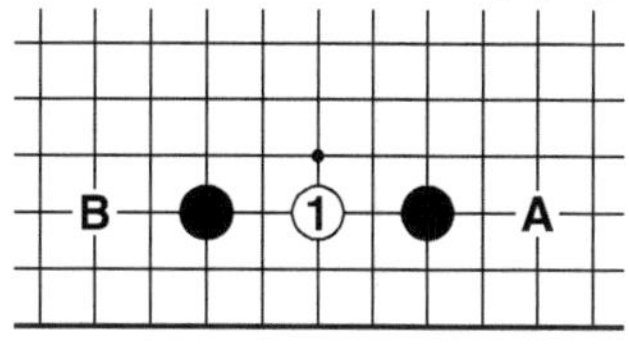

Dia. 2

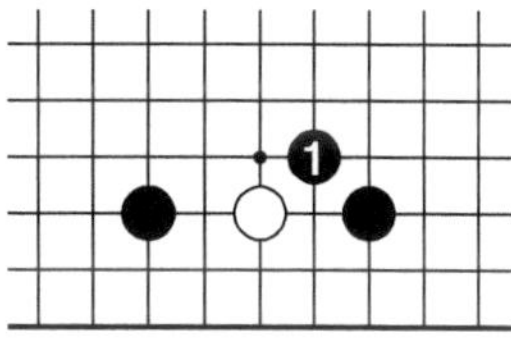

Dia. 3

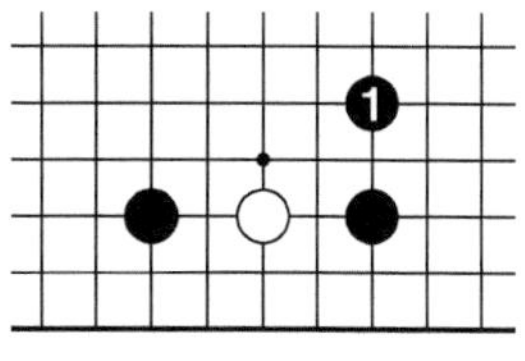

Dia. 4

Diagramm 2. Der beste Platz für die Invasion ist auf der dritten Linie, genau zwischen den beiden Steinen. Die Ausnahmen von dieser Regel sind so selten, dass sie keine Rolle spielen. Am wirkungsvollsten ist die Invasion, wenn auf der Außenseite bereits ein weißer Stein steht, etwa auf A oder B, so dass zumindest einer der schwarzen Steine eingeklemmt wird.

Für Schwarz gibt es nun im Wesentlichen drei mögliche Antworten.

Diagramm 3. Hat er die Voraussetzungen für einen harten Angriff, so spielt er einen Diagonalzug.

Diagramm 4. Ist seine Stellung nicht so stark, so wird er eine weniger direkte Form des

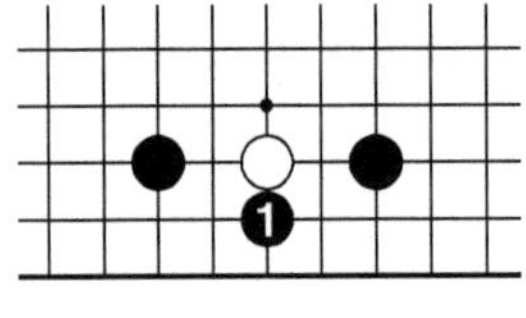

Dia. 5

Angriffs wählen, etwa den Ein-Punkt-Sprung oder einen Kontaktzug an einen weißen Stein in der Nähe.

Diagramm 5. Fehlt ihm der ausreichende Einfluss, dann wählt er das rein defensive Unterlegen unter den Invasionsstein.

I.a Der Diagonalzug

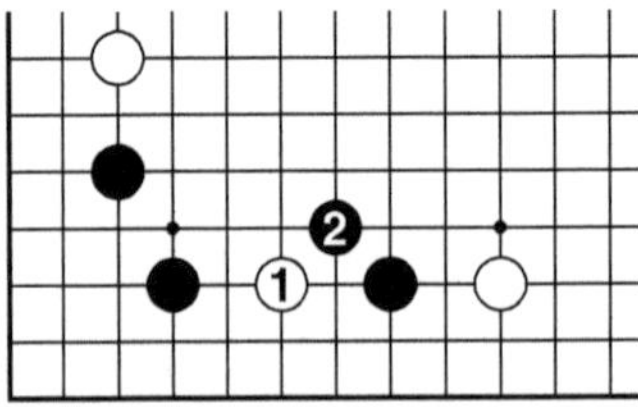

Dia. 1

Diagramm 1. Hier spielte Schwarz seine Drei-Punkt-Ausdehnung ausgehend von einem Keima-Eckeinschluss. Er nutzt jetzt seine starke Eckstellung, indem er Weiß 1 mit dem Diagonalzug auf 2 in ihre Richtung drückt. Weiß seinerseits wird nur invadieren, wenn er an einer der abgebildeten Stellen Unterstützung hat, oder zumindest in der Nähe davon.

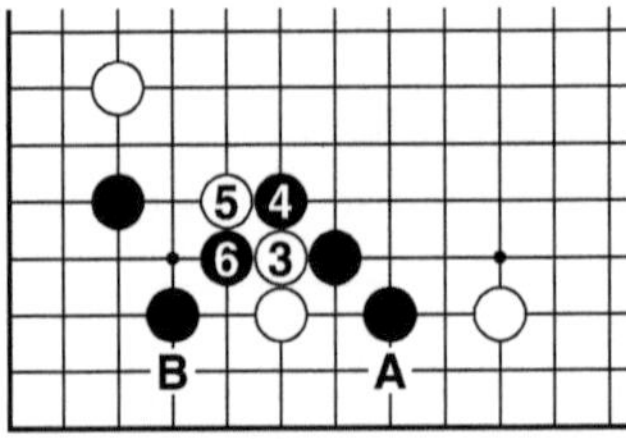

Dia. 2

Diagramm 2. Weiß würde am liebsten fortsetzen, indem er auf 3 dagegenstellt und sich dann mit 5 an 4 vorbeischiebt, doch Schwarz schneidet mit 6. Zwar kann Weiß jetzt leben, indem er auf A unterlegt und zurückstreckt und das dann auf B wiederholt. Aber ein winziges Leben in Nachhand und diese starke schwarze Stellung außen hatte er bei der Invasion nicht im Sinn.

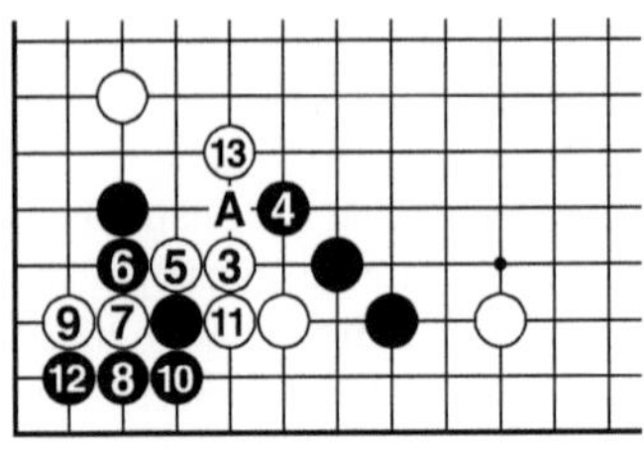

Dia. 3

Diagramm 3. Der korrekte Zug für Weiß ist der auf 3. Falls Schwarz ihn mit 4 einschließen will, kann Weiß entkommen, indem er zwei Steine opfert: Weiß 7 und 9 hindern Schwarz daran, bei A durchzustoßen und zu schneiden. Schwarz 4 ist ein Fehlschlag.

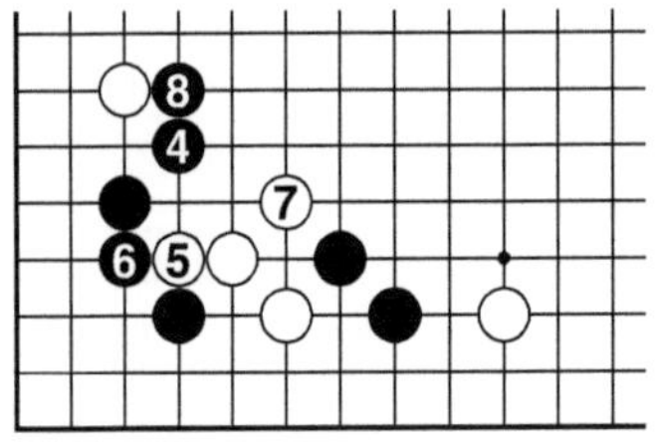

Dia. 4

Diagramm 4. Eine bessere Wahl für Schwarz ist 4 hier, zuweilen auch 4 auf 5. Mit Weiß 7 und Schwarz 8 beginnt ein Laufduell, das schon mehr nach dem Geschmack des Weißen ist. Er kann die zwei schwarzen Steine rechts angreifen und weil beide Gruppen keine Augen haben, ist es ein ausgeglichener Kampf.

I.b Ein indirekter Angriff

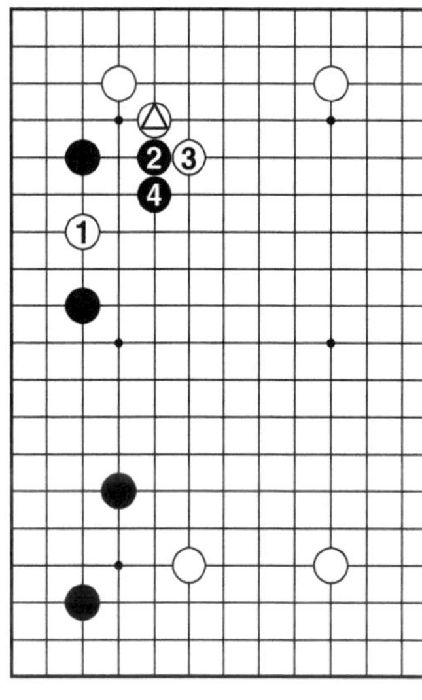

Dia. 1

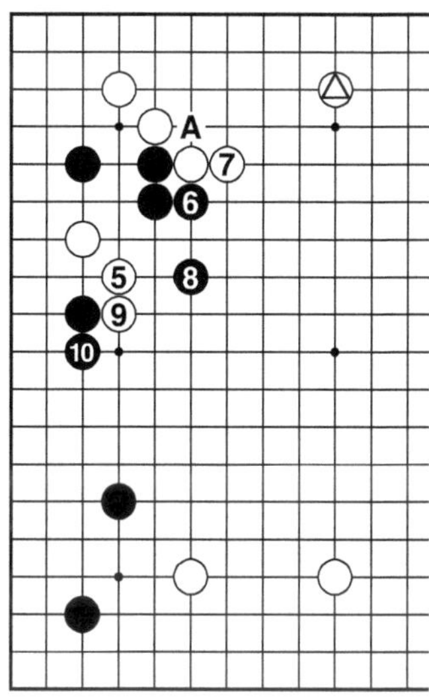

Dia. 2

Diagramm 1. Wenn Weiß hier mit 1 invadiert, ist Schwarz nicht stark genug für den Diagonalzug, aber einen Angriff kann er doch starten. Ein-Punkt-Sprünge und Kontaktzüge wurden schon als typisch für diese Situation benannt, Schwarz 2 ist beides. Er lehnt sich an △ an und holt so für seinen Angriff auf den Stein 1 aus.

Diagramm 2. Weiß flieht mit 5 und Schwarz spielt mit 6 Magari, um das Bōshi auf 8 vorzubereiten. Wieder entwickelt sich ein Laufduell. Wer invadiert, muss immer zur Flucht bereit sein. Übrigens: Ohne den markierten Stein hätte Schwarz mit 6 auf A schneiden können.

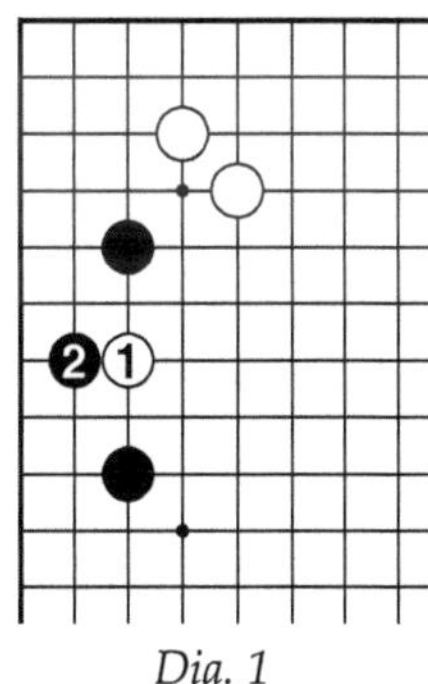

Dia. 1

I.c Unterlegen

Diagramm 1. Diesmal hat Schwarz keine Unterstützung gegen die Invasion Weiß 1 und will sich nicht auf ein Laufduell einlassen. Er vermeidet es, indem er mit 2 unterlegt. Das ist weniger ein Versuch zu verbinden als vielmehr ein Opfer, um außen gute Form zu bekommen. Weiß kann jetzt auch fernbleiben und 1 gegen 2 als Kikashi ansehen.

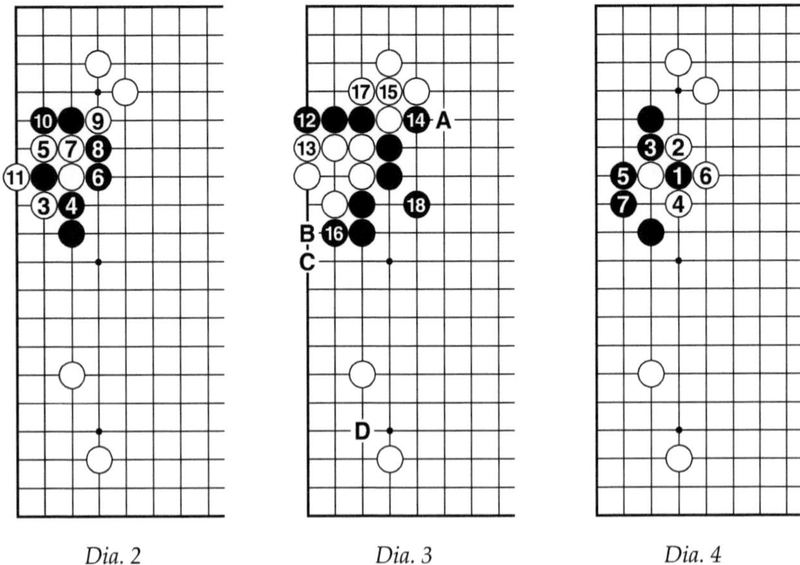

Dia. 2 *Dia. 3* *Dia. 4*

Diagramm 2. In vielen Fällen hat Weiß jedoch eine gute Fortsetzung mit dem Hane auf 3. Es setzt die erzwungene Zugfolge bis 8 in Gang, in der er den Opferstein schlägt, während Schwarz drei Züge außen bekommt. Das ist nur deshalb für Weiß attraktiv, weil er auf 9 schneiden kann. Schwarz 10 ist kein Versuch, in der Ecke zu leben, sondern ein zweites Opfer.

Diagramm 3. Mit Schwarz 12 wird noch ein weiterer Stein geopfert, Weiß muss mit 13 antworten. Schwarz spielt 14 und 16 in Vorhand und schließt die Zugfolge mit 18 ab, oder auch mit A. Der Austausch von 12 gegen 13 bewirkt, dass Schwarz später in Vorhand B oder C spielen kann. Das kann von Nutzen sein, wenn er etwa die linke untere Ecke bei D invadiert und sich am linken Rand ein Kampf entwickelt. Jedenfalls hat er Gebiet hergegeben und dafür eine dicke Position erworben.

Diagramm 4. Es sieht so aus, als könnte Schwarz auch den umgekehrten Deal machen, indem er mit 1 auflegt, doch das ist eher ein glattes Minusgeschäft. Weiß hat das schwarze Gebiet klein gehalten und steht auch recht dick, nachdem er Schwarz 1 in Vorhand schlagen konnte. Schwarz 1 kann gelegentlich korrekt sein, aber Schwarz 5 sollten Sie schnell wieder vergessen.

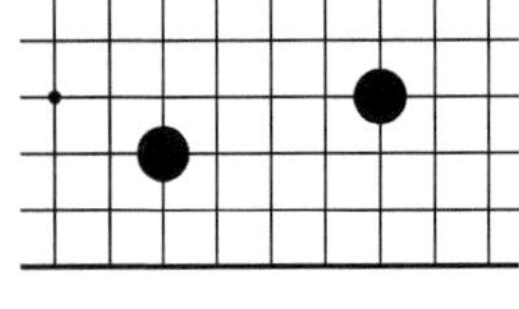

Dia. 1

II. Die Drei-Punkt-Ausdehnung von der dritten auf die vierte Linie

Diagramm 1. Dies ist wohl die häufigste Drei-Punkt-Ausdehnung und zudem die mit den meisten Varianten. Das erste Problem ist der richtige Invasionspunkt.

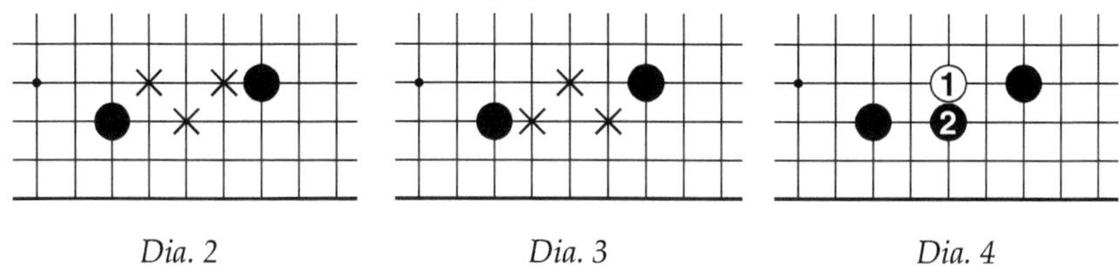

Dia. 2 *Dia. 3* *Dia. 4*

Diagramm 2. Die besten Punkte, die Weiß besetzen kann, sind in Form eines V angeordnet. Der Punkt auf der dritten Linie, an der Spitze des V, ist die einzige wirkliche Invasion. Die anderen beiden stellen Reduktionen dar.

Diagramm 3. Die Punkte auf dem „anderen V“ sind meist deutlich schlechter.

Diagramm 4. Insbesondere möchten wir vor Weiß 1 warnen. Dieser Zug dürfte denen zusagen, die gerne invadieren möchten, denen aber der Mut fehlt, tief einzusteigen. Schwarz kann grundsätzlich mit dem Anleger auf 2 ein gutes Ergebnis erzielen – insbesondere dann, wenn Weiß in die Falle tappt, die im nächsten Diagramm zu sehen ist.

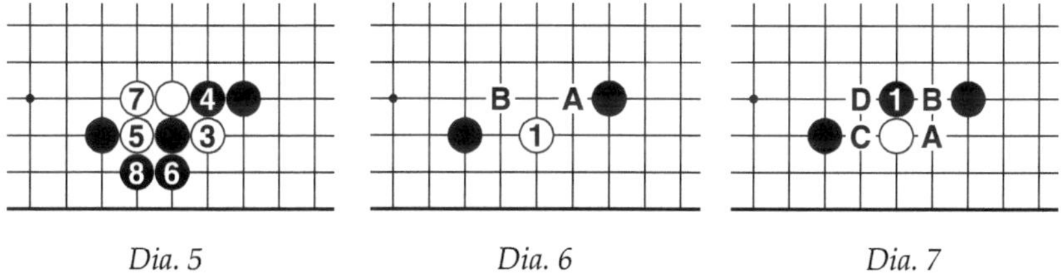

Dia. 5 *Dia. 6* *Dia. 7*

Diagramm 5. Weiß spielt mit 3 Hane, was eine vernünftige Fortsetzung sein mag, dann schneidet Schwarz auf 4. Jetzt sieht Weiß das Atari auf 5 – oje! Schwarz zieht mit 6 nach unten. Jetzt wird Weiß in seinem Drang gebremst, weil er die Drohung Schwarz 7 erkennt, und deckt auf 7, worauf Schwarz mit 8 verbindet. Jeder der weißen Züge mag eine gewisse Berechtigung haben, doch zusammen bringen sie ein grauenvolles Ergebnis. Das schwarze Gebiet ist nicht invadiert, sondern eher gefestigt worden, die weißen Steine sind schwach und schwer und haben wenige Freiheiten.

Diagramm 6. Der korrekte Invasionspunkt ist 1. Wir betrachten zuerst die Varianten nach diesem Zug und danach kurz Weiß A; Weiß B wurde ja bereits im vorigen Kapitel behandelt. Schwarz hat im Wesentlichen drei Antwortzüge:

Diagramm 7. Die natürlichste und meist korrekte Antwort ist das Auflegen mit 1. Die Standardfortsetzungen für Weiß sind A, B und C, auch Weiß D ist denkbar. Weiß B hängt von einer Treppe ab.

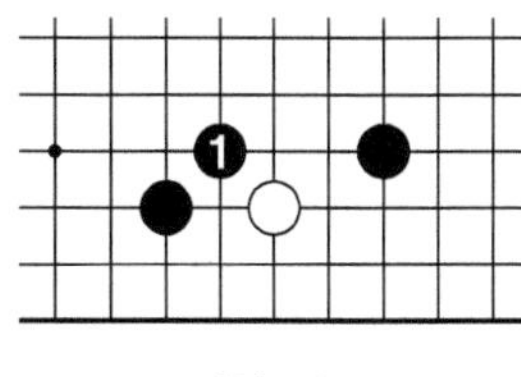

Dia. 8

Diagramm 8. Die zweite schwarze Antwort auf die Invasion ist dieser Diagonalzug. Da er keinen Kontakt verursacht, bedeutet er einen stärkeren Angriff als der Anleger und ist oft korrekt.

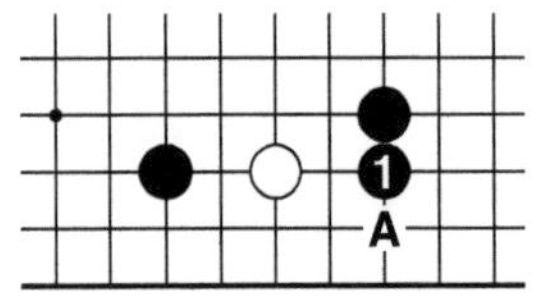

Dia. 9

Diagramm 9. Gelegentlich ist es für Schwarz das Beste, auf 1 herabzusteigen oder auf A zu springen.

II.a Auflegen und Keil

Diagramm 1. Die stärkste Antwort auf Schwarz 1 ist der Keil Weiß 2 , doch der Zug ist nur dann spielbar, wenn die Treppe auf A läuft. Wenn nicht, kommt Weiß nach Schwarz 3 und 5 in eine schwierige Lage. Andererseits: Läuft die Treppe, dann sind Schwarz 3 und 5 im Allgemeinen nicht gut.

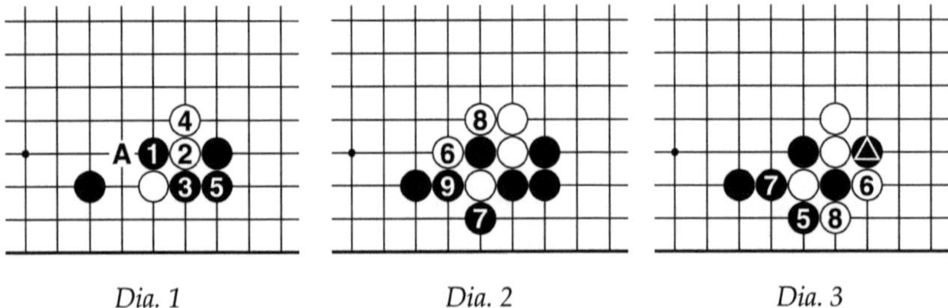

Dia. 1 *Dia. 2* *Dia. 3*

Diagramm 2. Wenn die Treppe läuft, dann kann Schwarz nur mit 7 und 9 verbinden. Doch so bekommt Weiß eine dicke Position in Vorhand, was ein hervorragendes Ergebnis seiner Invasion wäre. Schwarz sollte eine andere Lösung finden, um sich zur Wehr zu setzen.

Diagramm 3. Eine Möglichkeit ist, mit 5 hier zu spielen statt auf 6 zu verbinden. Die Frage ist jetzt, ob Weiß den Stein ▲ in einer Treppe fangen kann.

Diagramm 4. In dieser Stellung würden beide Treppen aus Diagramm 1 und 3 für Weiß laufen, deshalb spielt Weiß ohne Zögern den Keil auf 3. Wie soll Schwarz antworten? Diagramm 1 und 3 scheiden aus. Eine Variante wäre das Atari auf 4, Weiß setzt dann mit 5 bis 9 fort. Doch wegen der Schnittpunkte bei A und B ist das Ergebnis nicht so günstig für Schwarz.

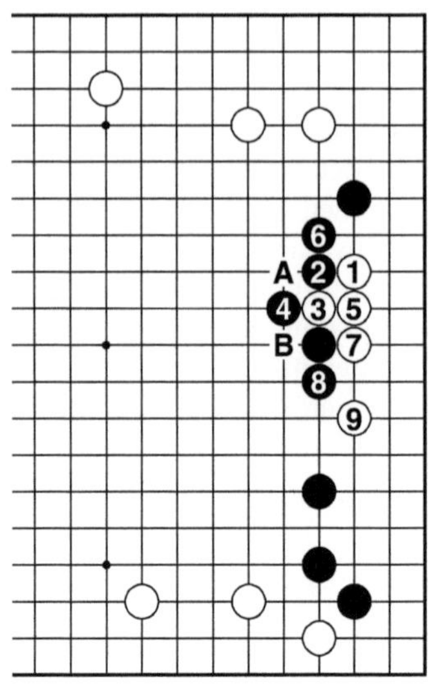

Dia. 4

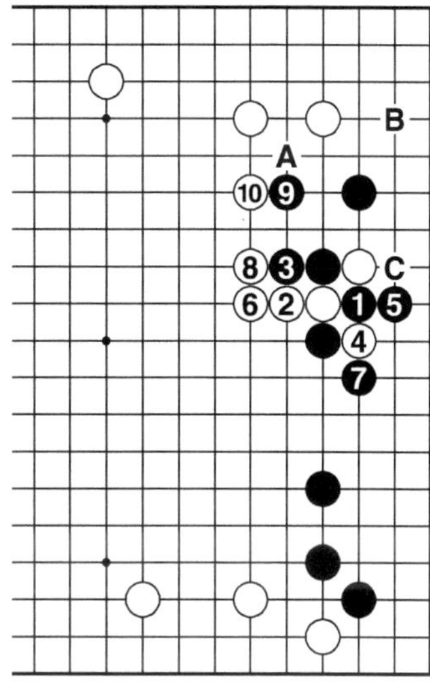

Dia. 5

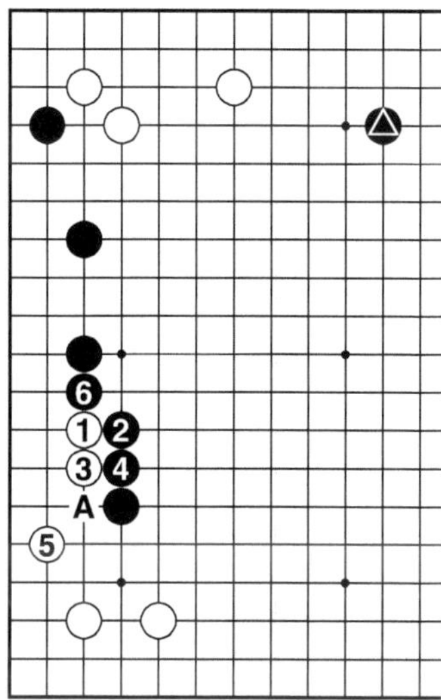

Dia. 1

Diagramm 5. Vielleicht sollte er mit 1 von unten Atari geben und dann an den Weißen entlang nach draußen schieben. Weiß 4 bis 10 bilden die Standardfortsetzung, wobei Weiß 6 der Schlüsselzug ist. Schwarz behauptet sein Randgebiet und endet in Vorhand, doch die weiße Mauer zur Mitte hin ist dennoch ein ausreichender Ertrag aus der Invasion. Beachten Sie, dass Weiß A jetzt ebenso Vorhand ist wie Weiß B mit der Drohung C.

II.b Auflegen und Strecken

Diagramm 1 (oben). Hier haben wir einen Fall, in dem die Treppe wegen ▲ nicht für Weiß läuft, so dass er nicht den Keil auf 4 spielen kann. Der logische Ausweg ist, mit 3 und 5 zur Ecke zu verbinden. Weiß 5 kann auch auf A gespielt werden, außerdem gibt es eine Reihe komplizierter Varianten nach 5 auf 6. Doch 5 hier verbindet fest und sichert Weiß die Vorhand. Beide Seiten können mit diesem Ergebnis zufrieden sein: Weiß hat Gebiet bekommen und Schwarz steht dick.

II.c Auflegen und Stoßen

Diagramm 1 (rechts). Hier zeigt der weiße Fluchtweg nach oben den Rand entlang statt nach unten, deshalb stößt er mit 3 aufwärts und verbindet zu △. Wenn er mit 3 auf 8 spielt, riskiert er den Verlust sämtlicher Invasionssteine. Außerdem gibt es eine einfache Widerlegung

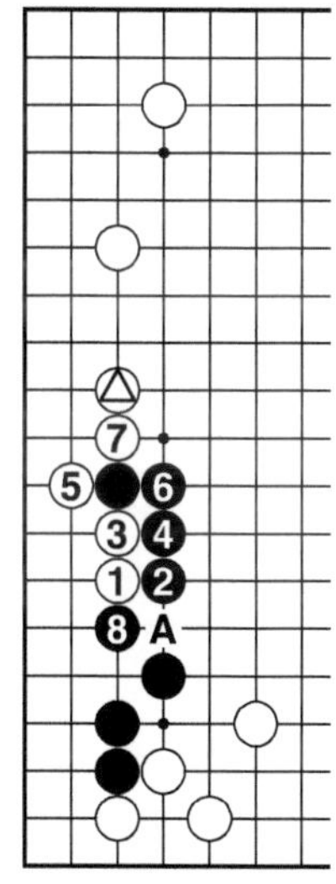

Dia. 1

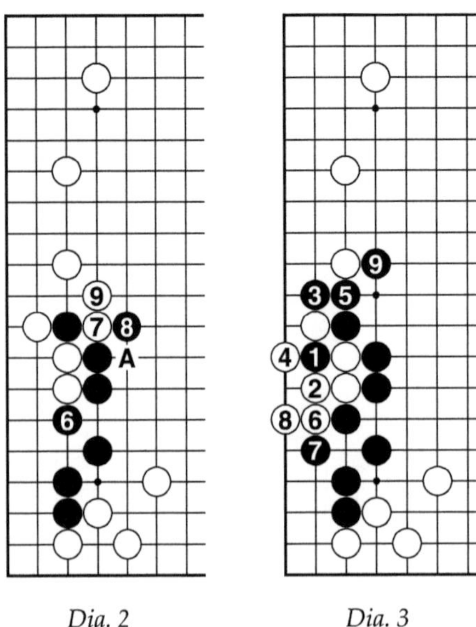

Dia. 2 *Dia. 3*

für den Keil mit Weiß 3 auf A, die Sie ohne Probleme erkennen sollten. Die Zugfolge bis 8 ist Standard, wobei Schwarz mit 6 abweichen kann:

Diagramm 2. Wenn Schwarz unbedingt Vorhand braucht, kann er mit 6 hier spielen statt auf 7 zu verbinden. Doch seine Stellung wird viel dünner und die weiße viel dicker als in Diagramm 1. Beachten Sie auch den Schnitt bei A.

Diagramm 3. Schwarz 6 in Diagramm 2 ist Vorhand, denn wenn Weiß fernbleibt, kann Schwarz 1 bis 9 spielen. Statt das zuzulassen, hätte Weiß gar nicht invadieren sollen.

II.d Der Diagonalzug

Diagramm 1. Wenn Weiß mit 1 invadiert, ist Schwarz in einer guten Angriffsposition. Denn nicht nur Weiß 1 ist schwach, sondern auch seine beiden Steine unten. und so entscheidet sich Schwarz für den Diagonalzug auf 2.

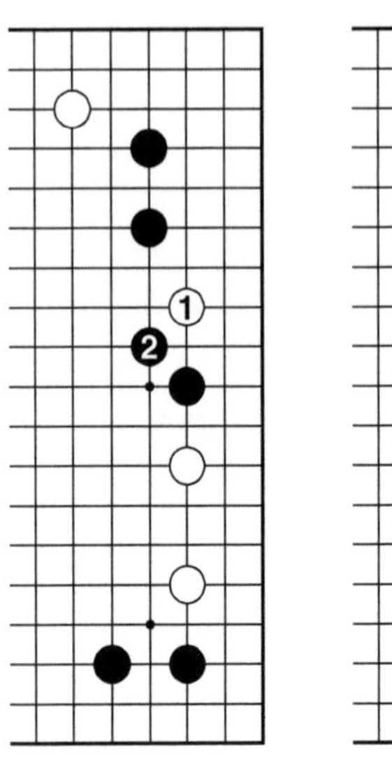

Dia. 1

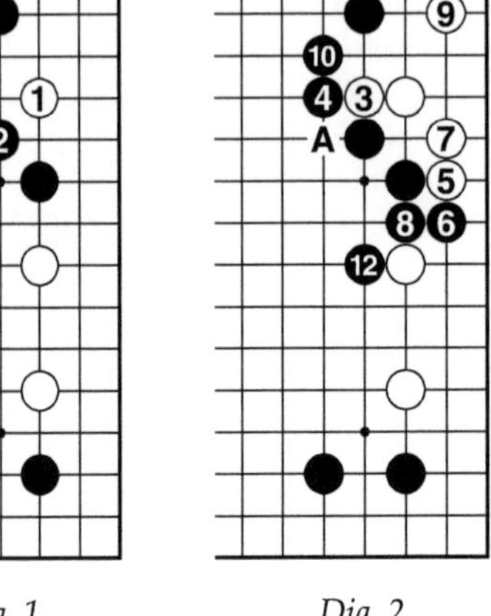

Dia. 2

Diagramm 2. Die übliche Fortsetzung für Weiß ist, mit 3 zu schieben und dann mit 5 unterzulegen. Schwarz kann mit 6 nicht auf 7 spielen, weil ihn ein Doppel-Atari erwartet. Also lebt Weiß mit 7 bis 11, wohingegen Schwarz mit 12 rechts unten alles zerstört. Es zeigt sich, dass Weiß 1 in Diagramm 1 überzogen war.

Das größte Risiko für Schwarz beim Diagonalzug besteht darin, dass Weiß irgendwann auf A schneidet. Wenn Schwarz aber darauf vorbereitet ist, dann ist der Diagonalzug stärker als der Aufleger.

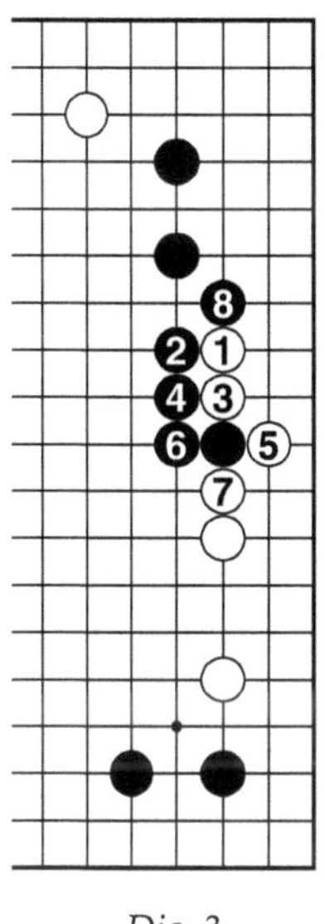

Dia. 3

Diagramm 3. Hier wäre das Auflegen mit 2 ein Fehler. Weiß verbindet mit 3 bis 7 und kann seine beiden Steine unten rechts durch die Invasion sogar stärken.

II.e Herabsteigen

Diagramm 1. In dieser Stellung sollte Schwarz auf 2 herabsteigen, um Weiß von der Ecke fernzuhalten.

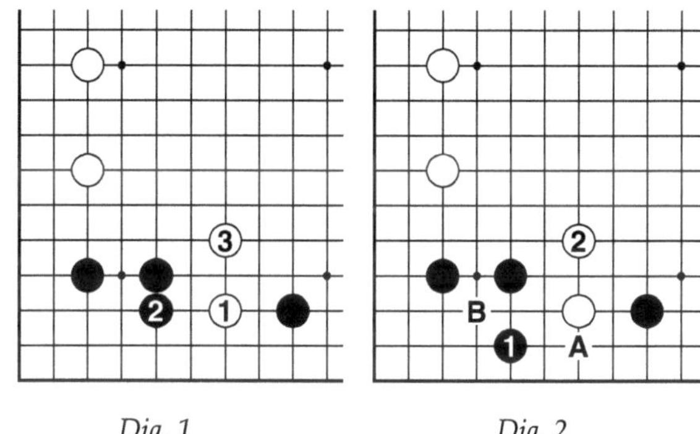

Dia. 1 *Dia. 2*

Diagramm 2. Schwarz 1 hier ist ebenfalls korrekt. Verbinden auf A ist jetzt einfacher, doch es bleibt eine kleine Schwäche bei B.

Diagramm 3. Würde Schwarz stattdessen mit 1 auflegen, dann nähme Weiß mit 2 und 4 das Eckgebiet. Die äußere Mauer, die Schwarz als Ausgleich bekommt, würde aber von den zwei weißen Steinen am linken Rand neutralisiert. Auch Weiß 2 auf A dürfte funktionieren.

Diagramm 4. Wenn Schwarz den Diagonalzug spielt, dann weicht Weiß mit 2 in die Ecke aus. Wenn Schwarz jetzt mit 3 trennt, dann gibt Weiß den Stein △ her und lebt mit 4 bis 12. Im Gegensatz zu Diagramm 1 und 2 hat er jetzt keine schwache Gruppe, um die er sich sorgen müsste, während Schwarz bei A einen bedenklichen Schnittpunkt behält.

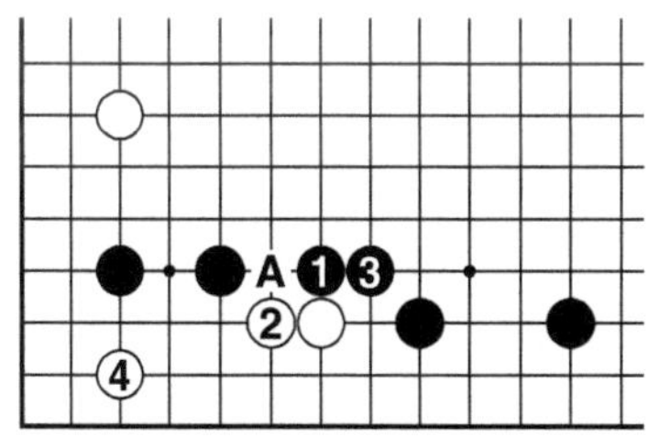

Dia. 3

Dia. 4

II.f Anlegen statt Invasion

Diagramm 1. Der Anleger mit Schwarz 1 sieht stärker aus als die Invasion auf A, doch in Wahrheit ist das Gegenteil richtig. Auch wenn er Kontakt mit dem weißen Stein aufnimmt, so dringt Schwarz 1 doch weniger tief in die weiße Drei-Punkt-Ausdehnung ein als Schwarz A. Im Allgemeinen wird Schwarz den Zug auf 1 dann erwägen, wenn er gegen A einen weißen Angriff mit B erwartet.

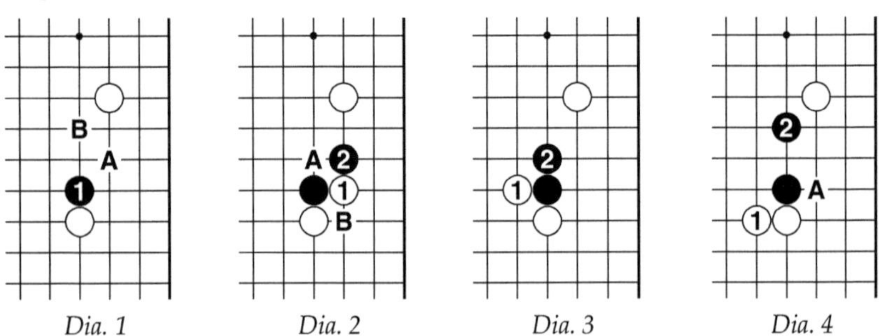

Dia. 1 *Dia. 2* *Dia. 3* *Dia. 4*

Diagramm 2. Weiß hat im Wesentlichen drei Antwortzüge auf den schwarzen Anleger. Der erste ist das Hane auf 1 unter den schwarzen Stein. Schwarz spielt Gegen-Hane auf 2, dann schneidet Weiß mit A oder verbindet zuweilen auch auf B. Schwarz hat vor, den Stein 2 zu opfern, um Außeneinfluss zu erlangen. Er muss jedoch in der Lage sein, Weiß A in einer Treppe zu fangen, sollte er dort schneiden und dann auf B verbinden.

Diagramm 3. Wenn Weiß aggressiver spielen will, kann er mit 1 von oben Hane spielen. Mit Schwarz 2 beginnt ein Laufduell.

Diagramm 4. Als dritte Möglichkeit kann Weiß mit 1 gerade hochstrecken. Schwarz antwortet mit 2 oder A, was wieder zu einem Laufduell führt.

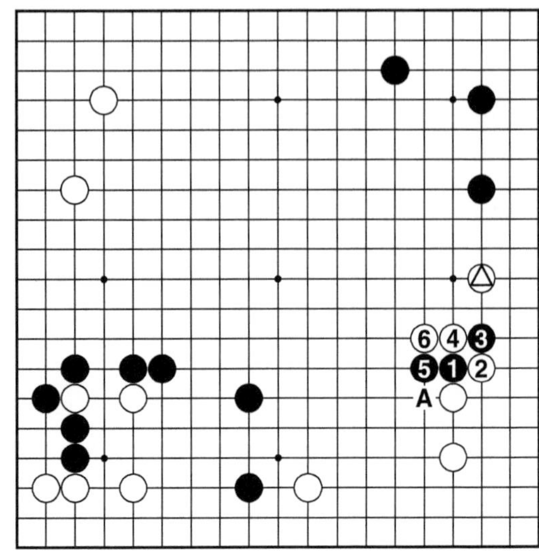

Dia. 5

Diagramm 5. Es folgt ein Beispiel aus einer Profi-Partie. Schwarz reduziert das weiße Vier-Steine-Moyō unten rechts mit 1. Wegen der Schwärze der Ecke oben rechts möchte Weiß nicht, dass △ in ein Laufduell verstrickt wird, und antwortet mit 2 und 4. So mündet die

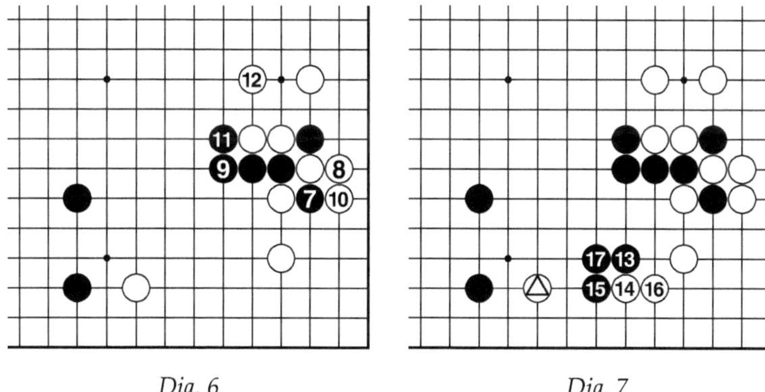

Dia. 6 *Dia. 7*

Zugfolge in die aus Diagramm 5, Abschnitt IIa. Weiß schiebt nicht mit A, sondern entwickelt seinen Schnittstein mit 6.

Diagramm 6. Das Jōseki endet mit Weiß 12. Schwarz hat in Vorhand Außeneinfluss aufgebaut.

Diagramm 7. Mit dem nächsten Zug beißt er einen großen Happen aus dem weißen Moyō heraus. Anstatt sich mit der schwarzen dicken Position in der Mitte anzulegen, gibt Weiß lieber den Stein ◬ auf und spielt 14 und 16. Am rechten Rand hat Schwarz nicht allzu viel erreicht, nach dem seichten Zug 1 in Diagramm 5 war das auch nicht zu erwarten. Dafür ist es in der Mitte und am unteren Rand hervorragend für ihn gelaufen. Übrigens haben wir jetzt die Stellung, die aus weißer Sicht auf Seite 106f. besprochen wurde.

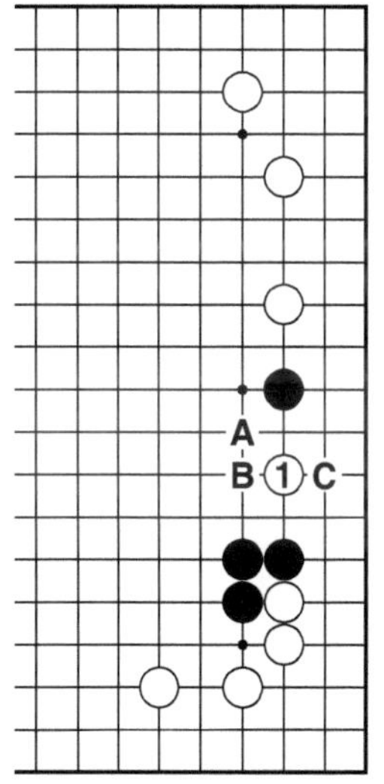

Dia. 1

III. Drei-Punkt-Ausdehnung von einer Zwei-Steine-Mauer

Diagramm 1. Die Drei-Punkt-Ausdehnung von einer Zwei-Steine-Mauer hat gemeinsame Eigenschaften mit beiden Drei-Punkt-Ausdehnungen, die wir bisher untersucht haben. Weiß 1 ist der einzige Invasionspunkt und Schwarz kann bei seiner Antwort zwischen A, B und C wählen. Schwarz A ist der stärkste Angriff und wird dann gewählt, wenn Schwarz glaubt, den Invasionsstein tatsächlich fangen zu können. Schwarz B ist mehr auf Verteidigung ausgerichtet und Schwarz C ist am defensivsten, eine Notfallmaßnahme.

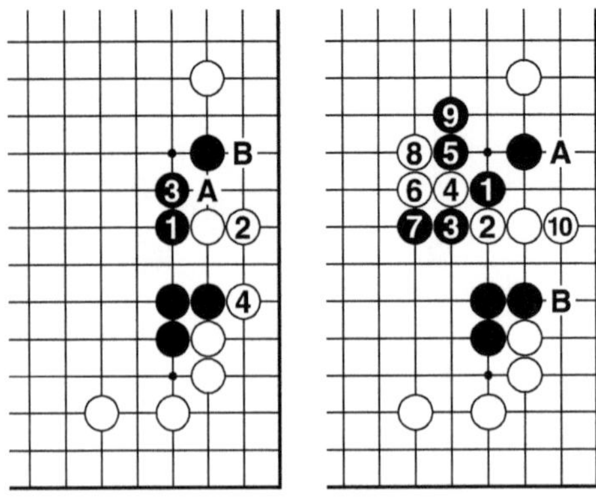

Dia. 2 *Dia. 3*

Diagramm 2. Hier ist Schwarz 1 korrekt. Weiß kann entweder mit 2 auf A spielen, gefolgt von Schwarz 3, Weiß B und so fort, und zu seinem Stein oberhalb verbinden. Oder er kann wie gezeigt auf 2 herabsteigen, so dass er mit B oder mit 4 anbinden kann. Schwarz 3 und Weiß 4 beenden die Zugfolge.

Diagramm 3. Der Diagonalzug auf 1 wäre hier gefährlich. Weiß schiebt mit 2, schneidet mit 4, spielt in Vorhand 6 und 8 und steigt dann auf 10 herab, um mit A oder B zu verbinden. Schwarz ist in zwei schwache Gruppen getrennt – und in Schwierigkeiten.

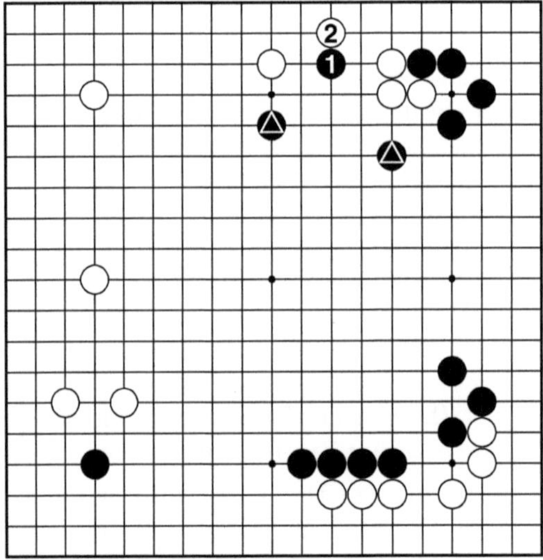

Dia. 4

Diagramm 4. Es folgt noch ein Beispiel aus einer Profipartie. Weiß steht diesmal wegen der beiden markierten Steine relativ schwach und wählt deshalb den defensiven Zug auf 2.

Diagramm 5. Wenn Weiß mit 1 auflegt, stößt Schwarz mit 2 zur Seite und schneidet mit 4. Weiß kann und muss

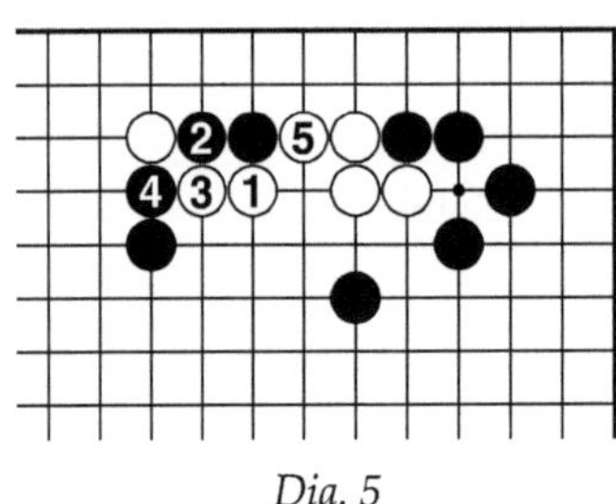

Dia. 5

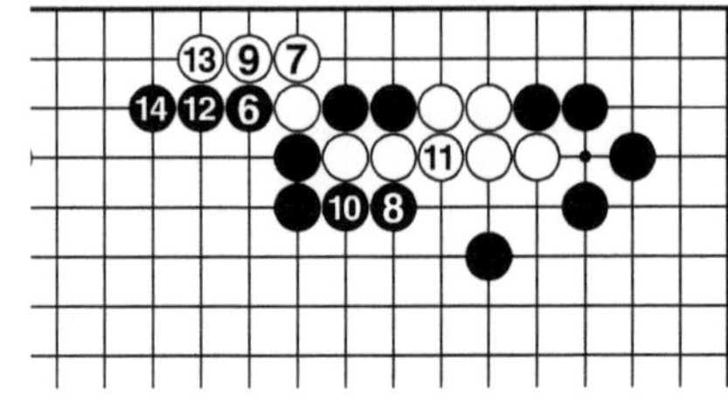

Dia. 6

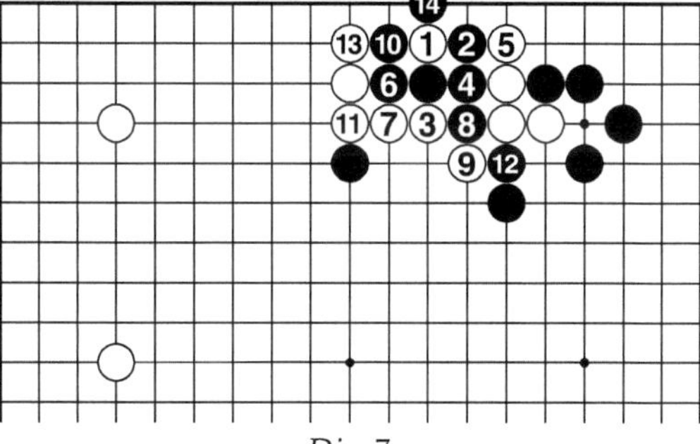
Dia. 7

die beiden schwarzen Steine mit 5 fangen ...

Diagramm 6. Doch Schwarz kann sie mit Erfolg opfern. Er stärkt sein eigenes Moyō mit 8 und 10 und zerstört mit 12 und 14 das weiße. Dieses Ergebnis ist für Weiß undenkbar.

Diagramm 7. Entsprechend legt Weiß mit 1 unten an. Durch den Austausch 1 gegen 2 wird Schwarz vom Schnitt aus Diagramm 5 abgehalten. Der Rest der Zugfolge ist eher kompliziert, folgt aber dem Grundprinzip, Weiß 1 (und hier auch vier weitere Steine) zu opfern, um außen gute Form zu erhalten. Schwarz kommt mit dem großen Fang schon etwas besser aus der Sache heraus, aber Weiß ist zufrieden, da er Vorhand hat.

Diese Varianten sind nur Kostproben der Verwicklungen, die aus Invasionen in solche Ausdehnungen entstehen können.

IV. Die Drei-Punkt-Ausdehnung auf der vierten Linie

Diagramm 1. Wenn sich die Drei-Punkt-Ausdehnung auf der vierten Linie befindet, kann Weiß zwischen den zwei Invasionspunkten A und B wählen.

Diagramm 2. Die tiefe Invasion ist die einfachere von beiden. In neun von zehn Fällen soll Schwarz auf 2 auflegen und außen eine Mauer bauen, während Weiß am Rand lebt. Wenn Schwarz denkt, er müsse den Rand verteidigen, kann er mit 2 auf A oder B spielen. Doch dann springt Weiß in die Brettmitte.

Diagramm 3. Die hohe Invasion schafft Herausforderungen für beide Seiten: für Schwarz, weil er seine Steine nicht einfach verbinden kann, und für Weiß, weil er nicht auf einfache Weise Augenraum am Rand bekommt. Schwarz antwortet öfter mit einem Diagonalzug auf 2 oder einem Ein-Punkt-Sprung wie A, mit dem er ein Laufduell beginnt. Eine andere häufige Entgegnung ist ein schwarzer Zug auf B, der ein Verbinden mit C vorbereitet. Schwarz 2 auf C sieht man zuweilen, wenn Schwarz einen seiner Steine opfern will.

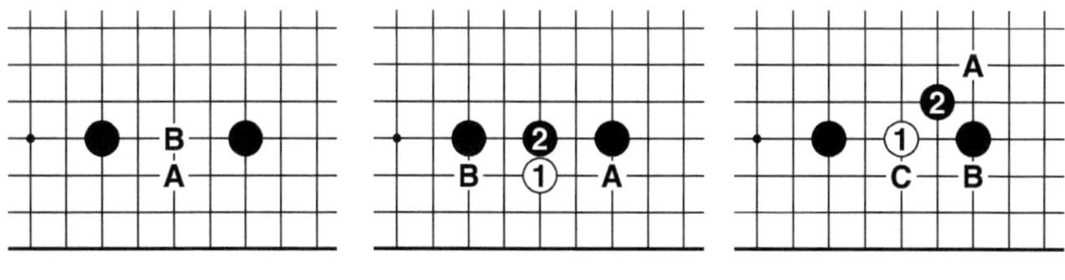
Dia. 1 Dia. 2 Dia. 3

IV.a Die hohe Invasion

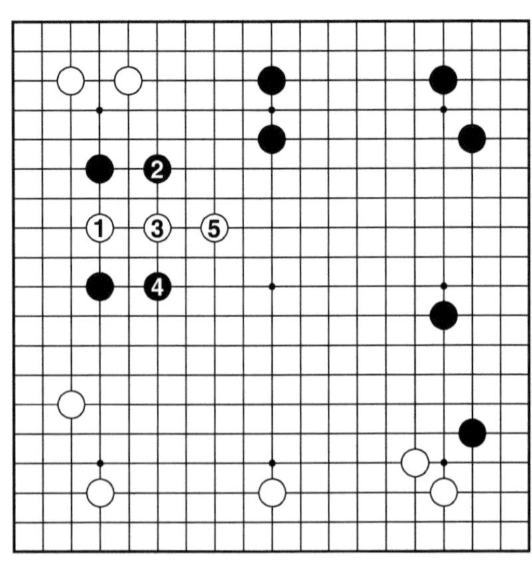
Dia. 1

Diagramm 1. Hier ist Weiß 1 am besten. Wenn Schwarz mit 2 und 4 herausläuft, dann macht Weiß gern mit und nimmt Kurs auf das Moyō oben rechts. Der weiße Eckeinschluss unten links wirkt wie ein Klemmzug gegen das untere schwarze Steinpaar.

Diagramm 2. Besser für Schwarz ist es vermutlich, den Diagonalzug auf 2 zu spielen und ◭ aufzugeben, um mit 4, 6 und 8 sein Moyō rechts zu vergrößern.

Diagramm 3. Die tiefe Invasion wäre hier ein Fehler. Schwarz antwortet mit 2 und bekommt mit 4 bis 6 eine noch dickere Position zum Zentrum. Die weiße Stellung am linken Rand ist niedrig und bedeutungslos.

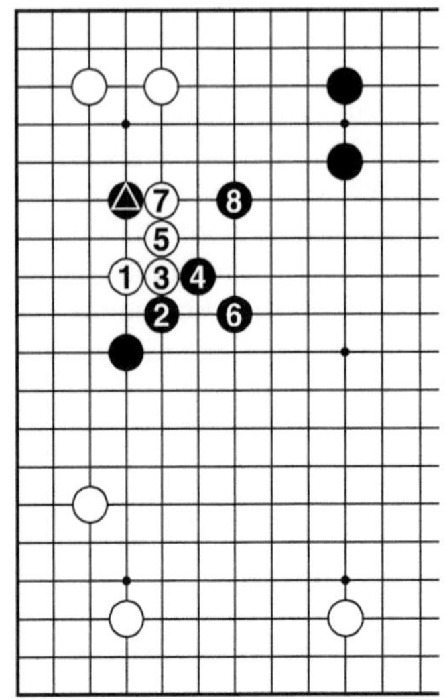
Dia. 2

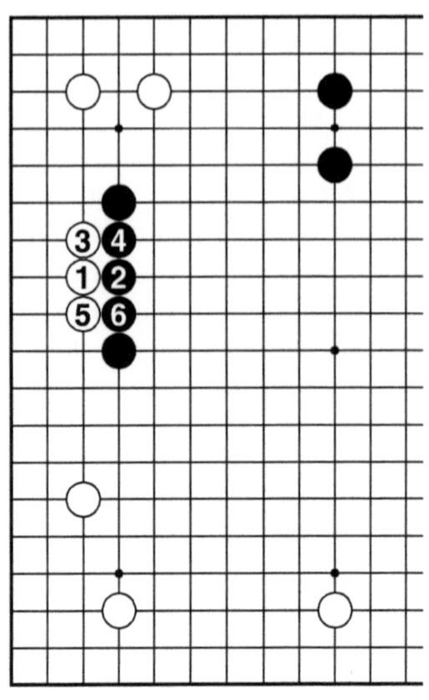
Dia. 3

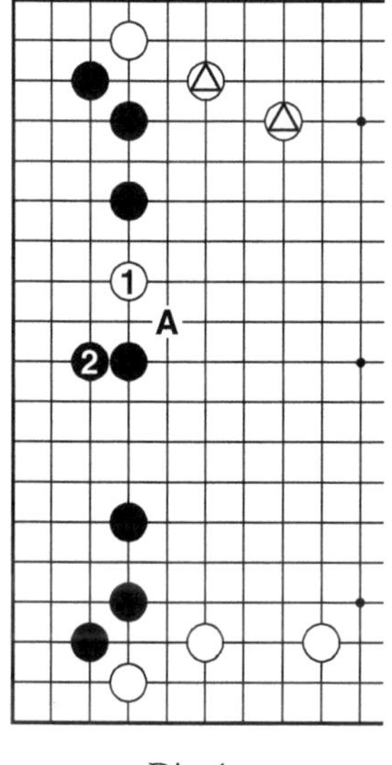

Dia. 4

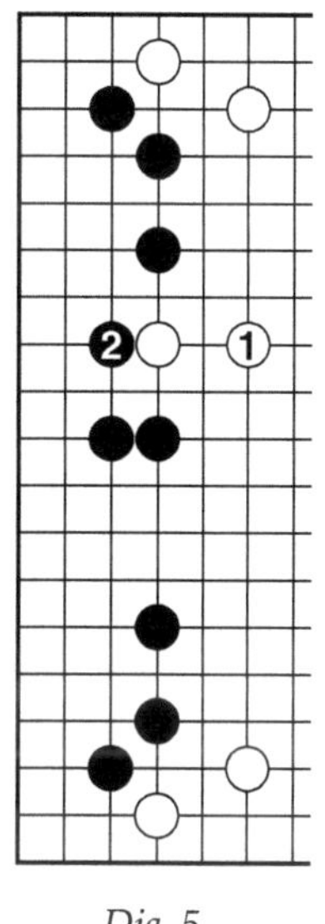

Dia. 5

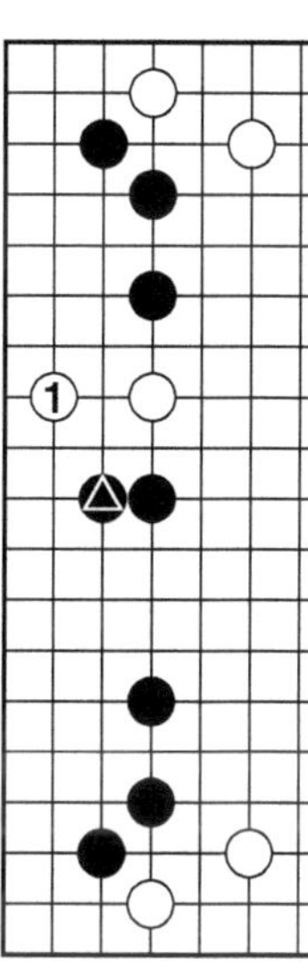

Dia. 6

Diagramm 4. Hier sollte Schwarz mit 2 herabsteigen. Dieser Zug greift Weiß 1 indirekt an, indem er Weiß 2 verhindert, und vermehrt den schwarzen Einfluss unten links. Schwarz unternimmt keinen direkteren Angriff mit A, denn es ist sinnlos, 1 in Richtung der starken weißen Steine bei △ zu drücken.

Diagramm 5. Springt Weiß mit 1 heraus, so kann Schwarz mit 2 unten herum verbinden.

Diagramm 6. Wenn Weiß auf 1 zum Rand springt, hält er Schwarz getrennt. Doch der Austausch von ▲ für 1 ist gut für Schwarz.

IV.b Die tiefe Invasion

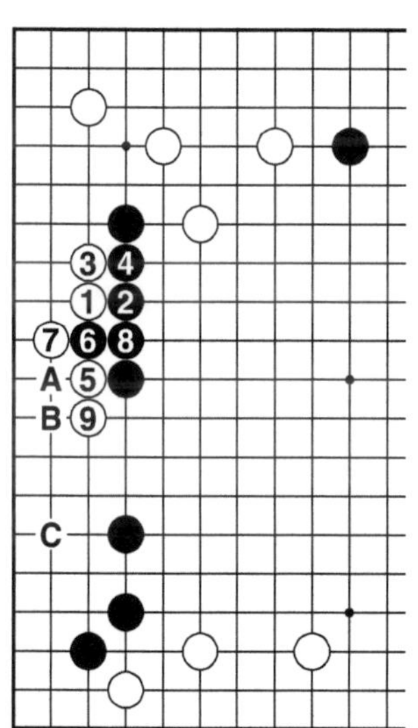

Dia. 1

Diagramm 1. Der weiße Einfluss links oben macht die tiefe Invasion auf 1 zum idealen Zug. Nach Schwarz 2 tauscht Weiß erst 3 gegen 4 aus und läuft dann mit 5 bis 9 in den freien Raum unterhalb. Wenn Schwarz mit 10 auf A spielt, dann fängt Weiß mit B, und wenn Schwarz dann 1 und 3 verhaftet, so dehnt Weiß sich bis C aus. Was auch immer geschieht, die entstehende dicke schwarze Mauer wird durch die weißen Steine oben gründlich entwertet.

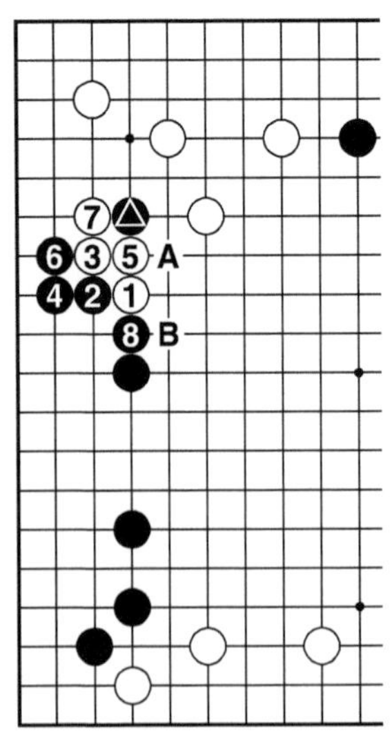

Dia. 2

Diagramm 2. Die hohe Invasion mit 1 geht in dieser Stellung richtig schief. Schwarz legt mit 2 unten an, steigt auf 4 herunter und verstärkt sein Gebiet mit 6 und 8, während Weiß schlimm überkonzentriert und ohne nennenswertes Gebiet herauskommt. Will Schwarz seinen Stein mit 2 auf A retten, dann läuft Weiß auf B heraus und fängt ▲ und A in einem schönen Zangenangriff, was ein sehr gutes Ergebnis für Weiß wäre. Doch wenn Schwarz den Stein ▲ wie gezeigt opfert, wird es lächerlich.

V. Die Drei-Punkt-Ausdehnung von der dritten auf die zweite Linie

Diagramm 1. Als Letztes wollen wir die Drei-Punkt-Ausdehnung von der dritten auf die zweite Linie untersuchen. Sie hat einige Eigenschaften mit derjenigen von der vierten zur dritten gemeinsam, ist aber weniger üblich.

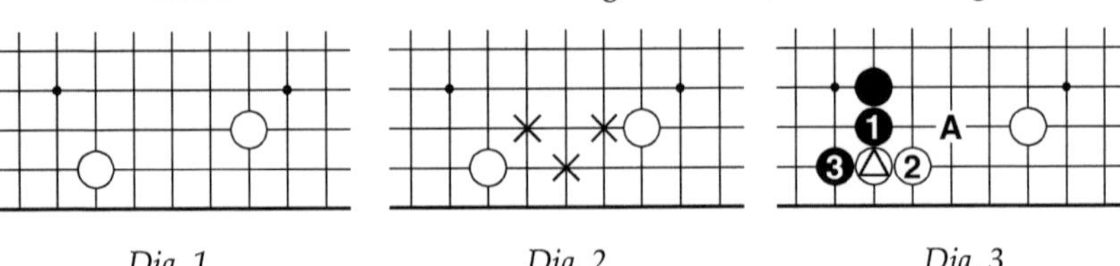

Dia. 1 Dia. 2 Dia. 3

Diagramm 2. Die besten Angriffspunkte sind wieder wie ein V angeordnet, doch jetzt gibt es auch noch einen vierten Punkt, der zu beachten ist:

Diagramm 3. Wenn der Stein △ auf die zweite Linie gesetzt wird, dann gewöhnlich deshalb, weil darüber bereits ein gegnerischer Stein auf der vierten Linie steht. Und dann ist es für Schwarz gelegentlich korrekt, mit 1 herabzustoßen und dann auf 3 Hane zu spielen, falls Weiß auf 2 zurückzieht. Streckt Weiß hingegen mit 2 auf 3, so plant Schwarz einen Zug auf 2 (vorausgesetzt, dass die Treppe einen weißen Schnitt verhindert) und sonst auf A.

Die drei in Diagramm 2 angedeuteten Züge sind jedoch energischer und interessanter – wir zeigen für jeden ein Beispiel.

V.a Der Zug auf die Schulter

Diagramm 1 (rechte Seite). In dieser Stellung aus einer Vorgabepartie passt der Schulterzug auf 1. Schwarz treibt seinen Gegner am Rand entlang, bekommt eine dicke Mauer und ein gutes Ergebnis. Schwarz 9 ist ein Schlüsselzug. Falls Schwarz auf A dagegenstellt und Weiß 9 zulässt, bekommt seine Mauer Risse. Der Zug Schwarz 9 verteidigt indirekt die Ecke, weil er Weiß in Freiheitsnot bringt, etwa Weiß A, Schwarz B, Weiß C, Schwarz D.

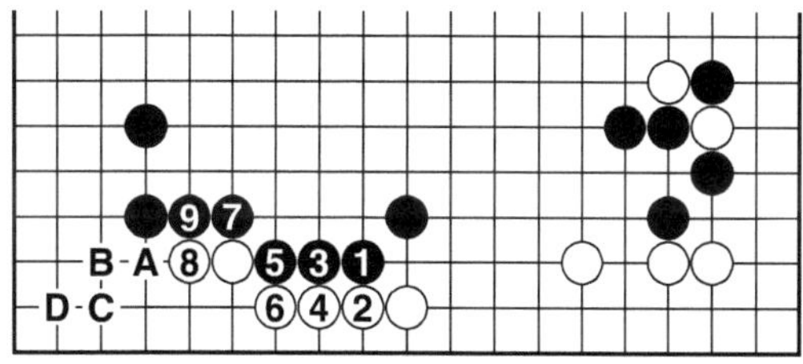

Dia. 1

V.b Die Invasion

Diagramm 1. Hier ist die Invasion auf 1 eine interessante Idee. Wenn Weiß auf 2 spielt, dann verbindet Schwarz mit 3 und 5 zur Ecke. Abgesehen vom Gebietsgewinn steht Schwarz ▲ genau an der richtigen Stelle, um die weiße Gruppe anzugreifen.

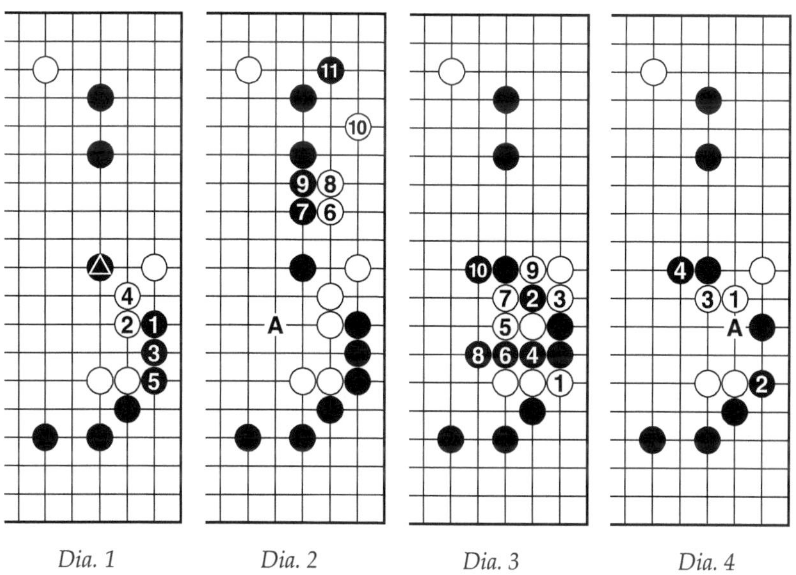

Dia. 1 *Dia. 2* *Dia. 3* *Dia. 4*

Diagramm 2. Weiß könnte mit 6 bis 10 fortsetzen, hat aber noch immer keine klare Augenform, außerdem bekommt Schwarz eine ansehnliche Mauer. Beachten Sie auch das schwarze Kikashi auf A.

Diagramm 3. Weiß würde statt 4 in Diagramm 1 gern mit 1 hier trennen, doch Schwarz hat mit 2 bis 10 eine vernichtende Antwort.

Diagramm 4. Wenn Weiß zu Beginn den Diagonalzug auf 1 spielt, dann entsteht nach Schwarz 2 ein ähnliches Ergebnis wie in Diagramm 1 und 2. Beachten Sie, dass Schwarz mit 2 nicht auf A spielen will, weil das lediglich Weiß 3 induziert.

V.c Der Anleger

Diagramm 1. Zu guter Letzt ist hier eine Stellung, in der das Anlegen auf 1 gut funktioniert. Weiß spielt Hane auf 2 und Schwarz spielt Gegen-Hane 3, eine bereits bekannte Form.

Diagramm 2. Falls Weiß mit 4 Atari gibt, läuft Schwarz mit 5 heraus und fängt Weiß △ in einer Treppe, was angenehm mit seiner Stellung am linken Rand harmoniert.

Diagramm 3. In dieser Situation wäre nach Weiß 4 in Diagramm 2 eine andere Variante passend: Schwarz fängt mit 1 und 3 den Stein △.

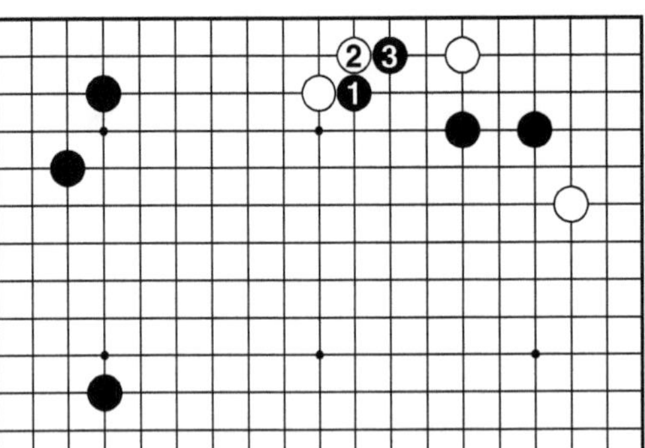

Dia. 1

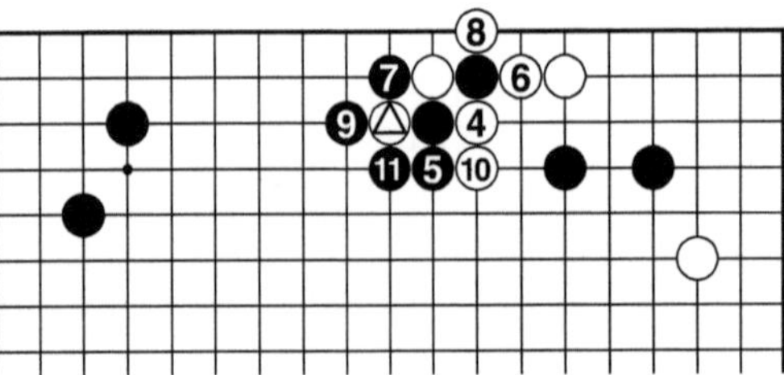

Dia. 2

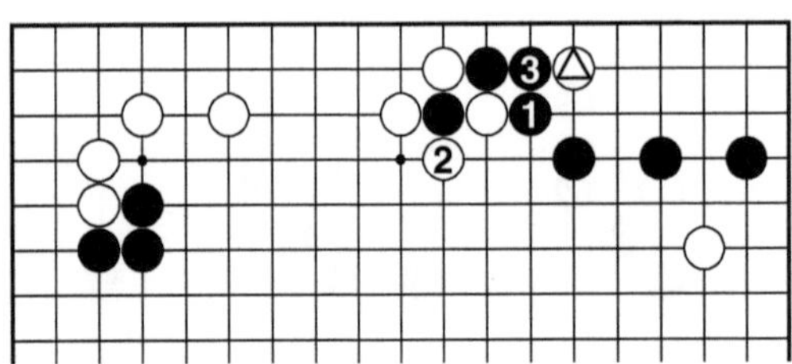

Dia. 3

9. Kō

Eine Komplikation, die wir bisher gemieden haben, sind Kō-Kämpfe. Hier gibt es eine Menge dorniger Probleme, etwa wie man Kō-Drohungen auswählt, und diesen wollen wir auch weiterhin aus dem Weg gehen. Doch wir sollten zumindest die wichtigsten Typen von Kō-Kämpfen kennenlernen. Dieses Kapitel stellt sie vor und untersucht zwei vergleichsweise einfache Fragen: wann (oder ob) Sie ein Kō beginnen und wann Sie es beenden sollten.

Diagramm 1. Weiß kann auf A ein Kō beginnen. Soll er es tun? Der erste Schritt zur Antwort auf diese Frage ist der Vergleich dreier Ergebnisse.

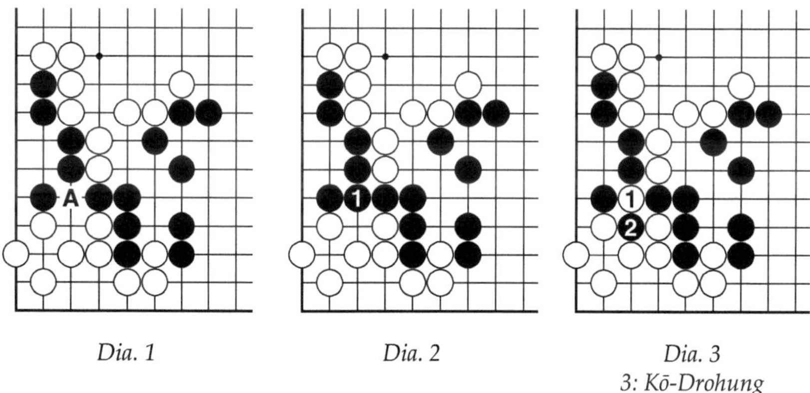

Dia. 1 *Dia. 2* *Dia. 3*
3: Kō-Drohung

Diagramm 2. Das erste Ergebnis entsteht, wenn Weiß das Kō nicht startet und Schwarz auf 1 verbindet.

Diagramm 3. Das zweite Ergebnis: Weiß beginnt das Kō und verliert es.

Diagramm 4. In diesem Fall sieht die Stellung so aus. Gegenüber Diagramm 2 hat Weiß genau einen Stein hergegeben, also einen Punkt.

Diagramm 5. Ergebnis Nummer drei: Weiß gewinnt das Kō.

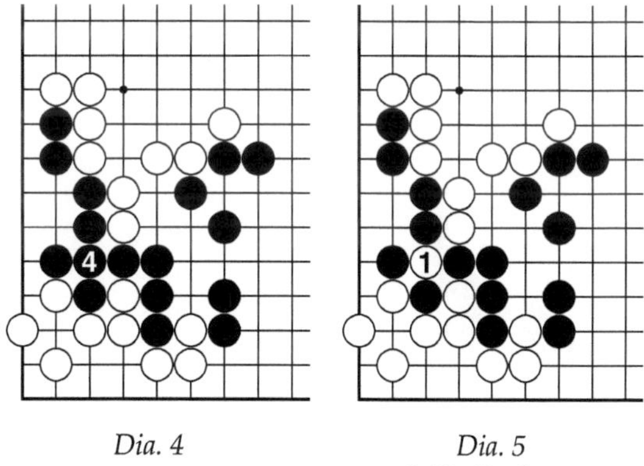

Dia. 4 *Dia. 5*
2: Kō-Drohung

Diagramm 6. Die fünf schwarzen Steine links sind tot und Weiß gewinnt 21 oder 22 Punkte.

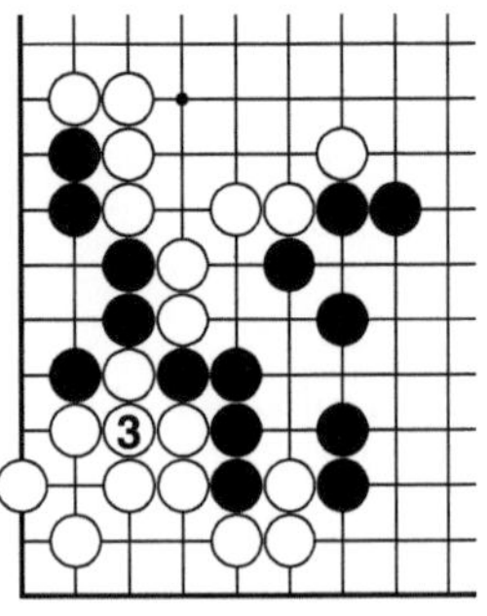

Dia. 6

Offensichtlich ist Weiß hier im Vorteil, denn er riskiert nur den Verlust eines Punkts, während für Schwarz über zwanzig auf dem Spiel stehen. Diese einseitige Kō-Variante heißt auf Japanisch Hanami Kō, wörtlich ein „Kō beim Anschauen der Blumen". Aufgrund der wörtlichen Übersetzung könnte man sich eine ältere Dame vorstellen, die still eine Rose betrachtet. Doch in Japan versteht man unter „Hanami" eher ein Frühlingstreffen unter Kirschblüten mit Essen und Trinken, Singen und Feiern – kurz gesagt ein Picknick. Und dieses Kō könnte man ohne Weiteres als Picknick für Weiß bezeichnen, der alles gewinnen und fast nichts verlieren kann.

Heißt das, Weiß sollte dieses Kō sofort anfangen? Möglich, aber zuerst steht noch eine andere Frage im Raum, nämlich ob es groß genug ist, dass es sich auszukämpfen lohnt. Und das hängt von mehreren Faktoren ab, etwa wie groß andere Züge auf dem Brett sind, wie sicher die schwarze und die obere weiße Gruppe im Diagramm sind, und der Zahl der verfügbaren Kō-Drohungen. Aber was Weiß auf keinen Fall will, ist: das Kō beginnen, Schwarz eine Kō-Drohung spielen lassen, das Kō decken, Schwarz einen weiteren Zug zugestehen – und feststellen, dass Schwarz mit diesen zwei gewöhnlichen Zügen mehr bekommt, als das Kō wert war. Und nachdem das Kō nur wenig mehr als zwanzig Punkte wert ist, ist diese Gefahr sehr real. Dieses Kō sollte am besten bis zum Endspiel warten; aber wenn die Zeit dafür gekommen ist, soll Weiß nicht zögern, es zu beginnen, da er nichts riskiert. Das ist das Angenehme an einem einseitigen Kō.

Diagramm 7. Hier ein weiteres Beispiel: Weiß am Zug. Soll er auf A schneiden (auf Schwarz B folgt Weiß C) oder auf D verbinden? Falls er das Kō gewinnt, macht er gegenüber Weiß D und Schwarz A gut fünfzehn Punkte.

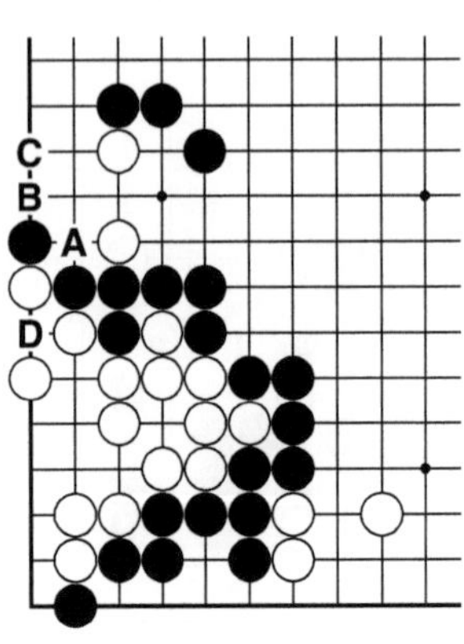

Dia. 7

Diagramm 8. Doch was, wenn er es verliert? Wenn er nach Schwarz 4 seine Kō-Drohung ausführt, dann tötet Schwarz A seine gesamte Gruppe, was ihn über 45 Punkte kostet. Um also von diesem Kō zu profitieren, muss Weiß Kō-Drohungen spielen, die mehr als 45 Punkte wert sind, während Schwarz nur solche im Wert von mehr als fünfzehn Punkten braucht. Die Sachlage ist nicht völlig einseitig, doch Schwarz ist klar im Vorteil. Normalerweise sollte Weiß nicht auf 1 in Diagramm 8 spielen, sondern auf D in Diagramm 7 verbinden.

Diagramm 9. Falls Weiß das Kō beginnt, dann ist dies das wahrscheinlichste Ergebnis: Er merkt, dass er seine Gruppe nicht verlieren darf, und verteidigt sie mit 5 und 7. Dann hat Schwarz Vorhand, um Weiß 3 zu beantworten, so dass Weiß gegenüber dem Deckungszug auf D in Diagramm 7 etwa sieben Punkte verloren hat – für nichts.

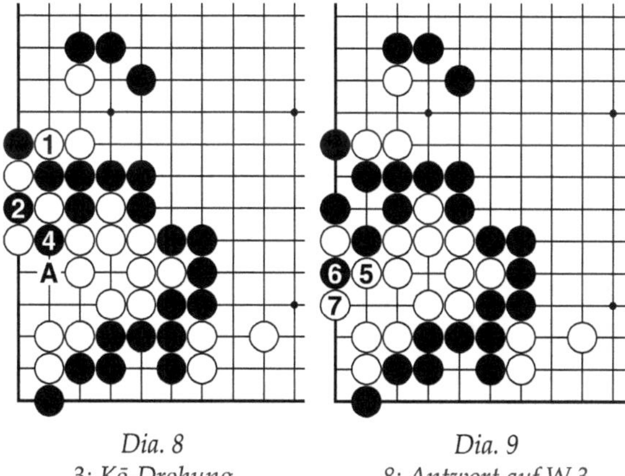

Dia. 8
3: Kō-Drohung

Dia. 9
8: Antwort auf W 3

Ein Spieler, der mit Weiß nur den möglichen Gewinn im Auge hat, aber nicht den möglichen Verlust, wird vermutlich auf Diagramm 9 hereinfallen. Die Risiken beider Seiten müssen sauber bestimmt werden.

Diagramm 10. Manchmal beginnt man ein Kō, weil man keine andere Wahl hat. Wenn Schwarz etwa in diesem Diagramm auf Weiß 1 antwortet, indem er auf 2 verbindet, dann hat er sich den gegnerischen Willen aufzwingen lassen. Weiß bekommt Gebiet und sicheren Augenraum, Schwarz hingegen nichts außer schwerer, schlechter Form.

Diagramm 11. Schwarz hat nur zwei Alternativen: Fernbleiben oder mit 2 ein Kō anbieten. Vielleicht fühlen Sie sich mit einem Zug wie 2 nicht wohl, aber alles ist besser als Diagramm 10. Falls Schwarz etwa zu A und B kommt, während Weiß das Kō schlägt und deckt, wird er vollkommen glücklich sein.

Diagramm 12. Das Kō ist auch nicht einseitig zugunsten von Weiß. Sollte Schwarz mehr Kō-Drohungen haben, dann wird er das Kō nicht decken, sondern es mit 1 noch erweitern. Falls Weiß es jetzt verliert, ist seine Gruppe einem heftigen Angriff ausgesetzt.

Es folgen zwei Probleme.

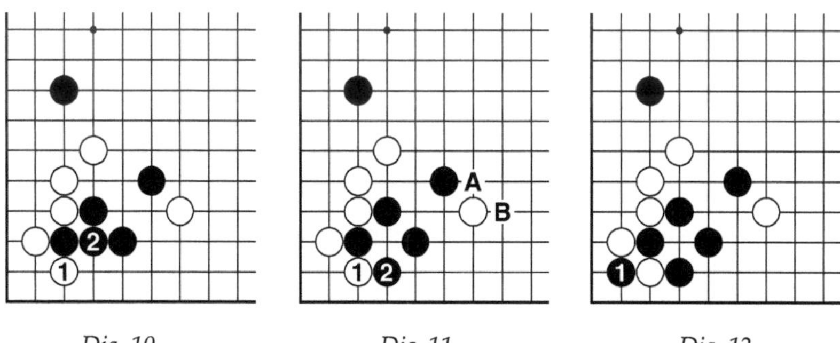

Dia. 10

Dia. 11

Dia. 12

Diagramm 13. Weiß hat soeben mit 1 geschlagen. Soll Schwarz dieses Kō auskämpfen oder nachgeben und auf A decken?

Diagramm 14. Soll Weiß auf Schwarz 1 mit A oder mit B antworten?

Diagramm 15. Schwarz kann hier im Grunde nichts gewinnen, aber alles verlieren – und soll deshalb auf 1 decken. Weiß 1 würde ein sehr ernstes Kō beginnen, denn es droht das Durchschlagen auf A und das Doppel-Atari auf B.

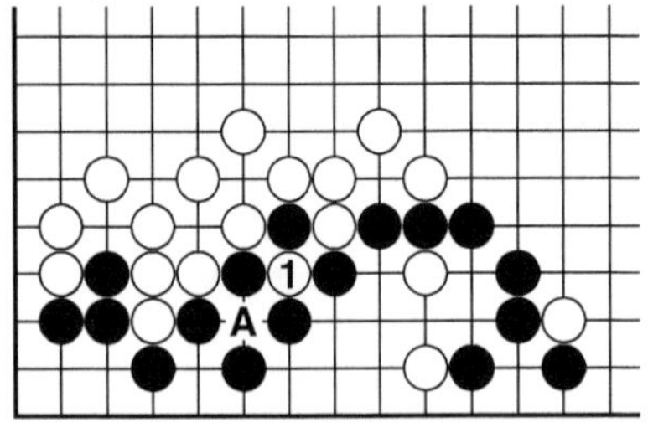

Dia. 13

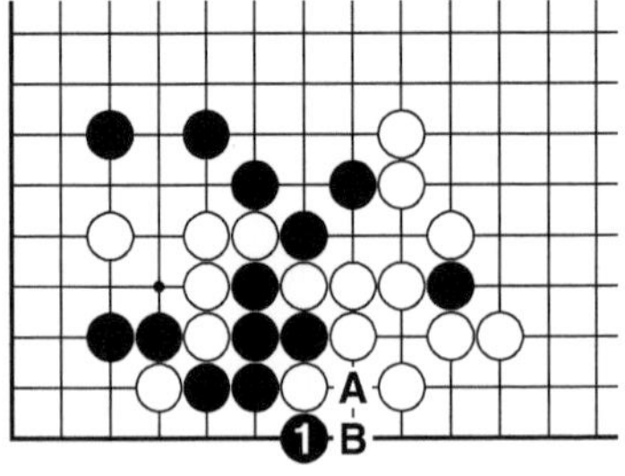

Dia. 14

Diagramm 16. Es wäre feige von Weiß, auf 2 zu decken. Er benötigt lediglich eine mittelmäßige Kō-Drohung, denn wenn er mit 5 zurückschlägt, steht für Schwarz zu viel auf dem Spiel (die ganze Ecke), so dass ihm nichts bleibt als mit 6 nachzugeben. Außerdem ist Weiß 7 Vorhand – der ursprüngliche Zug auf ▲ stellt sich als Fehler von Schwarz heraus.

In beiden Problemen war das Kō einseitig zum Vorteil von Weiß.

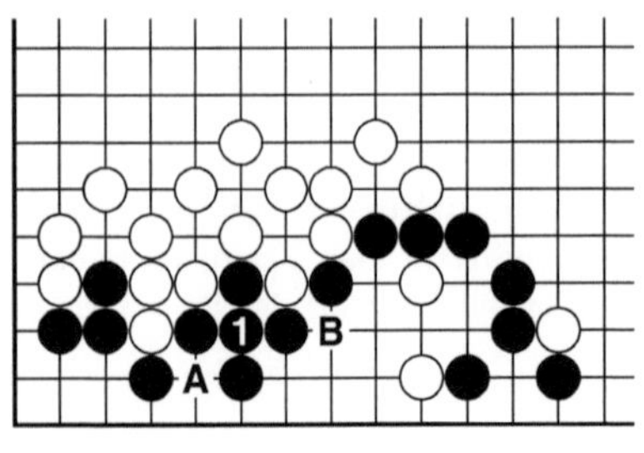

Dia. 15

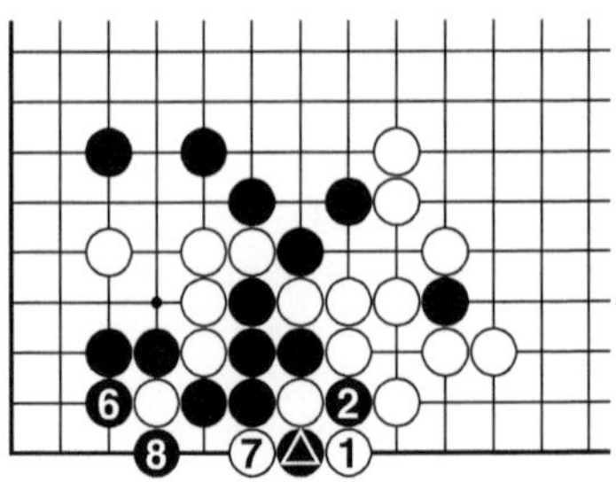

Dia. 16
3: Kō-Drohung, 4: Antwort,
5: schlägt Kō

Vielschrittiges Kō

Wir haben gesehen, dass es sich nicht lohnt, ein einseitiges Kō zu beginnen, in dem das Risiko hoch und der erwartete Gewinn gering ist. Ebenfalls zu vermeiden ist ein „sehr indirektes" Kō, für das Sie eine große Zahl von Annäherungszügen benötigen.

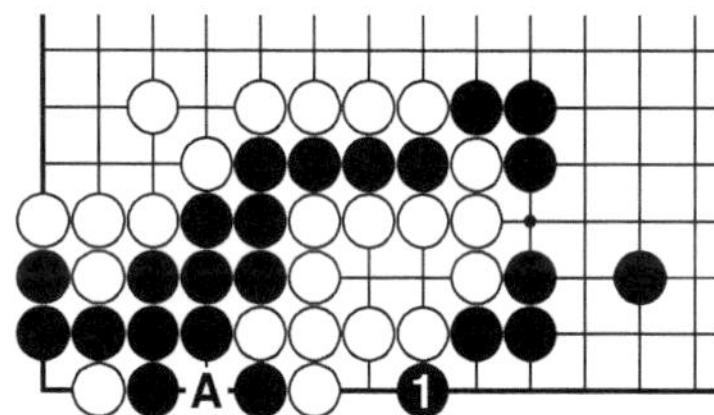

Dia. 1 (2: tenuki)

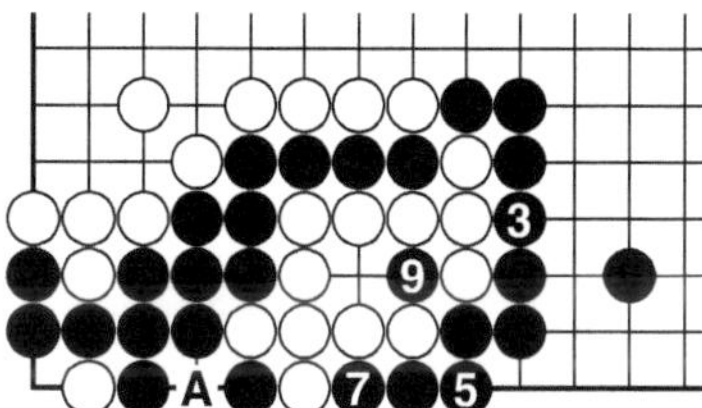

Dia. 2 (4, 6, 8: tenuki)

Diagramm 1. Hier ist ein Beispiel. Wenn Schwarz auf 1 spielt, dann hat die weiße Gruppe nur noch ein Auge – ein Kō zwischen ihr und der schwarzen Eckgruppe ist unvermeidbar. Bevor allerdings das Kō direkt wird, muss Schwarz vier Annäherungszüge machen, um die weißen Freiheiten aufzufüllen. Somit ist dies ein Fünf-Schritt-Kō – es ist sehr fragwürdig, ob Schwarz 1 ein kluger Zug war. Weiß kann jetzt auf A schlagen und Schwarz eine Kō-Drohung suchen lassen, oder er ignoriert Schwarz 1 und spielt mit 2 anderswo.

Diagramm 2. Nehmen wir an, dass Schwarz mit 3, 5 und 7 fortsetzt und Weiß mit 4, 6 und 8 fernbleibt. Schwarz 9 setzt dann die weiße Gruppe in Atari, doch Weiß hat zwei attraktive Optionen: Die eine ist, Schwarz zwölf Steine schlagen zu lassen und dafür an anderer Stelle zwei weitere Züge hintereinander zu machen. Dann hätte Schwarz sechs Steine verwendet, um einen Kampf im Wert von 65 Punkten zu gewinnen. Weiß hatte dafür sechs Züge an anderer Stelle. Auch wenn jeder weiße Zug nur elf Punkte wert war, hat er gleichgezogen. Wahrscheinlicher ist, dass sie noch viel mehr wert sind – man stelle sich vor, dass zwei oder drei schwarze Gruppen sterben, während er seine Ecke rettet – und dass Weiß mit einem gewaltigen Vorsprung endet.

Der andere Weg für Weiß ist, Schwarz 9 auf A zu beantworten, die schwarze Kō-Drohung zu ignorieren und die Ecke zu nehmen. Weiß hat einen schwarzen Zug unbeantwortet gelassen, Schwarz dagegen vier von Weiß. Wieder ist schwer vorstellbar, dass Weiß hier nicht mit einem Vorsprung herauskommt.

Darum ist es für Schwarz Zeitverschwendung, sich mit Diagramm 1 oder 2 abzugeben. Selbst wenn Weiß zu Beginn keine Kō-Drohungen hat, kann er Züge spielen, die welche erzeugen, solange Schwarz Freiheiten füllt. Nachdem Weiß vier oder sechs Züge hintereinander bekommt, muss die Stellung von Schwarz an irgendeiner Stelle zusammenbrechen. Das beste Vorgehen für Schwarz ist, den Kō-Kampf stehenzulassen, zumindest bis tief ins Endspiel hinein. Irgendwann wird Weiß einen Zug investieren, um die Lage abzusichern, während Schwarz woanders ein paar Punkte holen kann. Diese wenigen Punkte sind alles, was man in einem vielschrittigen Kō erwarten kann.

Wie viele Schritte hat ein vielschrittiges Kō? Ein zweischrittiges Kō (mit einem Annäherungszug) ist für eine gewisse Bedrohung des Gegners direkt genug. Doch bei einem Drei-Schritt-Kō ist die Grenze des Sinnvollen schon erreicht. Und beim Vier-Schritt-Kō sind wir bereits im Märchenland.

Alles beherrschendes Kō

Von der Frage, wann ein Kō begonnen werden soll und wann nicht, kommen wir nun zu der Frage, wann es beendet werden soll. Sie ist am einfachsten zu beantworten, wenn das Kō „alles beherrscht“, also eine Größe hat, die alles Übrige auf dem Brett übertrifft. Ein Kō, das früh in der Partie auftritt, gehört oft zu dieser Spezies.

Diagramm 1. Weiß hat gerade einen Fehler im Taisha-Jōseki gemacht. Als er jetzt mit 1 versucht auszubrechen, bilden Schwarz 2, 4 und 6 ein Kō. Herabsteigen auf 7 ist der einzige Zug für Weiß, doch wenn Schwarz mit 8 das Kō schlägt, hat Weiß nirgends eine hinreichende Kō-Drohung. Hier muss man über die Frage, wann das Kō zu beenden ist, gar nicht nachdenken: Schwarz ignoriert den nächsten weißen Zug und schlägt mit 10.

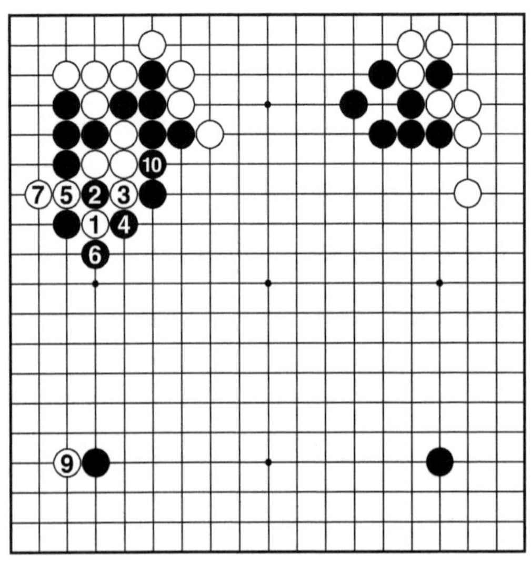

Dia. 1, 8 auf 2

Diagramm 2. In der Folge kann Weiß in der Ecke unten links einen gewissen Vorteil erzielen, aber keinesfalls genug, um seinen gewaltigen Verlust oben auszugleichen. Zu allem Übel droht Schwarz auch noch, auf A zu schneiden.

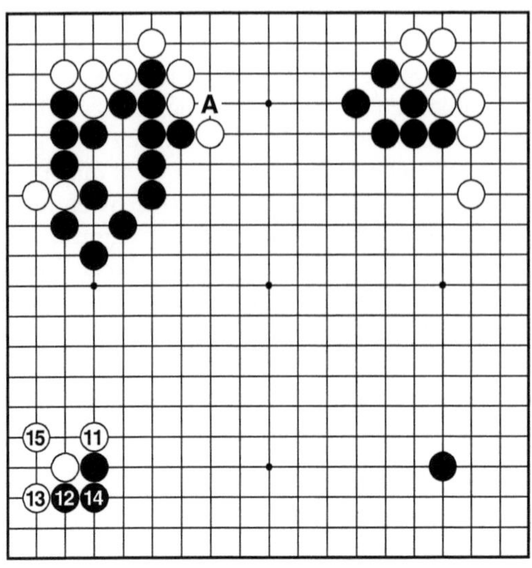

Dia. 2

Es gibt ein Sprichwort, dass es in der Eröffnung keine Kō-Drohungen gibt. Diese Stellung illustriert das in typischer Weise. Die

Regel für ein alles beherrschendes Kō lautet: Ignoriere die erste Kō-Drohung und beende das Kō ohne Umschweife, so wie Schwarz es mit 10 tut.

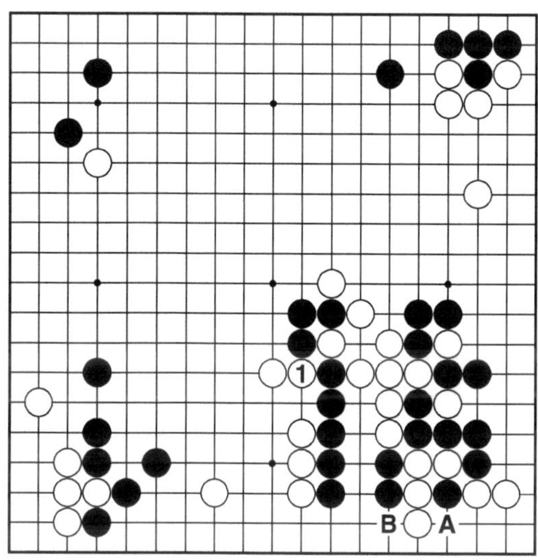

Dia. 3

Diagramm 3. Schauen wir uns ein letztes Beispiel an, aus einer Partie zwischen Go Seigen (Weiß) und Kitani. Der Schnitt mit Weiß 1 beginnt ein Kō, das alles auf dem Brett dominiert. Hier verfügt Schwarz über lokale Kō-Drohungen bei A und B, die Weiß nicht ignorieren kann. Zwar hat Weiß keine solche Drohung, aber mit Kō-Drohungen hat dieses Problem auch wenig zu tun. Wie soll Schwarz spielen?

Diagramm 4. Zunächst könnte Schwarz mit 1 das Kō schlagen, dann müsste Weiß mangels Kō-Drohungen auf 2 verbinden.

Diagramm 5. Nach 2 jedoch wird das Kō einseitig zugunsten von Weiß, der keinerlei Risiko mehr trägt, also muss Schwarz auf 3 decken. Zwar ist seine Gruppe jetzt draußen, hat aber keine besonders gute Form. Weiß ist ebenfalls draußen und hat Vorhand. Schwarz mag zwar das Kō gewonnen haben, doch mit etwas mehr Voraussicht hätte er es auf viel bessere Weise gewinnen können.

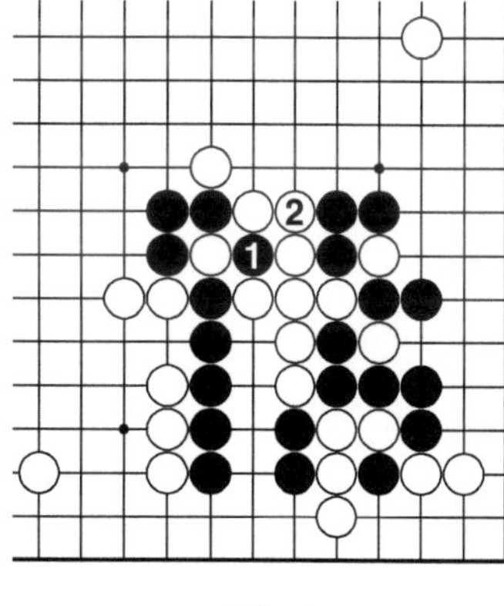

Dia. 4

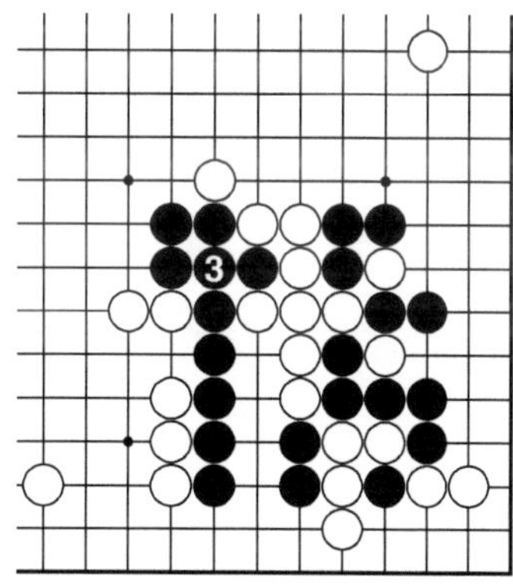

Dia. 5

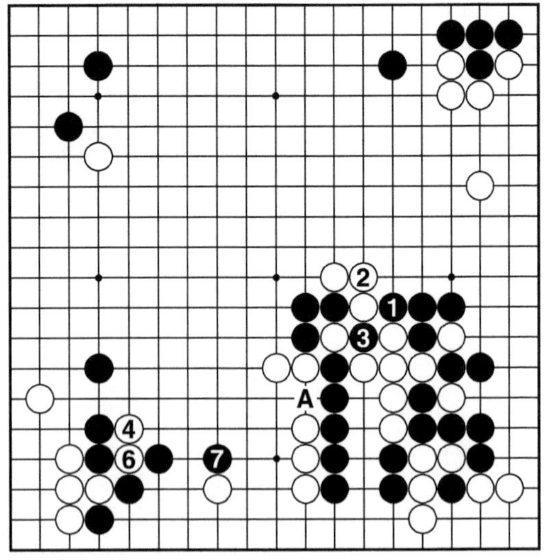

Dia. 6
5 deckt

Diagramm 6. Nachdem Weiß keine Kō-Drohungen hat, kann Schwarz ihn mit 1 fangen. Die beste Antwort für Weiß ist 2 (wenn Weiß 2 auf 3 spielt, folgt Schwarz 2) und erst jetzt schlägt Schwarz mit 3 das Kō. Dies ist ein alles beherrschendes Kō, also ignoriert er die erste weiße Kō-Drohung und deckt mit 5. Weiß 6 tut schon weh, aber Schwarz hat mit 7 eine geschickte Verteidigung, die auf A zielt, und seine Gruppe kann nicht mehr zerstört werden. Diese Zugfolge wurde tatsächlich in der Partie gespielt und brachte Schwarz einen Vorteil, der schließlich zur weißen Aufgabe führte.

„Zögere nicht, ein alles beherrschendes Kō zu beenden" ist eine einfache Regel, die in vielen Fällen anwendbar ist, die meisten ernsten Fälle inbegriffen. Ein Kō in der Eröffnung oder im Mittelspiel ist im Allgemeinen entweder alles beherrschend oder den Aufwand noch nicht wert. Erst im Endspiel sieht man ausgedehnte Kō-Kämpfe der nicht alles beherrschenden Sorte; die Frage, wann diese beendet werden sollen, liegt nicht mehr im Rahmen dieses Buchs. „Beende das Kō, wenn du auf diese Weise gewinnst", ist wohl der beste Rat in solchen Fällen.

Und damit verabschieden wir uns vom dornigen Thema Kō, damit dieses bereits ausgedehnte und nicht alles beherrschende Buch zu seinem letzten Kapitel fortschreiten kann.

10. Probleme

Wenn Sie dies lesen, dann sind Sie bereits mit uns durch neun weitschweifige Kapitel gegangen. Bevor wir Sie also jetzt in den Kampf mit dem letzten schicken, gönnen wir Ihnen eine Pause, um einen Überblick über das bisher bearbeitete Feld zu gewinnen. Die wichtigsten Wegweiser, die wir für Sie aufstellen wollten, sind die folgenden:

Kapitel 1. Behalten Sie Gebiets- und Einflussbilanz im Blick. Wenn Sie nach Gebiet zurückliegen, aber über mehr Einfluss verfügen, spielen Sie aggressiv: Invadieren, Schneiden, Angreifen, Kämpfen. Liegen Sie nach Gebiet in Führung, haben aber weniger Einfluss, dann spielen Sie defensiv und sicher.

Kapitel 2. Wenn Sie angreifen, dann versuchen Sie nicht einfach nur, eine gegnerische Gruppe zu töten. Suchen Sie vielmehr nach Zügen, die zwei Ziele verfolgen: die während des Angriffs Gebiet oder Einfluss einbringen, Anlehnungszüge oder auch Züge, die zwei Gruppen auf einmal angreifen.

Kapitel 3. Greifen Sie mit Zügen an, die den Kontakt meiden. „Berühre nicht, was du angreifst."

Erlernen Sie das augenstehlende und das Winkel-Tesuji und die Angriffe mit Bōshi, Spähzug und Keima.

Kapitel 4. Verteidigen Sie möglichst mit gewöhnlichen Zügen, bevor Sie angegriffen werden. Wenn Sie in Schwierigkeiten sind, benutzen Sie Kontakt- und Schulterzüge, um sich zu befreien.

Kapitel 5. Spielen Sie Kikashi und lassen Sie die gespielten Steine stehen, betrachten Sie sie als entbehrlich. Suchen Sie nach Möglichkeiten, sich den gegnerischen Kikashi zu widersetzen.

Kapitel 6. Nutzen Sie induzierende Züge, um Ihre Steine effizienter zu machen.

Kapitel 7. Spielen Sie gegen Moyō leicht und flexibel und nutzen Sie gegnerische Schwächen. Beachten Sie die Beziehung zur Umgebung (Nahtstellen, schwache Gruppen und so fort).

Kapitel 8. Selbst in den engen Grenzen einer Drei-Punkt-Ausdehnung gibt es viele Invasionsjōseki. Erlernen Sie den Sinn der ersten zwei Züge, damit Sie eine gute Wahl treffen können.

Kapitel 9. Meiden Sie jedes Kō, das einseitig zu Ihren Ungunsten oder vielschrittig ist. In einem alles beherrschenden Kō ignorieren Sie jede (nicht lokale) Kō-Drohung.

In diesem letzten Kapitel haben wir nun zwanzig Probleme zusammengestellt, die Angriff, Verteidigung und das Mittelspiel im Allgemeinen zum Thema haben. Sie stammen alle aus japanischen Profipartien. Bei den meisten geht es darum, zur Überprüfung die Konzepte der neun Kapitel anzuwenden. Einige wenige jedoch sprechen zusätzliche Themen an, die vorher unserer Aufmerksamkeit entgangen waren. Für jedes Problem werden zwei mögliche Antwortzüge gezeigt: ein guter und einer, der mittelmäßig oder schlecht ist. Die Aufgabe lautet, sie zu unterscheiden, doch das scheint nicht so schwierig zu sein – allein durch Raten wird schon die Hälfte richtig beantwortet. Wenn Sie die Probleme also in sinnvoller Weise angehen wollen, dann überlegen Sie sich möglichst viele Gründe, warum der gute Zug gut und der schlechte Zug schlecht ist, bevor Sie zur Lösung weiterblättern. Wenn Sie dann die richtige Antwort aus den richtigen Gründen gewählt haben, dann haben Sie recht gut verstanden, wie das Mittelspiel funktioniert.

Problem 1: Schwarz am Zug

Kano K. (Schwarz) – Ishida A.

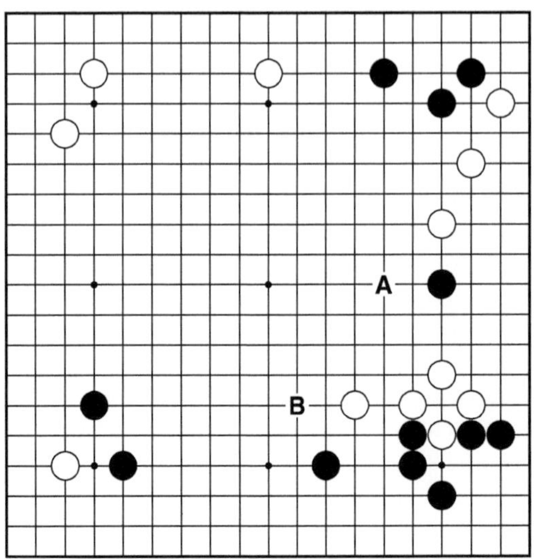

Lösung auf Seite 197

Problem 2: Weiß am Zug

Tōno S. (Weiß) – Fujisawa S.

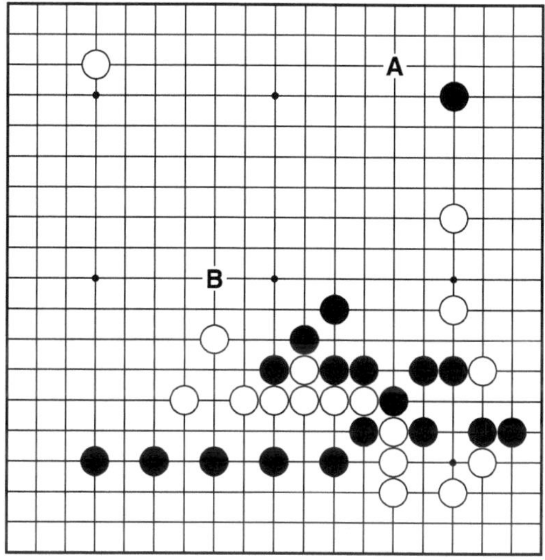

Lösung auf Seite 198

Problem 3: Schwarz am Zug

Kobayashi K. (Schwarz) – Satō S.

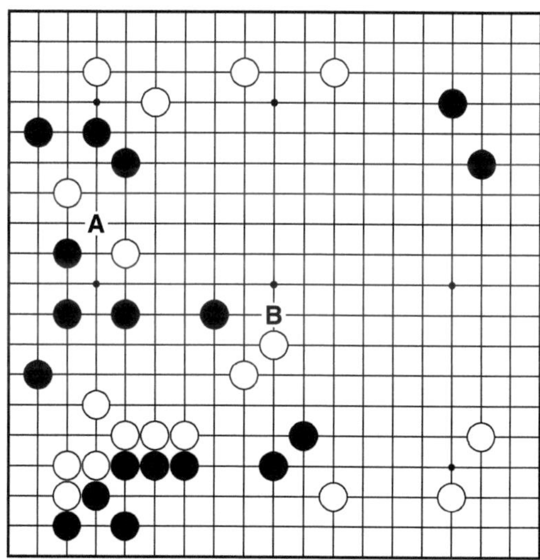

Lösung auf Seite 199

Problem 4: Weiß am Zug

Gennan Inseki (Weiß) – Shūsaku

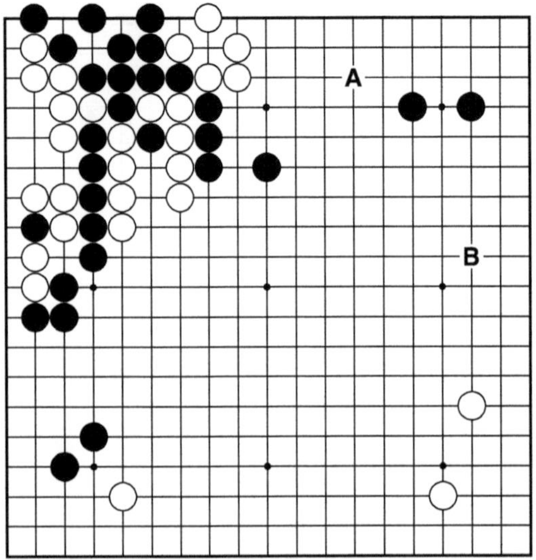

Lösung auf Seite 200

Problem 5: Schwarz am Zug

Takagawa (Schwarz) – Go Seigen

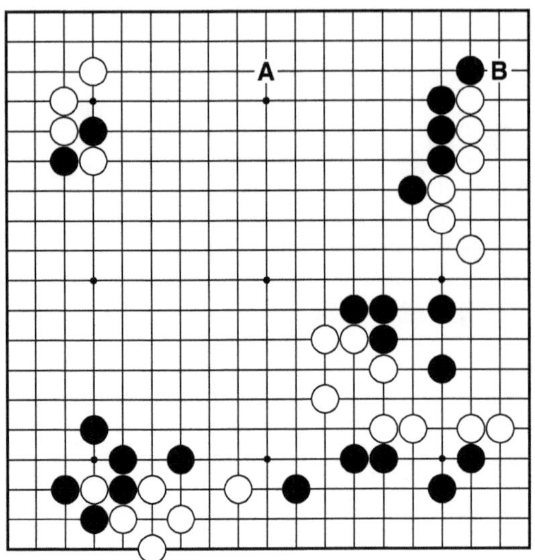

Lösung auf Seite 201

Problem 6: Weiß am Zug

Honda K. (Weiß) – Ishida Y.

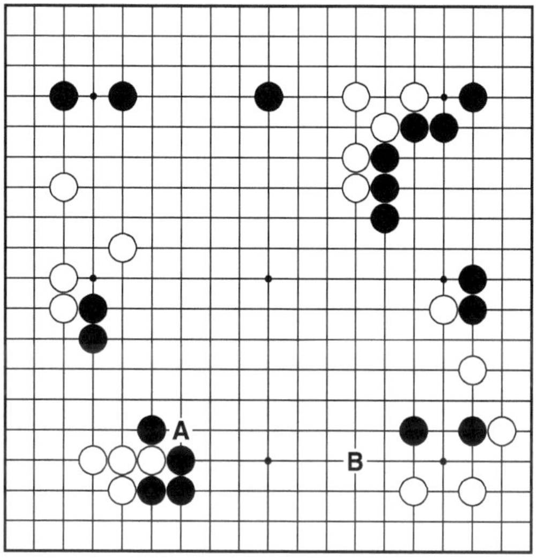

Lösung auf Seite 202

Problem 7: Weiß am Zug

Shimamura (Weiß) – Handa

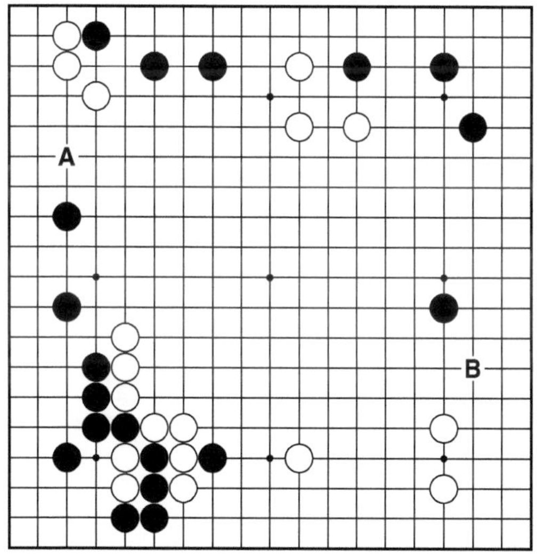

Lösung auf Seite 203

Problem 8: Weiß am Zug

Takagawa (Weiß) – Shimamura

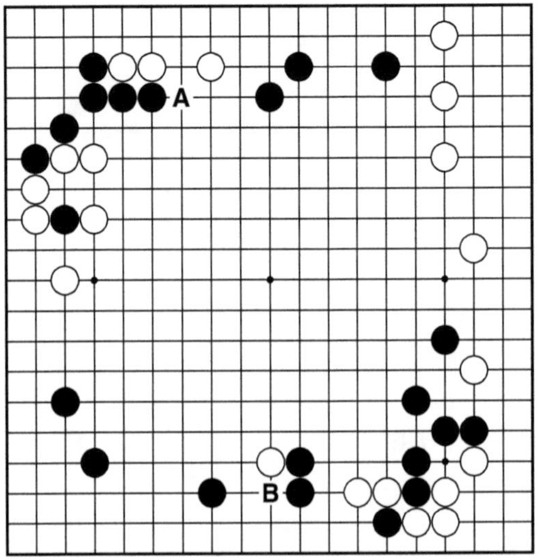

Lösung auf Seite 204

Problem 9: Schwarz am Zug

Magari (Schwarz) – Ōhira

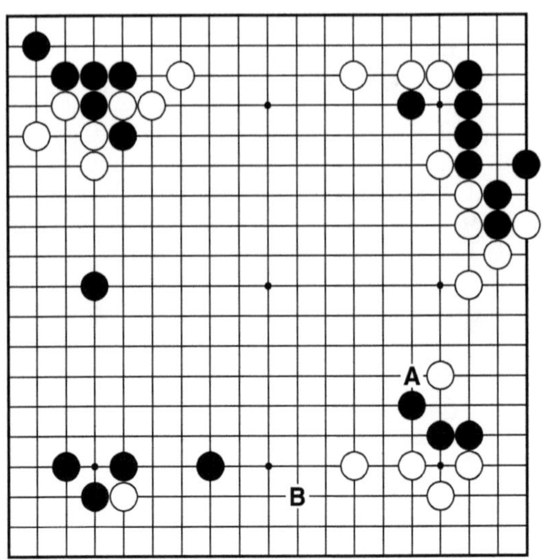

Lösung auf Seite 205

Problem 10: Weiß am Zug

Hashimoto Utarō (Weiß) – Iwata Tatsuaki

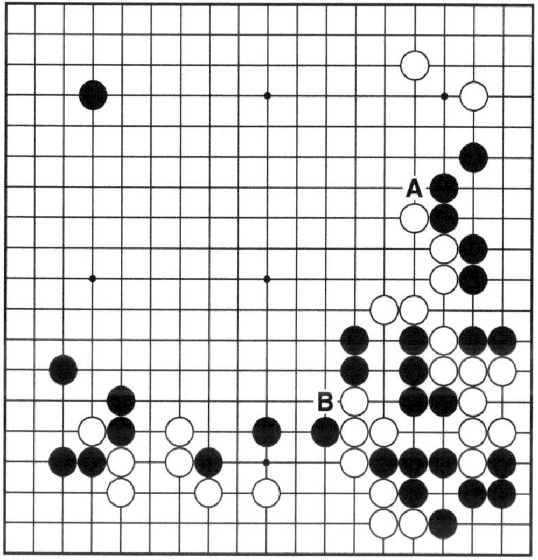

Lösung auf Seite 206

Problem 11: Schwarz am Zug

Kobayashi K. (Schwarz) – Rin

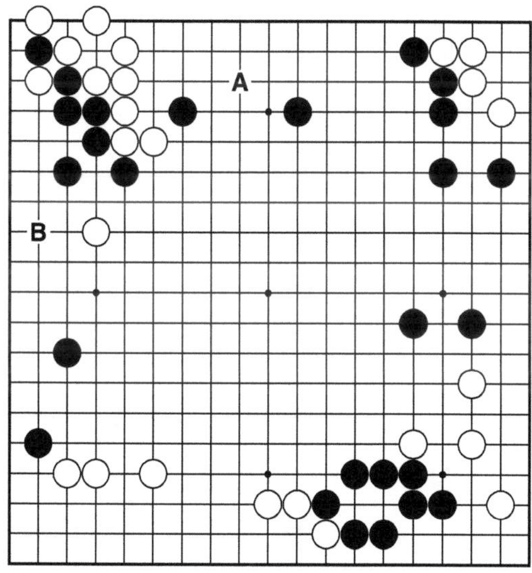

Lösung auf Seite 207

Problem 12: Schwarz am Zug

Chō (Schwarz) – Miyashita

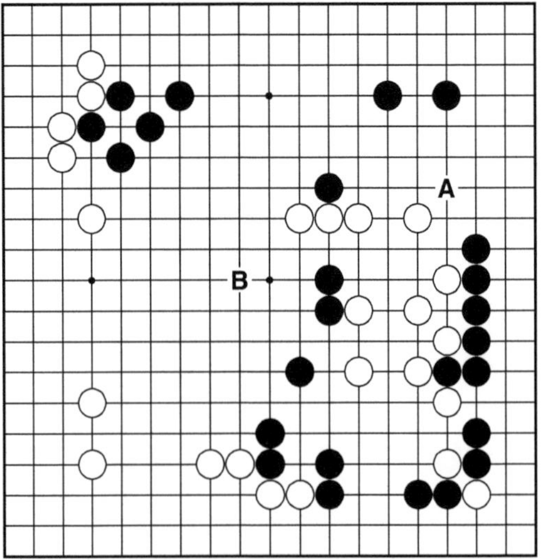

Lösung auf Seite 208

Problem 13: Weiß am Zug

Hashimoto S. (Weiß) – Takagawa

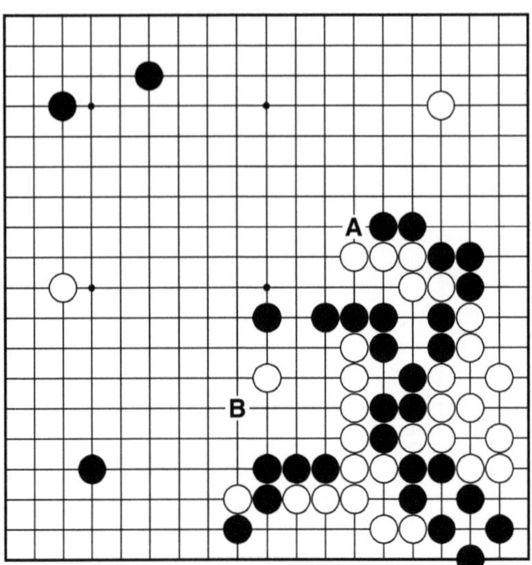

Lösung auf Seite 209

Problem 14: Schwarz am Zug

Sakata (Schwarz) – Satō M.

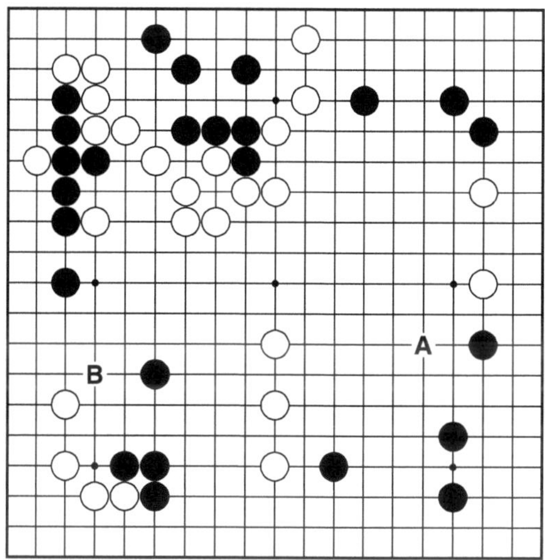

Lösung auf Seite 210

Problem 15: Schwarz am Zug

Ishida A. (Schwarz) – Hashimoto Utarō

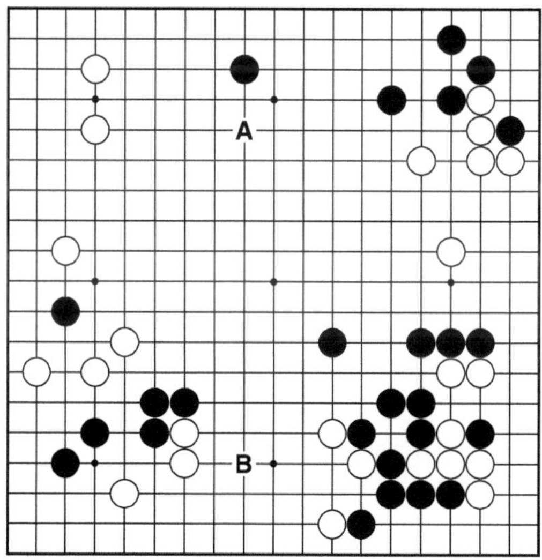

Lösung auf Seite 211

Problem 16: Schwarz am Zug

Miyashita (Schwarz) – Hashimoto Utarō

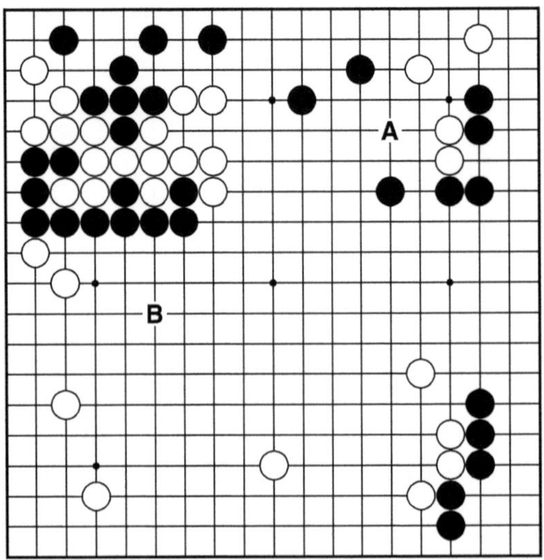

Lösung auf Seite 212

Problem 17: Schwarz am Zug

Ōkubo (Schwarz) – Kobayashi K.

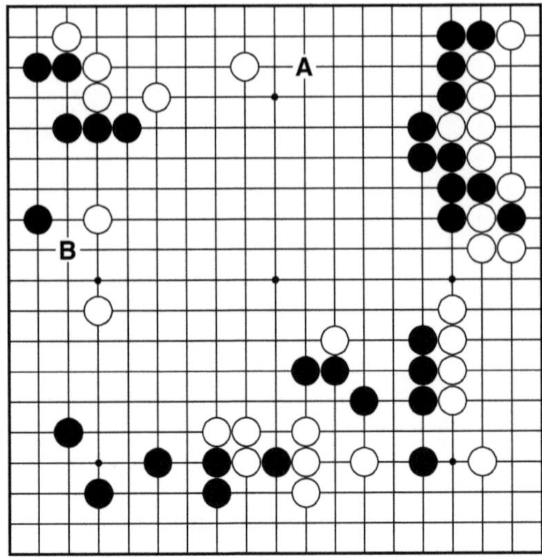

Lösung auf Seite 213

Problem 18: Weiß am Zug

Rin (Weiß) – Kudō

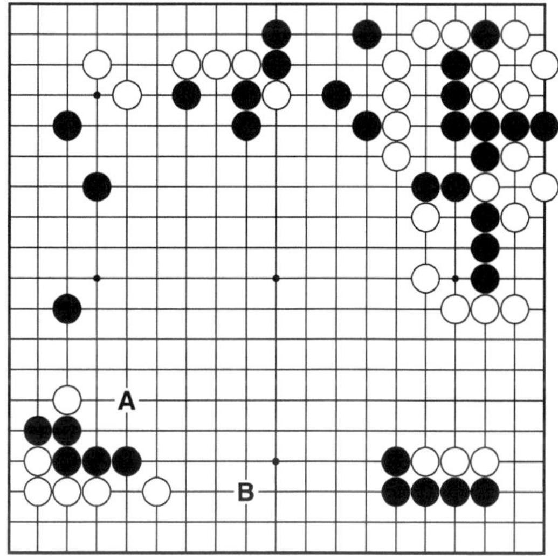

Lösung auf Seite 214

Problem 19: Schwarz am Zug

Fujisawa S. (Schwarz) – Miyamoto Y.

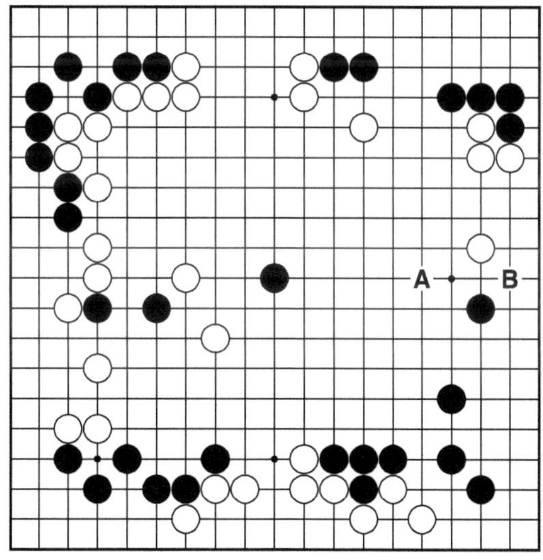

Lösung auf Seite 215

Problem 20: Schwarz am Zug

Takemiya (Schwarz) – Rin

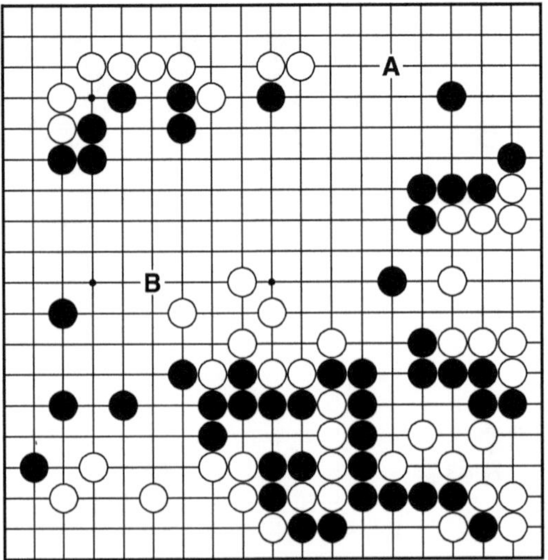

Lösung auf Seite 216

Lösung 1

Diagramm 1 (korrekt). Schwarz 1 schafft ein hohes und breites Moyō am unteren Rand und hält gleichzeitig das Wachstum der weißen Stellung rechts in Schach. Dies ist eine Grenzziehung an der Nahtstelle für die Entwicklung beider Moyō – und damit ein sehr großer Zug.

Was den Stein Schwarz ▲ angeht: Er wird durch das Bōshi auf die weiße Gruppe unterhalb indirekt gestärkt, weil die Einflussbilanz ein wenig in Richtung Ausgleich verschoben wird. Eine indirekte Stärkung genügt, weil Weiß den Stein ▲ ohnehin nicht mit nur einem Zug fangen kann. Dazu kommt, dass der rechte Rand bei A offen ist.

Diagramm 2. Wenn Schwarz mit 1 herausläuft, überlässt er Weiß den Schlüsselpunkt bei 2. Zwar kann er mit 3 Gebiet auf der vierten Linie abstecken, doch selbst das ist hier nicht ausreichend. Weiß hat oben links eine Idealstellung und rechts überlegenen Einfluss. Schwarz muss dem begegnen, indem er wie in Diagramm 1 alles aus seinem unteren Rand herausholt.

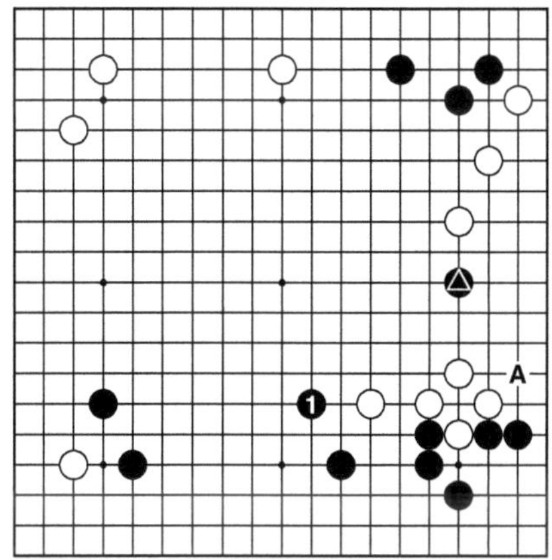

Dia. 1

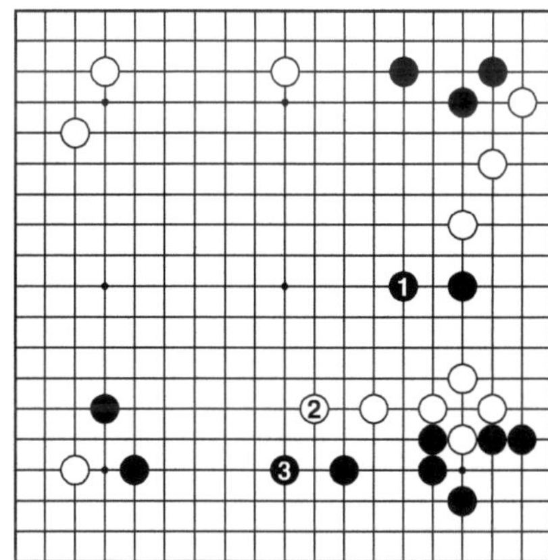

Dia. 2

Lösung 2

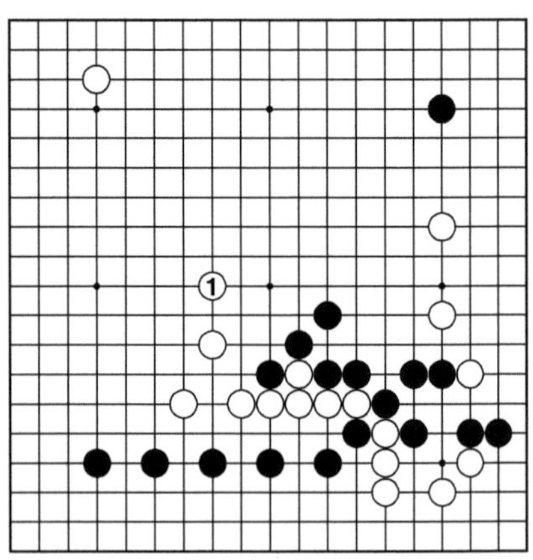

Dia. 1

Diagramm 1 (korrekt). Die weiße Gruppe treibt ohne Augenform übers Brett. Wenn es keine andere geeignete Möglichkeit gibt, sie zu schützen, ist es am besten, eine solche Gruppe mit einem Zug wie 1 aus der Reichweite des Gegners zu führen. Würde Weiß das unterlassen, könnte Schwarz auf 1 angreifen und die Weißen gegen die untere schwarze Steinkette treiben. Somit ist der Zug Weiß 1 eine Ausdehnung, die ein Einklemmen verhindert. Zudem übt er positiven Einfluss aus, indem er etwa die schwarze Mittelgruppe schwächt und so indirekt die weißen Steine am rechten Rand stärkt.

Diagramm 2. Weiß macht einen Fehler, wenn er sich der Ecke aus dieser Richtung nähert, weil Schwarz 2 seine Stellung am rechten Rand schwächt. Weiß hat jetzt keine gute Fortsetzung: Nach den Standardzügen Weiß A, Schwarz B, Weiß C wäre seine Position immer noch etwas dünn. Weiß 1 hatte zum Ziel, die schwarze Ecke anzugreifen, doch statt dessen ist die weiße Gruppe am rechten Rand unter Druck geraten.

Diagramm 3. Der korrekte Zug in dieser Gegend ist Weiß 1, denn auch ohne die Aufforderung aus Diagramm 2 hätte Schwarz diesen Punkt gern für sich gehabt.

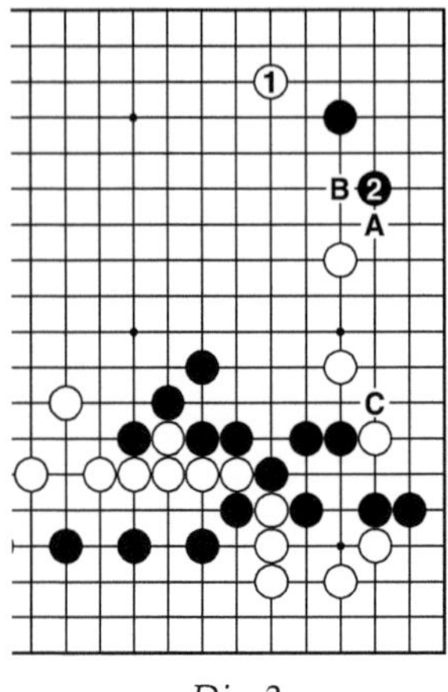

Dia. 2

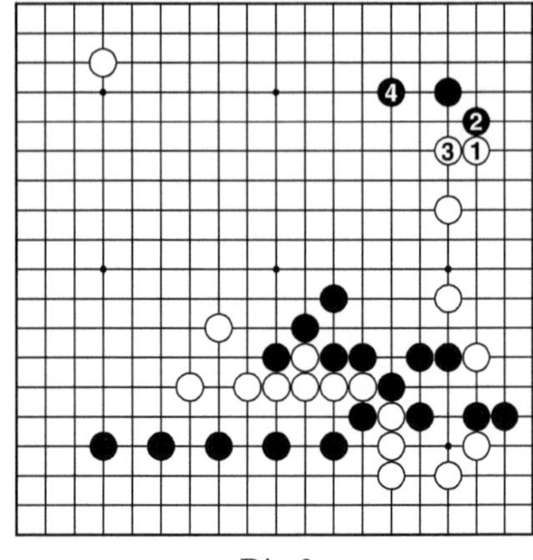

Dia. 3

Lösung 3

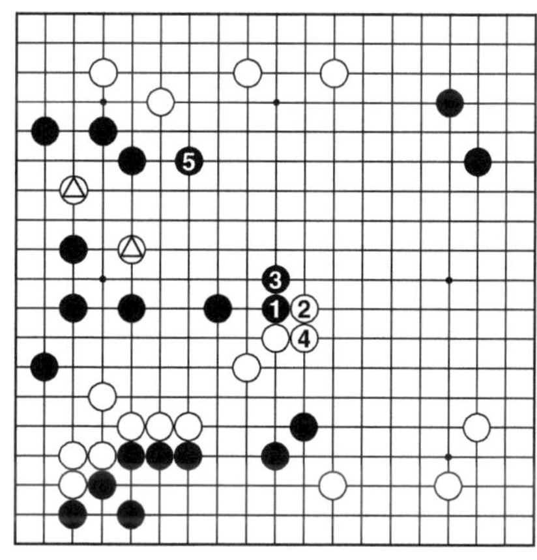

Dia. 1

Diagramm 1 (korrekt). Mit 1, 3 und 5 schluckt Schwarz die beiden markierten Steine ganz und gar, womit er ein gewaltiges Gebiet absteckt, das auch noch gute Aussichten auf weiteres Wachstum hat. Dieses Vorgehen ist möglich, weil die weiße Gruppe unten links noch nicht bedingungslos lebt. Wäre Weiß nach Schwarz 1 ferngeblieben und hätte Schwarz 2 zugelassen oder nicht mit 4 den schwarzen Schnitt verhindert, dann wäre er einem ernsten Angriff ausgesetzt gewesen.

Diagramm 2. Im Gegensatz dazu muss Schwarz 1 hier nicht von Weiß beantwortet werden. Das schwarze Gebiet rechtfertigt auch in keiner Weise den Aufwand von neun gespielten Steinen.

Diagramm 3. Außerdem: Wenn Weiß auf 1 spielte, würde er lediglich drei Steine anstatt zwei zur Abholung anbieten, insbesondere nachdem ▲ gespielt ist. Ein Zug, den der Gegner gar nicht verhindern will, ist selten gut. Beachten Sie: Sollte sich ein Kampf entwickeln, dann kann Schwarz auf A verbinden.

Diagramm 4. Wäre an der markierten Stelle ein weißer Stein, dann wäre Schwarz 1 ein hervorragender Zug, doch mit dem schwarzen Stein dort ist er überflüssig.

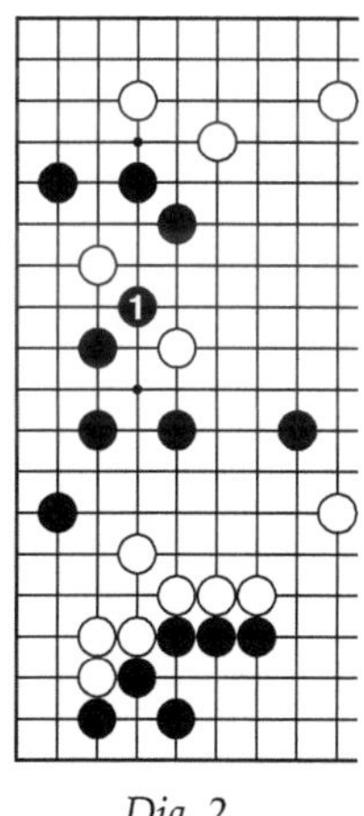

Dia. 2

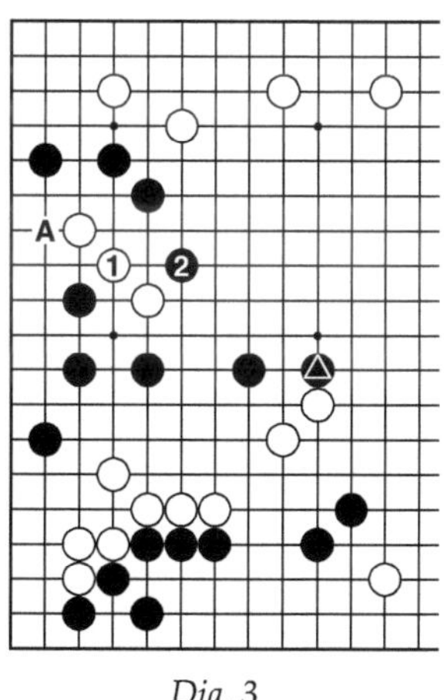

Dia. 3

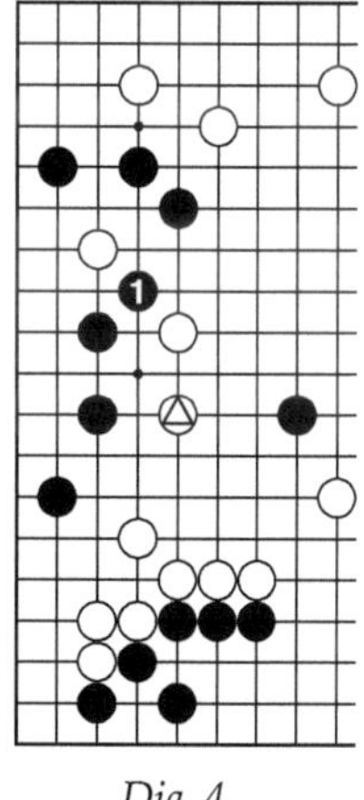

Dia. 4

Lösung 4

Diagramm 1 (korrekt). Der Zug Weiß 1 ist unbedingt notwendig, um die weiße Gruppe am oberen Rand zu verteidigen. Außerdem landet er auf dem schwachen Punkt des schwarzen Eckeinschlusses und zeigt auch Wirkung auf die schwarze Gruppe, die in der Brettmitte umhertreibt.

Diagramm 2. Die Ausdehnung mit Weiß 1 hier ist im Vergleich nicht dringlich. Schwarz ergreift sofort die Gelegenheit, mit 2 anzugreifen (oder auch mit 2 auf 3, doch Schwarz 2 ist kraftvoller). Nach 6 ist Weiß zwar nicht tot, sondern hat tatsächlich noch einige Optionen zu leben oder auszubrechen*. Aber es gibt keinen Weg, aus diesem Schlamassel noch ein günstiges Ergebnis zu zaubern. Schwarz bekommt mindestens eine große Ecke und eine Stärkung seiner Außenposition.

* Der einfachste Weg nach draußen wäre ein Magari auf B. Etwas geschickter ist der Klemmzug Weiß A, der Schwarz B, Weiß C und so fort bis Schwarz J induziert. Doch Weiß ist noch immer nicht ganz aus dem Schneider und Schwarz bekommt Gebiet und Einfluss.

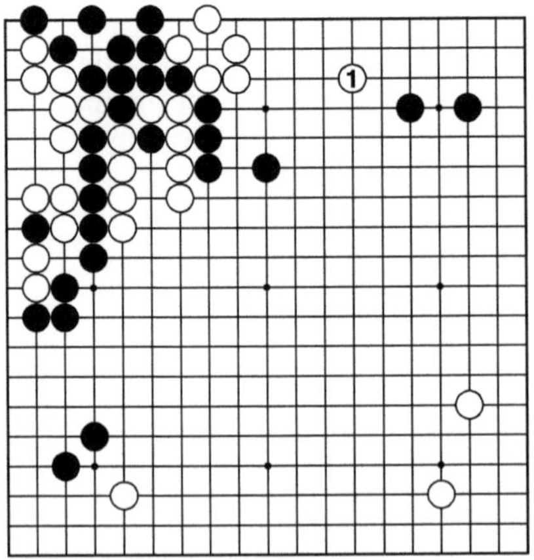

Dia. 1

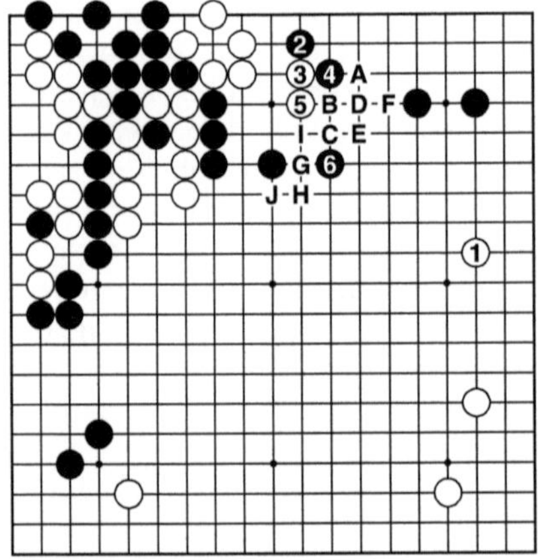

Dia. 2

Lösung 5

Diagramm 1 (korrekt). Schwarz 1 ist der größere Zug. Er hat beträchtlichen Wert, was Gebiet angeht, weil er einen weißen Schnitt bei A verhindert. Zudem untergräbt er den Augenraum der weißen Gruppe am rechten Rand, was indirekt auch der schwarzen Gruppe unterhalb zugute kommt.

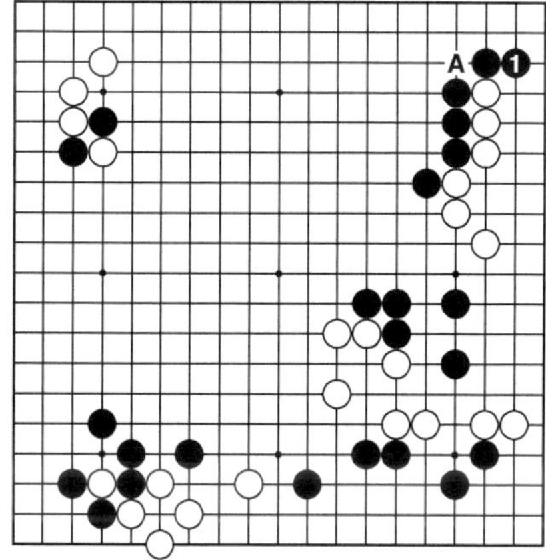

Dia. 1

Diagramm 2. Wenn Schwarz sich auf 1 ausdehnt, schneidet Weiß mit 2 und die schwarze Stellung bricht auseinander. Er kann zwar mit 3 bis 9 in der Ecke leben, aber Weiß 10 zerstört seine Form in der Brettmitte. Für Weiß ist es auch bedeutend, dass er 8 in Vorhand bekommt.

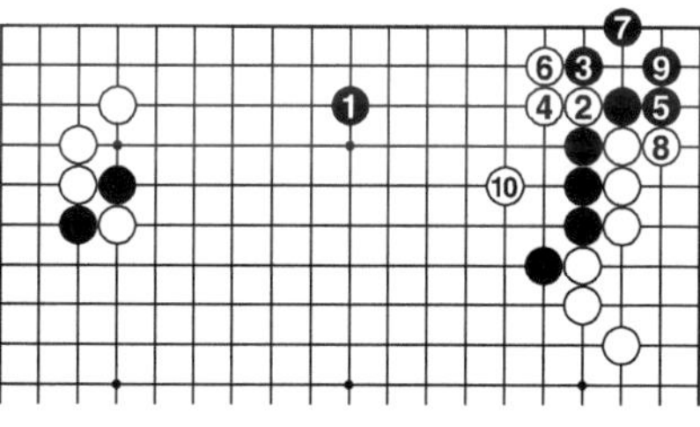

Dia. 2

Diagramm 3. Weiß hat für 10 noch eine einfachere Möglichkeit, indem er schneidet. So zwingt er Schwarz, ohne nennenswerten Gebietsgewinn drei Steine zu schlagen, und bekommt dafür überwältigenden Außeneinfluss.

Diagramm 4. Wenn Weiß mit 1 schneidet, muss Schwarz nach dem bisher Gezeigten also mit 2 und 4 die Ecke hergeben, doch der Gebietsverlust ist groß und die drei markierten Steine leiden unter Freiheitsnot. Als Nächstes droht Weiß A.

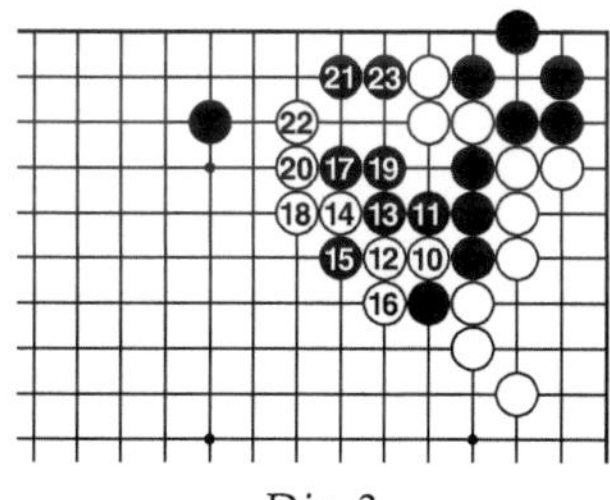

Dia. 3

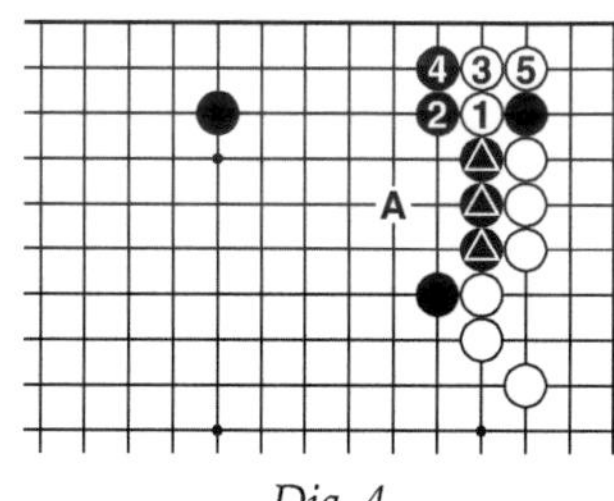

Dia. 4

Lösung 6

Diagramm 1 (korrekt). Weiß 1 ist ein mächtiger Schnitt, der die Schwarzen in zwei schwache Gruppen teilt. Nach der automatischen Antwort Schwarz 2 kann Weiß auf 3 strecken und die drei schwarzen Steine unten angreifen. Danach springt er auf 5 und bedroht die vier Steine links. Schwarz muss verteidigen und Weiß ist am Drücker.

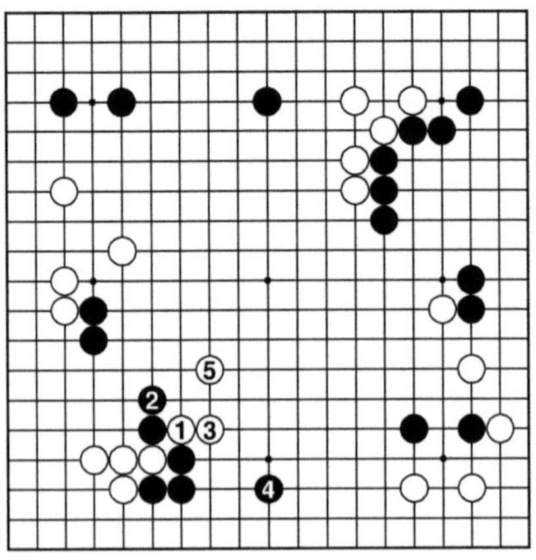

Dia. 1

Diagramm 2. Falls Weiß auf 1 spielt, verbindet Schwarz mit 2 seine schwachen Gruppen. Die Chance zum Angriff ist für Weiß so gut wie vorbei, außerdem muss er auf den Zug Schwarz A gefasst sein, der die linke untere Ecke bedroht und gleichzeitig die weißen Steine am linken Rand schwächt.

Auch auf den rechten Rand bezogen ist Weiß 1 schlecht. Es nützt Weiß nichts, die markierten Steine aus dieser Richtung anzugreifen, weil seine eigene Stellung auf der anderen Seite so dünn ist. Stellen Sie sich etwa Schwarz B vor.

Diagramm 3. Die korrekte weiße Spielweise unten rechts wäre, zunächst die Schwachstelle mit 1 zu beheben und dann entschlossen mit A anzugreifen.

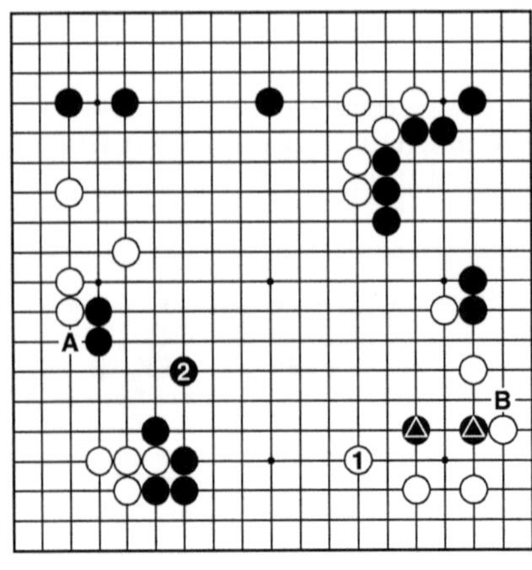

Dia. 2

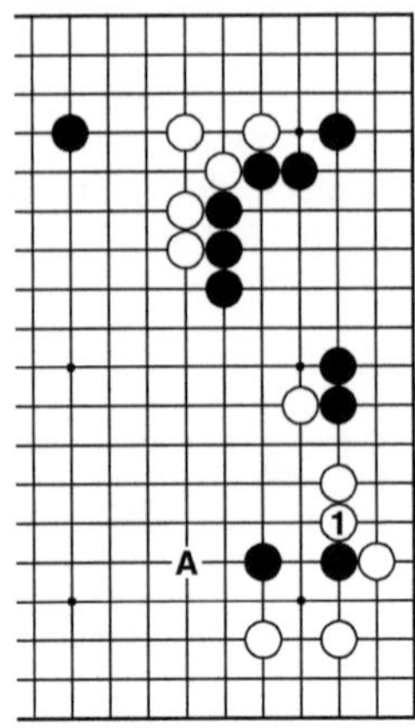

Dia. 3

Lösung 7

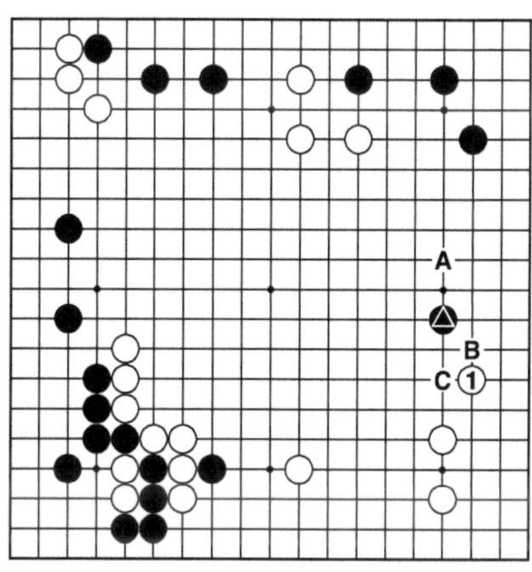

Dia. 1

Diagramm 1 (korrekt). Der Zug Weiß 1 ist groß. Zunächst bildet er eine gute Formation mit dem weißen Eckeinschluss. Zweitens droht er mit Weiß A, einem Klemmzug gegen ▲, der durch den weißen Einfluss in der Brettmitte sehr kraftvoll wird. Und schließlich fällt Schwarz die Antwort schwer. Er möchte nicht B für C austauschen, weil das die weiße Dominanz am unteren Rand noch vergrößert.

Diagramm 2. Der Zug Weiß 1 ist als Ausdehnung mit dem Keima zwar korrekte Form, aber nahezu wertlos. Er beinhaltet weder eine Drohung gegen den markierten Stein, noch wird er zur Verteidigung der weißen Ecke benötigt. Schwarz nimmt den wichtigen Punkt 2. Der richtige Zeitpunkt für Weiß 1 wäre nach Schwarz A gekommen.

Diagramm 3. Wenn Schwarz sich bis 1 ausdehnt, dann ergreift Weiß gern die Gelegenheit, ▲ zu fangen, das bedrängt auch die schwarzen Steine rechts.

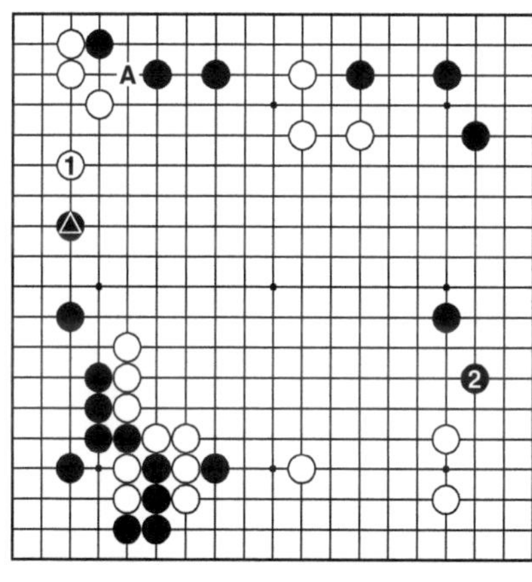

Dia. 2

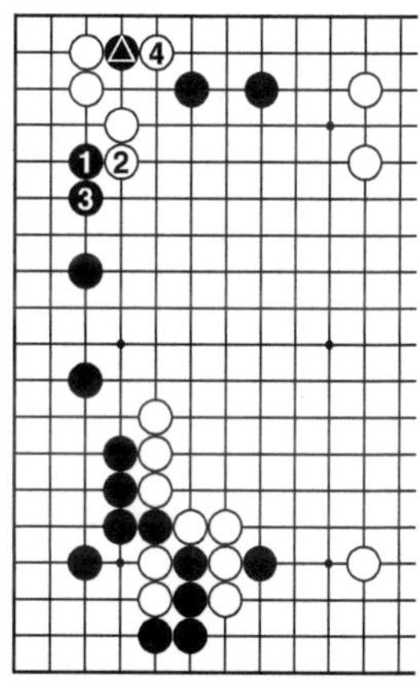

Dia. 3

Lösung 8

Diagramm 1 (korrekt). Der Zug Weiß 1 ist sowohl zur Verteidigung der weißen Gruppe notwendig als auch wünschenswert, weil er gute Form bildet und die schwarze Gruppe rechts angreift.

Diagramm 2. Wenn Schwarz diesen Punkt bekommt, so stirbt Weiß, überzeugen Sie sich selbst. Schwarz 1 ist in dieser Form der Schlüsselpunkt.

Diagramm 3. Er kommt auch in diesem Jōseki vor, wenn Schwarz auf 2 dagegenstellt. Sollte er es wagen, Weiß 3 zu ignorieren, dann kommt Weiß 5 (auf den Kopf zweier Steine) mit Macht über ihn.

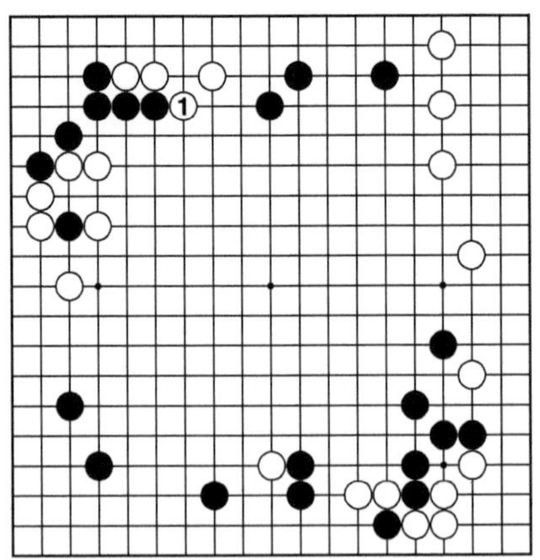

Dia. 1

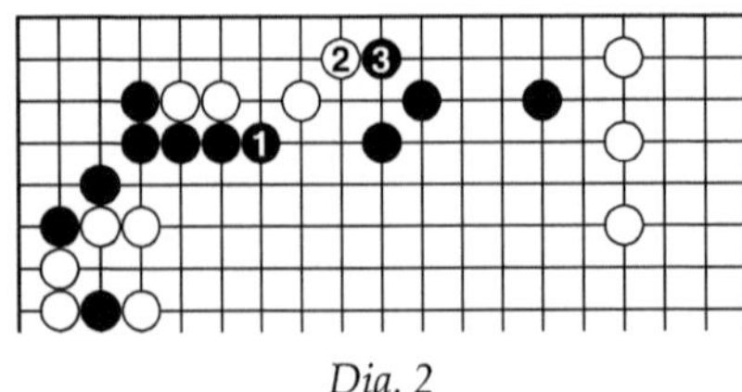

Dia. 2

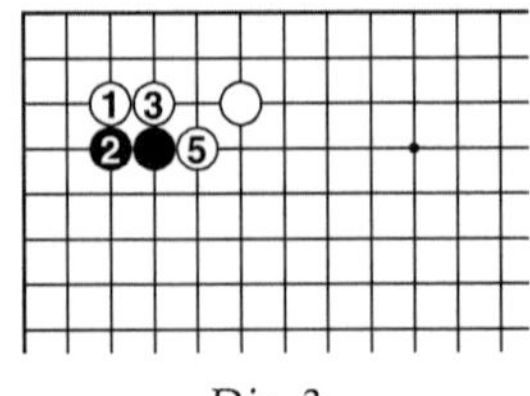

Dia. 3
4: tenuki

Diagramm 4. Somit ist Schwarz 1 Pflicht und gleichzeitig ein starker Zug, der droht, auf A durchzustoßen und zu schneiden.

Diagramm 5. Die andere Antwort mit Weiß 1 hier ist vermutlich der schlechteste Zug, der in diesem Buch vorkommt. Er belastet Weiß mit der Verteidigung einer schweren Gruppe ohne Form; inzwischen entwickelt Schwarz während des Angriffs seine Stellungen. Dass Schwarz auf A herabsteigen kann und dann sowohl B als auch C droht, macht die Lage nur noch schlimmer.

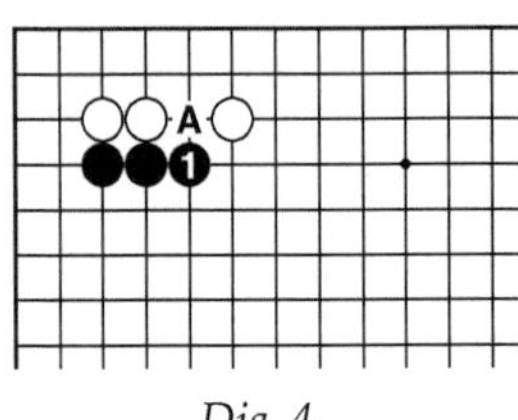

Dia. 4

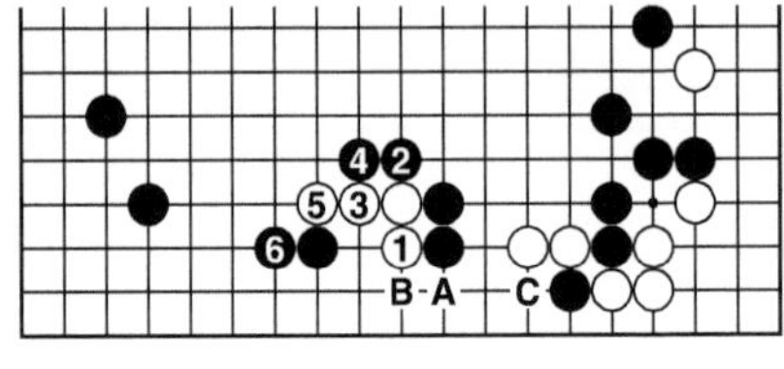

Dia. 5

Lösung 9

Diagramm 1 (korrekt). Die schwarze Gruppe unten rechts bedarf der Aufmerksamkeit. Schwarz verteidigt sie mit 1 und 3, wobei 3 zudem dabei hilft, das schwarze Moyō im linken unteren Brettviertel zu entwickeln. Schwarz 1 folgt der Maxime, mit Kontaktzügen zu verteidigen.

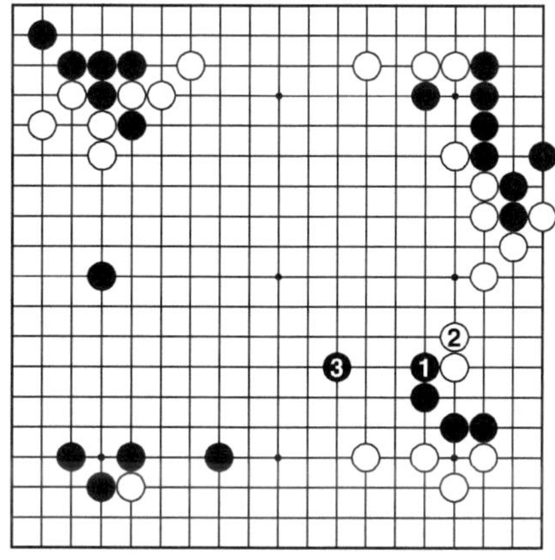

Dia. 1

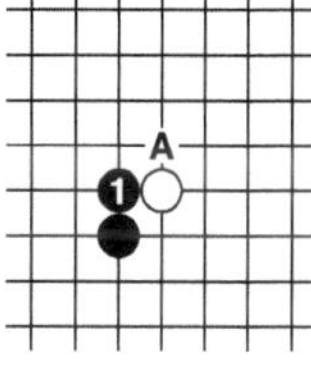

Dia. 2

Diagramm 2. Wenn sich zwei gegnerische Steine diagonal gegenüberstehen, ist es im Allgemeinen gut, zu schieben wie Schwarz in Diagramm 1 und auch hier. Es gibt Ausnahmen, aber einmaliges Schieben ist selten ein schlechter Zug. Sollte Weiß fernbleiben, so ist jetzt Schwarz A meistens groß.

Diagramm 3. Schwarz steht nach Gebiet bereits gut da und hat es deshalb nicht nötig, mit 1 noch mehr davon zu wollen. Das hilft auch seiner Gruppe unten rechts nicht weiter, sondern schadet ihr nur: Weiß kann mit 2 auflegen, auf 4 strecken, in Vorhand auf 6 umbiegen und dann die Schwarzen mit 8 einschließen. Das könnte ohne Weiteres das Ende der Partie bedeuten.

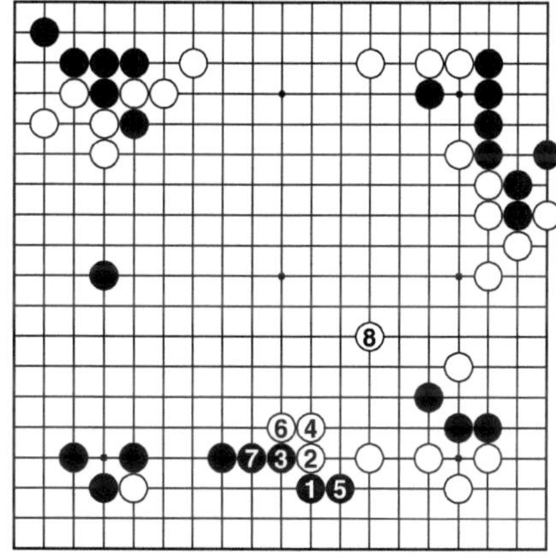

Dia. 3

Lösung 10

Diagramm 1 (korrekt). Weiß soll mit 1 in die Brettmitte ausbrechen. Auf diese Weise greift er die drei markierten Steine an, verteidigt gleichzeitig den Schwachpunkt aus Diagramm 4 und bringt sich in Stellung, um die schwarze Gruppe zu seiner Rechten anzugreifen, die in der Ecke noch lebende Form erlangen muss.

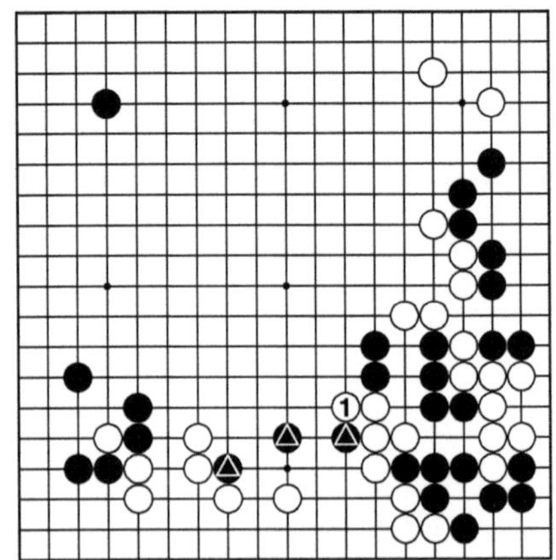

Dia. 1

Diagramm 2. Sich wie Weiß in Diagramm 1 durch eine enge Lücke in der gegnerischen Stellung durchzuschieben, ist immer effektiv. Hier sehen wir noch drei weitere Züge dieser Art, die fast automatisch richtig sind.

Diagramm 3. Weiß 1 bringt nichts ein. Die schwarze Gruppe rechts ist nicht bedroht, also hat Schwarz Zeit, mit 2 die Lücke zu schließen und Weiß 3 zu erzwingen, bevor er mit 4 und 6 antwortet. Dann dehnt er sich bis 8 aus, entwertet so die weiße Mauer und plant als Nächstes das Hane auf A und dann den Schnitt auf B. Der Gewinn für Weiß in der oberen Bretthälfte ist vernachlässigbar; sein Verlust unten ist im Vergleich zu Diagramm 1 riesig.

Diagramm 4. Sollte Weiß nicht mit 3 in Diagramm 3 verteidigen, dann schlägt Schwarz auf 1 zu, mit üblen Folgen.

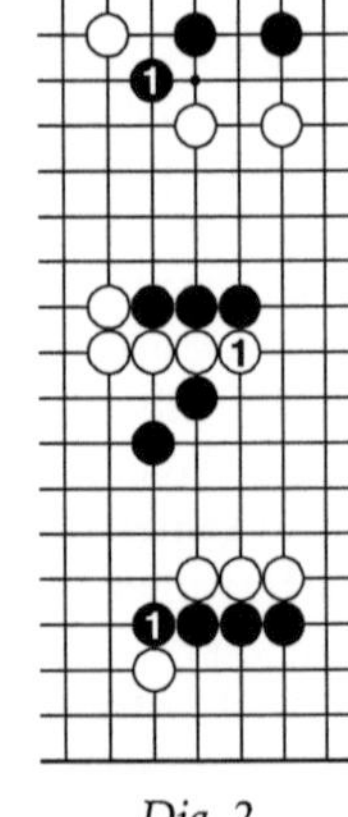

Dia. 2

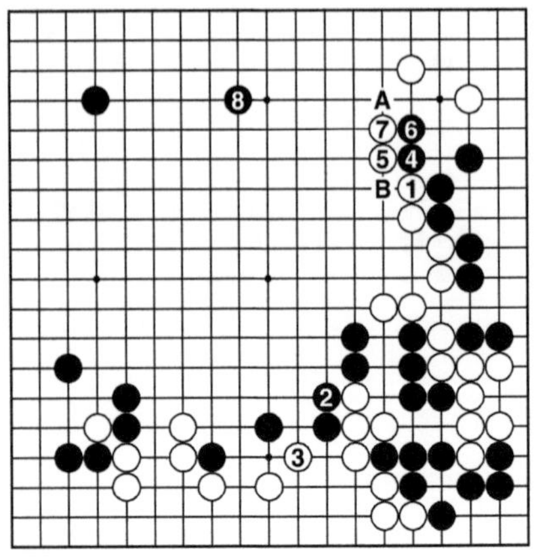

Dia. 3

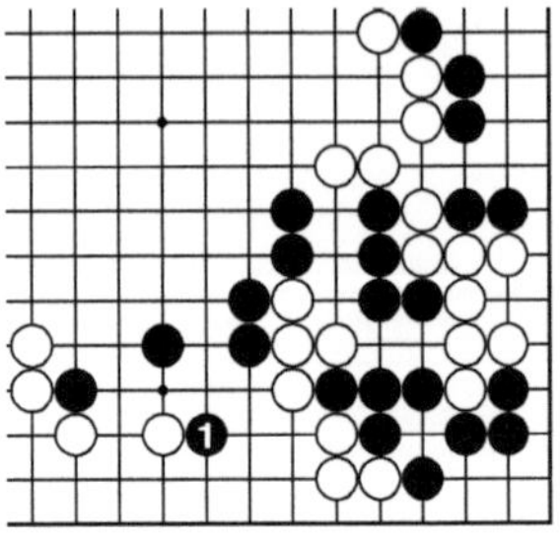

Dia. 4

Lösung 11

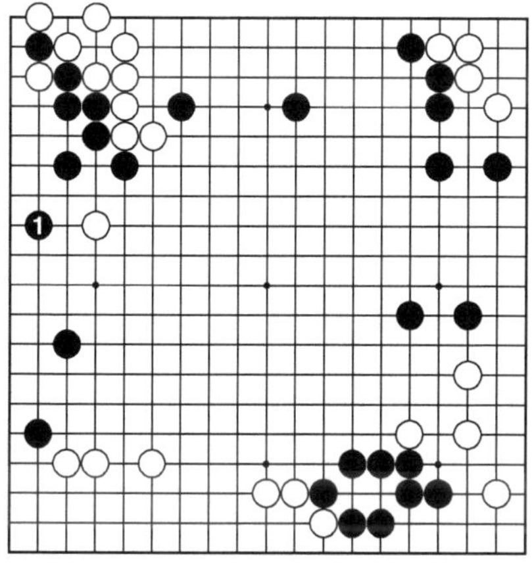

Dia. 1

Diagramm 1 (korrekt). Da Schwarz am linken Rand zwei schwache Gruppen hat, ist jetzt nicht der richtige Zeitpunkt für ihn, seine Tapferkeit zur Schau zu stellen, indem er Weiß zu einem Doppelangriff herausfordert. Er muss auf 1 spielen und Weiß diese Gelegenheit nehmen. Obwohl auf der zweiten Linie, ist Schwarz 1 ein großer Zug, da er einen vitalen Punkt zur Verteidigung besetzt.

Diagramm 2. Schwarz muss nicht auf 1 verteidigen, wie Diagramm 3 und 4 zeigen werden. Weiß nimmt dann vermutlich den Punkt 2, den Schwarz hätte besetzen sollen, oder dehnt sich auf A aus. Auf jeden Fall trennt er die schwarzen Gruppen oberhalb und unterhalb. Da keine von beiden hinreichende Augenform besitzt, ist Schwarz in Schwierigkeiten.

Diagramm 3. Schwarz muss sich vor dieser Invasion nicht fürchten. Wenn er mit 2, 4 und 6 antwortet, dann hat er von seiner dicken Position mehr als Weiß von seinem Gebiet.

Diagramm 4. Falls Weiß die hohe Invasion wählt, kann Schwarz den Stein ▲ opfern und mit 2 und 4 Vorhand nehmen. Weiß gewinnt so weniger als zehn Punkte, während seine Ecke oben links auch ohne die Züge 1–5 schon lebendig war.

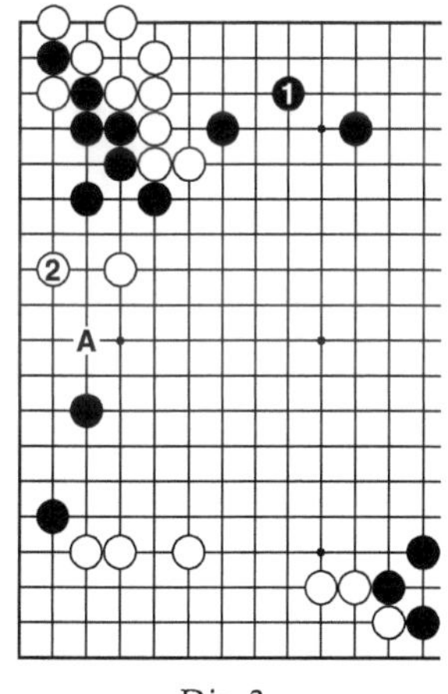

Dia. 2

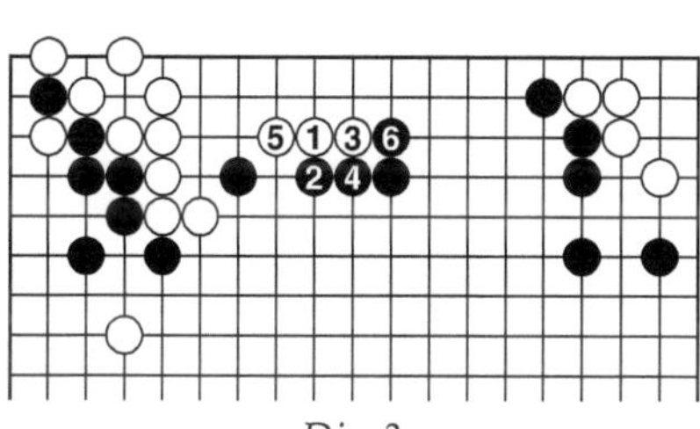

Dia. 3

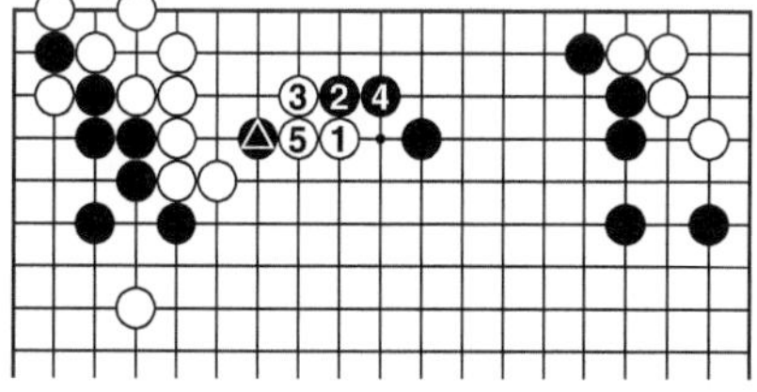

Dia. 4

Lösung 12

Diagramm 1 (korrekt). Schwarz 1 ist ein Zug auf den Schlüsselpunkt für die Einflussbilanz. Er stärkt die schwarzen Steine in der Brettmitte und schwächt die weißen. Außerdem vermindert er die weißen Aussichten links und verbessert indirekt die schwarzen am oberen Rand.

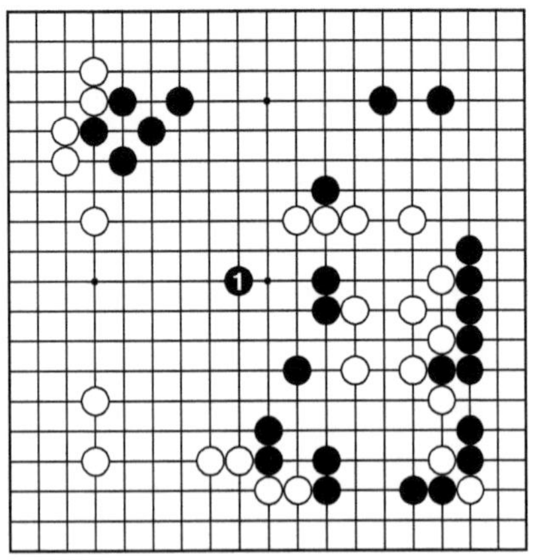

Dia. 1

Diagramm 2. Die schwarzen Mittelsteine wirken so, als hätten sie keine Verteidigung nötig, aber sie sind schwächer als sie aussehen. Weiß kann sie mit 1 und 3 abschneiden. Weiß 3 kann nicht gefangen werden, weil nach Weiß A gleich B droht. Außerdem kann Weiß auch bei C durchstoßen und schneiden.

Diagramm 3. Schwarz 1 macht gefällige Form, aber das ist auch schon alles. Bezüglich Gebiet ist es ein kleiner Zug, weil Weiß die Ecke bei A immer noch invadieren kann. Auch die schwarzen Steine am rechten Rand waren bereits vollkommen sicher. Der Zug Weiß 2 kehrt die Einflussbilanz in der Brettmitte um und droht die Schnitte aus Diagramm 2 an, außerdem hilft er beim Aufbau eines riesigen Moyō auf der linken Seite.

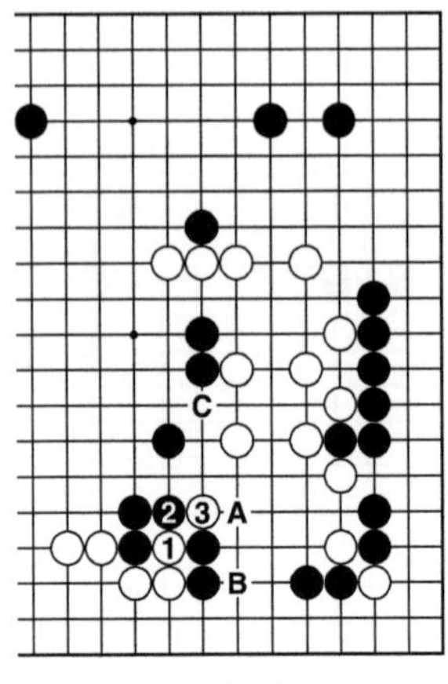

Dia. 2

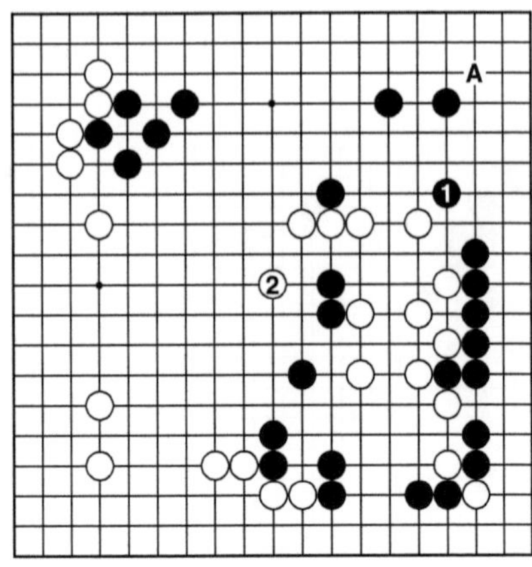

Dia. 3

Lösung 13

Diagramm 1 (korrekt). Weiß biegt zur Verteidigung seiner laufenden Gruppe mit 1 um. Wenn Schwarz mit 2 antwortet, beginnt Weiß auf 3 mit dem Angriff auf die Mittelgruppe; dieser Zwei-Punkt-Sprung wird durch Weiß 1 erst möglich. Wenn Schwarz den Zug auf 2 weglässt …

Diagramm 2. … dann greift Weiß die Randgruppe mit 1 und 3 an. Schwarz kann nicht auf A schneiden, weil nach Weiß B auch noch C droht. Natürlich kann er leben, doch liebt er es nicht, auf diese Weise eingeschlossen zu werden.

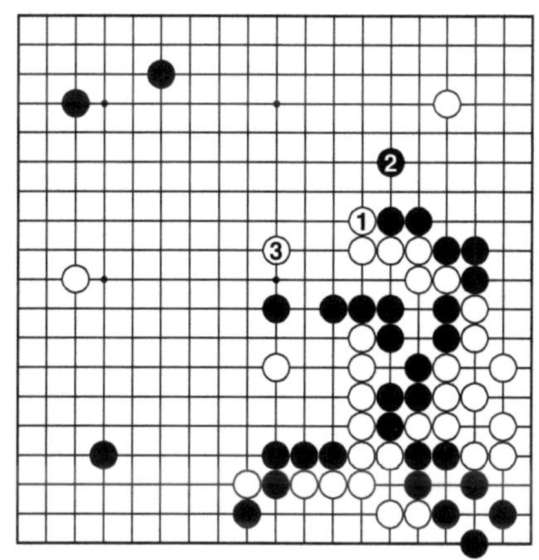

Dia. 1

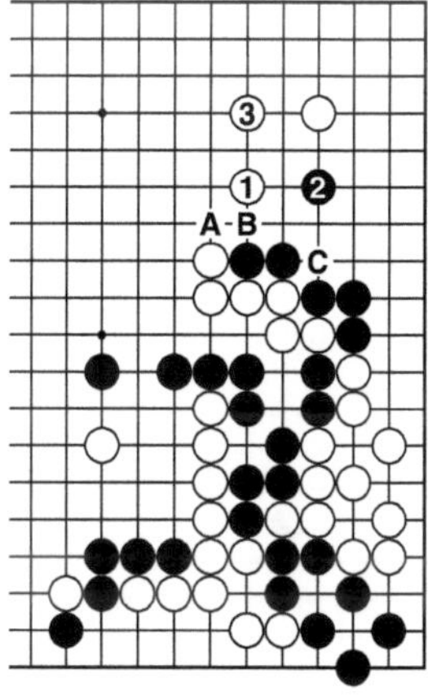

Dia. 2

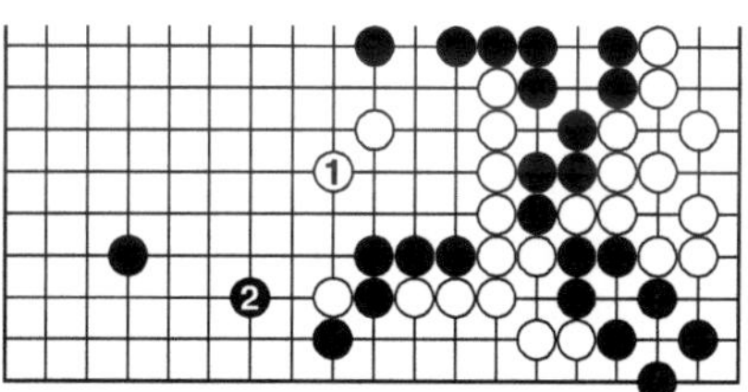

Dia. 3

Diagramm 3. Weiß 1 hier verteidigt ebenfalls eine schwache Gruppe, doch zwei Dinge sind fehlerhaft: Zunächst induziert er Schwarz 2 und hilft ihm somit, den unteren Rand zu schützen.

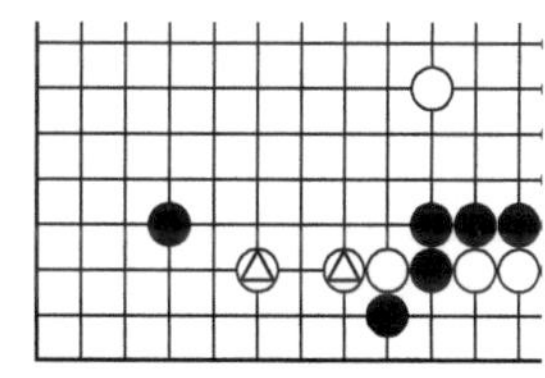
Dia. 4

Diagramm 4. Weiß wartet besser ab, bis er durch den Angriff in der Brettmitte gestärkt worden ist, und dann einen der beiden markierten Punkte nehmen.

Diagramm 5. Der zweite Fehler an dem Zug in Diagramm 3 ist, dass er nicht nötig ist. Wenn Weiß angegriffen wird, kann er als letzte Rettung 1 und 3 in Vorhand spielen und dann auf 5 leben.

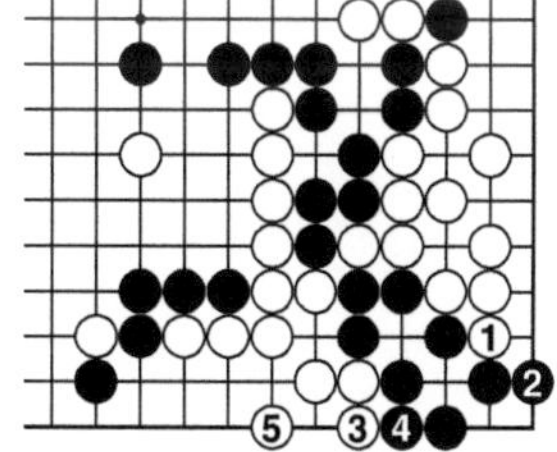

Dia. 5

Lösung 14

Diagramm 1 (korrekt). Schwarz hat schon in vier Regionen Gebiet, ein großes Moyō unten rechts inbegriffen. Das einzig nennenswerte Gebiet für Weiß hingegen sind fünfzehn Punkte in der Ecke unten links. In der Gebietsbilanz liegt Schwarz somit klar vorn, während Weiß in der Einflussbilanz besser dasteht. Die größte Gefahr für den schwarzen Gebietsvorsprung ist, dass Weiß seine Stärke in der Brettmitte nutzen könnte, um die schwache schwarze Gruppe unten links anzugreifen. Deshalb ist der beste Zug für Schwarz, sie durch Verbinden mit 1 in Sicherheit zu bringen.

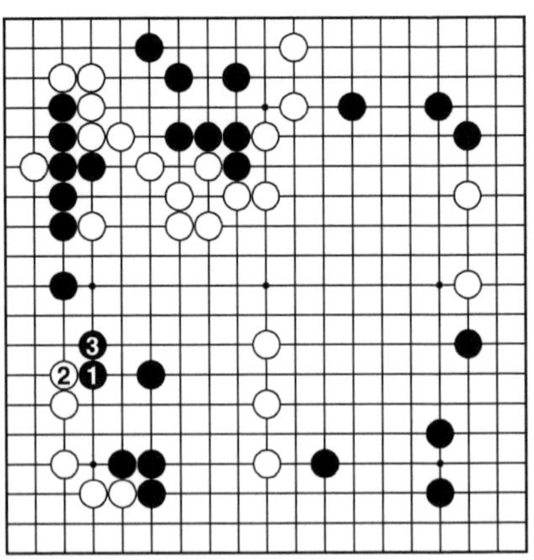

Dia. 1

Diagramm 2. Wenn Schwarz auf 1 springt, dann isoliert Weiß die Steine unten mit 2. Sie werden hart um ihr Leben kämpfen müssen, außerdem hat die schwarze Gruppe am linken Rand auch noch keine klare Augenform.

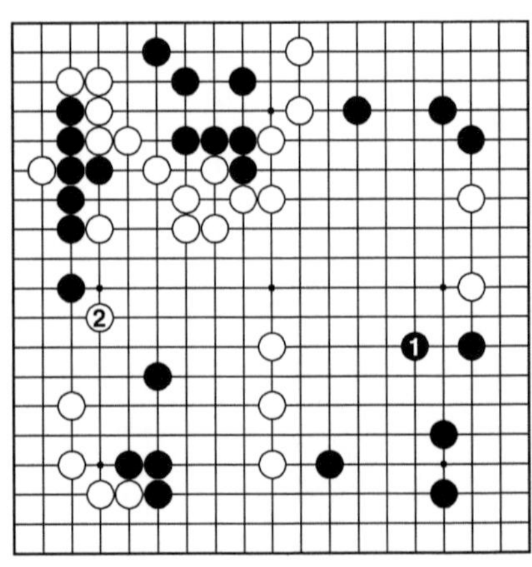

Dia. 2

Abgesehen davon ist Schwarz 1 selbst ein halbherziger Zug. Er bleibt zu nah an der schwarzen Stellung unten rechts, um einen großen Gebietseffekt zu erzielen. Und wegen der dicken weißen Position in der Brettmitte hat Schwarz wenig Grund zur Hoffnung, dass er einen ergiebigen Angriff auf die beiden weißen Steine am rechten Rand führen kann.

Lösung 15

Diagramm 1 (korrekt). Diesmal liegt Weiß in der Gebietsbilanz vorn. Die besten Aussichten aufzuholen bietet ein Angriff mit 1, der die dicke Position rechts zur Wirkung bringt. Weiß wird seine drei markierten Steine aufgeben und sich darauf konzentrieren müssen, die anderen drei links von 1 zu retten. Schwarz hofft, im Lauf des Kampfes sowohl Gebiet zu machen als auch seine Eckgruppe unten links zu entwickeln. Wenn sie einmal gestärkt ist, kann er darüber nachdenken, ▲ herauszuziehen oder das weiße Moyō am linken Rand anderweitig zu invadieren.

Diagramm 2. Dies ist ein reiner Verteidigungszug, der wenig Wirkung auf den linken Rand hat und erst recht keine auf die lebende weiße Gruppe rechts. Weiß verteidigt am unteren Rand und bleibt klar in Führung. Dass Schwarz unten rechts dick steht, nützt ihm jetzt nichts mehr, weil er nicht mehr invadieren oder angreifen kann.

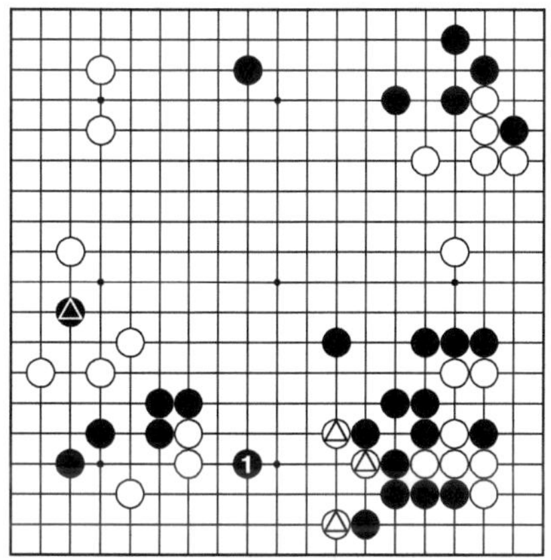

Dia. 1

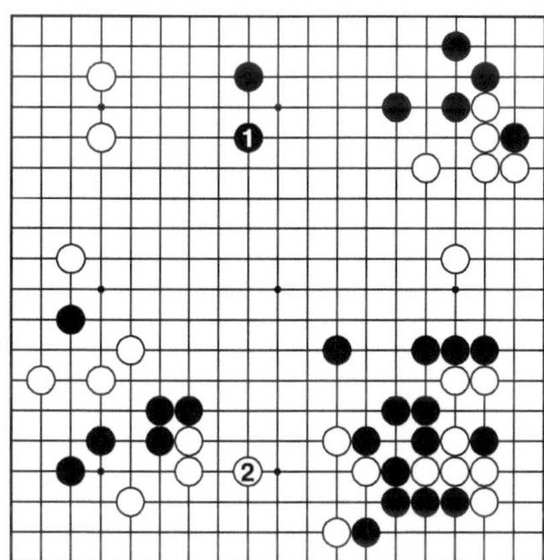

Dia. 2

Lösung 16

Diagramm 1 (korrekt). Die Situation ähnelt Problem 12. Der Zug Schwarz 1 dient zum einen zur Verteidigung der augenlosen schwarzen Gruppe oberhalb und zum anderen zur Reduktion des weißen Moyō unten links. Außerdem droht er mit einer Invasion auf A. Wenn Weiß sie mit 2 verhindert, dann kann Schwarz mit 3 einfach weiterlaufen.

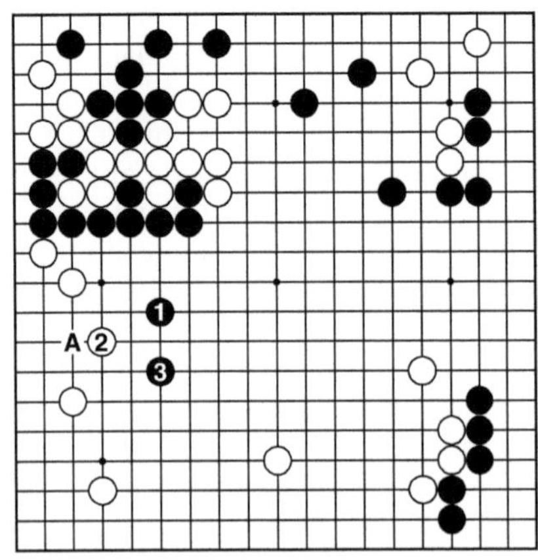

Dia. 1

Diagramm 2. Wenn Schwarz seinem Gegner den Punkt 1 lässt, kann er genauso gut aufgeben. Weiß darf während seines Angriffs in überwältigendem Ausmaß Gebiet aufbauen, der Unterschied zu Diagramm 1 beträgt wohl über fünfzig Punkte.

Diagramm 3. Schwarz 1 hier ist nicht so gut. Abgesehen von der Gefahr, dass Weiß wie im vorigen Diagramm antwortet, sollte Schwarz den Austausch 1 gegen 2 vermeiden, da Weiß jetzt bedingungslos lebt. Zwar kann Schwarz jetzt die markierten Steine mitnehmen, doch das ist kaum mehr als fünf Punkte wert. Zudem wird die mit 1 entstehende Mauer durch die weiße Gruppe links (hier nicht zu sehen) wirkungslos gemacht.

Diagramm 4. Schwarz würde lieber mit 1 in der Ecke angreifen – eine Ausnahme von der Regel, dass man Kontaktzüge unterlassen soll. So wäre Weiß gezwungen, sich mit 2 herauszukämpfen.

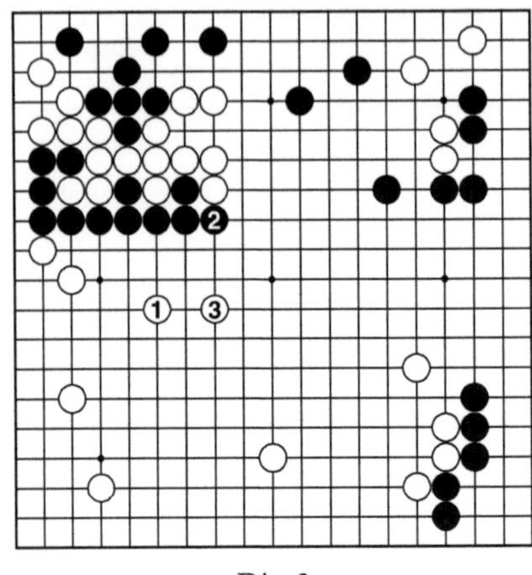
Dia. 2

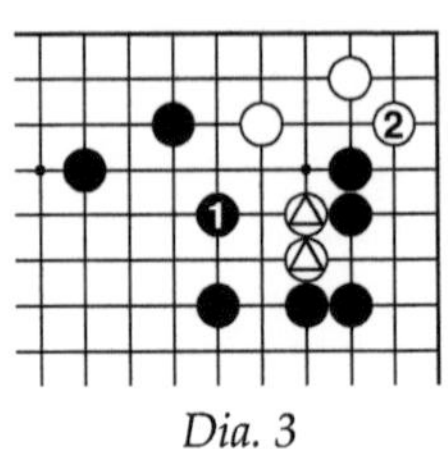
Dia. 3

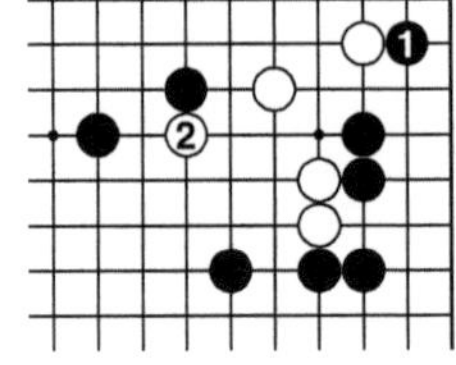
Dia. 4

Lösung 17

Diagramm 1 (korrekt). Schwarz 1 ist eine große Ausdehnung. Mit ihr bekommt Schwarz Gebiet vor seiner Mauer und droht gleichzeitig mit einer Invasion auf A.

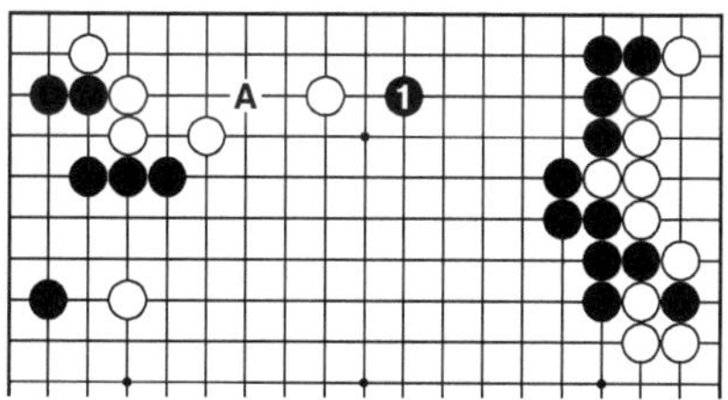

Dia. 1

Diagramm 2. Stellen wir uns vor, was passiert, wenn sich Weiß auf 1 ausdehnt. Schwarz verliert nicht nur die Möglichkeit, Gebiet zu machen oder auf A zu invadieren. Nein, seine eigene Mauer wird nun zum Angriffsziel. In dieser Situation geht es nicht nur um die Gebiets-, sondern auch um die Einflussbilanz.

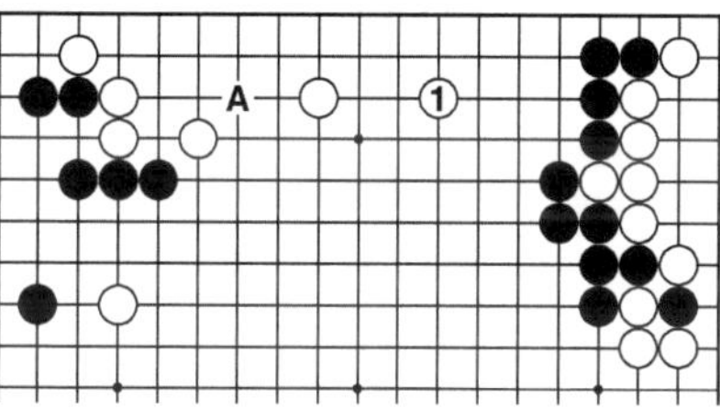

Dia. 2

Diagramm 3. Schwarz 1 hier ist einfach nur ein schlechter Zug. Zu einem guten Ergebnis führt er nur dann, wenn Weiß fernbleibt und Schwarz eine Fortsetzung auf 4 erlaubt. Die Zugfolge bis 6 aber stärkt eigentlich nur Weiß, während das schwarze Gebiet gerade einmal um vier Punkte größer wird. Danach kann Weiß in Vorhand A spielen und B drohen. Auch Weiß C droht mit B, so dass Schwarz den Schnitt auf D vergessen kann.

Diagramm 4. Wenn Schwarz hier spielen will, dann soll er die zwei weißen Steine mit 1 von oben angreifen. Er hat keinen Anlass, am Brettrand zu ziehen. Auf Weiß A kann Schwarz mit B antworten und umgekehrt.

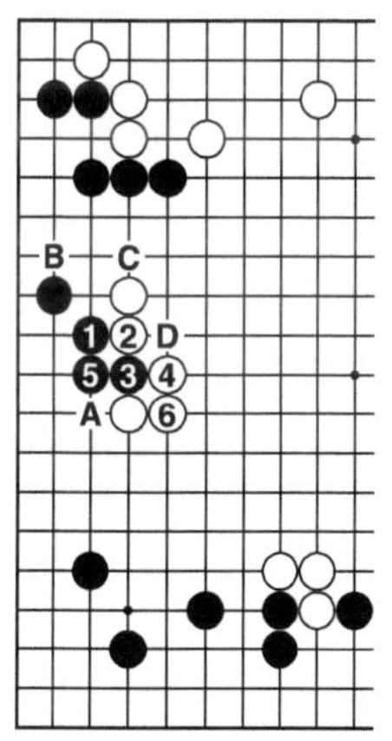

Dia. 3

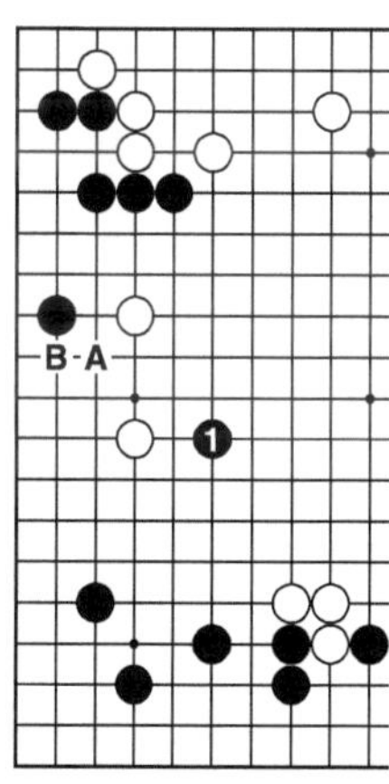

Dia. 4

Lösung 18

Diagramm 1 (korrekt). Weiß 1 ist eine gute Idee, um eine Reduktion des schwarzen Moyō am linken Rand zu beginnen. Es ist zu erwarten, dass Schwarz sich mit 2 und 4 zur Wehr setzt, wonach Weiß ein Bōshi auf den Mittelstein des Moyō setzt.

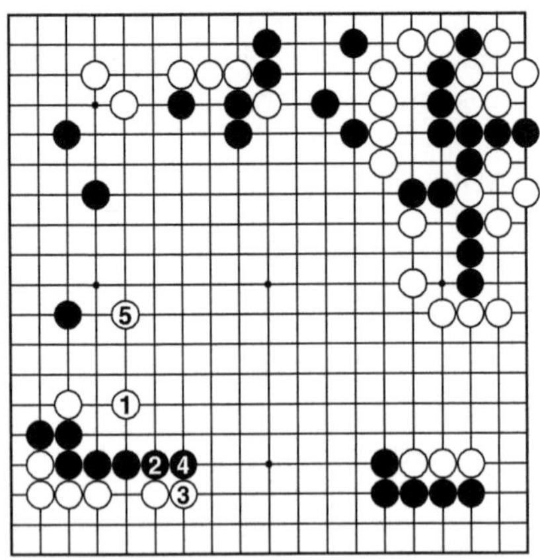

Dia. 1

Diagramm 2. Das sieht zwar dünn aus, doch wenn Schwarz jetzt auf 1 spielt, kann Weiß mit 2 schieben und dann mit 4 tief in den linken Rand eindringen. Zwar kann Schwarz die beiden markierten Steine fangen, doch das wird durch Weiß 4 mehr als ausgeglichen. Schwarz 1 ist kein guter Zug.

Diagramm 3. Weiß 1 in diesem Diagramm ist nicht besser. Genauer gesagt ist Weiß 1 in dieser Jōseki-Stellung nie korrekt, weil Schwarz jederzeit den Austausch 2 gegen 3 spielen kann, so dass der Stein 1 überflüssig wird. Weiß 1 auf 3 wäre besser, allerdings hat keiner dieser Züge irgend eine Wirkung auf die felsenfeste schwarze Gruppe unten rechts. Und deshalb ist es von vornherein fragwürdig für Weiß, diese Richtung zu wählen.

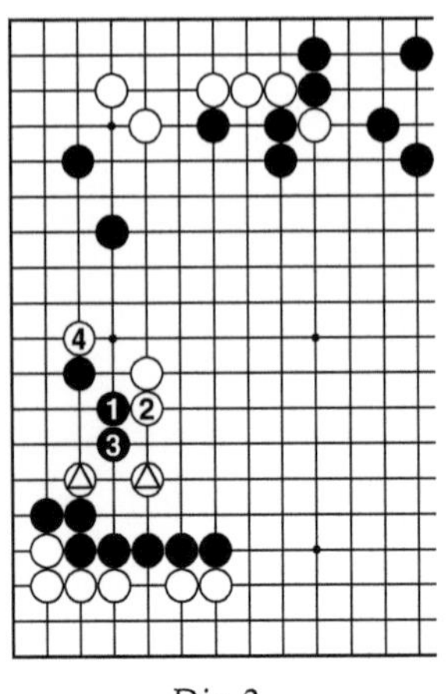

Dia. 2

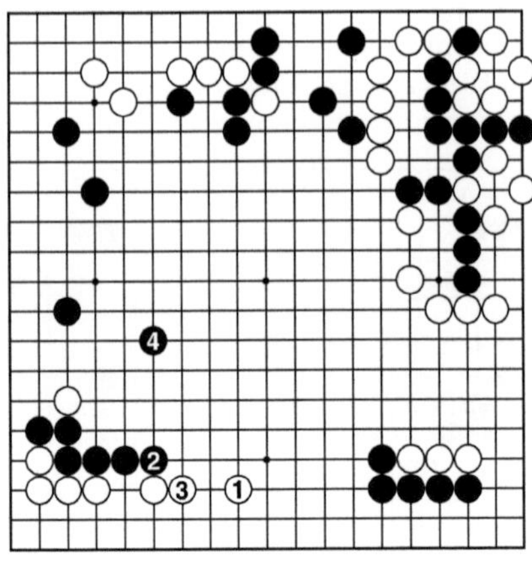

Dia. 3

Lösung 19

Diagramm 1 (korrekt). Diese Partie ist zur Brettmitte hin orientiert, deshalb ist es sinnvoll, dass Schwarz in diese Richtung spielt. Schwarz 1 ist ein sehr schöner Zug. Er streckt eine Hand zum Außenposten bei ▲ aus, gleichzeitig greift er die weiße Gruppe am rechten Rand an und errichtet ein ansehnliches Moyō im rechten unteren Brettviertel. Zusammen mit dem schwarzen Gebiet in den drei anderen Ecken ist das genug, um dem weißen Mittelmoyō zu begegnen.

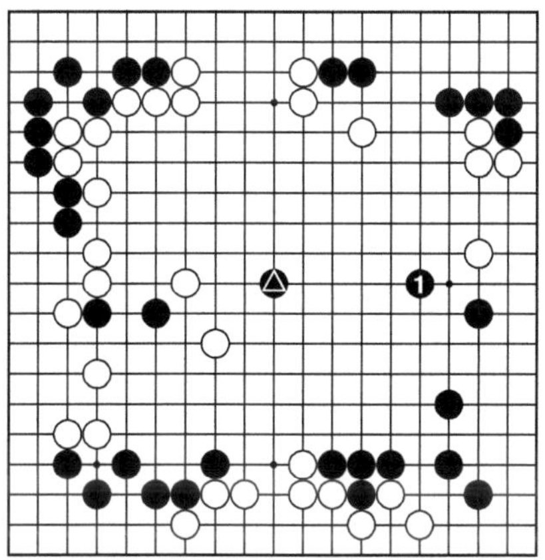

Dia. 1

Diagramm 2. Der Zug Schwarz 1 hier geht genau in die falsche Richtung. Weiß ignoriert ihn und nimmt den Schlüsselpunkt 2. Seine Mitte sieht jetzt langsam beängstigend groß aus.

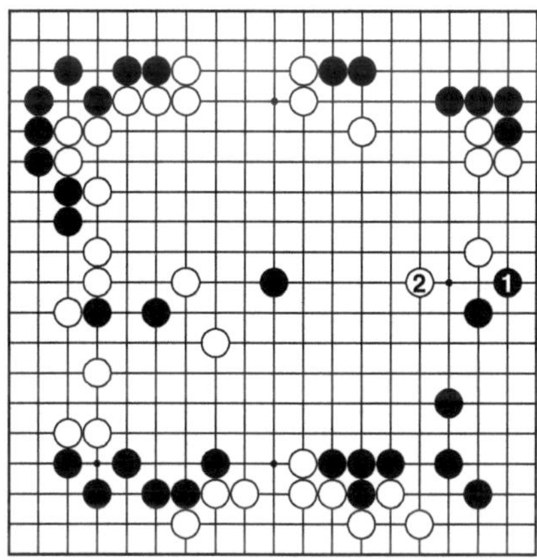

Dia. 2

Zuweilen ist ein Diagonalzug wie 1 äußerst gut – nicht nur im Endspiel, sondern sogar schon im Mittelspiel. Ist die Partie hingegen so in die Mitte orientiert wie diese, dann ist ein solcher Zug bedeutungslos.

Lösung 20

Diagramm 1 (korrekt). Schwarz nimmt nicht nur am linken Rand Gebiet auf der sechsten Linie, sondern greift auch die schwache weiße Gruppe in der Brettmitte an. Wenn Schwarz jetzt die rechte obere Ecke abschließen kann, führt er gewaltig nach Gebiet. Wenn Weiß dort spielt, etwa mit 4 und 6, kann Schwarz mit 7 erneut angreifen.

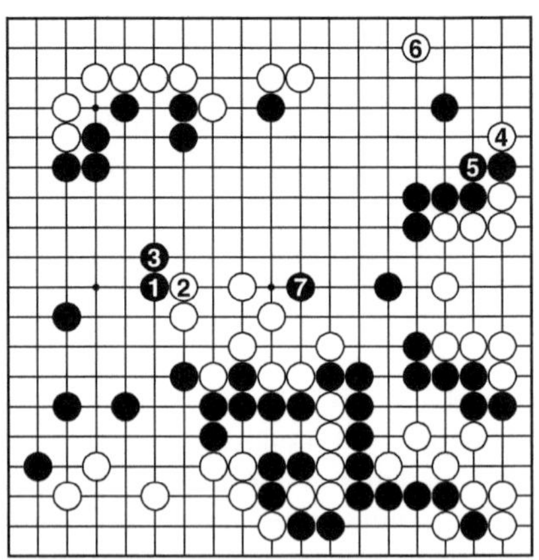

Dia. 1

Diagramm 2. Die Ecke oben rechts ist zwar groß, doch Weiß wird mit 2 und 4 die Schwarzen in Vorhand auf die vierte Linie niederdrücken und gleichzeitig seiner Mittelgruppe nötigen Augenraum verschaffen. An Gebiet allein macht das schon zehn Punkte Unterschied aus, die gewonnene Sicherheit ist für Weiß noch einmal genauso viel wert. Und obendrein ist die Ecke mit Schwarz 1 noch nicht richtig abgeschlossen:

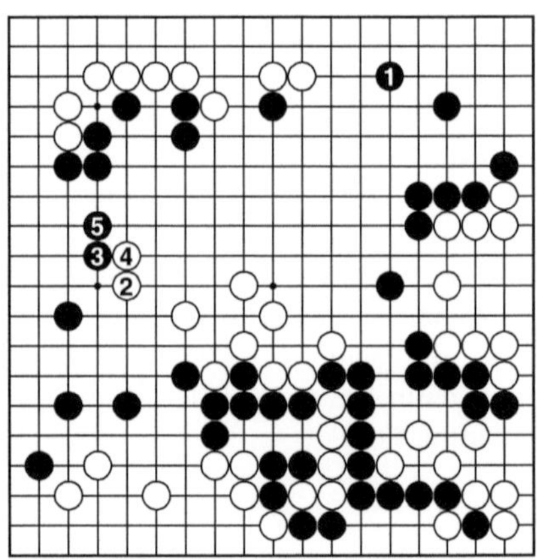

Dia. 2

Diagramm 3. Weiß hat noch immer Platz für eine Invasion mit 1 und 3. Fangen wird wohl schwierig für Schwarz, da Weiß A und B Vorhand sind.

Diagramm 4. Wenn Schwarz also die Ecke schließen will, soll er sich mit 1 oder sogar A bescheiden.

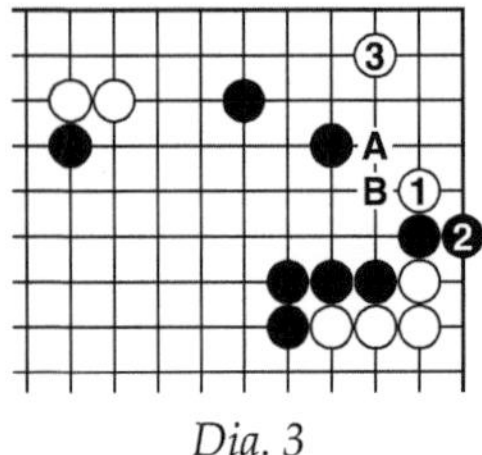

Dia. 3

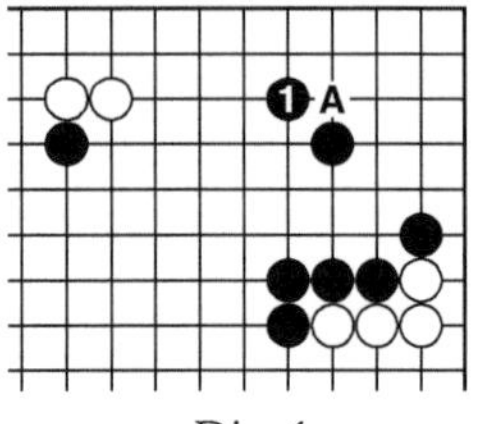

Dia. 4

Glossar

Aji („Geschmack") bezeichnet die Möglichkeiten, die in einer Stellung vorhanden sind. Bei der Nutzung dieser Möglichkeiten kommt es meist auf den richtigen Zeitpunkt an.

Aji keshi bezeichnet einen Zug (meist in Vorhand), der das eigene gute Aji in einer Stellung unnötig vernichtet.

Ein **Anleger** (*tsuke, attachment*) ist ein Zug, der Kontakt zu einem gegnerischen Stein herstellt, aber nicht zu einem eigenen (s. S. 86 Dia.2).

Bōshi („Kappe") heißt ein Zug auf den Punkt, der zwei Linien näher zur Brettmitte liegt als ein gegnerischer Stein (s. S. 64 Dia.2).

Ein **Fallschirmzug** (*oki, placement*) ist ein Angriffszug, der ins Innere einer gegnerischen Gruppe gesetzt wird, oft auf einen vitalen Punkt mit der Drohung, sie zu töten (s. S. 20 Dia.1).

Doppel-Hane bezeichnet zwei Hane in Folge durch den gleichen Spieler (s. S. 17 Dia. 20).

Ein **Jōseki** ist eine lokale Sequenz, die aus optimalen Zügen beider Parteien besteht und ein (lokal gesehen) ausgeglichenes Ergebnis liefert. Die meisten Jōseki beinhalten die ersten Züge in einer Ecke.

Keima bezeichnet den kleinen Rösselsprung bzw. einen Zug, der diese Form bezogen auf einen eigenen Stein herstellt (s. S. 62 Dia.1).

Ein **Keilzug** (*warikomi, wedge*) ist ein Zug, mit dem ein gegnerischer Ein-Punkt-Sprung unterbrochen wird (s. S. 114 Figur 3).

Klemmzug (*hasamitsuke, clamp*): Ein gegnerischer Stein wird zwischen zwei eigenen Steinen eingeklemmt (s. S. 54 Dia.4).

Ein **Kreuzschnitt** ist die Form von vier Steinen, die sich gegenseitig schneiden (s. S. 88 Dia.13).

Leichte Form bezeichnet die Eigenschaft einer Gruppe, dass sie nicht als Ganzes erhalten bleiben muss, sondern durch Opfern von Steinen flexibel gehalten werden kann (s. S. 139 Dia.7).

Magari („umbiegen", *turn*, s. S. 141 Dia.17).

Miai („Entsprechung") heißen zwei Punkte, die vergleichbaren Wert haben (s. S. 41 Dia.12).

Ōgeima heißt der große Rösselsprung bzw. ein Zug, der diese Form bezogen auf einen eigenen Stein herstellt (s. S. 137 Dia.5).

Ponnuki (etwa „mit einem Schlag herausnehmen") bezeichnet die Form, die nach dem Schlagen eines einzelnen Steins entsteht (s. S. 68 Problem 1).

Shibori (etwa „auswringen") bezeichnet eine Zugfolge, die den Gegner durch ein Opfer zwingt, klumpige freiheitenarme Form zu spielen (s. S. 109 Dia.3, Züge 2, 4 und 6).

Ein **Spähzug** (*nozoki, peep*) ist ein Zug, der in eine gegnerische Lücke „hineinschaut" und droht, dort zu schneiden (s. S. 66 Dia.3).

Das **Taisha-Jōseki** ist ein Eckabspiel, das viele komplizierte und gefährliche Varianten aufweist.

Tenuki („fahrlässig") bezeichnet ein Fernbleiben, einen Zug abseits des lokalen Themas. Der Name wird insbesondere dann gewählt, wenn eine lokale Antwort zu erwarten war.

Ein **Tesuji** ist ein technisch guter, oft überraschender Zug, der in einer lokalen Situation das Optimum darstellt, um ein bestimmtes Ziel (Verbinden, Fangen, Leben etc.) zu erreichen.

Das **Tsuke-nobi-Jōseki** („Anlegen und Strecken") ist ein bestimmtes Eckabspiel.

Seite	Weiß – Schwarz, Veranstaltung, Datum, Ergebnis
10–11	Ishida Akira 7d – Nakamura Hidehito 6d, 20. Premierminister-Pokal, 9.9.1976, W+8.5
15–18	Honda Kunihisa 9d – Ishida Akira 7d, 31. Honinbō, Dez. 1975, W+
25–28	Sakata Eio 9d – Fujisawa Shūkō 9d, 1. Tengen, 11.9.1975, S+7,5
31, 100	Ishida Akira 7d – Kobayashi Koichi 7d, 20. Premierminister-Pokal, 14.10.1976, S+ 36
Yamashiro Hiroshi 6d – Ishida Akira 7d, 4. Shinjin Ō, 23.7.1979, S+9,5	
38–39	Kitani Minoru 7d – Go Seigen 7d (ohne Komi), 12.6.1940, S+1
81–82	Kitani Minoru 9d – Go Seigen 9d, 2. Meijin-Liga (Yomiuri), 5.4.1963, W+2
82–83	Sakata Eio 9d – Takagawa Kaku 9d, 18. Honinbō, 13.5.1963, W+
84–85	Ishida Yoshio 7d – Rin Kaihō 9d, 27. Honinbō, 29.6.1972, W+3,5
93	Takemiya Masaki 7d – Sugiuchi Masao 9d, 29. Honinbō, 9.1.1974, W+
94–95	Yamashiro Hiroshi 5d – Ishida Akira 7d, 2. Kisei, 21.7.1977, S+
95–97	Chō Chikun 9d – Ishida Akira 7d, 15. Judan, 23.2.1977, W+
98–100	Fujisawa Shūkō 9d – Ishida Yoshio 9d, 13. Meijin (Yomiuri), 14.8.1974, S+1
112–117	Ishida Akira 7d – Kitamura Hiroshi 5d, 20. Premierminister-Pokal, 11.3.1976, W+3,5
126–129	Yamabe Toshirō 9d – Ishida Akira 7d, 15. Judan, 1.7.1976, S+
133	Rin Kaihō 9d – Ishida Akira 7d, 15. Judan, 2.12.1976, S+6,5
135–136	Go Seigen 9d – Kitani Minoru 9d, 1.1.1964, S+5
142	Sakata Eio 9p – Takagawa Kaku 9p, 18. Honinbō, 5.6.1963, W+0,5
146–147	Ishida Akira 7d – Kuroda Yukio 7d, 2. Kisei, 9.6.1977, S+
153–154	Ishida Yoshio 7d – Rin Kaihō 9d, 27. Honinbō, 17.5.1972, S+
154	Sakata Eio 9d – Kanō Yoshinori 9d, 2. Tengen, 1.7.1976, W+
155	Sakata Eio 9d – Fujisawa Hōsai 9d, 26. Honinbō, 7.4.1971, W+
157–158	Ishida Akira 7d – Haruyama Isamu 7d, 16. Jūdan, 14.7.1977, S+
183–184	Go Seigen 7d – Kitani Minoru 7d, Kamakura Jūbango, 1941, S+
1	Ishida Akira 7d – Kanno Kiyonori 6d, 20. Premierminister-Pokal, 15.7.1976, W+12,5
2	Tōno Masaharu 8d – Fujisawa Shūkō 9d, 1. Tengen, 29.5.1975, S+2,5
3	Satō Sunao 9d – Kobayashi Koichi 7d, 2. Tengen, 16.9.1976, S+6,5
4	Inoue Gennan Inseki 8d – Yasuda Shūsaku 4d, „Ohrenrötende Partie“, 11.9.1846, S+2
5	Go Seigen 9d – Takagawa Kaku 9d, 9. Pro Jūketsu, 21.9.1972, W+
6	Honda Kunihisa 9d – Ishida Yoshio 9d, 13. „Alte“ Meijin-Liga, 30.1.1974, S+
7	Shimamura Toshihiro 9d– Handa Dogen 9d, 9. Pro Jūketsu, 4.5.1972, W+
8	Takagawa Kaku 8d – Shimamura Toshihiro 8d, 11. Honinbō, 7.6.1956, W+6,5
9	Ōhira Shūzō 9d – Magari Reiki 9d, 1. Tengen, 27.8.1975, W+5,5
10	Hashimoto Utarō 9d – Iwata Tatsuaki 9d, 13. Meijin (Yomiuri), 22.11.1973, W+4
11	Rin Kaihō 9d – Kobayashi Koichi 7d, 2. Tengen, 4.11.1976, S+
12	Chō Chikun 6d – Miyashita Shūyō 9d, 1. Tengen, 21.8.1975, S+
13	Hashimoto Shōji 9d – Takagawa Kaku 9d, 13. Meijin (Yomiuri), 8.11.1973, W+
14	Satō Masaharu 6d – Sakata Eio 9d, 2. Tengen, 15.1.1976, S+
15	Hashimoto Utarō 9d – Ishida Akira 7d, 15. Jūdan, 26.8.1976, W+
16	Hashimoto Utarō 9d – Miyashita Shūyō 9d, 29. Honinbō, 16.1.1974, W+
17	Kobayashi Koichi 7d – Ōkubo Ichigen 9d, 2. Tengen, 17.6.1976, W+1,5
18	Rin Kaihō 9d – Kudō Norio 8d, 2. Tengen, 18.8.1976, W+
19	Miyamoto Yoshihisa 9d – Fujisawa Hideyuki 9d, 1. Tengen, 27.11.1975, S+
20	Rin Kaihō 9d – Takemiya Masaki 6d, 9. Pro Jūketsu, 15.3.1972, S+

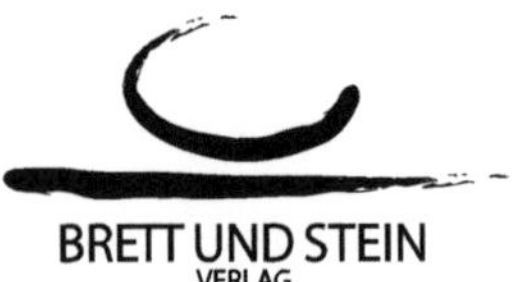

LEHRBÜCHER DES GO

THOMAS HILLEBRAND
ELEMENTARE TECHNIKEN

GUNNAR DICKFELD
LEBEN UND TOD

RICHARD HUNTER
FREIHEITEN UND WETTLÄUFE

RICHARD BOZULICH
STRATEGIE

JAMES DAVIES
TESUJI

ISHIDA AKIRA / JAMES DAVIES
ANGRIFF UND VERTEIDIGUNG